普通高等院校经管系列"十三五"规划教材

税务会计实务

主　编　袁显朋

副主编　王少华　司玉娜　张思迪

立信会计出版社
LIXIN ACCOUNTING PUBLISHING HOUSE

图书在版编目(CIP)数据

税务会计实务/袁显朋主编.—上海:立信会计
出版社,2019.1
普通高等院校经管系列"十三五"规划教材
ISBN 978 - 7 - 5429 - 6074 - 0

Ⅰ.①税… Ⅱ.①袁… Ⅲ.①税务会计—高等学校—
教材 Ⅳ.①F810.42

中国版本图书馆 CIP 数据核字(2019)第 017151 号

策划编辑　　张巧玲
责任编辑　　张巧玲　秦思慧　彭秋龙

税务会计实务
Shuiwu Kuaiji Shiwu

出版发行	立信会计出版社		
地　　址	上海市中山西路 2230 号	邮政编码	200235
电　　话	(021)64411389	传　　真	(021)64411325
网　　址	www.lixinaph.com	电子邮箱	lixinaph2019@126.com
网上书店	http://lixin.jd.com		http://lxkjcbs.tmall.com
经　　销	各地新华书店		
印　　刷	常熟市华顺印刷有限公司		
开　　本	787 毫米×1092 毫米	1/16	
印　　张	21.75		
字　　数	513 千字		
版　　次	2019 年 1 月第 1 版		
印　　次	2019 年 9 月第 2 次		
印　　数	2101—3200		
书　　号	ISBN 978 - 7 - 5429 - 6074 - 0/F		
定　　价	46.00 元		

如有印订差错,请与本社联系调换

前　言

　　税务会计是以国家现行税收法律法规为依据,以货币为计量单位,运用会计学的基本理论和核算方法,对经济主体的涉税事项进行连续、系统、全面确认、计量、记录和申报,即对涉税活动所引起的资金运动进行核算和监督,以保障国家利益和纳税人合法权益的一种专业会计。

　　在现代的市场经济环境下,财务会计与管理会计及税务会计提供的相关会计信息在现代企业中广泛使用。在我国,税务会计与财务会计的密切程度远远高于管理会计,因为税务会计是以财务会计的原则和方法为基础,这对征税主体和纳税主体来说,都是降低成本和风险的明智选择。税务会计是现代会计的三大分支之一,是一门融税收法规、制度、会计核算、纳税申报于一体的一种特种专业会计。

　　本教材的总体目标是通过学习现行各种税法的基本知识和税务会计处理的基本方法,使学生在了解有关税法和税收政策的基础上,掌握好企业税务会计核算的基本理论、基础知识与基本方法,具备相关职业岗位所必需的税务登记、企业涉及税种的判断、各税种税款的计算、会计处理、纳税申报表的填制等税收知识和技能,为将来从事税务会计、报税员、税务代理员等工作打下坚实的基础。

　　本书根据最新修订的会计准则和截至 2018 年 12 月 31 日的税收法规为依据,充分考虑实用型、应用型人才教育的要求编写而成。本书主要阐述了税务会计的基本理论和我国现行税制下的主要税种应纳税额的计算、会计处理及纳税申报表的填写等方法。本书注重应用性,力求内容体系完整、结构严谨、基本理论阐述清晰。本书具体特点如下:

　　(1) 新颖性。本教材结合最新的会计准则和税法及其实施细则为依据,尤其是个人所得税相关内容,使相关理论知识能与实践紧密结合,让学生掌握会计、税务等最新的知识。

　　(2) 实用性。本教材以学生步入工作岗位后的办税工作实际需要为核心,紧密结合税务会计工作的实际,结合最新的纳税申报表进行编写,调理清晰,纳税申报内容齐全,着重技能训练,从而提升从业能力。

　　(3) 渐进性。本书内容循序渐进,由税务基础知识、应纳税额的计算到应纳税额的会计核算、纳税申报表的填写。通过例题、微课以及实践能力训练,达到掌握知识的目的。

　　本书适用于应用型本、专科教育,为方便教学,我们制作了与教材配套的PPT、微课及实践能力训练答案等课程资源,以方便教师对现代化教学手段的应用及学生对重点知识的加深理解。

　　本书由西京学院会计学院财税与法教师团队为主编写,具有多年纳税实践经验的双师型教师袁显朋担任主编负责总纂。具体分工如下:第一章、第八章、第九章由双师型教师袁显朋执笔;第二章、第六章由双师型教师王少华执笔;第三章、第四章、第五章由卓越教师司玉娜执笔;第七章由赵慧丽老师执笔;第十章、第十一章由西安外国语大学张思迪老师执笔。全书由西安财经大学娄爱华教授进行指导和评审,由崔瑾、赵慧丽老师进行审核查错修正、补充习题答案及课件的完善。本书涉及图表及版面的技术处理由计算机教师王琦进行修正完善。

　　本书在编写过程中参考借鉴了相关网站和同行的有关著作,本书的编写和出版得益于立信出版社张巧玲女士的精心组织和鼎力相助,在此表示诚挚的感谢。

　　由于时间仓促,加之编者水平有限,书中内容编排和语言表达难免存在不妥或者错误之处,恳请同行和读者批评指正,以便我们进一步修订及完善,我们不胜感激!联系邮箱:51168858@qq.com。

编者

2019 年 1 月

目　录

第一章　税务会计概论 ……………………………………………………… 1
　第一节　税务会计概述 ……………………………………………………… 1
　第二节　纳税基础 …………………………………………………………… 8
　第三节　税收征纳制度 …………………………………………………… 17
　第四节　网上办税技术 …………………………………………………… 28
　思考题 ……………………………………………………………………… 30
　实践能力训练 ……………………………………………………………… 31

第二章　增值税会计 ……………………………………………………… 33
　第一节　增值税概述 ……………………………………………………… 33
　第二节　增值税应纳税额的计算及纳税申报 …………………………… 51
　第三节　增值税的会计核算 ……………………………………………… 71
　思考题 ……………………………………………………………………… 95
　实践能力训练 ……………………………………………………………… 96

第三章　消费税会计 ……………………………………………………… 102
　第一节　消费税概述 ……………………………………………………… 102
　第二节　消费税应纳税额的计算及纳税申报 …………………………… 109
　第三节　消费税的会计核算 ……………………………………………… 120
　思考题 ……………………………………………………………………… 129
　实践能力训练 ……………………………………………………………… 129

第四章　关税会计 ………………………………………………………… 133
　第一节　关税概述 ………………………………………………………… 133
　第二节　关税应纳税额的计算 …………………………………………… 139
　第三节　关税的会计核算 ………………………………………………… 145
　思考题 ……………………………………………………………………… 148
　实践能力训练 ……………………………………………………………… 148

第五章　资源税会计 ·············· 151

第一节　资源税概述 ·············· 151

第二节　资源税的计算及会计核算 ·············· 157

思考题 ·············· 164

实践能力训练 ·············· 164

第六章　土地增值税会计 ·············· 167

第一节　土地增值税概述 ·············· 167

第二节　土地增值税的计算及会计核算 ·············· 170

思考题 ·············· 180

实践能力训练 ·············· 180

第七章　城市维护建设税及教育费附加 ·············· 185

第一节　城市维护建设税的核算 ·············· 185

第二节　教育费附加及地方教育费附加 ·············· 188

第三节　城市维护建设税、教育费附加的纳税申报 ·············· 190

思考题 ·············· 193

实践能力训练 ·············· 193

第八章　企业所得税会计 ·············· 196

第一节　企业所得税概述 ·············· 196

第二节　企业所得税应纳税额的计算 ·············· 202

第三节　企业所得税的纳税申报 ·············· 213

第四节　企业所得税的会计核算 ·············· 225

思考题 ·············· 239

实践能力训练 ·············· 239

第九章　个人所得税会计 ·············· 245

第一节　个人所得税概述 ·············· 245

第二节　个人所得税应纳税额的计算 ·············· 254

第三节　个人所得税的纳税申报 ·············· 270

第四节　个人所得税的会计核算 ·············· 272

思考题 ·············· 281

实践能力训练 ·············· 281

第十章 环境保护税会计 284

第一节 环境保护税概述 284

第二节 环境保护税应纳税额的计算及会计核算 289

思考题 299

实践能力训练 299

第十一章 其他税会计 301

第一节 城镇土地使用税会计 301

第二节 耕地占用税会计 305

第三节 房产税会计 308

第四节 车船税会计 313

第五节 车辆购置税会计 318

第六节 印花税会计 322

第七节 契税会计 328

实践能力训练 332

参考文献 337

第一章 税务会计概论
（Introduction to tax accounting）

↗ **学习目标**

本章从税务会计的产生开始,分析了税务会计的特点、对象、目标、任务、会计核算,同时详述了纳税基础和税收征纳制度等内容。通过本章的学习,达到如下目的:

1. 了解税务会计的产生、特点、网上办税技术,熟悉税务会计的目标、任务。

2. 理解会计凭证账簿制度、纳税申报制度、税务会计与财务会计的联系与区别。

3. 重点掌握税务会计的概念、税收法律关系、税务会计实体法的构成要素、税务登记制度、税款缴纳制度等。

第一节 税务会计概述

一、税务会计的产生

税收是一个古老的经济范畴,它是随着国家的形成而产生的。从人类发展的历史看,税收是与国家有本质联系的一个分配范畴。概括地说,税收的产生取决于两个相互影响的前提条件:一是经济条件,即私有制的存在。二是社会条件,即国家的产生和存在。历史上,私有制先于国家形成,但对税收而言,是同时存在这两个前提条件后,税收才产生。

税收与会计作为两个独立的经济领域,在很长的一个历史时期里,各自为政。随着社会生产力的发展,税制越来越健全、越来越复杂。国家为了加强税收征收管理,对税款形成和缴纳的监控逐步加强,要求纳税人设立账簿和凭证,按税法的要求反映税款的形成和缴纳,并以纳税申报形式接受税务机关的监督。纳税逐渐成为影响企业经营决策的一个越来越重要的因素。随着19世纪末20世纪初现代所得税制度的产生,各国税收逐步走上了法制化的轨道,税务会计的产生也就逐步具备了经济、法律等环境。我国在20世纪90年代初开始引进"税务会计"这个概念进行研究。税务会计作为一种客观存在,其历史是悠久的,但作为一门独立的学科是年轻的。

二、税务会计的概念

会计和税收是经济领域中两个不同的分支,分别遵循不同的原则,规范不同的对象,服务于不同的目的。

会计核算必须遵循一般会计原则,其目的在于提供符合国家宏观经济管理要求的会计信息,满足企业内部经营管理的需要,满足有关各方了解企业财务状况及经营成果的需要。为了满足不同的报表使用者和社会各方面对财务会计信息的需求,财务会计在对经济活动的确认、计量、记录、报告过程中,必须以会计准则和财务会计制度为基本规范。但是,几乎所有的经济活动都会影响企业的税款支出。

税法是国家制定的用以调整政府与纳税人之间在征纳税方面的权利与义务的法律规范的总称。它是税收征纳主体依法征税、依法纳税的行为准则,它以课税为目的,根据"经济合理、公平税负、促进竞争"的原则,依据有关的税收法律法规,确定纳税人在一定时期内应履行的纳税义务。为了规范企业和国家之间的税收分配关系,企业必须按税收法律法规的规定重新确认、计量经济活动。因此,税法又是企业会计行为的另一种规范。由此可见,企业会计行为同时受到会计准则、财务会计制度与国家税收法律法规两种行为规范的制约。在这种双重制约下,企业会计核算中所适用的会计准则、财务会计制度与税收法律法规规定在计算口径和计算时期等方面的不同,从而产生一定的差异,对于这些差异则需要通过税务会计加以调整,这一现象在所得课税方面表现得尤为明显。

税务会计是适应社会经济发展的需要,从传统的财务会计中分离出来的。它是融税收法律法规和会计处理为一体的特种专业会计。从本质上讲,税务会计是一种管理活动,而这种管理活动要求以国家的税收法律法规为准绳,并采用会计的专门理论和技术方法,使税务会计行为既满足纳税的需要,又能使提供的财务会计信息符合会计准则的要求。因此,当会计准则和税收法律法规的规定不一致时,依法纳税的前提是必须采用税务会计进行调整处理。

综上所述,税务会计是以国家现行税收法律法规为依据,以货币作为计量单位,运用会计学的基本理论、核算方法和程序,对经济主体的涉税事项进行连续、系统、全面的确认、计量、记录和申报,实现征、纳税主体税收利益最大化的一门专业会计。

三、税务会计的特点

税务会计作为会计学科的一个相对独立的分支,除具有其他专业会计的共性特征外,也有其特殊性,主要体现在以下几个方面。

(一)税法导向性

税务会计的法律性源于税收所固有的"强制性、无偿性、固定性"的形式特征。税务会计必须以现行税法为依据,接受税收法律法规的制约。具体会计核算中的一些计算方法(如存货的计价、准备金的计提等),企业可以根据其生产经营的实际需要适当选择。但税务会计必须在遵守国家现行税收法律法规的前提下选择。税收法律法规作为税务活动的基本准则制约着征纳双方的分配关系。当会计准则、财务会计制度的规定与现行税法规定发生抵触时,税务会计必须以现行税收法规定为标准进行调整。由此可见,税务会计必须以现行的税收法律法规为依据,接受税收法律法规的规范和制约,这是税务会计区别于其他专业会计的突出特点。

(二)适用纳税主体范围的广泛性

所有法人和自然人都可以是纳税权利义务人。法定纳税人的广泛性,决定了税务会计适用范围的广泛性。就行业、部门而言,它适用于工业、商品流通、交通运输、房地产开发等国民经济各行业、各部门;就所有制而言,它适用于国有经济、集体经济、私营经济、个体经济、联营经济、股份制经济、外商投资经济、港澳台投资经济和其他经济等各种经济形式。由此可见,不论什么性质的企事业单位,不管其隶属于哪个部门或行业,只要被确认为纳税人,在处理涉税事项时都必须依照税法规定,运用会计核算的专门方法对其生产、经营活动进行核算和监督,这就使税务会计成为企业财务会计的重要分支,成为企事业单位涉税活动的一种核算手段。

(三) 会计处理的统一性

税法的统一性、普遍适用性决定了税务会计的统一性特点。也就是说,同一种税对于适用的不同纳税人而言,其规定具有统一性、规范性。不区分纳税人的经济性质、组织形式、隶属关系以及生产经营形式和内容,在税法构成要素,诸如征税对象、税目、税率、征纳办法等方面,均适用统一的税法规定。当然,在维护税法统一的前提下,也不排除特殊情况下的灵活性,如减免税方面的规定等。

(四) 核算内容的相对独立性

作为会计学科的一个相对独立的分支,与其他专业会计相比较,税务会计具有自身的相对独立性。在核算方法上,因为国家税收法律法规与会计准则、财务会计制度所遵循的原则不同,规范的对象不同,两者有可能存在一定的差异,诸如现行增值税法中对视同销售货物行为的征税规定、所得税法中税前会计利润与应纳税所得额之间的差异调整等方面,税务会计要求完全按照税法规定进行调整处理,由此反映了税务会计核算方法的相对独立性;在核算内容上,税务会计只对纳税人在涉税活动过程中所表现的有关经济业务这部分内容进行全面、系统的核算和监督,由此反映了税务会计核算内容的相对独立性。

(五) 税务筹划性

企业作为纳税人通过税务会计履行纳税义务,同时还享有相关权利。具体体现在"应交税费"账户的作用上:它既可以反映企业已上缴税金的数额,即实际履行的纳税义务,又可以反映企业应交未交的税金数额。它是企业对国家的一笔负债,其金额大小、滞留时间长短,可以反映企业"无偿使用"该项资金的能力。降低税负、提高盈利水平是每个企业不懈追求的目标,通过税务会计的纳税筹划,可以正确处理涉税会计事项,实现企业财务目标。

四、税务会计的对象

税务会计的对象就是税务会计核算和监督的内容。它是纳税主体因涉税事项所引起的资金运动,即应纳税款的形成、计算、缴纳、退补和罚款等经济活动的货币表现。税务会计的对象具体包括以下几个方面。

(一) 计税依据

纳税人的各种应交税款是指各税种的计税依据与其税率相乘之积。不同税种的计税依据各有不同,有收入额、销售额(量)、增值额、财产额、应纳税所得额等。

(二) 应税收入

应税收入是指纳税人因销售商品、提供劳务等各种涉税行为所取得的收入(即税法所认定的收入),它也称为法定收入。应税收入与会计收入有密切联系,但不一定等同。确认应税收入的依据有两点:一是与应税行为相联系,即发生应税行为才能产生应税收入。换言之,如果纳税人发生非应税行为或免税行为,其所取得的收入就不是应税收入,而只是会计收入。二是与某一具体税种相关,即纳税人取得一项收入,如果是应税收入,那必然与某一具体税种相关,即是某一税种的应税收入,而非其他税种的应税收入。

(三)扣除项目

扣除项目是指纳税人因发生应税收入而必须支付的相关成本费用项目,即税法所认可的允许在计税时扣除的项目,它也称"法定扣除项目"。属于扣除项目的成本、费用、税金、损失应在财务会计确认、记录的基础上,分不同情况确认:一是按其与应税收入的发生是否为因果关系确认,如为因果关系,可按比例扣除。二是在受益期内,按税法允许的会计方法折旧、摊销。三是对特定项目,不论财务会计采用什么会计原则,均不得超过扣除标准。由此可见,财务会计确认、记录的费用支出与法定扣除项目虽然有密切关系,但两者并不等同。

(四)应税所得与应税亏损

财务会计与税务会计中关于"所得"的含义并不同。财务会计中的"所得"是指账面会计利润;税务会计中的"所得"是指应税所得,或称应纳税所得额,它是应税收入与法定扣除项目金额之差。在税务会计的实务操作中,企业是在财务会计提供的账面利润的基础上,按现行税法与财务会计的差异及其选定的所得税会计方法,确认应纳税所得额,进而计算应纳税额。

与"应税所得"相对应的要素是"应税亏损"。如果财务会计提供的账面利润是负数,即账面亏损。在账面亏损的基础上,按现行税法进行调整,如果调整后仍是负数,即应税亏损。对应税亏损可按税法规定进行税前弥补,若纳税人有意虚列亏损,应视同逃税行为。

(五)税款计算与缴纳

不同类别的税种,其计税依据、计算方法、征收办法等内容各不相同,同一种税对不同行业、不同性质企业的会计处理办法也有所不同,因此,各种应纳税款的计算、缴纳方法也不尽一致。纳税义务应严格按照税法规定,正确计算应纳税款,按照法定程序填写纳税申报表,正确、及时地解缴税款入库。这项以货币表现经济活动的业务工作,只能由税务会计来完成。因此,正确地核算和监督税款的计算、解缴过程及其结果是税务会计的重要内容。

(六)税收减免

税收减免是国家为了贯彻鼓励或扶植政策,对某些纳税人或征税对象采取减少征税或免予征税的特殊规定。减税、免税是税法的原则性和灵活性相结合的具体体现,具有鲜明的目的性和较强的针对性。税收减免意味着纳税人少交税款和征税机关少征税款,它必须严格按照税法规定的管辖权限、减免范围和减免幅度进行计算和审批。减免税收体现了税收政策的灵活性和税收杠杆的调节作用。企业对税收减免,应按税收法规进行相应的会计处理。

(七)税收滞纳金与罚款、罚金

纳税主体因逾期缴纳税款或违反税法规定而支付的各项税收滞纳金、罚款、罚金,也属于税务会计对象,应该如实地记录和反映。

五、税务会计的目标

税务会计的目标，即企业通过税务会计工作所要达到的目的，它是会计目标在税务会计这一特殊领域内的具体表现。税务会计是企业会计中一个相对独立的部分，其会计目标也就有其特定性。通过税务会计提供的会计信息，不仅要满足企业自身经营管理的需要，而且还需要服务于企业外部与企业存在密切经济利益关系的国家和地方税务机关以及投资者、债权人等。税务会计的基本目标主要体现在以下方面。

（一）依法履行纳税义务

随着《"互联网＋税务"行动计划》的稳步推进，国家对纳税人的纳税遵从度要求越来越高，纳税人要做到依法纳税，就必须要求税务会计以国家现行税收法规为依据，在财务会计提供的相关资料基础上，及时、正确地分析税款的形成，准确计算应纳税额，详细地进行纳税申报，足额缴纳各项税款，以专门方法将各环节涉税事项进行全面的反映和监督，为税务机关提供真实的纳税信息，确保企业依法履行纳税义务。

（二）满足企业内部经营管理者经营决策的需要

在现代多税种、多次征的复合税制模式下，税收是影响企业财务状况、经营成果和现金流量的一个重要因素。企业经营管理者承担资产受托责任，其基本职责是使所有者权益最大化，而纳税则会影响所有者权益。在符合或不违反现行税法规定的前提下，能否减少或推迟纳税，争取税收优惠，实现最大涉税利益自然是企业管理者非常关注的问题。因此，企业经营管理者必须了解有关应纳税款的形成、计算和解缴情况，税务会计通过有关核算资料以及专门的纳税申报表，提供有关纳税情况的会计信息。

（三）协调与财务会计的关系

税务会计的核算必须以税收法规为准绳，因此，税务会计需要将财务会计按会计准则和制度进行核算所提供的会计信息进行相应的调整，以便在各项财务报告中正确披露有关税务会计信息。税务会计与财务会计相互补充、相互依存。财务会计要保持其稳定性、谨慎性和规范性，税务会计要保持其依法性。两者作为企业会计的重要组成部分，必须要相互配合、相互协调，才能更好地完成各自的具体目标。当两者出现矛盾时，税务会计要依照相关税法规定，协调与财务会计的关系，正确反映税务会计信息。

六、税务会计的任务

税务会计的任务是税务会计目标的具体体现。税务会计作为会计的一个分支，既要以国家税收法律法规为依据，促使企业正确履行纳税义务，又要使企业在国家税法允许的范围内，追求企业纳税方面的经济效益。因此，其主要任务包括：

（1）核算和监督纳税主体对国家税收法律法规的贯彻执行情况，正确履行纳税义务，正确处理国家与纳税主体之间的分配关系。

（2）按照国家现行税收法规规定，正确计算纳税主体在规定的纳税期限内的应纳税款并进行正确的会计核算。

（3）按照国家税收征管法规的规定和主管税务机关的要求，对涉税经济业务进行相应的会计处理。

（4）正确填制、及时报送会计报表和纳税申报表，及时、足额地缴纳税款，认真执行税务机关的审查意见。

（5）进行纳税主体税务活动的经济分析，不断提高纳税主体执行税法的自觉性和税务核算水平，不断增强纳税主体的纳税意识和办税能力。同时，纳税主体也应当充分利用现行税法及有关政策、制度所赋予的各种权利，合理安排其筹资、投资、经营以及财务核算方法等行为，进行科学、合理、规范的经济决策。

（6）充分利用税收法规进行税务筹划等，寻求纳税方面的经济利益，以充分发挥纳税主体税务会计的作用，更好地完成税务会计的任务。

七、税务会计与财务会计的联系与区别

（一）税务会计与财务会计的联系

企业的财务会计系统建立了一套较为健全完善的数据库，这一数据库主要是对外制定财务会计报告的基本材料。税务会计的信息是以财务会计的信息作为基础，同时税法条款对会计概念和会计技术的采纳，表明了税务会计与财务会计有着相互依存的基础。税务会计与财务会计间的协调性同时反映在企业对外披露的财务报告上。不管企业的哪一项税务会计处理都会直接影响到财务会计状况，这样的一种影响主要体现在财务报告中。也就是说，一方面，税法是借助了会计技术才得以实施，税收管理因采用了会计方法才日趋成熟。另一方面，税法的不断完善也对会计产生了广泛而深远的影响，它使会计实务处理更加规范化、法制化，有时也制约了会计对某些核算方法的影响。

（二）税务会计与财务会计的区别

1. 目标不同

税务会计的目标，是纳税人向税务部门提供真实准确的纳税信息，依法计算应纳税额，保证税负公平，达到征纳双方利益最大化，其实现方式是纳税申报表；而财务会计的主要目标，则是向政府管理部门、股东、经营者、债权人以及其他的相关的报表资料使用者，提供财务状况、经营成果和现金流量变动等有用的信息，其实现方式是财务报表。

2. 法律依据不同

税务会计必须严格按照税法（条例）及其实施细则的规定运作，受税法制约，不能任意选择或更改，实际是按照税法来核算企业的收入、成本、利润和应税所得的会计核算系统；而财务会计是以财务会计制度和会计准则为依据，要求会计信息的真实、完整。正因为两者的基本处理依据不同，所以两者在会计核算基础、损益确认口径和会计计量属性等具体方面也存在着很大的差异。

3. 核算范围不同

税务会计按税法规定的要求，有选择地对会计主体涉税相关经济业务进行核算，反映的是纳税人履行纳税义务的概况。财务会计则要对会计主体每一笔经济业务进行记录，反映整个企业财务状况、经营成果和资金流转情况。

八、税务会计的会计核算

税务会计要全面、系统、连续地反映和监督纳税主体的涉税事项，必须对税务会计对象

进行科学分类,并在此基础上借助于财务会计的账户系统,利用账户系统反映应纳税款的形成、计算、申报、缴纳等税务资金运动。企业在对涉税事项进行会计处理时,需要运用许多会计账户。

(一) 应交税费的会计核算

(1) 应交增值税的会计记录。财务会计对增值税的会计处理追随税法"价外计税"的原则,在企业购进货物、固定资产等时,其借记的资产以不含税价入账;在销售货物、提供劳务、服务等时,其收入同样也不含税。因此,企业发生购销业务(符合增值税的确认条件)时,其进项税额、销项税额要单独反映,然后根据抵扣制原理确认计量其应交增值税额。应交增值税的会计记录,详见第二章。

(2) 应交消费税、土地增值税、资源税、关税、企业所得税、城市维护建设税、环境保护税、车船税、印花税、契税等的会计记录。当企业按照税法规定,确认计量其每个纳税期应交消费税、土地增值税、资源税、关税、企业所得税、城市维护建设税、环境保护税、车船税、印花税、契税等税种(增值税除外)金额后,其基本会计分录均为:

借:税金及附加、库存商品、生产成本、所得税费用——本期所得税费用等
　贷:应交税费——应交××税

(3) 应交的养老保险、医疗保险、失业保险、工伤保险和住房公积金(四险一金)的主要账务处理:

借:管理费用等
　贷:应付职工薪酬——社保费——单位部分——应交养老保险金
　　　　　　　　　　　　　　　　　　——应交医疗保险金
　　　　　　　　　　　　　　　　　　——应交失业保险金
　　　　　　　　　　　　　　　　　　——应交工伤保险等

(二) 上缴税金的会计核算

企业上缴税金的会计记录比较简单,即在税法规定的纳税期内实际上缴时,做如下会计分录:

借:应交税费——应交××税
　贷:银行存款(或其他货币资金)

补缴税金的会计记录与上缴税金的会计记录方法相同。

(三) 退税的会计核算

退税包括多缴税款的退回、先征后退和出口退税等类型。对企业多缴税款的退回,不论是税务机关多征退回,还是企业自己多缴退回,在税务机关确认后,实际退回时,其会计分录与上缴税金的会计记录方向相反。

税款的先征后退属于税收优惠形式之一,如研发机构采购国产设备,凡符合退税条件,在规定时限内办理退税获批后,企业在收到退税款时,借记"银行存款"账户,贷记"营业外收入"等有关账户。

出口退税的会计记录方法,详见本教材第二章。

(四) 代扣(收)代缴的会计核算

当企业发生代扣(收)代缴业务时,在依法确认计量代扣、代收税种及税额后,作会计分

录如下：

借：应付职工薪酬、银行存款等
　　贷：应交税费——代扣（收）代缴××税

在税法规定的缴税期内实际上缴税款时，作如下会计分录：

借：应交税费——应交××税
　　贷：银行存款

（五）支付滞纳金、罚款、罚金的会计核算

如果纳税人或扣缴义务人未在税法规定的纳税期限内及时、足额地缴纳税款，除按税务机关的要求，在规定期限内补缴税款外，还要按《税收征管法》的规定，按日加收滞纳税款额的万分之五计算缴纳滞纳金。如果企业（包括责任人）发生违反《税收征管法》的违法行为，除可能受到的行政处罚外，还要依法缴纳罚款。如果企业（包括责任人）发生属于《刑法》认定的涉税犯罪行为，除可能被判刑外，还可能被给予附加刑——缴纳罚金。不论发生上述哪种情况，属于企业支付的，应作如下会计分录：

借：营业外支出——税收滞纳金（罚款、罚金）
　　贷：银行存款

第二节　纳税基础

一、税收概述

（一）税收的概念

税收是国家为了实现其职能，凭借政治权力，以法律规定的形式，取得再分配来源的一种方式。国家的出现同税收的产生有着本质、内在的联系。本教材将从以下几个方面介绍税收。

1. 税收是国家实现其职能的物质基础

国家要行使职能就必须要有一定的财政收入作为保障，其本质是一种分配关系。取得财政收入的手段多种多样，如税收、发行货币、发行国债、收费、罚没等，而税收收入是世界上大多数国家取得财政收入的主要形式。

2. 国家征税的依据是政治权力

税收是以国家为主体，以国家政治权力为依据的特定产品的分配。国家通过征税，将一部分社会产品由纳税人所有转变为国家所有，因此，征税的过程实际上是国家参与社会产品分配的过程。国家与纳税人之间形成的这种分配关系与社会再生产中的一般分配关系不同。税收分配是以国家为主体所进行的分配，而一般分配则是以各生产要素的所有者为主体所进行的分配；税收分配是国家凭借政治权力进行的分配，而一般分配则是基于生产要素所进行的分配。

3. 国家征税的目的是满足社会公共需要

国家在履行其公共职能的过程中必然要有一定的公共支出。公共产品提供的特殊性

决定了公共支出在一般情况下不能由公民个人、企业采取自愿出价的方式,而只能采用由国家强制征税,由经济组织、单位和个人来负担的方式。国家征税的目的是满足国家提供公共产品的需要,其中包括政府弥补市场失灵,促进公平分配等需要。同时,国家征税也要受到所提供公共产品规模和质量的制约。

历史发展到今天,税收也由一国一制向国际化方向发展,税收的国际协调也日趋明显。

(二) 税收的特征

税收自产生以来,一直是国家取得财政收入的主要形式。与其他财政收入形式相比,税收具有以下基本特征。

1. 强制性

任何社会制度下的税收,都是国家凭借政治权力,依据税法所进行的强制征收。唐纳德·C.亚历山大曾说过:"没有,从不曾有,也绝不可能有'自愿'的税收制度。"税法是国家法律的重要组成部分,任何纳税人都必须依法纳税,否则就要受到法律的制裁。强制性是国家的权利在税收上的法律体现,是国家取得税收收入的根本前提。因此,税收是国家取得财政收入最普遍、最可靠的形式。

2. 无偿性

税收是国家对纳税人的无偿征收。征收所得的税款,就成为国家的财政收入,不付给任何报酬,也不再直接偿还给纳税人。税收的这种无偿性,同债权收入有根本区别。

3. 固定性

税收是以法律形式存在的。在征税以前,税法预先对纳税人、纳税对象、税目、税率、应纳税额、纳税期限等作了具体规定,有一个比较稳定的适用期间,是一种固定的连续性收入。税收的这种固定性,使征纳双方都有法可依。税收的固定性也并非一成不变,国家依据政治、经济环境的变化,可以修改现行税法,调整税收的有关规定。

税收"三性"特征是一个完整的统一体,它们相辅相成、缺一不可。其中,无偿性是核心,强制性是保障,固定性是对强制性和无偿性的一种规范和约束。

(三) 税收的分类

税收分类是按照一定标准对税收制度中性质相同或相近的税种进行归纳综合。基于不同的分类标准,税收分类的方法主要有按征税对象分类、按税收与价格的关系分类、按计税依据分类、按税收收入的归属分类等。具体分类情况如下。

1. 按征税对象分类

(1) 流转税。流转税是指以商品或劳务买卖的流转额为课税对象课征的各种税,如增值税、消费税、关税等。其特点是与商品生产、流通、消费有密切关系,主要在生产、流通、服务业进出口贸易等方面发挥调节作用。

(2) 所得税。所得税是指以纳税人的应纳税所得额为课税对象课征的各种税,如企业所得税、个人所得税。其特点是可以调节纳税人的收入,发挥其公平税负、调整分配关系的作用。

(3) 行为税。行为税是指以纳税人所发生的某种行为为课税对象课征的各种税,如环境保护税、车辆购置税、印花税、城市维护建设税、船吨税、烟叶税等。它主要是为了达到特定目的,对特定对象和特定行为发挥调节作用。

（4）财产税。财产税是指以纳税人拥有或支配的财产为课税对象课征的各种税，如房产税、车船税、契税等。它主要对特定财产发挥调节作用。

（5）资源税。资源税是指对因开发和利用的自然资源的差异而形成的级差收入所征收的一种税，如资源税、土地增值税、城镇土地使用税和耕地占用税等。它主要是对因开发和利用自然资源差异而形成的级差收入发挥调节作用。

2. 按税收与价格的关系分类

（1）价内税。价内税是指将税收作为价格组成部分的税种，计税依据是含税价格，如消费税。

（2）价外税。价外税是指将税收作为价格外加部分的税种，计税依据是不含税价格，如增值税。

3. 按计税依据分类

（1）从价税。从价税是指以课税对象的价格为依据而计算征收的税种，如增值税、消费税。

（2）从量税。从量税是指以课税对象的数量、重量、容量、面积或体积等为依据而计算征收的税种，如部分资源税和部分消费税。

（3）复合税。复合税是指对同一课税对象既从量计税又从价计税，如对卷烟、粮食白酒和薯类白酒这三种应税消费品征收的消费税，就属于复合税。

4. 按税收收入的归属分类

（1）中央税。中央税是指税收收入归中央政府的税种，如消费税、关税、车辆购置税、船吨税。

（2）地方税。地方税是指税收收入归地方各级政府的税种，如环境保护税、车船税等。

（3）中央和地方共享税。该种税收的收入由中央和地方按一定的比例分成，如增值税、所得税等。

二、税收法律关系

（一）税收法律关系的概念

国家征税与纳税人纳税在形式上表现为利益分配关系，但经过法律明确双方的权利和义务后，这种关系实质上升为一种特定的法律关系。税收法律关系是指由税法所确认和调整的国家和纳税人之间的税收征纳权利和义务关系。

（二）税收法律关系的构成

税收法律关系在总体上与其他法律关系一样，都由权利主体、客体和法律关系内容三方面的内容构成上，税收法律关系具有特殊性。

1. 权利主体

权利主体，即税收法律关系中享有权利和承担义务的当事人，可分为征税主体和纳税主体两类。征税主体是代表国家行使征税职责的国家税务机关，包括国家各级税务机关、海关和财政机关；纳税主体是履行纳税义务的人，包括法人和自然人。

在税收法律关系中权利主体双方法律地位几乎相等，只是因为主体双方是行政管理者与被管理者的关系，双方的权利与义务不对等，因此，与一般民事法律关系中主体双方权利和义务平等是不一样的。这是税收法律关系的一个重要特征。

2. 权利客体

权利客体，即税收法律关系的主体权利、义务所共同指向的对象，也就是征税对象，包括应税的产品、财产、收入、所得、资源、行为等。税收法律关系的客体也是国家利用税收杠杆调整和控制的目标，国家在一定时期根据客观经济形势发展的需要，通过扩大和缩小征税范围、调整征税对象，以达到鼓励或限制国民经济中某些产业、行业发展的目的。

3. 税收法律关系的内容

税收法律关系的内容就是权利主体所享有的权利和所承担的义务，它是税收法律关系中最实质的部分，也是税法的灵魂。它规定了权利主体的可以为和不可以为。若违反了这些规定，须承担相应的法律责任。

税收机关的主要权利包括：税收行政执法的相对独立权、税收管理权、税收征收权、税收检察权、税务处罚权、税务检控权等。税务机关的主要义务包括：依法行使税收管理权和维护国家税收利益的义务、维护纳税人合法权益的义务、正确执法的义务、纠正错误和依法赔偿损失的义务、行政复议的义务、应诉的义务等。

纳税主体的主要权利包括：隐私机密权、信息公告和资料知悉权、法定最低限额纳税权、税收减免申报权、税法使用的公正权、正义抗辩权、委托代理权、税务行政复议和诉讼权等。纳税主体的义务主要包括：依法办理税务登记、纳税申报、缴纳税款、接受税务检查、税务行政处罚等。

（三）税收法律关系的产生、变更与消亡

税法是税收法律关系产生、变更和消灭的前提条件，但税法本身并不能生成具体的税收法律关系，它是由税收法律事实的产生和变化而产生、变更和消灭的。税收法律事实可分为两类：行为与事件。行为，是指受人的意志支配的活动。事件，是指其本身不直接包含人的意志性的民事法律事实。事件与行为的最根本的区别是法律事实的发生是否直接与人的意志性有关，有直接关系的就是行为，否则就事件。

1. 税收法律关系的产生

税收法律关系因下列法律事实的出现而产生：

（1）国家颁布某些税收法规。

（2）纳税人发生了税法规定的行为或事件。

（3）新的纳税单位和个人出现等。

2. 税收法律关系的变更

税收法律关系因下列法律事实的出现而变更：

（1）修改原有税收法规。

（2）征税程序发生变更。

（3）纳税人的生产经营及收入情况发生变化。

（4）纳税人发生了税法规定予以减免税的特殊事件等。

3. 税收法律关系的消灭

税收法律关系因下列法律事实的出现而消灭：

（1）纳税人依法履行了纳税义务。

（2）废止某项税法。

（3）课税对象或税目发生变化。

（4）纳税主体消灭，如纳税人发生解散、破产、依法撤销或死亡等。

三、税收实体法的构成要素

税收实体法是税收法律关系主体的实体权利、义务的法律规范的总称。税收实体法直接影响到国家与纳税人之间权利义务的分配，它是税法的核心部分，没有税收实体法，税法体系就不能成立。每个税种的特定目的不同，一般都是按照每个税种立法，即一个税种有一部税收实体法。税收实体法主要内容包括纳税权利义务人、课税（纳税）对象、税率、纳税环节、减免税、纳税期限、违章处理等。税收实体法的构成要素主要有以下方面。

（一）纳税权利义务人

纳税权利义务人简称纳税人，又叫纳税主体，是指税法规定直接负有纳税义务并享有纳税人权利的单位和个人。纳税人可以是自然人，也可以是法人。实际纳税过程中与纳税人相关的概念如下。

1. 负税人

负税人是最终承担税收负担的单位和个人。某种税的纳税人可能同时也是其负税人但也可能不承担税负，即不是其负税人。因此，两者可能是统一的，也可能是分离的，关键看税负能否转嫁。如果税负能够转嫁，纳税人与负税人是分离的；否则，两者就是合一的。根据转嫁程度，纳税人与负税人可以是不完全分离或不完全合一。

2. 扣缴义务人

扣缴义务人是指税法规定的负有扣缴义务的单位和个人。具体分为以下三种：

（1）代扣代缴义务人。代扣代缴义务人亦称"扣缴义务人"，即有义务从持有的纳税人收入中扣除应纳税款并代为缴纳的企业、单位或个人。这样有利于加强税收的源泉控制，简化征税手续，减少税款流失。例如，个人所得税目前就其综合所得等所得实施代扣代缴。

（2）代收代缴义务人。代收代缴义务人是指有义务借助与纳税人经济往来关系（不持有纳税人收入）向纳税人收取应纳税款并代为缴纳的企业或单位。这样有利于加强税收的源泉控制，简化征税手续，减少税款流失。例如，《中华人民共和国消费税暂行条例》（以下简称《消费税条例》）规定，委托加工的应税消费品，由受托方在向委托方交货时代收代缴委托方应该缴纳的消费税；国家税务总局公告 2015 年第 83 号规定："第二十一条　纳税人在车辆登记地之外购买机动车第三者责任强制保险，由保险机构代收代缴车船税。"

（3）代征代缴义务人。代征代缴义务人是指接受税务机关委托，按国家税法规定代征税款的单位和个人。代征代缴是税务机关为了加强征收管理，方便群众纳税，对于不便直接征收，而有关单位又能控制的税源的一种有效征管形式。代征代缴义务人有两种类型：一是海关代征。对进口的货物和物品应纳的增值税、消费税，由税务机关委托海关于办理报关进口计征关税的同时，代征代缴应纳的增值税和消费税。二是委托代征单位。为了加强对零星分散税款的源泉管理，方便纳税人缴税，对边远地区的零星税源，一般委托乡、村和信用社等单位代征税款。

【例题 1-1】　大华白酒厂销售白酒取得收入要缴税。大华白酒厂是增值税和消费税的纳税人,但不是负税人,负税人是购买白酒的消费者。该酒厂委托 A 企业加工白酒,A 企业要代扣代缴消费税,A 企业就是代收代缴义务人。

(二) 纳税对象

纳税对象也称课税对象、征税客体等。它是征税目的物,是明确对什么征税的问题。它是构成税收实体法诸要素的基础性要素。这是因为:第一,课税对象是一种税区别于另一种税的最主要的标志。第二,课税对象体现着各种税的征税范围。第三,其他要素的内容一般都是以课税对象为基础确定的。

纳税对象的计量标准是计税依据(税基),它是税法中规定的据以计算应缴税款的直接数量依据。其在表现形态上分为两种:一种是价值形态,另一种是实物形态。以价值形态作为计税依据时,其计税方法为从价计税,以实物形态作为计税依据时,其计税方法为从量计税;既以价值又以实物为依据计税时,其计税方法为复合计税。

课税对象与计税依据的关系:课税对象是指征税的目的物,计税依据则是在目的物已经确定的前提下,对目的物据以计算税款的依据或标准;课税对象是从质的方面对征税所作的规定,而计税依据则是从量的方面对征税所作的规定,是课税对象量的表现。

(三) 税目

税目是指税法上规定应征税的具体项目,是征税对象的具体化,反映具体的征税范围,体现征税的广度,是对课税对象质的界定。划分税的目的:一是进一步明确征税范围。二是解决课税对象的归类问题,并根据归类确定税率。不是所有的税种都规定税目,对那些征税对象简单明确的税种,就不必另行规定税目,例如,企业所得税、增值税、房产税等。对大多数税种,由于征税对象比较复杂,而且税种内部不同征税对象又需要采取不同的税率档次进行调节,这样就需要对税种的征税对象作进一步的划分,作出具体的界限规定。这个规定的界限范围就是税目,例如,消费税下就分了好多税目。

(四) 税率

税率是指应纳税额占征税对象数量的百分比,是计算应纳税额的尺度。它体现征税的深度,也是衡量税负轻重的重要标志。税率可以从不同角度分类。按照税率的经济意义来分,税率可分为名义税率和实际税率。名义税率是税法规定的税率;实际税率就是纳税人实际缴纳的税额与其全部收益额的百分比;按照税率的表现形式,税率可以分为绝对量表示的税率和百分比表示的税率。

1. 定额税率

定额税率:是指按征税对象确定的计税单位直接规定一个固定的征税数额的税率。例如,资源税、城镇土地使用税、车船税等实施定额税率。定额税率又可以再细分为地区差别定额税率、分类分级定额税率和幅度定额税率等。

2. 比例税率

比例税率:是指对同一征税对象,不论数额大小,均按相同比例征税的税率。比例税率可分为单一比例税率、差别比例税率和幅度比例税率。

(1) 单一比例税率是指一个税种只规定一个征税比率的税率,如我国车辆购置税规定的 10% 税率。

(2) 差别比例税率是指根据征税对象或者纳税人的不同性质规定不同征税比率的税

率,如根据不同产品、不同行业、不同地区和不同纳税人分别规定高低不同的税率。例如,城市维护建设税根据纳税人所在地区的不同税率分别为7%、5%、1%。

(3)幅度比例税率是指由税法统一规定有税率上限和下限的比例税率幅度,由地区在此幅度内具体规定本地区适用的税率,如契税采用3%～5%的幅度比例税率。

3. 累进税率

累进税率:是指将征税对象按照一定的标准划分为若干等级,每一等级规定逐级上升征税比例的税率。累进税率可分为全额累进税率、超额累进税率和超率累进税率。

(1)全额累进税率是以征税对象的全部数额适用的最高税额作为累进税的计征税款。按这种税率计税简便,但纳税人负担相差悬殊,税负不合理,目前此种税率已经很少使用,但在企业所得税里面针对小微企业的企业所得税仍在使用。公式为:

$$全额累进税额 = 全部课税对象数额 \times 全额累进税率$$

(2)超额累进税率是把征税对象按数额大小分成若干等级,每一等级规定一个税率,税率依次提高,将纳税人的征税对象依所属等级同时适用几个税率分别计算,再将计算结果相加后得出应纳税款。目前个人所得税在部分应税项目中采用超额累进税率。

(3)超率累进税率是以征税对象数额的相对率划分若干级距,分别规定相应的差别税率,相对率每超过一个级距的,对超过的部分就按高一级的税率计算征税。目前,采用这种税率的是土地增值税。

(五)纳税环节

纳税环节是指对处于不断运动中的纳税对象选定应该缴纳税款的环节。税法对每一种税都要确定纳税环节,有的税种纳税环节单一,有的税种则需要在许多流转环节中选择和确定。从对流转额的纳税来看,由于产品从生产到消费,中间要经过工业生产、商业批发、商业零售等环节,可以选择在产品的生产环节或第一次批发环节纳税,对其他环节不纳税,即实行"一次课征制",如资源税;也可以在产品出厂销售时缴纳一次工业环节的税款,经过商业零售环节时再缴纳一次税款,而对商业批发等中间环节不纳税,即实行"两次课征制";还可以在工业品的生产、批发和零售环节都纳税,即实行"多次课征制",如增值税。

(六)纳税期限

纳税期限是纳税人在发生纳税义务后,应向国家申报缴纳税款的法定期限。国家开征的每一种税都有纳税期限的规定。合理确定和严格执行纳税期限,对于保证财政收入的稳定性和及时性具有重要作用。不同性质的税种以及不同情况的纳税人,其纳税期限也不同。

我国现行税制的纳税期限有三种形式:按期纳税、按次纳税和按年计征分期预缴。

(七)税负调整

纳税人税负的轻重,除了通过税基、税率体现之外,还可以通过其他措施来调整税负。从税负看,税基、税率主要体现税负的统一性,而税负调整则体现了税法的灵活性,税负调整分为税收减免和税收加征两种情况。

1. 税收减免

1)税收减免的含义

税收减免是减税和免税的合称。①减税是国家对应纳税额少征一部分税款。②免税是对应纳税额全部免征。减免税是国家对特定纳税人或征税对象给予减轻或者免除税收负担的一种税收优惠措施。

2）减免税的基本形式

减免税的基本形式有减税（包括税基式减免、税率式减免、税额式减免）和免税。减免税体现税收在原则性基础上的灵活性。

（1）税基式减免，即通过直接缩小计税依据的方式实现的减税、免税。具体包括起征点、免征额、项目扣除以及跨期结转等。起征点是税法规定的对课税对象开始征税的临界点。课税对象未达到起征点的不征税；达到或超过起征点的，就其全部金额征税，而不是仅就超过部分征税。免征额是税法规定的对课税对象中免予征税的临界点。它是按税法规定的数额，从计税依据总额中预先减除的部分，即免征额部分不纳税，只对超过免征额的部分征税。免征额是一种普惠制，有利于保证纳税人的基本所得，尤其是对低收入者。

【例题1-2】　张某开了一个小超市，月收入3.1万元，当地增值税起征点是3万元，该收入就要全额缴纳增值税；如果免征额为3万元，仅需要就0.1万元缴纳增值税。

（2）税率式减免，即通过直接降低税率的方式实行的减税、免税。具体包括重新确定税率、选用其他税率、零税率等形式。

（3）税额式减免，即通过直接减少应税额以及纳税额的方式实行的减税、免税。具体包括全部免征、减半征收、核定减免率、抵免税等。

3）税收减免的类型

税收减免主要有三种类型，分别是法定减免、特定减免、临时减免。

（1）法定减免。凡是在各种税的基本法规中规定的减税和免税，称为法定减免。它体现各有关税种税收减免的基本规定，一般具有长期的适用性。法定减免必须在基本法规中明确列举减免税的项目、范围和时间。

（2）特定减免。它是指根据社会经济发展变化和发挥税收调控作用的需要而规定的减免税。特定减免主要有两种情况，一是税收的基本法规确定后，随着国家政治和经济情况的发展变化所作出的新的减免税补充规定。二是在税收基本法规中，不能或不宜列举而采用补充规定的减免税形式。特定减免可分为无限期和有限期两种减免，在一般情况下，特定减免属有限期减免。

（3）临时减免。它是指除法定减免和特定减免以外的其他临时性减税、免税。它主要是为了照顾纳税人的某些特殊的、暂时的困难，临时批准的一些减免税通常都是定期减免或一次性减免。

2. 税收加征

税收加征包括地方附加、加成征收和加倍征收三种形式。

（1）地方附加是地方政府随同正税一起征收的作为地方财政收入的附加款项。

（2）加成征收是指对课税对象在依据税率计算应纳税额的基础上，对税额再加征一定成数的税款。加征一成就是在原税率（税额）上加征10%，加征二成就是在原税率（税额）上加征20%，依次类推，一般最高为十成。

（3）加倍征收就是在纳税人应纳税额的基础上加征一定倍数的税额。加倍征收是一种不改变法定税率大幅度提高征收强度的方法，所以其实质是税率的大幅度延伸，是税率的补充形式。

四、税收实体法体系

我国现行税收制度体系(也称税收实体法体系),由 18 个税种的实体法构成。按现行管理机构职责分工可分为货物和劳务税类、所得税类、财产和行为税类(见表 1-1)。

表 1-1 我国现行税种体系及分类

货物及劳务税类	所得税类	财产和行为税类	
增值税	企业所得税	车船税	资源税
消费税	个人所得税	船舶吨税	环境保护税
车辆购置税		房产税	印花税
关税		城镇土地使用税	契税
		土地增值税	烟叶税
		耕地占用税	城市维护建设税

五、税收程序法概述

(一) 税收管理体制

税收管理体制是在各级国家机构之间划分税收管理权限的制度。税收管理权限的划分有纵向划分和横向划分的区别。纵向划分是指税权在中央与地方国家机构之间的划分;横向划分是指税权在同级立法、司法、行政等国家机构之间的划分。

税收管理权限,包括税收立法权、税收法律法规的解释权、税种的开征或停征权、税目和税率的调整权、税收的加征和减免权等。如果按大类划分,可以简单地将税收管理权限划分为税收立法权和税收执法权两类。

(二) 税收立法权的划分

(1) 全国性税种的立法权,即全部中央税、中央与地方共享税和在全国范围内征收的地方税税法的制定、公布和税种的开征、停征权,属于全国人民代表大会及其常务委员会(以下简称"全国人大及其常委会")。

(2) 经全国人大及其常委会授权,全国性税种可先由国务院以"条例"或"暂行条例"的形式发布施行。经过一段时间后,再行修订并通过立法程序,由全国人大及其常委会正式立法。

(3) 经全国人大及其常委会授权,国务院有制定税法实施细则、增减税目和调整税率的权力。

(4) 经全国人大及其常委会的授权,国务院有税法的解释权;经国务院授权,国家财政税务主管部门(财政部和国家税务总局)有税收条例的解释权和制定税收条例实施细则的权力。

经省级人民代表大会及其常务委员会授权,省级人民政府有本地区地方税法的解释权和制定税法实施细则、调整税目税率的权力,也可在上述规定的前提下,制定一些税收征收办法,还可以在全国性地方税条例规定的幅度内,确定本地区适用的税率或税额。上述权力除税法解释权外,在行使后和发布实施前须报国务院备案。

（三）税务机构设置和税收征管范围的划分

1. 税务机构设置

根据 1994 年分税制财政管理体制的需要，中央政府设立国家税务总局（正部级），省及省以下税务机构分为国家税务局和地方税务局两个系统。

根据 2018 年国务院机构改革方案，省级和省级以下国税、地税机构合并，具体承担所辖区内各项税收、非税收入征管等职能。国税、地税合并后，实行以国家税务总局为主与省（区、市）人民政府双重领导管理体制。

2. 税收征收管理范围

目前，我国税收分别由财政、税务、海关等系统负责征收管理。

根据国务院关于实行分税制财政管理体制的决定，按税种划分中央和地方的收入。中央税如消费税、关税；中央与地方共享税如增值税等；地方税如契税、土地增值税等。

第三节 税收征纳制度

《税务登记管理办法》（以下简称《办法》）于 2003 年 12 月 17 日以国家税务总局令第 7 号公布，分别于 2014 年 12 月 27 日和 2018 年 6 月 15 日进行了修改和修正。《办法》分总则，设立登记，变更登记，停业、复业登记，注销登记，外出经营报验登记，证照管理，非正常户处理，法律责任等。

一、税务登记制度

税务登记制度又称纳税登记，是指税务机关根据税法规定，对纳税人的生产、经营活动进行登记管理的一项法定制度，也是纳税人依法履行纳税义务的法定手续。它是税务机关对纳税人实施税收管理的首要环节和基础工作，是征纳双方法律关系成立的依据和证明，也是纳税人必须依法履行的义务。我国从 2016 年 10 月 1 日起正式实施"五证合一、一照一码"。

（一）办理税务登记的作用

税务登记有利于税务机关了解纳税人的基本情况，掌握税源，加强征收与管理，防止漏管漏征，建立税务机关与纳税人之间正常的工作联系，强化税收政策和法规的宣传，增强纳税意识等；同时纳税人办理下列事项时，必须持税务登记证：①开设银行基本账户。②领购发票。③申请减、免、退税。④申请办理延期申报、缴纳税款。⑤申请开具外出经营活动税收管理证明。⑥办理停、歇业。⑦办理其他有关税务事项。

（二）税务登记的内容

税务登记包括设立登记、变更登记、停复业登记、注销登记、遗失补办、报告备案登记换证、非正常户处理、跨区域涉税事项、社会保险费信息登记等有关事项。税务登记证件包括税务登记证及其副本、临时税务登记证及其副本。

1. 设立登记

设立登记是指企业在外地设立的分支机构和从事生产、经营的场所，个体工商户和从事生产、经营的事业单位（以下统称从事生产、经营的纳税人），向生产、经营所在地税务机关申报办理税务登记的活动。

1）设立登记的基本流程

设立税务登记的基本流程如图 1-1 所示。

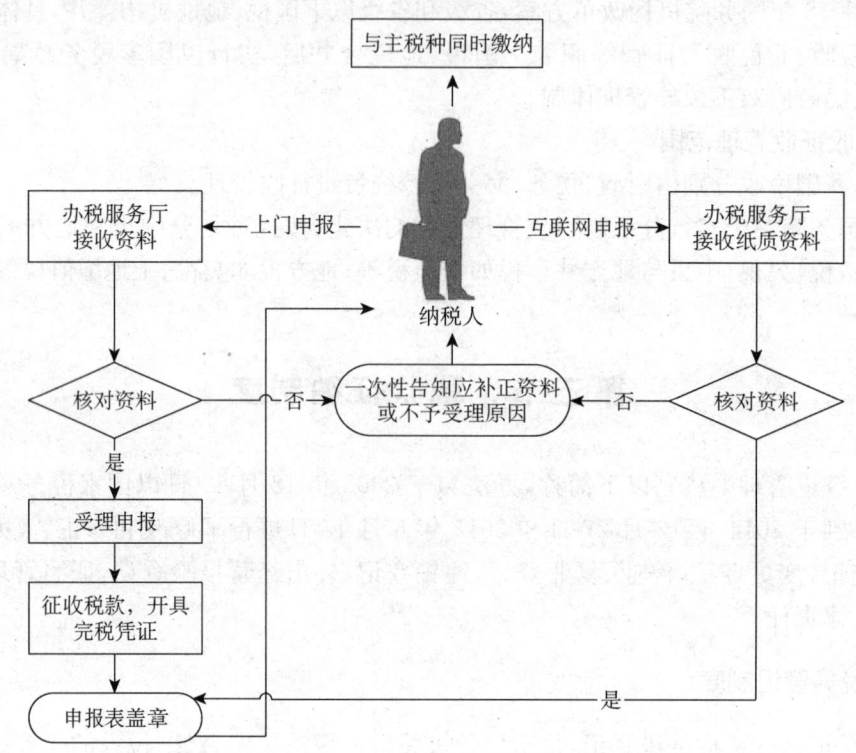

图 1-1　设立税务登记的基本流程图

2）设立登记的范围和时限具体规定

（1）从事生产、经营的纳税人领取工商营业执照的，应当自领取工商营业执照之日起30 日内申报办理税务登记，税务机关发放税务登记证及副本。

（2）从事生产、经营的纳税人未办理工商营业执照但经有关部门批准设立的，应当自有关部门批准设立之日起 30 日内申报办理税务登记，税务机关发放税务登记证及副本。

（3）从事生产、经营的纳税人未办理工商营业执照也未经有关部门批准设立的，应当自纳税义务发生之日起 30 日内申报办理税务登记，税务机关发放临时税务登记证及副本。

（4）有独立的生产经营权、在财务上独立核算并定期向发包人或者出租人上交承包费或租金的承包承租人，应当自承包承租合同签订之日起 30 日内，向其承包承租业务发生地税务机关申报办理税务登记，税务机关发放临时税务登记证及副本。

（5）境外企业在中国境内承包建筑、安装、装配、勘探工程和提供劳务的，应当自项目合同或协议签订之日起 30 日内，向项目所在地税务机关申报办理税务登记，税务机关发放临时税务登记证及副本。

上述以外的其他纳税人，除国家机关、个人和无固定生产、经营场所的流动性农村小商贩外,均应当自纳税义务发生之日起30日内,向纳税义务发生地税务机关申报办理税务登记,税务机关发放税务登记证及副本。

3）办理税务设立登记需要提交的资料

纳税人在申报办理税务登记时,应当根据不同情况向税务机关如实提供以下证件和资料：

（1）工商营业执照或其他核准执业证件。

（2）有关合同、章程、协议书。

（3）组织机构统一代码证书。

（4）法定代表人、负责人或业主的居民身份证、护照或者其他合法证件。

其他需要提供的有关证件、资料,由省、自治区、直辖市税务机关确定。

2. 变更登记

纳税人税务登记内容发生变化的,应当向原税务登记机关申报办理变更税务登记,填写变更税务登记表（见表1-2）。

表1-2 变更税务登记表

纳税人名称				
税务登记证件号码			管理代码	
生产经营地址				
联系人			联系电话	
序号	变更项目	变更前内容		变更后内容

送缴证件情况：

纳税人意见：

（签章）

法定代表人（负责人）：　　　　　　　　　办税人员：　　年　月　日

经办税务机关审核意见：

（签章）

负责人：　　　　经办人：　　　　　　年　月　日

第一,纳税人已在工商行政管理机关办理变更登记的,应当自工商行政管理机关变更登记之日起30日内,向原税务登记机关如实提供下列证件、资料,申报办理变更税务登记：

（1）工商登记变更表及工商营业执照。

（2）纳税人变更登记内容的有关证明文件。

（3）税务机关发放的原税务登记证件（登记证正、副本和登记表等）。

（4）其他有关资料。

第二，纳税人按照规定不需要在工商行政管理机关办理变更登记，或者其变更登记的内容与工商登记内容无关的，应当自税务登记内容实际发生变化之日起 30 日内，或者自有关机关批准或者宣布变更之日起 30 日内，持下列证件到原税务登记机关申报办理变更税务登记：

（1）纳税人变更登记内容的有关证明文件。

（2）税务机关发放的原税务登记证件（登记证正、副本和税务登记表等）。

（3）其他有关资料。

3. 停业、复业登记

（1）实行定期定额征收方式的个体工商户需要停业的，应当在停业前向税务机关申报办理停业登记。纳税人的停业期限不得超过一年。

（2）纳税人在申报办理停业登记时，应如实填写停业复业报告书，说明停业理由、停业期限、停业前的纳税情况和发票的领、用、存情况，并结清应纳税款、滞纳金、罚款。税务机关应收存其税务登记证件及副本、发票领购簿、未使用完的发票和其他税务证件。

（3）纳税人在停业期间发生纳税义务的，应当按照税收法律、行政法规的规定申报缴纳税款。

（4）纳税人应当于恢复生产经营之前，向税务机关申报办理复业登记，如实填写《停业复业报告书》，领回并启用税务登记证件、发票领购簿及其停业前领购的发票。

（5）纳税人停业期满不能及时恢复生产经营的，应当在停业期满前到税务机关办理延长停业登记，并如实填写《停业复业报告书》。

4. 注销登记

注销登记是指纳税人发生解散、破产、撤销以及其他情形，依法终止纳税义务的，在向工商行政管理机关或者其他机关办理注销登记前，持有关证件向原税务登记机关申报办理注销税务登记的活动。

1）注销登记的范围和时限具体规定

（1）按规定不需要在工商行政管理机关或者其他机关办理注册登记的，应当自有关机关批准或者宣告终止之日起 15 日内，持有关证件和资料向原税务登记机关申报办理注销税务登记。

（2）纳税人被工商行政管理机关吊销营业执照或者被其他机关予以撤销登记的，应当自营业执照被吊销或者被撤销登记之日起 15 日内，向原税务登记机关申报办理注销税务登记。

（3）纳税人因住所、经营地点变动，涉及改变税务登记机关的，应当在向工商行政管理机关或者其他机关申请办理变更、注销登记前，或者住所、经营地点变动前，持有关证件和资料，向原税务登记机关申报办理注销税务登记，并自注销税务登记之日起 30 日内向迁达地税务机关申报办理税务登记。

（4）境外企业在中国境内承包建筑、安装、装配、勘探工程和提供劳务的，应当在项目完工、离开中国前 15 日内，持有关证件和资料，向原税务登记机关申报办理注销税务登记。

2）办理税务注销登记需要提交的资料

（1）应当向税务机关提交注销税务登记相关证明文件和资料。

（2）结清应纳税款、多退（免）税款、滞纳金和罚款。

（3）缴销发票。

（4）税务登记证件和其他税务证件，经税务机关核准后，办理注销税务登记手续。

5. 外出经营报验登记

（1）纳税人到外县（市）临时从事生产经营活动的，应当在外出生产经营以前，持税务登记证到主管税务机关开具《外出经营活动税收管理证明》（以下简称《外管证》）。

（2）税务机关按照一地一证的原则，发放《外管证》，《外管证》的有效期限一般为 30 日，最长不得超过 180 天。

（3）纳税人应当在《外管证》注明地进行生产经营前向当地税务机关报验登记，并提交下列证件、资料：

第一，税务登记证件副本。

第二，《外管证》。

第三，纳税人在《外管证》注明地销售货物的，除提交以上证件、资料外，应如实填写《外出经营货物报验单》，申报查验货物。

（4）纳税人外出经营活动结束，应当向经营地税务机关填报《外来经营活动核销审批表》（见表 1-3），并结清税款、缴销发票。

表 1-3　外来经营活动核销审批表

纳税人名称				
税务登记证件号码			管理代码	
生产经营地址				
外出经营活动税收管理证明号码			发证时间	
外出经营活动情况	领用发票种类	发票代码	发票份数	发票号码
	经营收入金额（大写）			
经营地纳税情况	税种	税款所属期限	纳税金额	完税凭证号码（注明完税证或缴款书）
	完税金额合计（大写）			

纳税人： 法定代表人（负责人）： 办税人员： （签章） 　　　年　月　日	经营地税务机关意见： 负责人： 受理人： （签章） 　　　年　月　日

（5）纳税人应当在《外管证》有效期届满后 10 日内,持《外管证》回原税务登记地税务机关办理《外管证》缴销手续。

（三）税务登记涉及的法律责任

（1）纳税人不办理税务登记的,税务机关应当自发现之日起 3 日内责令其限期改正;逾期不改正的,依照《税收征管法》第六十条第一款的规定处罚。

（2）纳税人通过提供虚假的证明资料等手段,骗取税务登记证的,处 2 000 元以下的罚款;情节严重的,处 2 000 元以上 10 000 元以下的罚款。纳税人涉嫌其他违法行为的,按相关法律、行政法规的规定处理。

（3）扣缴义务人未按照规定办理扣缴税款登记的,税务机关应当自发现之日起 3 日内责令其限期改正,并可处以 1 000 元以下的罚款。

（4）纳税人、扣缴义务人违反本办法规定,拒不接受税务机关处理的,税务机关可以收缴其发票或者停止向其发售发票。

（5）税务人员徇私舞弊或者玩忽职守,违反本办法规定为纳税人办理税务登记相关手续,或者滥用职权,故意刁难纳税人、扣缴义务人的,调离工作岗位,并依法给予行政处分。

二、纳税人识别号和税务登记表

（一）纳税人识别号

纳税人识别号由省、自治区、直辖市和计划单列市税务局按照纳税人识别号代码行业标准联合编制,统一下发各地执行。

已领取组织机构代码的纳税人,其纳税人识别号共 15 位,由纳税人登记所在地 6 位行政区划码加 9 位组织机构代码组成。以业主身份证件为有效身份证明的组织,即未取得组织机构代码证书的个体工商户以及持回乡证、通行证、护照办理税务登记的纳税人,其纳税人识别号由身份证件号码加 2 位顺序码组成。

注意:纳税人识别号具有唯一性。

（二）税务登记表

纳税人在申报办理税务登记时,应当如实填写税务登记表。

税务登记表的主要内容包括:

（1）单位名称、法定代表人或者业主姓名及其居民身份证、护照或者其他合法证件的号码。

（2）住所、经营地点。

（3）登记类型。

（4）核算方式。

（5）生产经营方式。

（6）生产经营范围。

（7）注册资金(资本)、投资总额。

（8）生产经营期限。

（9）财务负责人、联系电话。

（10）国家税务总局确定的其他有关事项。

三、会计管理制度

会计管理制度是根据国家有关法律、行政法规和国务院财政、税务主管部门的规定,对纳税人会计凭证、账簿设置和管理要求的制度。

账簿,是纳税人用来连续地登记各种经济业务的账册或簿籍。凭证是记录经济业务,明确经济责任的书面证明,也是记账和查账的重要依据。从财务会计的角度讲,账簿凭证主要用于核算企业的经济效益,反映企业的经济成果。从税收的角度讲,账簿凭证是纳税人记载、核算应缴税额,填报纳税申报表的主要数据来源,是纳税人正确履行纳税义务的基础环节。

(一) 账簿凭证的种类和范围

账簿的种类包括总账、明细账、日记账和其他辅助性账簿。总账、日记账必须采用订本式。

凭证的种类按取得来源不同可以分为外来凭证和自制凭证。

对从事生产、经营的各类纳税人,都要按规定设置账簿,根据合法、有效凭证记账,进行核算。

(二) 账簿凭证的设置

(1) 从事生产、经营的纳税人自领取营业执照之日起 15 日内设置账簿。

(2) 扣缴义务人应当自扣缴义务发生之日起 10 日内,按照所代扣、代收的税种,分别设置代扣代缴、代收代缴税款账簿。

(3) 生产经营规模小又确无建账能力的个体工商户,可以聘请注册会计师或者经税务机关认可的财会人员代为建账和办理账务;聘请注册会计师或者经税务机关认可的财会人员有实际困难的,经县以上税务机关批准,可以按照税务机关的规定,建立收支凭证粘贴簿、进货销货登记簿等。

(三) 账簿凭证的备案

(1) 从事生产经营的纳税人自领取税务登记证件之日起 15 日内,将其财务、会计制度或者财务、会计处理办法报送税务机关备案。

(2) 纳税人、扣缴义务人采用计算机记账的,应当在使用前将其记账软件、程序和使用说明书及有关资料报送主管税务机关备案。

纳税人、扣缴义务人会计制度健全,能够通过计算机正确、完整计算其收入或者所得的,其计算机储存和输出的会计记录,可视同会计账簿,但是应当打印成书面记录并完整保存;会计制度不健全,不能通过电子计算机正确、完整计算其收入或者所得的,应当建立总账和与纳税或者代扣代缴、代收代缴税款有关的其他账簿。

(3) 账簿、会计凭证和报表,应当使用中文。民族自治地方可以同时使用当地通用的一种民族文字。外商投资企业和外国企业可以同时使用一种外国文字。

(4) 从事生产、经营的纳税人的财务、会计制度或者财务、会计处理办法与国务院或者国务院财政、税务主管部门有关税收的规定抵触的,依照国务院或者国务院财政、税务主管部门有关税收的规定计算纳税。

(四) 账簿凭证的保管

纳税人、扣缴义务人对各类账簿、会计凭证、报表、完税凭证及其他有关纳税资料应当保存 30 年。但是,法律、行政法规另有规定的除外。

(五)账簿凭证的法律责任

(1)纳税人未按照规定设置、保管账簿或者保管记账凭证和有关资料的;未按照规定将财务、会计制度或者财务、会计处理办法报送税务机关备查的。税务机关自检查发现之日起 3 日内向纳税人下发《税收违法行为限期改正通知书》责令限期改正,逾期不改正的,可处以 2 000 元以下的罚款;情节严重的,处以 2 000 元以上 1 万元以下的罚款。

(2)扣缴义务人未按照规定设置、保管代扣代缴、代收代缴税款账簿或者保管代扣代缴、代收代缴税款记账凭证及有关资料的,由税务机关责令限期改正,逾期不改正的,可处以 2 000 元以下的罚款;情节严重的,处以 2 000 元以上 5 000 元以下的罚款。

(3)纳税人违反税收征管法规定,在规定的保存期限以前擅自损毁账簿、记账凭证和有关资料的,税务机关可以处以 2 000 元以上 10 000 元以下的罚款;情节严重,构成犯罪的,移送司法机关依法追究刑事责任。

四、纳税申报制度

纳税申报制度是纳税人在发生纳税义务后,按国家有关法律、行政法规规定和税务机关的具体要求,向主管税务机关如实申报有关纳税事项及应缴税款时,应履行法定手续的制度。纳税申报不仅是征纳双方核定应纳税额、开具纳税凭证的主要依据,也是税务机关研究经济信息,加强税源管理的重要手段。实行纳税申报制度,不仅可以促使纳税人增强纳税意识,提高税款计算的正确性,而且有利于税务机关依法征收税款,查处税务违法事件,保证税款及时、足额缴入国库。

(一)申报对象

下列纳税人或者扣缴义务人、代征人应当按期向主管国家税务机关办理纳税申报或者代扣代缴、代收代缴税款报告、委托代征税款报告。

第一,依法已向国家税务机关办理税务登记的纳税人。具体包括:

(1)各项收入均应当纳税的纳税人。

(2)全部或部分产品、项目或者税种享受减税、免税照顾的纳税人。

(3)当期营销额未达起征点或没有营销收入的纳税人。

(4)实行定期定额纳税的纳税人。

(5)应当向国家税务机关缴纳企业所得税以及其他税种的纳税人。

第二,按规定不需向国家税务机关办理税务登记,以及应当办理而未办理税务登记的纳税人。

第三,扣缴义务人和国家税务机关确定的委托代征人。

(二)申报方式

纳税申报是指纳税人按照税法规定的期限和内容向税务机关提交有关纳税事项书面报告的法律行为,是税务管理的一项重要制度。它既是纳税人履行纳税义务的法定程序,又是税务机关核定应征税款和开具纳税凭证的主要依据。

我国目前的纳税申报方式有四种。

(1)上门申报。纳税人、扣缴义务人按照规定的期限直接到主管税务机关办理纳税申报手续。

（2）邮寄申报。纳税人、扣缴义务人经主管税务机关批准，可将纳税申报表及其有关纳税资料通过邮局寄送主管税务机关。纳税申报日期以寄出地的邮戳日期为准。

（3）网上申报。网上申报是指纳税人在法定的期限内利用计算机通过互联网登录税务部门电子税务局网站，录入当月应申报数据，审核无误后，由银行自动从纳税人税款专用账户转出应纳税款，完成纳税申报。

（4）代理申报。纳税人、扣缴义务人自行申报有困难的，可以委托代理机构代理申报。

（三）纳税申报的期限

纳税申报的期限分为两类：

（1）税收实体法。根据各税种的单项法律、行政法规确定各税种的纳税期限，如企业所得税法规定"在月份或季度终了后 15 日内""年度终了后 5 个月内"申报纳税。

（2）具体确定法。税务机关根据具体纳税人的实际情况核定纳税期限，如流转税的纳税期限可以是按日或按月。以 1 个月为一期计算纳税的纳税人，必须于期满后 15 天内申报缴纳税款；按日（1、5、10、15 日等）纳税的纳税人，必须于期满后 5 天内申报缴纳税款。

根据税法的规定，纳税人在纳税申报期最后一日为法定休假日的，应顺延至第 1 个工作日，在纳税申报期若遇 3 日（含）以上法定休假日的可以顺延。假设某企业某税种是每月 1 日～10 日为纳税申报期，1 月 1 日～3 日为法定休假日，1 月 10 日是星期六，其纳税申报的最后一日是 1 月 13 日还是 1 月 15 日？答案是后者。

（四）延期纳税

纳税申报在两种情况下可以延期：一种是法定延期。当纳税申报期限的最后一天是星期天或法定节假日时，可以顺延到实际休假日的次日。另一种是核准延期。纳税人、扣缴义务人不能按期办理纳税申报，经税务机关核准，可以延期申报。

五、税款缴纳制度

税款缴纳是指纳税人、扣缴义务人依照国家法律、行政法规的规定实现的税款依法通过不同方式缴纳入库的过程。纳税人、扣缴义务人应按税法规定的期限及时足额缴纳应纳税款，以彻底地履行应尽的纳税义务。

（一）基本规定

（1）税务机关依照法律、行政法规的规定征收税款，不得违反法律、行政法规的规定开征、停征、多征或者少征税款。

（2）扣缴义务人依照法律、行政法规的规定履行代扣、代收税款的义务。对法律、行政法规没有规定负有代扣、代收税款义务的单位和个人，税务机关不得要求其履行代扣、代收税款义务。

（3）纳税人、扣缴义务人按照法律、行政法规规定或者税务机关依照法律、行政法规的规定确定的期限，缴纳或者解缴税款。

（4）纳税人未按规定期限缴纳税款的，扣缴义务人未按规定期限解缴税款的，税务机关除责令限期缴纳外，从滞纳税款之日起，按日加收滞纳税款万分之五的滞纳金。

（5）税务机关征收税款和扣缴义务人代扣、代收税款时，必须给纳税人开具完税凭证。

（6）纳税人、扣缴义务人、纳税担保人在纳税问题上同税务机关发生争议的时候，必须先按照税务机关根据税法确定的税款缴纳税款及滞纳金，然后可以向上一级主管税务机关申请复议。

（二）税款征收方式

1. 查账征收

税务机关根据纳税人会计账簿等财务核算资料，适用于财务制度健全，核算规范严格，纳税意识较强的纳税人。

2. 核定征收

税务机关根据纳税人从业人数、生产设备、耗用原材料、经营成本，平均利润率等因素，查定核实其应纳税所得额，据以征收税款的方式。适用于经营规模较小、实行简易记账或核算不健全的纳税人。

3. 定期定额征收

税务机关根据纳税人自报和一定的审核评议程序，核定其一定时期应税收入和应纳税额，并按月或季度征收税款的方式。适用于生产经营规模小，不能准确计算营业额和所得额的小规模纳税人或个体工商户。

4. 代收代缴、代扣代缴

税务机关对负有代收代缴、代扣代缴税款义务的单位和个人，在其向纳税人收取或支付交易款项的同时，依法从交易款项中扣收纳税人应纳税款并按规定期限和缴库办法报申报解缴的税款征收方式。适用于有代收代缴、代扣代缴税款义务的单位和个人。

5. 委托代征

税务机关依法委托有关单位和个人，代其向纳税人征收税款的方式。适用于零星、分散、流动性大的税款征收，如集贸市场税收、车船税征收等。

6. 查验征收

税务机关对纳税人应税商品通过查验数量，按照市场同类产品平均价格，计算其收入并据以征收税款的方式。适用于在市场、车站、码头等场外临时经营的零星，流动性税源。

六、税务机构设置

2018 年 7 月 20 日，中共中央办公厅、国务院办公厅印发了《国税地税征管体制改革方案》（以下简称《改革方案》）。《改革方案》提出，按照先立后破、不立不破的要求，坚持统一领导、分级管理、整体设计、分步实施。为适应改革要求，中央政府设立国家税务总局，省级及省级以下国税地税机构合并后实行以国家税务总局为主、与省区市党委和政府双重领导的管理体制，明晰了税务总局及各级税务部门与地方党委和政府在税收工作中的职责分工，有利于进一步加强对税收工作的统一管理，理顺统一税制和分级财政的关系，充分调动中央和地方的积极性。明确从 2019 年 1 月 1 日起，将基本养老保险费、基本医疗保险费、失业保险费、工伤保险费、生育保险费等各项社会保险费交由税务部门统一征收。按照便民、高效的原则，合理确定非税收入征管职责划转到税务部门的范围，要求整合纳税服务和税收征管等方面业务，优化完善税收和缴费管理信息系统，更好地便利纳税人和缴费人。

七、纳税信用评价

最新的《纳税信用管理办法》(国家税务总局公告 2018 年第 8 号发布)于 2018 年 4 月 1 日起施行。它是在《纳税信用管理办法(试行)》(国家税务总局公告 2014 年第 40 号发布,以下简称《信用管理办法》)基础上的进一步完善。为进一步惩戒严重涉税违法失信行为,推进社会信用体系建设,国家税务总局制定了《重大税收违法失信案件信息公布办法》,自 2019 年 1 月 1 日起施行。

自 2014 年 10 月 1 日起,纳税信用评价采取年度评价指标得分和直接判级方式。评价指标包括税务内部信息和外部评价信息。年度评价指标得分采取扣分方式。纳税人评价年度内经常性指标和非经常性指标信息齐全的,从 100 分起评;非经常性指标缺失的,从 90 分起评。

1. 纳税信用级别及评价标准

目前纳税信用级别设 A、B、M、C、D 五级。A 级纳税信用为年度评价指标得分 90 分以上的;B 级纳税信用为年度评价指标得分 70 分以上不满 90 分的;M 级纳税信用适用未发生《信用管理办法》第二十条所列失信行为的新设立企业和评价年度内无生产经营业务收入且年度评价指标得分 70 分以上的企业;C 级纳税信用为年度评价指标得分 40 分以上不满 70 分的;D 级纳税信用为年度评价指标得分不满 40 分或者直接判级确定的。

2. 纳税信用评价的具体规定

第一,有下列情形之一的纳税人,本评价年度不能评为 A 级。

(1) 实际生产经营期不满 3 年的。

(2) 上一评价年度纳税信用评价结果为 D 级的。

(3) 非正常原因一个评价年度内增值税连续 3 个月或者累计 6 个月零申报、负申报的。

(4) 不能按照国家统一的会计制度规定设置账簿,并根据合法、有效凭证核算,向税务机关提供准确税务资料的。

第二,有下列情形之一的纳税人,本评价年度直接判为 D 级。

(1) 存在逃避缴纳税款、逃避追缴欠税、骗取出口退税、虚开增值税专用发票等行为,经判决构成涉税犯罪的。

(2) 存在前项所列行为,未构成犯罪,但偷税(逃避缴纳税款)金额 10 万元以上且占各税种应纳税总额 10% 以上,或者存在逃避追缴欠税、骗取出口退税、虚开增值税专用发票等税收违法行为,已缴纳税款、滞纳金、罚款的。

(3) 在规定期限内未按税务机关处理结论缴纳或者足额缴纳税款、滞纳金和罚款的。

(4) 以暴力、威胁方法拒不缴纳税款或者拒绝、阻挠税务机关依法实施税务稽查执法行为的。

(5) 存在违反增值税发票管理规定或者违反其他发票管理规定的行为,导致其他单位或者个人未缴、少缴或者骗取税款的。

(6) 提供虚假申报材料享受税收优惠政策的。

(7) 骗取国家出口退税款,被停止出口退(免)税资格未到期的。

(8) 有非正常户记录或者由非正常户直接责任人员注册登记或者负责经营的。

(9) 由 D 级纳税人的直接责任人员注册登记或者负责经营的。

(10) 存在税务机关依法认定的其他严重失信情形的。

3. 纳税信用评价结果的应用

税务机关按照守信激励、失信惩戒的原则,对不同信用级别的纳税人实施分类服务和管理。

第一,对纳税信用评价为 A 级的纳税人,税务机关予以下列激励措施。

(1) 主动向社会公告年度 A 级纳税人名单。

(2) 一般纳税人可单次领取 3 个月的增值税发票用量,需要调整增值税发票用量时即时办理。

(3) 普通发票按需领用。

(4) 连续 3 年被评为 A 级信用级别(简称 3 连 A)的纳税人,除享受以上措施外,还可以由税务机关提供绿色通道或专门人员帮助办理涉税事项。

(5) 税务机关与相关部门实施的联合激励措施,以及结合当地实际情况采取的其他激励措施。

第二,对纳税信用评价为 B 级的纳税人,税务机关实施正常管理,适时进行税收政策和管理规定的辅导,并视信用评价状态变化趋势选择性地提供相应的激励措施。

第三,对 M 级企业赋予两项激励措施。

(1) 可在网上勾选认证增值税专用发票,不用再前往办税服务厅办理增值税发票认证。

(2) 税务机关加大服务力度,适时进行税收政策和管理规定的辅导。

第四,对纳税信用评价为 C 级的纳税人,税务机关应依法从严管理,并视信用评价状态变化趋势选择性地采取提供相应的激励措施。

第五,对纳税信用评价为 D 级的纳税人,税务机关应采取以下措施。

(1) 按照《信用管理办法》第二十七条的规定,公开 D 级纳税人及其直接责任人员名单,对直接责任人员注册登记或者负责经营的其他纳税人纳税信用直接判为 D 级。

(2) 增值税专用发票领用按辅导期一般纳税人政策办理,普通发票的领用实行交(验)旧供新、严格限量供应。

(3) 加强出口退税审核。

(4) 加强纳税评估,严格审核其报送的各种资料。

(5) 列入重点监控对象,提高监督检查频次,发现税收违法违规行为的,不得适用规定处罚幅度内的最低标准。

(6) 将纳税信用评价结果通报相关部门,建议在经营、投融资、取得政府供应土地、进出口、出入境、注册新公司、工程招投标、政府采购、获得荣誉、安全许可、生产许可、从业任职资格、资质审核等方面予以限制或禁止。

(7) D 级评价保留两年,第三年纳税信用不得评价为 A 级。

(8) 税务机关与相关部门实施的联合惩戒措施,以及结合实际情况依法采取的其他严格管理措施。

第四节　网上办税技术

随着"五证合一"的改革,金税三期系统的上线,各地网上办税业务模式不断创新,纳税人在互联网上已经从过去单一的业务查询、申报工作提升到网上申报纳税等操作,网上办税技术已成为税务会计人员必备的基本技术。

一、浏览器办税技术

当前我国使用的纳税申报系统有几十种,每个省的申报系统都有所不同,对纳税人来说,只需要打开浏览器即可进行审报操作,非常方便。

1. 浏览器设置

进行纳税申报时,最常用的浏览器是 IE 浏览器,也有使用第三方浏览器的,如谷歌浏览器、360 浏览器等,但是多数申报系统还是只能在 IE8 或者 IE9 环境下使用。

2. 安全性设置

打开税务局网站对客户端进行下载时,有时网页会要求用户信任此站点,主要是对浏览器的安全性进行设置,以 IE 浏览器为例:先点击"工具",在 INTERNET 选项中,点击"安全"—"可信站点"—"自定义级别",将申报网站加入并添加进去。如果浏览器显示仍有问题,可进一步设置兼容性。

3. 证书和插件的安装

有一些申报系统,在下载使用之前需要安装相应的证书或插件,下载时会自动弹出,按照提示下载安装即可。

二、客户端办税技术

企业在进行网上办税时,包括开票、发票勾选确认、税务局报税等步骤,可以到各地税务局网站下载专区或网页搜索下载相应的客户端,实现在客户端报税。

1. 开票软件

企业应下载相应的开票软件,如增值税发票税控开票软件(税控盘版),可为纳税人提供开具增值税普通发票、增值税专用发票、机动车销售统一发票、货物运输业增值税专用发票等的开票服务。

首次进入软件后,需进行管理员密码设置,填写企业基本信息。将税控盘连接到开票电脑上,点击"税 NISEC 用户管理工具"图标修改证书密码。打开开票软件后按提示输入税控盘密码和数字证书密码,点击确认后进入。开票前需准备好纸质发票,并检查开票电脑是否已连接好税控盘、打印机,核实开票信息是否有误、是否"五证合一"、跟发票开具人核实。企业可结合自身情况,按照软件菜单栏的设置与提示,进行开具发票、发票作废、红字发票、报税处理等操作。

2. 增值税发票选择确认平台

增值税发票选择确认平台是国家税务总局为优化纳税服务,逐步优化完善的纳税人每日可登录本省增值税发票选择确认平台,查询、选择、确认用于申报抵扣或者出口退税的增值税发票信息。企业需要在 USB 接口插入"金税盘"或者"税控盘"登录所在省份的增值税发票选择确认平台网站,首次登录平台时,纳税人需确认和填写企业的基本信息。平台密码设置后需输入金税盘或税控盘的 CA 密码(非开票软件密码)和平台密码的双重密码后,进行平台登录。纳税人可点击"工作台"—"选择月份""输入发票号码等信息",通过"发票勾选"或"批量勾选"模块,按照税款所属期对需要抵扣(或退税)的发票进行勾选处理。每月月底把当月发票抵扣确认完并打出发票确认汇总单,进行报税。

3. 报税软件

税务机关报税软件利用网络优势,为纳税人提供网上轻松办理业务的平台。如陕西省税务局办税服务软件,目前包含新开户业务引导、纳税申报、海关票稽核比对、增值税税收优惠、所得税税收优惠、发票业务、税务登记、税务机关代开发票、申请退税等多项业务。纳税人可以使用数字一证通的账号和密码,进入系统后,首先观察税务局所列报表,有哪些是本企业需要填报的,进行增值税报税时依次填写增值税系列报表。所得税季报、年报根据企业记账软件自动生成的报表进行填写。系列地税根据软件自动生成的报表依次填列申报。

4. 电子税务局

新版电子税务局是依据《国家税务总局关于规范电子税务局建设工作的通知》(税总发〔2018〕72号)中具体规范建设的功能统一、界面统一的网上办税平台,实现了在整合原有业务事项的基础上确保功能界面的人性化、个性化及友好美观,为纳税人带来更加便捷的办税体验。它主要分为企业/个体和自然人2个模块。其主要业务由我的信息、我要办税、我要查询、互动中心、公众服务、我的待办、我要预约、个性服务、通知公告组成。登录前主界面如图1-2所示。

图1-2 电子税务局主界面

思考题

1. 什么是税务会计?
2. 税务会计的目标是什么?
3. 税收实体法的构成要素是什么?
4. 税务会计与财务会计的联系与区别?
5. 办理税务登记的作用?
6. 税收的分类有哪些?
7. 纳税信用评价等级有哪些?各等级的激励政策和措施是什么?
8. 申报网上纳税的流程是什么?

↗ 实践能力训练

一、单选题

1. 税务会计最显著的特征是(　　)。
   A. 税法导向性　　　B. 税务筹划性　　　　C. 协调性　　　　　　D. 广泛性

2. 国家征税的依据是(　　)。
   A. 财产权利　　　　B. 政治权力　　　　　C. 所有权力　　　　　D. 经济权力

3. 下列税种中,属于流转税的是(　　)。
   A. 关税　　　　　　B. 契税　　　　　　　C. 土地增值税　　　　D. 印花税

4. 税务会计以(　　)为准绳。
   A. 会计制度　　　　B. 会计准则　　　　　C. 国家税收法令　　　D. 财务会计

5. 税法规定在其经营活动中负有代扣税款并向国库缴纳的义务的单位或个人是(　　)。
   A. 负税人　　　　　B. 纳税人　　　　　　C. 扣缴义务人　　　　D. 缴税人

6. 土地增值税的税率形式是(　　)。
   A. 全额累进税率　　　　　　　　　　　　B. 超额累进税率
   C. 全率累进税率　　　　　　　　　　　　D. 超率累进税率

7. 土地增值税是一种(　　)。
   A. 流转税　　　　　B. 所得税　　　　　　C. 资源税　　　　　　D. 行为税

8. 区别税与税的重要标志的税法要素是(　　)。
   A. 纳税主体　　　　B. 课税客体　　　　　C. 税率　　　　　　　D. 纳税环节

9. 税收法律关系的要素是(　　)。
   A. 税收法律关系的内容　　　　　　　　　B. 税收法律关系的本质
   C. 税收法律关系的客观方面　　　　　　　D. 税收法律关系的主体、内容、客体

10. 在税法构成要素中,直接关系国家财政收入多少和纳税人负担轻重的要素是(　　)。
    A. 征税客体　　　　B. 税率　　　　　　　C. 纳税期限　　　　　D. 纳税环节

11. 税收按(　　)划分,可以为流转税、所得税、资源税、行为税和财产税。
    A. 税收管理和使用权限　　　　　　　　　B. 征税对象的性质
    C. 计税标准　　　　　　　　　　　　　　D. 税负是否转嫁为标准

12. 将纳税对象中的一定数额给予减免,指就减除后的剩余部分计征税款,这一数额为(　　)。
    A. 起征点　　　　　B. 征税标准　　　　　C. 减增额　　　　　　D. 免征额

13. 在税收理论中被称为税基的是(　　)。
    A. 应税收入　　　　　　　　　　　　　　B. 计税依据
    C. 税率　　　　　　　　　　　　　　　　D. 允许扣除的费用

14. 对税务会计的产生和发展影响最大的是(　　)。
    A. 个人所得税　　　B. 增值税　　　　　　C. 消费税　　　　　　D. 企业所得税

15. 企业支付的税款滞纳金应当借记(　　)账户。
    A. 相关费用　　　　B. 营业外支出　　　　C. 应交税费　　　　　D. 相关成本

二、判断题

1. 税收法律关系是由权利主体、权利客体和税收法律关系内容三部分组成。　　　　　(　　)

2. 税务会计对象是企业发生的以货币表现的经济业务活动。 （　　）

3. 税务会计的每一个处理程序都必须以税法为准。 （　　）

4. 税务会计的最终产品是纳税申报表。 （　　）

5. 在我国,税务会计一般是独立于财务会计单独设账。 （　　）

6. 免征额就是对征税对象全额征税的最低限额。 （　　）

7. 税务会计处理程序包括确认、计量、记录和报告。 （　　）

8. 税务会计和财务会计的对象都是企业实际发生的全部经济业务。 （　　）

9. 税率是体现课税的深度,也是衡量税负轻重与否的重要标志。 （　　）

10. 超额累进税率是以征税对象数额的相对率划分若干级距,分别规定相应的差别税率,相对率每超过一个级距的,对超过的部分就按高一级的税率计算征税。 （　　）

三、多项选择题

1. 以下关于税务会计叙述正确的有（　　）。

　　A. 以现行会计准则为准绳

　　B. 运用了会计学的理论、方法和程序

　　C. 是介于税收学与会计学之间的一门交叉学科

　　D. 需要在财务会计之外单独设置另一套会计账表

2. 以下叙述正确的有（　　）。

　　A. 纳税会计主体必须是能够独立承担纳税义务的纳税人

　　B. 会计主体一定是纳税会计主体

　　C. 纳税会计主体作为代扣(收)代缴义务人时,纳税人与负税人是分开的

　　D. 纳税权利人不一定是会计主体

3. 税务会计的对象主要包括以下几个方面（　　）。

　　A. 计税基础和计税依据　　　　　　　B. 税款的计算与核算

　　C. 税款的缴纳、退补与减免　　　　　D. 税收滞纳金与罚款、罚金

4. 影响应纳税额的因素有（　　）。

　　A. 计税依据　　　B. 税率　　　　　C. 纳税期限　　　　D. 减免税规定

5. 税收具有（　　）特点。

　　A. 固定性　　　B. 无偿性　　　　　C. 强制性　　　　　D. 自愿性

第二章 增 值 税 会 计

（Value-added tax accounting）

学习目标

　　本章内容主要有:增值税概述、增值税应纳税额的计算、增值税的纳税申报、增值税的会计核算等。通过本章的学习,达到如下目的:

　　1. 理解增值税的基本内容(概念、类型、特点、计税原理、计税方法、征税范围、纳税人、税率、增值税的征收管理及增值税发票的使用和管理)。

　　2. 熟练掌握增值税应纳税额的计算(一般纳税人销项税额、进项税额、应纳税额、小规模纳税人应纳税额的计算以及进口、出口货物应纳税额的计算);熟悉增值税纳税申报流程,掌握增值税纳税申报表的填写。

　　3. 掌握增值税核算的会计账户设置及企业增值税的会计核算(一般纳税人增值税的会计核算及小规模纳税人增值税的会计核算)。

第一节　增 值 税 概 述

一、增值税的概念

　　增值税是以商品和劳务在流转过程中产生的增值额作为征税对象而征收的一种流转税,它是由时任法国财政部官员法里斯·劳拉首次提出并实行的。按照我国增值税法的规定,增值税是对在我国境内销售货物或者提供加工、修理修配劳务,销售服务、无形资产、不动产以及进口货物的单位和个人,就其销售货物、劳务、服务、无形资产、不动产(以下统称应税销售行为)的增值额和货物进口金额为计税依据而课征的一种流转税。

　　增值税的核算关键在于生产经营过程中取得的增值额。增值额是指企业或者其他经营者在一定时期内,因从事生产和商品经营或提供劳务、应税服务而“增加的价值额”。它是纳税人在一定时期内,所取得的商品销售(或劳务及服务)收入额大于购进商品(或取得劳务及服务)所支付金额的差额。

二、增值税的类型

　　增值税根据外购固定资产所含增值税的处理方式的不同划分为三大类,即生产型增值税、收入型增值税和消费型增值税。

（一）生产型增值税

生产型增值税（Production type VAT）是指在计算增值税时，不允许将外购固定资产的价值中所含增值税税款从商品和劳务的销售额中抵扣。由于作为增值税课税对象的增值额相当于国民生产总值，因此将这种类型的增值税称作"生产型增值税"，其税基最大，重复征税也最严重。

（二）收入型增值税

收入型增值税（Income type VAT）是以销售收入减去所购中间产品价值与折旧额的余额为课税对象，即允许纳税人在计算增值税时，将外购固定资产的折旧部分扣除。通俗理解就是在计征增值税时，允许扣除外购固定资产价值中所含增值税，但不允许在固定资产购入时一次性扣除，只是允许按照固定资产的损耗程度扣除当期计提折旧部分所含的已缴纳的增值税税款。对全社会而言，增值额相当于全社会总产品中的国内收入。此类型增值税的法定增值额等于理论增值额，从理论上讲，这是一种标准的增值税，但对外购固定资产价款以折旧方式分期转入产品价值部分因无法提供合法的外购凭证，不利于规范凭票扣税的计征方式，所以操作可行性较差，采用它的国家比较少。

（三）消费型增值税

消费型增值税（Consumption type VAT）作为课税基数的法定增值额相当于纳税人当期的全部销售额扣除外购的全部生产资料价款后的余额，税基最小，消除重复征税最彻底。对整个社会而言，增值额相当于国民消费总额，故称之为"消费型增值税"。

三种增值税类型的区别与联系，如图 2-1 所示。

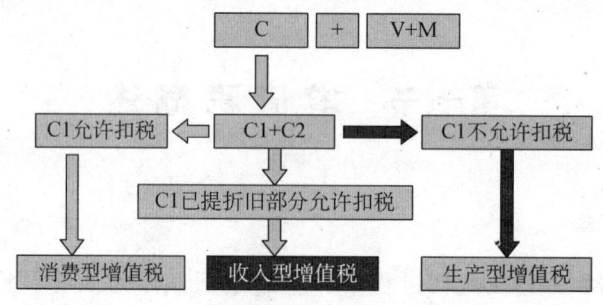

图 2-1　三种增值税类型的区别与联系

说明：C1：固定资产；C2：流动资产，包括原材料、燃料、动力等存货。

三种类型增值税的根本区别在于课征增值税时，对企业当年购入的固定资产价值如何进行税务处理。三种对固定资产价值扣除的不同处理方法，使三种不同类型增值税税基所包括的范围大不一样，生产型增值税税基最大，收入型增值税次之，消费型增值税税基最小。

一般来说，消费型增值税较为有利于企业的生产发展，而生产型增值税则对政府的财政收入更为有利。就增值税的实施情况来看，在世界上采用增值税的130多个国家中，采用消费型的约占90%以上，采用收入型的有匈牙利、海地、土耳其等几个国家，而采用生产型的国家更少。我国于2009年1月1日起，在全国所有地区、所有行业推行由生产型向消费型改革，一方面可使我国的增值税与国际惯例接轨。另一方面有利于鼓励企业投资，促进企业技术革新和技术进步,促进高新技术企业发展,促进产业升级,可使技术密集型、资本密集型企业得到更多进项税额的抵扣,获得更多的减税收入,优化产业结构,增强我国企业竞争力。

三、增值税的特点

(一)征税范围广

增值税的课税对象是商品生产、流通过程中或提供劳务、服务时实现的增值额,也就是人们在生产劳动中新创造的价值额。由于人们不论是从事矿产资源开发、工业品生产,还是经营商品批发、零售业务或提供服务,都会在劳动过程中创造商品和劳动的附加值,因此,增值税可以课征于社会经济活动的各个部门、领域、环节。

(二)多环节征税

增值税由于只对货物、劳务、服务销售环节中没有征过税那部分增值额征税,而对转移到销售额中在以前环节已征过的那部分不再征税,从而有效地解决了重复征税的问题。因此,人们将增值税称为一种对传统的流转税种去弊存利的新型流转税。

(三)促使企业生产经营结构合理化

由于增值税只对没有征过税的那部分销售额进行征税,而对销售额中属于转移过来的,以前环节征过税的那一部分销售额则不再征税,这就使增值税对经济活动的干扰大为减弱,从而不至于扭曲市场机制对资源配置的基础性调节作用。因此,增值税既有利于企业生产向专业化协作方向发展,还有利于生产组织结构的合理化。

(四)税负具有转嫁性

增值税作为一种流转税,其自身具有税负转嫁的特性。实际上,由于它在计算征税时实行税款抵扣制度,即对某项应税商品的每个流转环节逐一征税的同时,还在每个环节按税法规定对纳税人外购项目的已纳税款逐一进行抵扣。因此,对应税商品各个环节的经营者而言,他们作为增值税的纳税人,只是把从购买者那里收取的税转交给政府,而经营者本身未承担增值税税款。这样,随着交易活动在应税商品的各个流转环节逐次展开,应税商品的经营者在出售商品的同时,因为政府从购买者那里收取了该应税商品所承担的税款,当应税商品销售给最终消费者时,该商品在以前所有环节已缴纳的税款连同本环节的税款,全部转嫁给了最终的消费者。可见,增值税的税收负担具有完全的转嫁性,作为纳税人的生产经营者并非增值税的真正负担者,最终消费者实际上是增值税的最后归宿,因此增值税属于典型的间接税。

四、增值税的性质及计税原理

(一)增值税的性质

增值税以增值额为课税对象,以销售额为计税依据,同时实行税款抵扣的计税方式。这种计税方式决定了增值税属于流转税性质。作为流转税,增值税同一般关税及特定消费品征收的消费税有着很多共同的方面。

(1)按产品或行业实行比例税率,不能采取累进税率。增值税的作用在于广泛征集财政收入,而不是调节收入差距。

（2）税负具有转嫁性。我国现行的增值税是价外税，价外税是指与销售货物相关的增值税额独立于价格之外单独核算，不作为价格的组成部分。在价外税情况下，税收作为价格的附加，也由购买者负担。由此可见，增值税属于间接税。

（3）以全部流转额为计税销售额。实行增值税的国家无论采取哪种类型的增值税，在计税方法上都是以货物或劳务及服务的全部销售额为计税依据，这同消费税、关税是一样的，所不同的是增值税还同时实行税款抵扣制度，是一种只就未税流转额征收的新型流转税。

（二）增值税的计税原理

从计税原理而言，增值税是对货物或劳务及服务的生产和流通环节中的新增价值或附加值进行征税，所以称之为"增值税"。它的计税方法是以每一生产经营环节上发生的货物或劳务及服务的销售额为计税依据，然后按照规定税率计算出货物或劳务及服务的整体税负，同时通过税款抵扣方式将外购项目在以前环节已纳的税款予以扣除，从而完全避免了重复征税。该原理可以从以下三个方面理解：

（1）按照全部销售额计算税款，但只是对货物或劳务及服务价值中新增的价值部分征税。

（2）实行税款抵扣制度，对以前环节已纳税款予以扣除。

（3）税款随着货物的销售逐步转移，最终消费者是全部税款的承担者，但政府并不直接向消费者征税，而是在生产流通的各个环节分段征收，各环节纳税人并不承担增值税款。

五、增值税的计税方法

从理论上讲，增值税的计税方法分为直接计税法和间接计税法两种类型。

（一）直接计税法

直接计税法是按照货物或劳务及服务的增值额乘以使用税率，计算出应纳税额的一种方法。即：

$$应纳税额 = 增值额 \times 适用税率$$

这种方法在计算中需要确定哪些属于增值税项目、哪些属于非增值税项目，而在实际中，企业的增值税因素与非增值税因素难以划分清楚，因此该方法只是理论上的一种计算方法，实际难以采用。

（二）间接计税法

间接计税法是以纳税人在纳税期间内销售货物、应税劳务、应税服务的销售额乘以适用税率，求出销售货物、应税劳务、应税服务的整体税金（销项税额），扣除在购进过程中所承担的税金（进项税额），其余额即为纳税人应纳的增值税额。间接计税法具有普遍使用性。即：

$$应纳税额 = 销项税额 - 进项税额$$

表 2-1　增值税计算表　　　　　　　　　　　　　　　　单位:元

生产或流通环节	售价	增值额	全额课税 10%	按增值额课 10%	间接法征税
原材料	50	50	5	5	5−0=5
产成品	80	30	8	3	8−5=3

（续表）

生产或流通环节	售价	增值额	全额课税 10%	按增值额课 10%	间接法征税
批发	90	10	9	1	9－8＝1
零售	100	10	10	1	10－9＝1

六、增值税的纳税人

（一）增值税纳税义务人概述

在中华人民共和国境内从事增值税应税行为的一切单位、个人以及虽不从事增值税应税行为但赋有代扣增值税义务的扣缴义务人都是增值税的纳税义务人。

1. 单位

一切从事销售或进口货物、提供应税劳务、提供应税服务的单位，它包括国有企业、集体企业、私有企业、股份制企业、外商投资企业和外国企业、行政单位、事业单位、军事单位、社会团体及其他单位。

2. 个人

凡从事销售或进口货物、提供应税劳务、提供应税服务的个人均属于增值税纳税义务人。具体包括个体经营者和其他个人。

3. 扣缴义务人

境外的单位或个人在境内销售货物或提供应税劳务、服务而境内未设有经营机构的，其应纳税款以代理人为扣缴义务人；没有代理人的，以购买者为扣缴义务人。

（二）增值税纳税人的分类及管理

为了严格增值税的征收管理，《增值税暂行条例》及其实施细则将增值税的纳税人按照生产经营规模及财务核算健全程度分为一般纳税人和小规模纳税人。

1. 小规模纳税人

小规模纳税人是指年应税销售额在规定的标准以下，会计核算不健全，不能按规定报送有关纳税资料的增值税纳税人。

按照李克强总理于 2018 年 3 月 28 日主持召开的国务院常务会议中做出的决定，小规模纳税人纳税标准在 2018 年 5 月 1 日后统一调整为 500 万元。

小规模纳税人会计核算健全，能够提供准确税务资料的，可以向主管税务机关申请一般纳税人资格认定，成为增值税一般纳税人。会计核算健全，是指能够按照国家统一的会计制度规定设置账簿，根据合法、有效凭证进行核算。

2. 一般纳税人

一般纳税人是指年应税销售额超过财政部、国家税务总局规定的小规模纳税人标准，除另有规定外，应当向主管税务机关申请一般纳税人资格认定。年应税销售额，是指纳税人在连续不超过 12 个月或 4 个季度的经营期内累计应征增值税销售额，包括纳税申报销售额、稽查查补销售额、纳税评估调整销售额。销售服务、无形资产或者不动产（以下简称"应税行为"）有扣除项目的纳税人，其应税行为年应税销售额按未扣除之前的销售额计算。纳税人一旦认定为一般纳税人后，不得转为小规模纳税人。

3. 一般纳税人和小规模纳税人的管理

一般纳税人和小规模纳税人的管理具体规定如表2-2所示。

表2-2 一般纳税人和小规模纳税人的管理具体规定

一般纳税人	(1) 销售货物或提供应税劳务可以使用增值税专用发票。 (2) 购进货物和应税劳务实行税款抵扣制度。 (3) 计税方法是当期销项税额扣减当期进项税额。
小规模纳税人	(1) 小规模纳税人应按照销售额和征收率计算应纳税额,且不得抵扣进项税额。 (2) 其他小规模纳税人,销售自己使用过的固定资产(不动产除外),销售旧货,应缴纳的增值税＝含税售价÷(1+3%)×2%。 (3) 销售自己使用过的固定资产以外的其他物品,应缴纳的增值税＝含税售价÷(1+3%)×3%。 (4) 其他个人销售自己使用过的物品,免征增值税。

七、增值税的征税范围

(一) 增值税征税范围的一般规定

增值税的征收范围,包括在我国境内销售和进口货物,境内提供应税劳务、服务,境内销售无形资产和不动产等。

1. 境内销售货物

境内销售货物,是指在中国境内有偿转让货物的所有权。货物,是指有形动产,包括电力、热力、气体在内。但不包括土地、房屋和其他建筑物等一切不动产和无形资产。境内,是指销售货物的起运地或所在地在我国境内。

2. 销售加工、修理修配劳务

加工,是指受托加工货物,即委托方提供原料及主要材料,受托方按照委托方的要求,制造货物并收取加工费的业务。修理修配,是指受托对损伤和丧失功能的货物进行修复,使其恢复原状和功能的业务。

3. 销售服务

1) 交通运输服务

交通运输服务,是指使用运输工具将货物或者旅客送达目的地,使其空间位置得到转移的业务活动。包括陆路运输服务、水路运输服务、航空运输服务和管道运输服务。

2) 邮政服务

邮政服务,是指中国邮政集团公司及其所属邮政企业提供邮件寄递、邮政汇兑、机要通信和邮政代理等邮政基本服务的业务活动。包括邮政普通服务、邮政特殊服务和其他邮政服务(如邮册等邮品销售、邮政代理等业务活动)。

3) 电信服务

基础电信服务,是指利用固网、移动网、卫星、互联网,提供语音通话服务的业务活动,以及出租或者出售带宽、波长等网络元素的业务活动。

增值电信服务,是指利用固网、移动网、卫星、互联网、有线电视网络,提供短信和彩信服务、电子数据和信息的传输及应用服务、互联网接入服务等业务活动。卫星电视信号落地转接服务,按照增值电信服务缴纳增值税。

4) 建筑服务

建筑服务,是指各类建筑物、构筑物及其附属设施的建造、修缮、装饰,线路、管道、设备、设施等的安装以及其他工程作业的业务活动。包括：

（1）工程服务，是指新建、改建各种建筑物、构筑物的工程作业。

（2）安装服务，是指生产设备、动力设备、起重设备、运输设备、传动设备、医疗实验设备以及其他各种设备、设施的装配、安置工程作业。

固定电话、有线电视、宽带、水、电、燃气、暖气等经营者向用户收取的安装费、初装费、开户费、扩容费以及类似收费，按照安装服务缴纳增值税。

（3）修缮服务，是指对建筑物、构筑物（而非货物）进行修补、加固、养护、改善，使之恢复原来的使用价值或者延长其使用期限的工程作业。

（4）装饰服务，是指对建筑物、构筑物进行修饰装修，使之美观或者具有特定用途的工程作业。

（5）其他建筑服务，是指上列工程作业之外的各种工程作业服务，如钻井（打井）、拆除建筑物或者构筑物、平整土地、园林绿化、疏浚（不包括航道疏浚）、建筑物平移、搭脚手架、爆破、矿山穿孔、表面附着物（包括岩层、土层、沙层等）剥离和清理等工程作业。

5）金融服务

（1）贷款服务。第一，各种占用、拆借资金取得的收入，包括金融商品持有期间（含到期）利息（保本收益、报酬、资金占用费、补偿金等）收入、信用卡透支利息收入、买入返售金融商品利息收入、融资融券收取的利息收入，以及融资性售后回租、押汇、罚息、票据贴现、转贷等业务取得的利息及利息性质的收入，按照贷款服务缴纳增值税。第二，以货币资金投资收取的固定利润或者保底利润，按照贷款服务缴纳增值税。

（2）直接收费金融服务，包括提供货币兑换、账户管理、电子银行、信用卡、信用证、财务担保、资产管理、信托管理、基金管理、金融交易场所（平台）管理、资金结算、资金清算、金融支付等服务。

（3）保险服务，包括人身保险服务和财产保险服务。

（4）金融商品转让，是指转让外汇、有价证券、非货物期货和其他金融商品（包括基金、信托、理财产品等各类资产管理产品和各种金融衍生品）所有权的业务活动。

6）现代服务

（1）研发和技术服务，包括研发服务、合同能源管理服务、工程勘察勘探服务、专业技术服务。

（2）信息技术服务，包括软件服务、电路设计及测试服务、信息系统服务、业务流程管理服务和信息系统增值服务。

（3）文化创意服务，包括设计服务、知识产权服务、广告服务和会议展览服务。

（4）物流辅助服务，包括航空服务、港口码头服务、货运客运场站服务、打捞救助服务、装卸搬运服务、仓储服务和收派服务。

（5）租赁服务，包括不动产、动产融资租赁服务和不动产、动产经营租赁服务。但融资性售后回租按照金融服务征收增值税。

（6）鉴证咨询服务。第一，鉴证咨询服务包括认证服务、鉴证服务和咨询服务。第二，翻译服务和市场调查服务按照咨询服务缴纳增值税。

（7）广播影视服务，包括广播影视节目（作品）的制作服务、发行服务和播映（含放映）

服务。

（8）商务辅助服务，包括企业管理服务、经纪代理服务、人力资源服务、安全保护服务。

（9）其他现代服务。

7）生活服务

（1）文化体育服务。

（2）教育医疗服务。

（3）旅游娱乐服务。

（4）餐饮住宿服务。

（5）居民日常服务（例如，市容市政管理、家政、婚庆、养老、殡葬、照料和护理、救助救济、美容美发、按摩、桑拿、氧吧、足疗、沐浴、洗染、摄影扩印等服务）。

（6）其他生活服务。

4. 销售无形资产

销售无形资产，是指转让无形资产所有权或者使用权的业务活动。无形资产，是指不具实物形态，但能带来经济利益的资产，包括技术、商标、著作权、商誉、自然资源使用权（例如，土地使用权）和其他权益性无形资产。

5. 销售不动产

销售不动产，是指转让不动产所有权的业务活动。

（1）单独转让土地使用权按"销售无形资产"缴纳增值税。

（2）在转让建筑物或者构筑物时一并转让其所占土地的使用权的，按照"销售不动产"缴纳增值税。

6. 进出口货物

（1）只要是报关进口的应税货物，均属于增值税的征税范围，除享受免税政策外，在进口环节依法缴纳增值税。

（2）出口货物也属于增值税征收范围，不过对出口货物一般实行零税率。而法律有特殊规定的某些限制或禁止出口的货物，不适用零税率，而依正常税率征税。

（二）视同销售货物

1. 代销业务

（1）将货物交付其他单位或者个人代销。

（2）销售代销货物。

委托其他纳税人代销货物，增值税纳税义务发生时间为收到代销单位的代销清单或者收到全部或者部分货款的当天；未收到代销清单及货款的，为发出代销货物满180天的当天。

采取直接收款方式销售货物，不论货物是否发出，均为收到销售款或者取得索取销售款凭据的当天。

2. 货物移送

设有两个以上机构并实行统一核算的纳税人，将货物从一个机构移送其他机构用于销售，但相关机构设在同一县（市）的除外。

3. 自产、委托加工、购进货物的特殊处置

（1）将自产、委托加工的货物用于集体福利或个人消费。

（2）将自产、委托加工或购进的货物作为投资，提供给其他单位或个体工商户。

（3）将自产、委托加工或购进的货物分配给股东或者投资者。

（4）将自产、委托加工或购进的货物无偿赠送给其他单位或个人。

（三）视同销售服务、无形资产或者不动产

下列情形视同销售服务、无形资产或者不动产：

（1）单位或者个体工商户向其他单位或者个人无偿提供服务，但用于公益事业或者以社会公众为对象的除外。

（2）单位或者个人向其他单位或者个人无偿转让无形资产或者不动产，但用于公益事业或者以社会公众为对象的除外。

（3）财政部和国家税务总局规定的其他情形。

（四）征税范围的其他规定

1. 非营业活动

（1）单位或者个体工商户聘用的员工为本单位或者雇主提供加工、修理修配劳务，不缴纳增值税。

（2）销售服务、无形资产或者不动产，是指有偿提供服务、有偿转让无形资产或者不动产，但属于下列非经营活动的情形除外（即下列情形不缴纳增值税）：

第一，行政单位收取的同时满足以下条件的政府性基金或者行政事业性收费。

a. 由国务院或者财政部批准设立的政府性基金，由国务院或者省级人民政府及其财政、价格主管部门批准设立的行政事业性收费。

b. 收取时开具省级以上（含省级）财政部门监（印）制的财政票据。

c. 所收款项全额上缴财政。

第二，单位或者个体工商户聘用的员工为本单位或者雇主提供取得工资的服务。

第三，单位或者个体工商户为聘用的员工提供服务。

第四，财政部和国家税务总局规定的其他情形。

2. 属于境内销售的情形

在中国境内销售货物、劳务、服务、无形资产或者不动产，是指：

（1）销售货物的起运地或者所在地在境内。

（2）销售劳务的应税劳务发生地在境内。

（3）服务（租赁不动产除外）或者无形资产（自然资源使用权除外）的销售方或者购买方在境内。

（4）所销售或者租赁的不动产在境内。

（5）所销售自然资源使用权的自然资源在境内。

3. 不属于在境内销售的情形

下列情形不属于在境内销售服务或者无形资产：

（1）境外单位或者个人向境内单位或者个人销售完全在境外发生的服务。

（2）境外单位或者个人向境内单位或者个人销售完全在境外使用的无形资产。

（3）境外单位或者个人向境内单位或者个人出租完全在境外使用的有形动产。

（4）财政部和国家税务总局规定的其他情形。

注：①方向特定，提供方必须为境外单位或者个人；接受方必须为境内单位或者个人。②必须"完全在境外发生或使用"。

4. 增值税特殊应税项目

（1）货物期货（包括商品期货和贵金属期货），在期货的实物交割环节征收增值税。

（2）银行销售金银的业务，征收增值税。

（3）典当业的死当物品销售业务和寄售业代委托人销售寄售物品的业务，征收增值税。

（4）缝纫业务，征收增值税。

（5）电力公司向发电企业收取的过网费，征收增值税。

八、增值税的税率及征收率

2018年5月1日起，我国增值税税率调整为16％、10％、6％及零税率。征收率分为5％、3％。增值税纳税人分为两类，对这两类不同的纳税人又采用了不同的税率和征收率。增值税的税率，适用于一般纳税人。增值税的征收率适用于小规模纳税人和特定一般纳税人。

（一）基本税率

增值税一般纳税人销售或进口货物，提供加工修理修配劳务，有形动产租赁服务，除低税率适用范围外，税率一律为16％，这就是通常所说的基本税率。

（二）低税率

1. 适用10%税率的货物

纳税人销售或者进口下列货物，税率为10％：

（1）"涉农"：农产品（种植物、养殖业、林业、牧业、水产业生产的各种植物、动物的初级产品）、农药、农膜、化肥、沼气。

（2）"涉民"：自来水、暖气、石油液化气、天然气、食用植物油、冷气、热水、煤气、居民用煤炭制品，食用盐。

（3）"涉文"：图书、报纸、杂志、音像制品、电子出版物。

（4）二甲醚（CH_3OCH_3）。

2. 适用10%税率的营改增业务

一般纳税人销售交通运输、邮政、基础电信、建筑、不动产租赁服务，销售不动产，转让土地使用权，税率为10％。

3. 适用6%税率的营改增业务

一般纳税人提供增值电信、金融、现代（提供有形动产租赁服务税率为16％；提供不动产租赁服务税率为10％）生活服务，销售无形资产（转让土地使用权税率为10％），税率为6％。

（三）零税率

零税率是指对销售货物的全部税额予以免征，使货物在出口环节整体税负为零。零税率不同于免税。以货物为例，出口货物免税仅指在出口环节不征收增值税；零税率是指对出口货物除了在出口环节不征增值税外，还要对该货物在出口前已经缴纳的增值税进行退税，使该出口货物在出口时完全不含增值税税款，从而以无税状态进入国际市场。

第一,纳税人出口货物,适用增值税零税率,但国务院另有规定的除外。

第二,境内单位和个人发生的跨境应税行为,税率为零。具体范围如下:

(1)国际运输服务。

a. 在境内载运旅客或者货物出境。

b. 在境外载运旅客或者货物入境。

c. 在境外载运旅客或者货物。

(2)航天运输服务。

(3)向境外单位提供的完全在境外消费的下列服务:

a. 研发服务。

b. 合同能源管理服务。

c. 设计服务。

d. 广播影视节目(作品)的制作和发行服务。

e. 软件服务。

f. 电路设计及测试服务。

g. 信息系统服务。

h. 业务流程管理服务。

i. 离岸服务外包业务。

j. 转让技术。

(4)财政部和国家税务总局规定的其他服务。

(四)征收率

增值税对小规模纳税人及部分符合条件的特定一般纳税人选择简易征收办法,按征收率计征,即采用简易办法征收增值税的税率称为征收率。小规模纳税人增值税征收率为3%。征收率的调整,由国务院决定。

增值税税率与征收率的差异详见表2-3。

表2-3 增值税税率与征收率的差异

增值税税率			增值税征收率		
基本税率	16%	销售或进口货物,提供加工、修理修配劳务,提供有形动产租赁服务。	小规模纳税人	3%	小规模企业简易申报。
低税率	10%	粮食、食用植物油、自来水、暖气、煤气、石油液化气、图书、饲料等。 交通运输业服务、邮政、基础电信、建筑、不动产、租赁服务,销售不动产,转让土地使用权。		5%	特殊情况。
				3%征收率减按2%征收增值税	转让固定资产。
		增值电信、金融、现代生活服务,销售无形资产。	一般纳税人	3%	一般纳税人企业采用简易征收。
零税率	6%	出口货物。		5%	特殊情况。
	0%	国际运输、向境外提供设计、为境外单位提供电信业服务等。		3%征收率减按2%征收增值税	转让固定资产。

符合条件的特定一般纳税人有:①房地产开发企业中的一般纳税人,出租自行开发的房地产老项目,可以选择适用简易计税方法,按照5%的征收率计算应纳税额。②一般纳税

人提供非学历教育服务,可以选择适用简易计税方法按照3%征收率计算应纳税额等。

（五）增值税简易征收的特殊规定

（1）纳税人销售自己使用过的固定资产,适用简易办法依照3%征收率减按2%征收增值税政策的,可以放弃减税,按照简易办法依照3%征收率缴纳增值税,并可以开具增值税专用发票。销售使用过固定资产等特殊项目具体计算增值税时相应的公式为：

$$销售额 = 含税销售额 \div (1+3\%)$$
$$应纳税额 = 销售额 \times 2\%$$

（2）一般纳税人转让其2016年4月30日前取得（不含自建）的不动产,可以选择适用简易计税方法计税,以取得的全部价款和价外费用扣除不动产购置原价或者取得不动产时的作价后的余额为销售额,按照5%的征收率计算应纳税额。一般纳税人转让其2016年4月30日前自建的不动产,可以选择适用简易计税方法计税,以取得的全部价款和价外费用为销售额,按照5%的征收率计算应纳税额。

（3）小规模纳税人转让其取得（不含自建）的不动产,以取得的全部价款和价外费用扣除不动产购置原价或者取得不动产时的作价后的余额为销售额,按照5%的征收率计算应纳税额。小规模纳税人转让其自建的不动产,以取得的全部价款和价外费用为销售额,按照5%的征收率计算应纳税额。

（4）房地产开发企业中的一般纳税人,出租自行开发的房地产项目,可以选择适用简易计税方法,按照5%的征收率计算应纳税额。房地产开发企业中的小规模纳税人,出租自行开发的房地产项目,按照5%的征收率计算应纳税额。

（5）提供物业管理服务的纳税人,向服务接受方收取的自来水水费,以扣除其对外支付的自来水水费后的余额为销售额,按照简易计税方法依3%的征收率计算缴纳增值税。

一个企业不可能既是小规模纳税人,又是一般纳税人。小规模纳税人转为一般纳税人后,不得再转为小规模纳税人。一般纳税人可以按税率申报增值税,同时还可以根据政策规定按简易征收办法申报增值税。一般纳税人可以提供财政部和国家税务总局规定的特定应税服务,可以选择适用简易计税方法计税,但一经选择,36个月内不得变更。

九、增值税的税收优惠

（一）销售货物类免征增值税

（1）农业生产者销售的自产农产品。

（2）避孕药品和用具。

（3）古旧图书。

（4）直接用于科学研究、科学试验和教学的进口仪器、设备。

（5）外国政府、国际组织无偿援助的进口物资和设备。

（6）由残疾人的组织直接进口供残疾人专用的物品。

（7）其他个人销售自己使用过的物品。

（二）销售服务、不动产及无形资产类免征增值税项目

（1）托儿所、幼儿园提供的保育和教育服务。

（2）养老机构提供的养老服务。

（3）残疾人福利机构提供的育养服务。

（4）婚姻介绍服务。

（5）殡葬服务。

（6）残疾人员本人为社会提供的服务。

（7）医疗机构提供的医疗服务。

（8）从事学历教育的学校提供的教育服务。

（9）学生勤工俭学提供的服务。

（10）农业机耕、排灌、病虫害防治、植物保护、农牧保险以及相关技术培训业务，家禽、牲畜、水生动物的配种和疾病防治。

（11）纪念馆、博物馆、文化馆、文物保护单位管理机构、美术馆、展览馆、书画院、图书馆在自己的场所提供文化体育服务取得的第一道门票收入。

（12）寺院、宫观、清真寺和教堂举办文化、宗教活动的门票收入。

（13）行政单位之外的其他单位收取的符合规定的政府性基金和行政事业性收费。

（14）个人转让著作权。

（15）个人销售自建自用住房。

（16）个人从事金融商品转让业务。

（17）金融同业往来利息收入。

（18）纳税人提供技术转让、技术开发和与之相关的技术咨询、技术服务。

（19）政府举办的从事学历教育的高等、中等和初等学校（不含下属单位），举办进修班、培训班取得的全部归该学校所有的收入。

（20）家政服务企业由员工制家政服务员提供家政服务取得的收入。

（21）福利彩票、体育彩票的发行收入。

（22）涉及家庭财产分割的个人无偿转让不动产、土地使用权。

（23）随军家属就业。

（24）军队转业干部就业。

（25）境内的单位和个人销售的下列服务免征增值税，但财政部和国家税务总局规定适用增值税零税率的除外：

a. 工程项目在境外的建筑服务。

b. 工程项目在境外的工程监理服务。

c. 工程、矿产资源在境外的工程勘察勘探服务。

d. 会议展览地点在境外的会议展览服务。

e. 存储地点在境外的仓储服务。

f. 标的物在境外使用的有形动产租赁服务。

g. 在境外提供的广播影视节目（作品）的播映服务。

h. 在境外提供的文化体育服务、教育医疗服务、旅游服务。

（26）境内的单位和个人为出口货物提供的邮政服务、收派服务、保险服务。

（27）境内的单位和个人向境外单位提供的完全在境外消费的下列服务和无形资产免征增值税，但财政部和国家税务总局规定适用增值税零税率的除外：

a. 电信服务。

b. 知识产权服务。

c. 物流辅助服务(仓储服务、收派服务除外)。

d. 鉴证咨询服务。

e. 专业技术服务。

f. 商务辅助服务。

g. 广告投放地在境外的广告服务。

h. 无形资产。

(28) 境内的单位和个人以无运输工具承运方式提供的国际运输服务。

(29) 自 2019 年 1 月 1 日至 2021 年 12 月 31 日,对国家级、省级科技企业孵化器、大学科技园和国家备案众创空间向在孵对象提供孵化服务取得的收入,免征增值税。孵化服务是指为在孵对象提供的经纪代理、经营租赁、研发和技术、信息技术、鉴证咨询服务。

(三) 增值税的即征即退

(1) 对安置残疾人的单位,实行由税务机关按单位实际安置残疾人的人数,限额即征即退增值税的办法。

(2) 纳税人销售软件产品并随同销售一并收取的软件安装费、维护费、培训费等收入,应按照增值税混合销售的有关规定征收增值税,并可享受软件产品增值税即征即退政策。

(3) 一般纳税人提供管道运输服务,对其增值税实际税负超过 3% 的部分实行增值税即征即退政策。

(4) 经人民银行、银监会或者商务部批准从事融资租赁业务的试点纳税人中的一般纳税人,提供有形动产融资租赁服务和有形动产融资性售后回租服务,对其增值税实际税负超过 3% 的部分实行增值税即征即退政策。

(四) 增值税起征点的规定

自 2019 年 1 月 1 日起,对主要包括小微企业、个体工商户和其他个人的小规模纳税人,将增值税起征点由月销售额 3 万元提高到 10 万元。

(五) 税收优惠有关的管理规定

1. 报批类减免税和备案类减免税

(1) 纳税人享受报批类减免税,应提交相应资料,提出申请,经具有审批权限的国税机关审批确认后执行。未按规定申请或虽申请但未经国税机关审批确认的,纳税人不得享受减免税。

(2) 纳税人享受备案类减免税,应提请备案,经国税机关登记备案后,自登记备案之日起执行。纳税人未按规定备案的,一律不得减免税。

2. 纳税人兼营免税、减税项目

纳税人兼营免税、减税项目的,应当分别核算免税、减税项目的销售额;未分别核算销售额的,不得免税、减税。

3. 放弃免税权

(1) 纳税人销售货物、服务等适用免税、减税规定的,可以放弃免税、减税权,向主管税务机关提出书面申请,经主管税务机关审核确认后,按现行相关规定缴纳增值税。放弃免税、减税后,36个月内不得再申请免税、减税,主管税务机关36个月内也不得受理纳税人的免税申请。

（2）纳税人一经放弃免税权,其生产销售的全部增值税应税货物或者劳务以及应税服务均应按照适用税率征税,不得选择某一免税项目放弃免税权,也不得根据不同销售对象选择部分货物、劳务以及应税服务放弃免税权。

十、增值税的征收管理

（一）纳税义务发生的时间

销售货物或者应税劳务、应税服务、进口的纳税义务发生时间分为一般规定和具体规定。

1. 一般规定

（1）纳税人销售货物或者应税劳务、应税服务,为收讫销售款项或者取得索取销售款项凭据的当天;先开具发票的,为开具发票的当天。

（2）纳税人进口货物,其纳税义务发生时间为报关进口的当天。

（3）增值税扣缴义务发生时间为纳税人增值税纳税义务发生的当天。

2. 具体规定

纳税人收讫销售款项或取得索取销售款项凭据的当天,按销售结算方式的不同,具体分为:

（1）采取直接收款方式销售货物,不论货物是否发出,均为收到销售款或者取得索取销售款凭据的当天。

（2）采取托收承付和委托银行收款方式销售货物,为发出货物并办妥托收手续的当天。

（3）采取赊销和分期收款方式销售货物,为书面合同约定的收款日期的当天,无书面合同的或者书面合同没有约定收款日期的,为货物发出的当天。

（4）采取预收货款方式销售货物,为货物发出的当天,但生产销售生产工期超过12个月的大型机械设备、船舶、飞机等货物,为收到预收款或者书面合同约定的收款日期的当天。

（5）委托其他纳税人代销货物,为收到代销单位的代销清单或者收到全部或者部分货款的当天。未收到代销清单及货款的,为发出代销货物满180天的当天。

（6）销售应税劳务,为提供劳务同时收讫销售款或者取得索取销售款的凭据的当天。

（7）视同销售,为货物移送的当天。

（8）提供资产租赁服务采用预收款方式的,其纳税义务发生时间为收到预收款当天。

（二）纳税期限

纳税期限是指纳税人发生纳税义务后,应向税务机关申报纳税的间隔时间。纳税人的具体纳税期限,由主管税务机关根据纳税人应纳税额的大小分别核定,不能按照固定期限纳税的,可以按次纳税。

按期纳税一般有1日、3日、5日、10日、15日、1个月或者1个季度。以1日、3日、5日、10日、15日为一个纳税间隔期的,必须在期满后5日内预缴税款,于次月1日起15日内申报纳税并结清上月应纳税款;以1个月或者1个季度为一个纳税间隔期的,必须在期满之日起15日内申报纳税。

按次纳税,一般在应税行为发生后的7日内须将应纳税款缴纳入库。

纳税人进口货物,应当自海关填发海关进口增值税专用缴款书之日起 15 日内缴纳税款。

纳税人出口货物适用退(免)税规定的,应当向海关办理出口手续,凭出口报关单等有关凭证,在规定的出口退(免)税申报期内按月向主管税务机关申报办理该项出口货物的退(免)税。具体办法由国务院财政、税务主管部门制定。出口货物办理退税后发生退货或者退关的,纳税人应当依法补缴已退的税款。

(三) 纳税地点

纳税地点是指纳税人在什么地方完成缴纳税款的义务,包括代征、代扣代缴义务人的具体纳税地点。增值税纳税地点根据实际情况分为如下几种情况。

(1) 固定业户应当向其机构所在地的主管税务机关申报纳税。总机构和分支机构不在同一县(市)的,应当分别向各自所在地的主管税务机关申报纳税;经国务院财政、税务主管部门或者其授权的财政、税务机关批准,可以由总机构汇总向总机构所在地的主管税务机关申报纳税。

(2) 固定业户到外县(市)销售货物或者应税劳务、应税服务,应当向其机构所在地的主管税务机关申请开具外出经营活动税收管理证明,并向其机构所在地的主管税务机关申报纳税;未开具证明的,应当向销售地或者劳务发生地的主管税务机关申报纳税;未向销售地或者劳务发生地的主管税务机关申报纳税的,由其机构所在地的主管税务机关补征税款。

(3) 非固定业户销售货物或者应税劳务,应当向销售地或者劳务发生地的主管税务机关申报纳税;未向销售地或者劳务发生地的主管税务机关申报纳税的,由其机构所在地或者居住地的主管税务机关补征税款。

(4) 进口货物,应当向报关地海关申报纳税。

(5) 扣缴义务人应当向其机构所在地或者居住地的主管税务机关申报缴纳其扣缴的税款。

十一、增值税专用发票的使用和管理

增值税专用发票是增值税一般纳税人销售货物或者提供应税劳务、应税服务开具的发票,是购买方支付增值税额并可按照增值税有关规定据以抵扣增值税进项税额的凭证。增值税专用发票像链条一样,把商品和劳务从生产到消费的各个环节的纳税人链接在一起,集中体现了增值税税负的完整性和连续性,使增值税从原始凭证一开始就形成相对独立的核算体系。

(一) 增值税专用发票的领购、使用范围

为加强增值税征收管理,规范增值税专用发票使用行为,增值税专用发票只限于增值税一般纳税人领购使用,一般纳税人凭《发票领购簿》、IC 卡和经办人身份证明领购专用发票。有下列情形之一的增值税一般纳税人也不得领购使用增值税专用发票:

第一,会计核算不健全,不能向税务机关准确提供增值税销项税额、进项税额、应纳税额数据及其他有关增值税税务资料的。

第二,有《税收征管法》规定的税收违法行为,拒不接受税务机关处理的。

第三,有下列行为之一,经税务机关责令限期改正而仍未改正的。

(1) 虚开增值税专用发票。

（2）私自印制专用发票。

（3）向税务机关以外的单位和个人购买专用发票。

（4）借用他人专用发票。

（5）未按规定开具专用发票。

（6）未按规定申请办理防伪税控系统变更发行。

（7）未按规定保管专用发票和专用设备。

（8）未按规定接受税务机关检查。

第四，不得开具增值税专用发票的情形。

（1）商业企业一般纳税人零售的烟、酒、食品、服装、鞋帽（不含劳保用品）、化妆品等消费品。

（2）销售货物、劳务、服务、无形资产或不动产适用免税规定的（法律、法规及国家税务总局另有规定的除外）。

（3）向消费者个人销售货物、劳务、服务、无形资产或不动产的。

（4）小规模纳税人销售货物、劳务、服务、无形资产和不动产的（需要开具专用发票的，可向主管税务机关申请代开，另有规定的除外）。

（二）增值税专用发票联次

专用发票由基本联次或者基本联次附加其他联次构成，基本联次为三联：发票联、抵扣联和记账联。

发票联：作为购买方核算采购成本和增值税进项税额的记账凭证。

抵扣联：作为购买方报送主管税务机关认证和留存备查的凭证。

记账联：作为销售方核算销售收入和增值税销项税额的记账凭证。

其他联次用途，由一般纳税人自行确定。

（三）增值税发票票面及相关要求

增值税发票票面上值得关注的有五个部分：一是"购货单位区域"，这里的数据是购买方的单位名称及相关资料，其中最重要的内容是购买方名称及纳税人识别号，这两栏绝对不能错误，否则发票无法验票。二是"密码区"，这里是税控系统根据发票的内容按照一定方法生成的密码，密码区需保持干净整齐，不得涂改污染，否则同样无法验票。三是开票内容区域，这个区域标注本张发票所开具的货物内容、规格型号、单位、数量、单价、不含税金额、税率和税额，其中"货物及应税劳务名称栏"如果简单开具货物大类如"五金""工具""文化用品"之类的，发票后面必须跟有明细清单并加盖发票专用章，否则即使能够抵扣也不能进入成本。四是"销货单位"栏，此栏是销售方的开票资料，最为重要的是"纳税人识别号"栏绝对不能错误和涂改，否则无法验票。五是抵扣联及发票联必须加盖发票专用章。

增值税专用发票的格式如图2-2所示，增值税普通发票的格式如图2-3所示。

（四）防伪税控系统增值税专用发票的管理

（1）税务机关专用发票管理部门在运用防伪税控系统进行发票入库管理或向纳税人发售专用发票时，要认真录入发票代码、号码，并与纸质专用发票进行仔细核对，确保发票代码、号码电子信息与纸质发票的代码、号码完全一致。

（2）纳税人在运用防伪税控系统开具专用发票时，应认真检查系统中的电子发票代码、

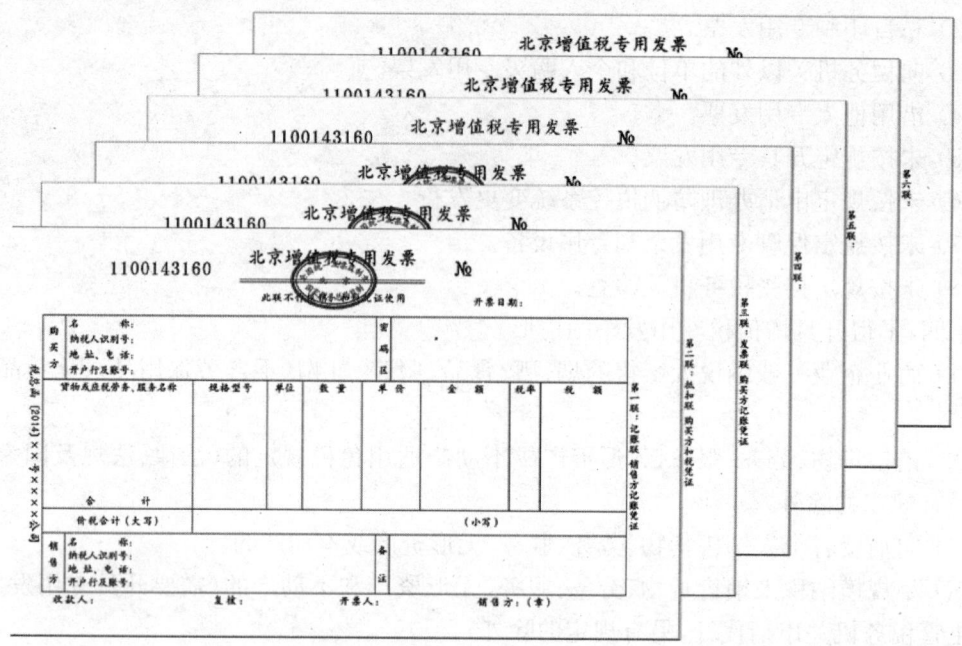

图 2-2　增值税专用发票的格式

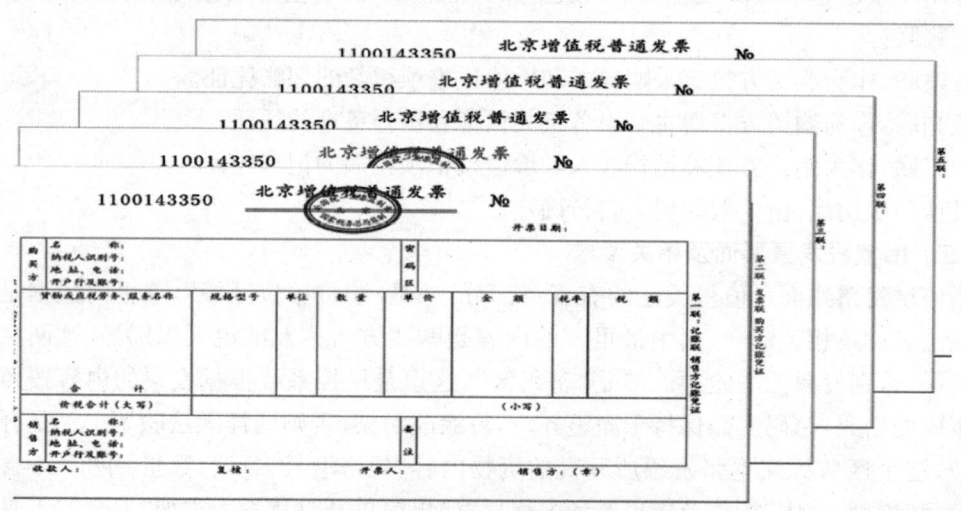

图 2-3　增值税普通发票的格式

号码与纸质发票是否一致。如发现税务机关错填电子发票代码、号码的,应持纸质专用发票和税控 IC 卡到税务机关办理退回手续。

（3）对税务机关错误录入代码或号码后又被纳税人开具的专用发票,按以下办法处理:

第一,纳税人当月发现上述问题的,应按照专用发票使用管理的有关规定,对纸质专用发票和防伪税控开票系统中专用发票电子信息同时进行作废,并及时报主管税务机关。纳税人在以后月份发现的,应按有关规定开具负数专用发票。

第二,对涉及发票数量多、影响面较大的,国家税务总局将按规定程序对全国作废发票数据库进行修正。

（4）在未收回专用发票抵扣联及发票联，或虽已收回专用发票抵扣联及发票联但购货方已将专用发票抵扣联报送税务机关认证的情况下，销货方一律不得作废已开具的专用发票。

第二节 增值税应纳税额的计算及纳税申报

一、一般纳税人应纳增值税税额的计算

增值税一般纳税人销售货物或者应税劳务，当期应纳税额等于当期销项税额抵扣当期进项税额后的余额。其计算公式为：

$$当期应纳税额 = 当期销项税额 - 当期进项税额$$

（一）当期销项税额的确认与计算

销项税额，是指纳税人发生应税行为按照销售额和增值税税率计算的增值税额。在确定当期销项税额时，主要考虑两个问题：一是当期要不要计税，即按照税法规定纳税义务是否产生。二是该笔业务中所涉及的销项税额的具体计算。

$$销项税额 = 销售额 \times 适用税率$$

1. 销售额确定的一般规定

销售额，是指纳税人发生应税行为所取得的全部价款和价外费用。

即：

$$销售额 = 全部价款 + 价外费用$$

但不包括：

（1）向购买方收取的销项税额。

（2）受托加工应征消费税的消费品所代收代缴的消费税。

（3）同时符合以下条件的代垫运费：

a. 承运者的运费发票开具给购货方的。

b. 纳税人将该项发票转交给购货方的。

（4）符合以下条件代为收取的政府性基金或者行政事业性收费：

a. 由国务院或财政部批准设立的政府性基金，由国务院或者省级政府及其物价部门批准设立的行政事业性收费。

b. 收取时开具省级以上财政部门印制的财政票据。

c. 所收款项全额上缴财政。

（5）销售货物同时代办保险等向购买方收取的保险费、车辆购置税、车辆牌照费等。

价外费用是指在价款外收取的手续费、补贴、基金、集资费、返还利润、包装费、储备费、优质费、包装物租金、运输装卸费、奖励费、违约金、代收款项、代垫款项及其他性质的价外收费项目。国家税务总局规定，向购买方收取的价外费用一律视为含税销售额，在计算增值税时应先换算为不含税的销售额。

2. 含税销售额的换算

销项税额的计税依据是不含税销售额,体现了价外税的性质,纳税人销售货物除取得销售额外,还向购买方收取销项税额,收取的销项税额不计入销售额。在实际工作中,常常会出现一般纳税人将销售货物或者应税劳务、应税服务采用价税合并收取的方法,在计算应纳税额时,应将含税销售额换算为不含税销售额。其换算公式如下:

$$不含税销售额 = 含税销售额 \div (1 + 增值税税率)$$

公式中的税率为销售货物或者应税劳务、应税服务按《增值税暂行条例》规定所适用的税率。

【例题2-1】 大华机械厂为一般纳税人企业,2018年发生如下经济业务:

(1) 6月份销售其生产的车床10台,开出增值税专用发票,其标明的单价为1 000元,随着销售另外收取集资费(优质费)2 320元,收到转账支票一张。

(2) 7月份销售并发出已预收货款1 600元的矿山设备一台,含税销售额为11 600元,剩余10 000元于10月底结清,结清货款同时开具增值税专用发票。

(3) 8月份销售电机30台,每台批发价7 000元(不含税),开出增值税专用发票,另外收取包装费和售后服务费30 000元,开出普通发票一张。按照要求回答下列问题:

(1) 计算大华机械厂6月份应确认的销项税额。

(2) 计算大华机械厂7月份应确认的销项税额。

(3) 计算大华机械厂8月份应确认的销项税额。

解析:

(1) 6月份销项税额 $= 1\,000 \times 10 \times 16\% + 2\,320 \div (1 + 16\%) \times 16\%$

$\qquad\qquad\qquad = 1\,600 + 320 = 1\,920(元)$

(2) 7月份销项税额 $= 11\,600 \div (1 + 16\%) \times 16\% = 1\,600(元)$

(3) 8月份销项税额 $= 30 \times 7\,000 \times 16\% + 30\,000 \div (1 + 16\%) \times 16\% = 37\,737(元)$

3. 特殊销售方式下的销售额的确定

1) 采取折扣方式销售

纳税人销售过程中的折扣,是指销货方根据购货方购货数量和货款支付时间及由于品种、质量等原因给予购货方的一种价格优惠,包括以下三种形式:

(1) 折扣销售。折扣销售又称商业折扣或数量折扣,是指销货方在销售货物或应税劳务、应税服务时,因购货数量较大等原因而给予购货方的价格优惠。税法规定:如果销售额和折扣额在同一张发票上的"金额"栏分别注明的,可按冲减折扣额后的销售额征收增值税。如果将折扣额另开发票(或者将折扣额在同一张发票的"备注"栏分别注明)的,不论财务上如何处理,在征收增值税时,折扣额均不得冲减销售额。

折扣销售仅限于货物价格的折扣,如果销货者将自产、委托加工或购买的货物用作实物折扣,则该实物款额不能从货物销售额中减除,且该实物应按增值税条例"视同销售货物"中的"赠送他人"计算征收增值税。同时,该实物的进项税额如符合相关规定的可以抵扣。

(2) 销售折扣。销售折扣又称现金折扣,是指销货方在销售货物或应税劳务后,为了鼓励购货方及早偿还货款而协议许诺给予购货方的一种折扣优待。销售折扣发生在销货之后,是一种融资性质的理财费用。因此销售折扣的折扣额不得从销售额中减除。

（3）销售折让。销售折让是指销售货物后,由于其品种、质量等原因购货方未予退货,但销货方需给予购货方的一种价格折让。对销售折让可以按折让后的货款金额为销售额。

2）采取以旧换新方式销售

以旧换新销售指纳税人在销售自己的货物时,有偿收回旧货物的行为。税法规定,纳税人采取以旧换新方式销售货物的(金银首饰除外),应按新货物的同期销售价格确定销售额并计算纳税,不得扣减旧货务的收购价格。但对于金银首饰以旧换新的特殊情况,可以按销售方实际收取的不含增值税的全部价款征收增值税,即以"实际收取的不含税差价"为计税销售额。

3）采取还本销售方式销售

还本销售是指纳税人在销售货物后,到一定期限由销售方一次或分次退还给购货方全部或部分价款。税法规定采取还本销售方式销售货物,其销售额是货物的销售价格,不得从销售额中减除还本支出。

4）采取以物易物方式销售

以物易物销售是一种特殊的购销活动,一般是指购销双方不是以货币结算,而是以同等价款的货物相互结算,实现相互购销的一种行为。税法规定,以物易物双方都应作购销处理,以各自发出货物核算销售额并计算销项税额,以各自收到的货物按规定核算购货额并计算进项税额。应该注意,采取以物易物方式销售,双方还应分别开具合法的票据,如果收到的货物不能取得相应的增值税专用发票或者其他合法票据的,不能抵扣进项税额。

5）包装物押金(非租金)处理

对包装物的押金是否计入货物销售额? 税法规定,销售货物收取的包装物押金,如果单独记账核算且未过期,则不并入销售额征税;因逾期未收回包装物不再退还的押金,应并入销售额征税(对收取1年以上的押金,无论是否退还均应计入销售额计算销项税额);对酒类产品包装物押金:对销售除啤酒、黄酒外的其他酒类产品收取的包装物押金,无论是否返还以及会计上如何核算,均应并入当期销售额征税。啤酒、黄酒押金按是否逾期处理。

6）对视同销售货物行为的销售额的确定

将货物交付其他单位或者个人代销,将自产、委托加工或购买的货物无偿赠送他人等9种视同销售行为中某些行为由于不是以资金的形式反映出来,会出现无销售额或无合理销售额的现象。税法规定,对视同销售征税而无销售额的按下列顺序确定其销售额:

（1）按纳税人最近时期同类货物的平均销售价格确定。

（2）按其他纳税人最近时期同类货物的平均销售价格确定。

（3）按组成计税价格确定。

组成计税价格的公式为:

$$组成计税价格 = 成本 \times (1 + 成本利润率)$$

对既征增值税又征消费税的货物,其组成计税价格中应加上消费税税额。其组成计税价格公式为:

$$组成计税价格 = 成本 \times (1 + 成本利润率) + 消费税税额$$
$$= 成本 \times (1 + 成本利润率) \div (1 - 消费税税率)$$

公式中的"成本"是指：销售自产货物的实际生产成本,销售外购货物的为实际采购成本。公式中的"成本利润率"为应税消费品全国平均成本利润率,全国平均成本利润率由国家税务总局确定。

【例题 2-2】   某企业为一般纳税人企业,在库存产成品销售业务中税务机关核定的当月商品每件平均售价为 18.58 元(单价为不含税价格)。计算如下情况的销项税额。

(1)销售给甲公司某商品 50 000 件,每件不含税售价为 19 元,另外收取价外费用 5 800 元。

(2)销售给乙公司同类商品 15 000 件,每件不含税售价为 20.5 元,交给 A 运输公司运输,代垫运输费用 6 800 元,运费发票已转交给乙公司。

(3)销售给丙公司同类商品 650 件,每件售价为 11 元(税务机关认定价格偏低)。

解析：

(1)增值税销项税额＝(50 000×19＋5 800÷1.16)×16%＝152 800(元)

(2)增值税销项税额＝15 000×20.50×16%＝49 200(元)

(3)增值税销项税额＝650×18.58×16%＝1 932.32(元)

7)纳税人已售票但客户逾期未消费及为客户办理退票收入业务处理

自 2018 年 1 月 1 日起,纳税人已售票但客户逾期未消费取得的运输逾期票证收入,按照"交通运输服务"缴纳增值税。纳税人为客户办理退票而向客户收取的退票费、手续费等收入,按照"其他现代服务"缴纳增值税。

8)航空运输销售代理企业提供境外航段机票代理服务销售额的确定

自 2018 年 1 月 1 日起,航空运输销售代理企业提供境外航段机票代理服务,以取得的全部价款和价外费用,扣除向客户收取并支付给其他单位或者个人的境外航段机票结算款和相关费用后的余额为销售额。其中,支付给境内单位或者个人的款项,以发票或行程单为合法有效凭证;支付给境外单位或者个人的款项,以签收单据为合法有效凭证,税务机关对签收单据有疑义的,可以要求其提供境外公证机构的确认证明。

(二) 当期进项税额的确认与计算

进项税额,是指纳税人购进货物或接受应税劳务、应税服务所支付或者承担的增值税税额。在确定当期进项税额时,也要考虑两个问题:一是按照税法该笔业务中所涉及的进项税额能否抵扣。二是该笔进项税额能否在当期抵扣。

增值税的核心就是用纳税人收取的销项税额抵扣支付的进项税额,余额为应纳税额。在一般纳税人开具增值税专用发票的情况下,销售方收取的销项税额就是购货方支付的进项税额。税法上规定纳税人当期所支付或承付的进项税额可以从当期销项税额中抵扣,同时,又严格规定了哪些进项税额可以抵扣,哪些进项税额不能抵扣。

1. 准予从销项税额中抵扣的进项税额

准予从销项税额中抵扣的进项税额有两种情况,一类是以票抵扣,即取得法定扣税凭证并符合税法规定的抵扣进项税额。另一类是计算抵扣,即没有取得法定扣税凭证,但符合税法抵扣政策,准予计算抵扣的进项税额。

1)以票抵扣

纳税人购进货物、劳务、服务、无形资产或者不动产,取得增值税专用发票、海关进口增值税专用缴款书、代扣代缴税款的完税凭证的,按凭证上注明的增值税税额,依法从销项税额中抵扣。

2)计算抵扣

税法规定,对于纳税人购进未缴纳过增值税的免税农产品和废旧物资,可以按规定的扣除率计算进项税额。

(1)购进农业生产者销售的一般农业产品,或者向小规模纳税人购买的农产品,除取得增值税专用发票或者海关进口增值税专用缴款书外,准予按照农产品收购发票或者销售发票上注明的农产品买价和12%的扣除率计算进项税额,从当期销项税额中扣除,即:进项税额=买价×12%

买价,是指纳税人购进农产品在农产品收购发票或者销售发票上注明的价款和按照规定缴纳的烟叶税。

(2)购进农业生产者销售的烟叶。因为烟叶购进中要给予生产者10%的价外补贴,同时要交烟叶收购金额20%的烟叶税,所以其进项税额抵扣比较复杂。

$$准予抵扣的进项税额=(烟叶收购金额+烟叶税应纳税额)×扣除率(12\%)$$
$$=烟叶收购价款×1.1×1.2×12\%$$
$$烟叶收购金额=烟叶收购价款×(1+10\%)$$
$$烟叶税应纳税额=烟叶收购金额×税率(20\%)$$

3)分期抵扣

增值税一般纳税人2016年5月1日后取得并在财务会计中按固定资产核算的不动产及2016年5月1日后发生的不动产在建工程,其进项税额应按规定分2年从销项税额中抵扣,第一年抵扣比例为60%,第二年抵扣比例为40%。60%的部分于取得扣税凭证的当期从销项税额中抵扣;40%的部分为待抵扣进项税额,于取得扣税凭证的当月起第13个月从销项税额中抵扣。

2. 不得从销项税额中抵扣的进项税额

纳税人购进货物或者应税劳务,取得的增值税扣税凭证不符合法律、行政法规或者国务院税务主管部门有关规定的,其进项税额不得从销项税额中抵扣。《增值税暂行条例》及财税文件规定,下列项目的进项税额不得从销项税额中抵扣:

(1)一般纳税人按照简易办法征收增值税的,不得抵扣进项税额。

(2)用于非增值税应税项目、免征增值税项目、集体福利或者个人消费的购进货物或者应税劳务。

(3)非正常损失的购进货物及相关的应税劳务,非正常损失的在产品、产成品所耗用的购进货物或者应税劳务。

【例题2-3】　大华公司为增值税一般纳税人,产品适用增值税税率为16%。某月发生经济业务如下:

(1)从小规模纳税人处购进原材料一批,取得普通发票注明的金额为10 000元。货款已支付,材料已验收入库。

(2)从一般纳税人购进原材料,取得增值税专用发票注明价款80 000元,税金12 800元,货款已支付,材料已验收入库。

（3）以物易物销售，用 A 产品换入设备一台，双方分别开出增值税专用发票，不含税价款 100 000 元，税金 16 000 元。

（4）从农业者手中购进免税农产品，收购凭证上注明的价款 60 000 元。

（5）公司月末盘存发现上月购进的原材料毁损，金额 40 000 元。

（6）从农业者手中购进土豆一批，收购发票上注明的价款 20 000 元，该批土豆已用于给职工发放福利。

（7）接受捐赠材料一批，取得专业发票注明的价款 10 000 元，税款 1 600 元。材料已验收入库。

上述业务的专用发票都已通过认证，根据以上业务分析该公司应申报的进项税额。

解析：

（1）普通发票不能作为抵扣依据，该笔业务的进项税额不能抵扣。

（2）进项税额 = 12 800（元）

（3）进项税额 = 16 000（元）

（4）进项税额 = 60 000 × 12% = 7 200（元）

（5）进项税额转出 = 40 000 × 16% = 6 400（元）

（6）购入的土豆用于职工福利，其进项税额不能抵扣。

（7）进项税额 = 1 600（元）

该公司本月应申报的进项税额为：

$$12\ 800 + 16\ 000 + 7\ 200 - 6\ 400 + 1\ 600 = 31\ 200（元）$$

【例题 2-4】 大华企业为一般纳税人企业，9 月份销售应税产品取得含税收入 232 万元，销售免税产品 100 万元，该企业当月购入生产用原材料一批，取得增值税专用发票上注明的增值税金额为 10.2 万元，该企业应税产品和免税产品无法划分原材料耗用情况，计算该企业当月应纳增值税税额。

解析：

$$不得抵扣的进项税额 = 10.2 × 100 ÷ (100 + 232 ÷ 1.16) = 3.4（万元）$$
$$当月应纳增值税税额 = 232 ÷ 1.16 × 16\% - (10.2 - 3.4) = 25.2（万元）$$

（三）当期应纳税额的计算

一般纳税人增值税应纳税额的计算公式如下：

$$应纳税额 = 当期销项税额 - 当期进项税额$$
$$= 当期销售额 × 适用税率 - 当期进项税额$$

销项税额的"当期"限定总的要求是：确认时间不得滞后。进项税额的"当期"限定总的要求是：抵扣时间不得提前。

1. 计算销项税额的时间限定

纳税人在什么时间计算销项税额，《增值税暂行条例》和《增值税暂行条例实施细则》都作了详细规定，具体见本章第一节纳税义务发生时间的一般规定和具体规定。

2. 计算进项税额的时间限定

（1）增值税一般纳税人取得增值税专用发票、机动车销售统一发票，应在开具之日起

360日内到税务机关办理认证,并在认证通过的次月申报期内,向主管税务机关申报抵扣进项税额。

（2）实行海关进口增值税专用缴款书"先比对后抵扣"管理办法的增值税一般纳税人,应在取得海关缴款书的当月,向主管税务机关报送《海关完税凭证抵扣清单》申请稽核比对。

未实行海关缴款书"先比对后抵扣"管理办法的增值税一般纳税人取得开具的海关缴款书,应在开具之日起360日后的第一个纳税申报期结束以前,内向主管税务机关申报抵扣进项税。"先比对后抵扣"详见国家税务总局海关总署公告2013年第31号。

上述两项未在规定期限内到税务机关办理认证、申报抵扣或者申请稽核比对的,不得作为合法的增值税扣税凭证,不得计算进项税额抵扣。

3. 计算应纳税额时进项税额不足抵扣的处理

由于增值税实行以当期销项税额抵扣当期进项税额的"购进扣税法",根据税法规定,当期销项税额小于当期进项税额不足抵扣的部分可以结转下期继续抵扣（留抵税额）。

4. 进项税额转出的相关规定

我国增值税实行进项税额抵扣制度,但在一些特定情况下,纳税人已经抵扣的进项税额必须转出。目前进项税额的转出主要有以下几种情况。

第一,纳税人购进的货物及在产品、产成品发生非正常损失。

第二,纳税人购进的货物或应税劳务改变用途,如用于非应税项目、免税项目、集体福利或者个人消费等。

这两种情况已抵扣的进项税额之所以要转出,是因为原购进货物或应税劳务不能产生增值税销项税额,已抵扣的进项税额失去了抵扣的来源。

根据规定,已抵扣进项税额的购进货物或应税劳务如果发生进项税额转出的情况,应当将该项购进货物或者应税劳务的进项税额从当期的进项税额中扣减（即进项税额转出）;无法确定该项进项税额的,按当期实际成本计算应扣减的进项税额。

$$实际成本 = 进价 + 运费 + 保险费 + 其他有关费用$$

计算进项税额转出的两种情况如下:

（1）一般商品进项税款转出金额＝商品成本×适用税率。

（2）直接收购农产品进项税款转出金额＝农产品成本÷（1－10%）×10%。

5. 销货退回或折让涉及销项税额和进项税额的税务处理

税法规定,增值税一般纳税人因销售货物退回或者折让而退还给购买方的增值税额,应按国家税务总局的规定开具红字增值税专用发票,从发生销售货物退回或者折让当期的销项税额中扣减;未按规定开具红字增值税专用发票的,增值税额不得从销项税额中扣减。

因购进货物退出或者折让而收回的增值税额,应从发生购进货物退出或者折让当期的进项税额中扣减。

（四）特殊经营行为应纳增值税税额的计算

1. 兼营不同税率的货物或应税劳务、应税服务行为

兼营不同税率的货物或应税劳务、应税服务行为,是指纳税人生产或销售不同税率的货物,或者既销售货物又提供应税劳务、应税服务。如某商贸公司既销售税率为10%的农业生产资料,又销售税率为16%的工业品。对纳税人销售自产货物同时提供建筑、安装服务的,允许分别核算销售额,分别适用税率或征收率。

《增值税暂行条例》规定,纳税人兼营不同税率的货物或者应税劳务,应当分别核算不同税率货物或者应税劳务的销售额;未分别核算销售额的,从高适用税率。

【例题2-5】　大华公司销售A产品一批,专用发票注明产品销售额为200 000元,增值税税额为32 000元,另由大华公司的汽车队收取送货运费5 500元,款项存入银行。(公司没有开具交通运输业增值税发票资格)

解析:

$$价外费用不含税销售额 = 5\,500 \div (1+10\%) = 5\,000(元)$$
$$销项税额 = 32\,000 + 5\,000 \times 10\% = 32\,500(元)$$

【例题2-6】　某设备经销商在销售设备的同时兼营设备安装业务,8月份销售设备不含税销售额为50万元;安装业务取得不含税收入7万元;专用发票上注明本月购进设备买价为40万元,进项税额为6.8万元。计算该公司8月份应纳增值税税额。

解析:

$$应纳增值税额 = 50 \times 16\% + 7 \times 10\% - 6.8 = 1.9(万元)$$

2. 纳税人转让不动产

纳税人转让不动产,按照有关规定差额缴纳增值税的,如因丢失等原因无法提供取得不动产时的发票,可向税务机关提供其他能证明契税计税金额的完税凭证等资料,进行差额扣除。纳税人以契税计税金额进行差额扣除的,按照下列公式计算增值税应纳税额:

(1) 2016年4月30日及以前缴纳契税的:

$$增值税应纳税额 = [全部交易价格(含增值税) - 契税计税金额(含营业税)] \div (1+5\%) \times 5\%$$

(2) 2016年5月1日及以后缴纳契税的:

$$增值税应纳税额 = [全部交易价格(含增值税) \div (1+5\%) - 契税计税金额(不含增值税)] \times 5\%$$

二、一般纳税人的纳税申报

一般纳税人不论当期是否发生应税行为或是否应该缴税,均应按规定进行纳税申报,纳税申报是税务风险防控的最后环节,无论是多缴税的风险还是少缴税的风险,都会在纳税申报完成后形成。

1. 纳税申报、缴纳程序

一般纳税人办理纳税申报需要经过发票认证、抄报、纳税申报、报税和税款缴纳等程序。

网上报税和网上申报的操作流程如下:纳税人必须先操作防伪税控开票子系统进行抄报,然后使用网上抄报税系统进行远程报税,再操作网上申报软件发送申报数据,最后使用网上抄报税系统清卡。通过网上申报软件发送申报数据后，要查看申报结果提示，如果提示申报成功则关注税款扣缴结果，在申报软件中及时查看银行扣款是否成功。

2. 纳税申报资料

一般纳税人进行纳税申报，实行电子信息采集。使用防伪税控系统开具专用发票，在抄报成功后，方可向其主管税务机关进行纳税申报。纳税申报必报资料是《增值税纳税申报表(一般纳税人适用)》及附列资料。备查资料：①符合抵扣条件且在本期申报抵扣的防伪税控"增值税专用发票""货物运输业增值税专用发票"、税控"机动车销售统一发票"的抵扣联。②符合抵扣条件且在本期申报抵扣的中华人民共和国税收缴款凭证及清单，书面合同、付款证明和境外单位的对账单或者发票。③已开具的农产品收购凭证存根联或报查联。

3. 办税渠道

(1) 办税服务厅。

(2) 网上办税服务厅、自助办税终端。

4. 申报期限

纳税人应按月进行纳税申报，申报期为次月 1 日起至 15 日止，遇最后一日为法定节假日的，顺延 1 日；在每月 1～15 日内有连续 3 日以上法定休假日的，按休假日天数顺延。

5. 纳税基本流程(见图 2-4)

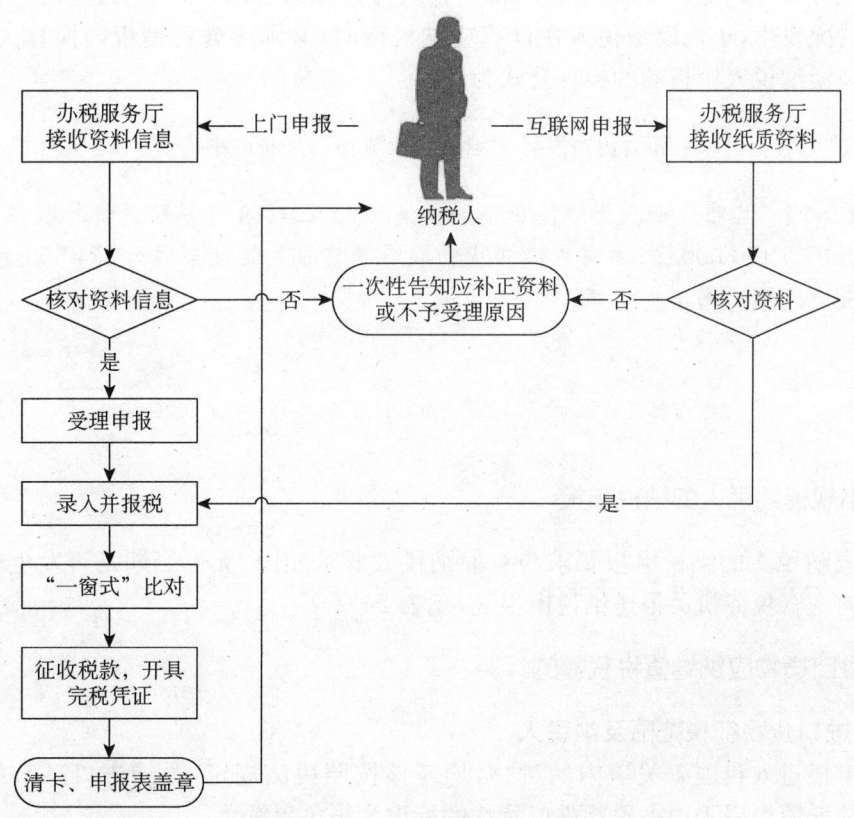

图 2-4 增值税纳税基本流程

6. 纳税申报表的填写

增值税纳税申报表由增值税纳税申报表(主表)(适用于增值税一般纳税人)(见表2-4)和5份副表及减免明细表组成。其中增值税纳税申报表附列资料(一)(本期销售情况明细)(见表2-5)、增值税纳税申报表附列资料(二)(本期进项税额明细)(见表2-6)。纳税申报表一般先填附表一(见表2-5),其次填写附表二(见表2-6),根据企业实际情况依次填写附表三、附表四、附表五及减免明细表。附表填完后主表(见表2-4)会自动生成。

三、小规模纳税人应纳增值税税额的计算

根据《增值税暂行条例》规定,小规模纳税人销售货物或应税劳务,实行简易办法计算应纳税额,按销售额5‰、3‰的征收率计算应纳税额,不得抵扣进项税额,同时,销售货物也不得自行开具增值税专用发票。

$$应纳税额 = 销售额 \times 征收率$$

公式中的销售额是指销售货物或提供应税劳务向购买方收取全部价款和价外费用,但不包括收取的增值税税额。小规模纳税人因销售货物退回或者折让退还给购买方的销售额,应从发生销售货物退回或者折让当期的销售额中扣减。由于小规模纳税人在销售货物或提供应税劳务时只能开普通发票,取得的收入为含税销售额。为了防止价税合一导致重复征税的情况发生,小规模纳税人在计算应纳税额时,必须将含税销售额换算为不含税销售额。小规模纳税人销售额的换算公式为:

$$不含税销售额 = 含税销售额 \div (1 + 征收率)$$

【例题2-7】 某商业企业为增值税小规模纳税人,2018年3月购进货物取得普通发票,共计支付金额为150 000元;本月内销售货物取得零售收入共计金额为154 500元。计算该企业3月份应缴纳的增值税税额。

解析:

$$应纳增值税税额 = 154\ 500 \div (1 + 3‰) \times 3‰ = 4\ 500(元)$$

四、小规模纳税人的纳税申报

小规模纳税人的纳税申报要求与一般纳税人要求相同,无论当期是否发生应税行为,均应按期向主管税务机关报送纳税申报表,见表2-7。

五、进口货物应纳增值税税额的计算

(一)进口货物征税范围及纳税人

凡是申报进入我国海关境内的货物,均应该按照税法规定,缴纳进口环节的增值税。进口环节的增值税属于中央税。进口货物的标识为报关手续。

根据《增值税暂行条例》的规定,进口货物增值税的纳税义务人为进口货物的收货人

或办理报关手续的单位和个人,包括国内一切从事进口业务的企事业单位、机关团体和个人。对于委托代理进口应征增值税的货物,一般由进口代理者代缴进口环节增值税。纳税后,由代理者将已纳税款和进口货物价款费用等与委托方结算,由委托方承担已纳税款。

表2-4　增值税纳税申报表(适用于增值税一般纳税人)

根据国家税收法律法规及增值税相关规定制定本表。纳税人不论有无销售额,均应按税务机关核定的纳税期限填写本表,并向当地税务机关申报。

税款所属时间:自　年　月　日至　年　月　日

填表日期:　年　月　日

金额单位:元至角分

纳税人识别号														所属行业:			
纳税人名称		（公章）	法定代表人姓名			注册地址			生产经营地址								
开户银行及账号				登记注册类型				电话号码								

项目		栏次	一般项目		即征即退项目	
			本月数	本年累计	本月数	本年累计
销售额	（一）按适用税率计税销售额	1				
	其中:应税货物销售额	2				
	应税劳务销售额	3				
	纳税检查调整的销售额	4				
	（二）按简易办法计税销售额	5				
	其中:纳税检查调整的销售额	6				
	（三）免、抵、退办法出口销售额	7			—	—
	（四）免税销售额	8				
	其中:免税货物销售额	9				
	免税劳务销售额	10				
税款计算	销项税额	11				
	进项税额	12				
	上期留抵税额	13		—		—
	进项税额转出	14				
	免、抵、退应退税额	15			—	—
	按适用税率计算的纳税检查应补缴税额	16			—	—
	应抵扣税额合计	17=12+13−14−15+16		—		—

（续表）

项目		栏次	一般项目		即征即退项目	
			本月数	本年累计	本月数	本年累计
税款计算	实际抵扣税额	18（如 17＜11，则为 17，否则为 11）				
	应纳税额	19＝11－18				
	期末留抵税额	20＝17－18			—	—
	简易计税办法计算的应纳税额	21				
	按简易计税办法计算的纳税检查应补缴税额	22			—	—
	应纳税额减征额	23				
	应纳税额合计	24＝19＋21－23				
税款缴纳	期初未缴税额（多缴为负数）	25				
	实收出口开具专用缴款书退税额	26			—	—
	本期已缴税额	27＝28＋29＋30＋31				
	①分次预缴税额	28		—	—	—
	②出口开具专用缴款书预缴税额	29		—	—	—
	③本期缴纳上期应纳税额	30				
	④本期缴纳欠缴税额	31				
	期末未缴税额（多缴为负数）	32＝24＋25＋26－27				
	其中：欠缴税额（≥0）	33＝25＋26－27		—	—	—
	本期应补（退）税额	34＝24－28－29				
	即征即退实际退税额	35	—	—		
	期初未缴查补税额	36			—	—
	本期入库查补税额	37			—	—
	期末未缴查补税额	38＝16＋22＋36－37			—	—
授权声明	如果你已委托代理人申报，请填写下列资料： 　　为代理一切税务事宜，现授权　　　　　（地址）　为本纳税人的代理申报人，任何与本申报表有关的往来文件，都可寄予此人。 　　　　　　　　　　授权人签字：	申报人声明	本纳税申报表是根据国家税收法律法规及相关规定填报的，我确定它是真实的、可靠的、完整的。 　　　　　声明人签字：			

主管税务机关：　　　　　接收人：　　　　　　接收日期：

表2-5　增值税纳税申报表附列资料(一)(本期销售情况明细)

增值税纳税申报表附列资料(一)
(本期销售情况明细)

纳税人名称:(公章)　　　　　　税款所属时间:　　年　月　日至　　年　月　日　　　　　　金额单位:元至角分

项目及栏次	栏次	开具增值税专用发票 销售额	开具增值税专用发票 销项(应纳)税额	开具其他发票 销售额	开具其他发票 销项(应纳)税额	未开具发票 销售额	未开具发票 销项(应纳)税额	纳税检查调整 销售额	纳税检查调整 销项(应纳)税额	合计 销售额	合计 销项(应纳)税额	价税合计	服务、不动产和无形资产扣除项目本期实际扣除金额	扣除后 含税(免税)销售额	扣除后 销项(应纳)税额
		1	2	3	4	5	6	7	8	9=1+3+5+7	10=2+4+6+8	11=9+10	12	13=11−12	14=13÷(100%+税率或征收率)×税率或征收率
一、一般计税方法计税　全部征税项目　16%税率的货物及加工修理修配劳务	1												12	13=11−12	14=13÷(100%+税率或征收率)×税率或征收率
16%税率的服务、不动产和无形资产	2	—	—	—		—	—					—		—	—
13%税率	3	—	—	—											—
10%税率的货物及加工修理修配劳务	4a											—			—
10%税率的服务、不动产和无形资产	4b	—													—
6%税率	5														—
其中:即征即退项目　即征即退货物及加工修理修配劳务	6	—	—	—		—	—					—		—	—
即征即退服务、不动产和无形资产	7	—	—	—		—	—					—		—	—
二、简易计税方法计税　全部征税项目　6%征收率	8	—	—	—		—	—					—		—	—
6%征收率的货物及加工修理修配劳务	9a														—
5%征收率的货物及加工修理修配劳务	9b														—
4%征收率	10														—
3%征收率的货物及加工修理修配劳务	11														—
3%征收率的服务、不动产和无形资产	12														—
预征率　%	13a														—
预征率　%	13b														—
预征率　%	13c														—
其中:即征即退项目　即征即退货物及加工修理修配劳务	14	—	—	—		—	—					—		—	—
即征即退服务、不动产和无形资产	15	—	—	—	—	—	—					—		—	—
三、免抵退税　货物及加工修理修配劳务	16	—	—	—								—			—
服务、不动产和无形资产	17	—	—	—								—			—
四、免税　货物及加工修理修配劳务	18	—	—	—								—			—
服务、不动产和无形资产	19	—	—	—								—			—

表 2-6　增值税纳税申报表附列资料(二)(本期进项税额明细)

纳税人名称:(公章)　　　　　税款所属时间:　　年　月　日至　　年　月　日　　　　金额单位:元至角分

一、申报抵扣的进项税额				
项　目	栏次	份数	金额	税额
(一)认证相符的增值税专用发票	1=2+3			
其中:本期认证相符且本期申报抵扣	2			
前期认证相符且本期申报抵扣	3			
(二)其他扣税凭证	4=5+6+7+8a+8b			
其中:海关进口增值税专用缴款书	5			
农产品收购发票或者销售发票	6			
代扣代缴税收缴款凭证	7		—	
加计扣除农产品进项税额	8a	—	—	
其他	8b			
(三)本期用于购建不动产的扣税凭证	9			
(四)本期不动产允许抵扣进项税额	10	—	—	
(五)外贸企业进项税额抵扣证明	11	—	—	
当期申报抵扣进项税额合计	12=1+4-9+10+11			

二、进项税额转出额		
项　目	栏次	税额
本期进项税额转出额	13=14至23之和	
其中:免税项目用	14	
集体福利、个人消费	15	
非正常损失	16	
简易计税方法征税项目用	17	
免抵退税办法不得抵扣的进项税额	18	
纳税检查调减进项税额	19	
红字专用发票信息表注明的进项税额	20	
上期留抵税额抵减欠税	21	
上期留抵税额退税	22	
其他应作进项税额转出的情形	23	

三、待抵扣进项税额				
项　目	栏次	份数	金额	税额
(一)认证相符的增值税专用发票	24	—	—	—
期初已认证相符但未申报抵扣	25			
本期认证相符且本期未申报抵扣	26			
期末已认证相符但未申报抵扣	27			
其中:按照税法规定不允许抵扣	28			
(二)其他扣税凭证	29=30至33之和			
其中:海关进口增值税专用缴款书	30			
农产品收购发票或者销售发票	31			
代扣代缴税收缴款凭证	32			
其他	33			
	34			

四、其他				
项　目	栏次	份数	金额	税额
本期认证相符的增值税专用发票	35			
代扣代缴税额	36	—	—	

表 2-7 增值税纳税申报表(小规模纳税人适用)

税款所属期: 年 月 日至 年 月 日　　　　填表日期: 年 月 日

纳税人名称(公章):　　　　　　　　　　　　　　　　金额单位:元至角分

应税行为(3%征收率)扣除额计算			
期初余额	本期发生额	本期扣除额	期末余额
1	2	3(3≤1+2之和,且3≤5)	4=1+2-3

应税行为(3%征收率)计税销售额计算			
全部含税收入(适用3%征收率)	本期扣除额	含税销售额	不含税销售额
5	6=3	7=5-6	8=7÷1.03

应税行为(5%征收率)扣除额计算			
期初余额	本期发生额	本期扣除额	期末余额
9	10	11(11≤9+10之和,且11≤13)	12=9+10-11

(二)进口货物的适用税率

进口货物增值税税率与增值税一般纳税人在国内销售同类货物的税率相同。

(三)进口货物应纳增值税的计算

纳税人进口货物,按照组成计税价格和适用的税率计算应纳税额,不得抵扣任何税额。组成计税价格包括已纳关税,如果进口货物属于消费税应税消费品的,其组成计税价格还应包括进口环节已纳的消费税。不得抵扣任何税额是指在计算进口环节应纳增值税税额时,不得扣除发生在我国境外的各种税金。

应纳增值税税额的计算公式:

$$应纳增值税税额 = 组成计税价格 × 税率$$

(1)如果进口货物不收消费税:

$$组成计税价格 = 关税完税价格 + 关税$$
$$关税 = 关税完税价格 × 关税税率$$

(2)如果进口货物征收消费税:

$$组成计税价格 = 关税完税价格 + 关税 + 消费税$$
$$消费税 = (关税完税价格 + 关税)/(1 - 消费税税率) × 消费税税率$$

根据《中华人民共和国海关法》和《中华人民共和国进出口关税条例》规定,关税完税价格是以海关审定的成交价格为基础的到岸价格。成交价格是一般贸易项下进口货物的买方为购买商品向卖方实际支付或应当支付的价格。到岸价包括货物购买价加上货物运抵我国关境内输入地点起卸前的包装费、运费、保险费和其他劳务费等费用构成的一种价格。

【例题 2-8】 某进出口公司 2018 年 5 月进口办公设备 500 台,每台进口完税价格 1 万元,委托运输公司将进口办公设备从海关运回本单位,支付运输公司运输费用 9 万元,取得了货物运输业增值税专用发票。当月以每台 1.8 万元的含税价格售出 400 台,向甲公司捐赠 2 台,对外投资 20 台。另支付销货运输费 1.3 万元(有货物运输业增值税专用发票)。要求:计算该企业当月应纳增值税。(假设进口关税税率为 15%)

解析:

(1) 进口货物进口环节应纳增值税 $= 1 \times (1 + 15\%) \times 500 \times 16\% = 92$(万元)

(2) 当月销项税额 $= (400 + 2 + 20) \times 1.8 \div (1 + 16\%) \times 16\% = 104.77$(万元)

(3) 当月可以抵扣的进项税额 $= 92 + 9 \times 10\% + 1.3 \times 10\% = 93.03$(万元)

(4) 当月应纳增值税 $= 104.77 - 93.03 = 11.74$(万元)

六、出口货物退(免)税

(一) 出口货物退(免)税的含义

出口货物退(免)税是指在国际贸易中,对我国报关出口的货物退还在国内各生产环节和流转环节按税法规定已缴纳的增值税和消费税,或免征应缴纳的增值税和消费税,即对增值税出口货物实行零税率,对消费税出口货物免税。增值税出口货物的零税率,从税法上理解有两层含义:一是对本道环节生产或销售货物的增值部分免征增值税。二是对出口货物前道环节所含的进项税额进行退付。国家在遵循"征多少、退多少""未征不退和彻底退税"基本原则的基础上,制定了不同的税务处理政策。

出口货物退(免)税是国际贸易中普遍采用的方法,其目的在于鼓励各国出口货物公平竞争的一种退还或免征间接税(目前我国主要包括增值税、消费税)的税收措施。由于这项制度比较公平合理,因此它已成为国际社会同行的惯例。

(二) 出口货物退(免)税的基本政策及适用范围

1. 出口免税并退税

出口免税是指货物出口环节不征增值税、消费税;出口退税是指对货物在出口前实际承担的税款予以退还。适用于生产企业、有进出口经营权的外贸企业和特定企业。

2. 出口免税但不退税

出口免税但不退税是指货物出口环节不征增值税、消费税,出口货物在以前纳税环节没有税负,使得出口货物本身就不含税,因而出口也无须退税。适用于生产企业的小规模纳税人,外贸企业从小规模纳税人购进的货物,外贸企业直接购进国家规定的免税货物等。

3. 出口不免税也不退税

出口不免税是指对国家限制或禁止出口的某些货物的出口环节视同国内销售环节,照常征税。出口不退税是指对这些货物出口不退还出口前所负担的税款。适用于委托外贸企业出口货物的非生产企业,商贸企业出口原油、援外出口货物、国家禁止出口货物(如天然牛黄、麝香、铜及铜基合金等)照常征税。

(三) 出口货物的退税率

退税率是指出口货物实际退税额与退税计税依据的比例,是出口退税的关键。目前我国对增值税出口退税率在具体计算时分不同情况规定。

(四) 出口货物退税的计算

出口货物只有在既适用免税又适用退税的政策时,才涉及计算退税问题。我国《出口货物退（免）税管理办法》规定了两种退税计算办法：第一种办法是"免、抵、退"办法，主要适用于自营和委托出口自产货物的生产企业。第二种办法是"先征后退"办法，目前主要用于收购货物出口的外（工）贸企业。

1. "免、抵、退"税计算方法

实行免、抵、退税管理办法的"免"税，是指对生产企业出口的自产货物，在出口时免征本企业生产销售环节增值税；"抵"税，是指生产企业出口自产货物所耗用的原材料、零部件、燃料、动力等所含应予退还的进项税额，抵顶内销货物的应纳税额；"退"税是指生产企业出口的自产货物在当月内应抵顶的进项税额大于应纳税额时，对未抵顶完的部分予以退税。由于出口货物增值税实行零税率，除了出口环节免征增值税即没有销项税额外还需要对为生产出口产品所购进的项目已经缴纳的税款，即进项税额退还给出口企业等纳税人。因此，出口退税并不是退还"销项税额"，而是退还进项税额。如果一个企业完全是出口企业，商品没有内销，则完全采用"免"和"退"的方式，就不存在"抵"税的问题。采用"抵"税的方式其实是为了简化征管手续，即用本来要退还给纳税人的退税额抵顶内销货物应该按规定缴纳的增值税税款。

具体计算方法与计算公式如下。

1）当期应纳税额的计算

$$当期应纳税额 = \begin{matrix}当期内销货物\\的销项税额\end{matrix} - \left(当期进项税额 - \begin{matrix}当期"免、抵、退"\\税不得免征和抵扣税额\end{matrix}\right) - 上期留抵税额$$

如果按上述公式计算的结果是正数，为当前应纳增值税；如果按上述公式计算的结果是负数，为当期留抵税额，即没有得到抵扣的进项税额。

其中：

当期"免、抵、退"税不得免征和抵扣税额 = 出口货物离岸价 × 外汇人民币牌价 ×（出口货物征税率 − 出口货物退税率）− "免、抵、退"税不得免征和抵扣税额抵减额

出口货物离岸价格（FOB）以出口发票上的离岸价格为准。出口发票不能如实反映离岸价的，企业必须按实际离岸价向主管国税机关申报，同时主管税务机关有权依照《中华人民共和国税收征收管理法》、《中华人民共和国增值税暂行条例》等有关规定予以核定。

当期"免、抵、退"税不得免征和抵扣税额的减项，即：

$$\begin{matrix}"免、抵、退"税不得免征\\和抵扣税额抵减额\end{matrix} = 免税购进原材料价格 ×（出口货物征税率 − 出口货物退税率）$$

免税购进原材料包括从国内购进免税原材料和进料加工免税进口料件，其中进料加工免税进口料件的价格为组成计税价格。

进料加工免税进口料件的组成计税价格 = 货物到岸价格 + 海关实征关税和消费税

如果当期没有免税进购原材料，前述公式中的"免、抵、退"税不得免征和抵扣税额减额，以及后面公式中的"免、抵、退"税额减额，就不用计算。

"'免、抵、退'税不得免征和抵扣税额抵减额"与前面的"'免、抵、退'税额抵减额"是有区别的，"'免、抵、退'税不得免征和抵扣税额抵减额"实质是不予抵免的金额，实际账务处理中是不存在的，但是作为"免、抵、退"这种管理办法的计算思路，必须将这部分予以剔除。

而通过前面对计算公式的分析,可以理解为,前面免税购进原材料也相应计算了不得免征和抵扣的税额,所以单独计算"'免、抵、退'税不得免征和抵扣税额抵减额"作为对其的修正。

2)"免、抵、退"税额的计算

"免、抵、退"税额 = 出口货物离岸价格 × 外汇人民币牌价 × 出口货物退税率 − "免、抵、退"税额抵减额

其中:

"免、抵、退"税额抵减额 = 免税购进原材料价格 × 出口货物退税率

这个公式中计算的"免抵扣税额"就是名义应退税额或者"免、抵、退"方式下的可抵顶进项税额。公式最后一个减项"'免、抵、退'税额抵减额"的实质含义是,免税购进的原材料本身是不含进项税额的,所以在计算免抵扣退税额时就不应该退还这部分原本不存在的税额,因此要通过计算予以剔除。

当期应退税额和当期"免、抵"税额的计算:

(1) 如果当期期末留抵税额≤当期"免、抵、退"税额,则:

当期应退税额 = 当期期末留抵税额

当期免抵税额 = 当期"免、抵、退"税额 − 当期应退税额

(2) 当期期末留抵税额>当期"免、抵、退"税额时:

当期应退税额 = 当期"免、抵、退"税额

当期免抵税额 = 0

当期期末留抵税额根据当期《增值税纳税申报表》中"期末留抵税额"确定。这里的"当期末留抵税额"实际上是名义留抵额。因为,最终的实际期末留抵额 = 名义留抵额 − 当期实际退税额,而此处的名义留抵额 = −当期应纳税额,当然这要满足当期应纳税额小于零这个大前提。也只有明确了这点才能明白以"免、抵、退"税额与当期末留抵额进行比较的作用,其实是在判断当期的名义退税额到底应该实际退税多少以及已经实际抵顶多少。因为经过引申,这里的对比实际上是在对比"当期名义退税额"与"当期应纳税额的绝对值",名义留抵额在数额上等于当期应纳税额的绝对值,或者负数(因为当期应纳税额小于零)。

企业"免、抵、退"税计算基本步骤为 4 步。

第 1 步剔税:计算进项税转出额。

进项税转出额 = (外销收入 − 免税原材料进价)×(增值税率 − 出口退税率)

外销收入 = 出口货物离岸价 × 外汇人民币牌价

第 2 步抵税:计算当期应纳增值税额。

当期应纳税额 = 内销的销项税额 − (进项税额 − 进项税转出额) − 上期留抵税额

第 3 步计算尺度:计算"免、抵、退"税额。

"免、抵、退"税额 = (外销收入 − 免税原材料进价)× 出口货物的退税率

第 4 步比较确定应退税额。

比较前提:第 2 步的当期应纳税额必须是负数,才能表明有未抵扣完的进项税额(当期期末留抵税额,即当期应纳税额的绝对值 = 当期期末留抵税额),需办理出口退税,但退税

额不能超出应有的限度。比较当期期末留抵税额与当期免抵税额,取较小者作为当期期末应退税额。

(1) 如当期期末留抵扣税额≤当期"免、抵、退"税额,则:

$$当期应退税额 = 当期期末留抵税额$$
$$当期免抵税额 = 当期"免、抵、退"税额 - 当期应退税额$$

(2) 如当期期末留抵扣税额＞当期"免、抵、退"税额,则:

$$当期应退税额 = 当期"免、抵、退"税额$$
$$当期"免、抵"税额 = 0$$

【例题 2-9】　大华生产企业为增值税一般纳税人,2018 年 6 月外购原材料取得防伪税控机开具的进项税额专用发票,注明进项税额 100 万元并通过主管税务机关认证。当月内销货物取得不含税销售额 200 万元,外销货物取得收入 100 万美元(美元与人民币的比例为 1∶7),该企业适用增值税税率 16%,出口退税率为 13%。计算该企业 6 月应退的增值税。

解析:

(1) 当期进项税转出额 $=100×7×(16\%-13\%)=21$(万元)

(2) 应纳增值税 $=200×16\%-(100-21)=-47$(万元)

(3) "免、抵、退"税额 $=100×7×13\%=91$(万元)

(4) 应退税额 $=47$(万元)

(5) 免抵税额 $=91-47=44$(万元)

(6) 期末留抵税额 $=0$

【例题 2-10】　某自营出口的生产企业为增值税一般纳税人,适用的增值税税率 16%,退税率 13%。2018 年 11 月和 12 月其生产经营情况如下:

11 月份:外购原材料、燃料取得通过认证的增值税专用发票,注明支付价款 800 万元、增值税额 128 万元;外购动力取得通过认证的增值税专用发票,注明支付价款 100 万元、增值税额 16 万元,其中 20% 用于企业基建工程;以外购的原材料 100 万元委托某公司加工货物,支付加工费取得通过认证的增值税专用发票,注明价款 50 万元、增值税额 8 万元,支付加工货物的运输费用 10 万元并取得运输公司开具的运输专用增值税发票。内销货物取得不含税销售额 200 万元,支付销售货物运输费用 20 万元并取得运输公司开具的货物运输业增值税专用发票;当月出口销售货物取得销售额 500 万元。采用"免、抵、退"法计算企业 2018 年 11 月份应纳(或应退)的增值税。

解析:

(1) 进项税额 $=128+16×80\%+8+(10+20)×10\%$
$\qquad\quad =128+12.8+8+3=151.8$(万元)

(2) 进项税额转出额 $=500×(16\%-13\%)=15$(万元)

(3) 应纳税额 $=200×16\%-(151.8-15)=-104.8$(万元)

(4) 出口货物"免、抵、退"税额 $=500×13\%=65$(万元)

(5) 应退税额 $=65$(万元)

(6) 留抵下月抵扣税额 $=104.8-65=39.8$(万元)

12月：免税进口料件一批，支付国外买价200万元、运抵我国海关前的运输费用、保险费和装卸费用20万元，该料件进口关税税率20%，料件已验收入库；出口货物销售取得销售额800万元；内销货物500件，开具普通发票，取得含税销售额58万元；将与内销货物相同的自产货物200件用于本企业职工福利，货物已移送。采用"免、抵、退"法计算企业2018年12月份应纳（或应退）的增值税税额。

解析：

(1) 免税进口料件组成价=(200+20)×(1+20%)=264(万元)

(2) 进项税额转出额=(800-264)×(16%-13%)=16.08(万元)

(3) 应纳税额=[58÷(1+16%)+58÷(1+16%)÷500×200]×16%-(0-16.08)-39.8≈-12.52(万元)

(4) 免抵退税额=(800-264)×13%=69.68(万元)

(5) 应退税额=12.52(万元)

(6) 留抵下月抵扣税额=0(万元)

(7) 当月免抵税额=69.68-12.52=57.16(万元)

2. "先征后退"的计算方法

1) 外贸企业出口货物增值税的退税规定

外贸企业以及实行外贸企业财务制度的工贸企业收购货物出口，其出口销售环节的增值税免征；其收购货物的成本部分，因外贸企业在支付收购货款的同时也支付了生产经营该类商品的企业已纳的增值税税款，因此，在货物出口后按收购成本与退税率计算退税退还给外贸企业，征、退税之差计入企业成本。外贸企业出口货物增值税的计算应依据购进出口货物增值税专用发票上所注明的进项税额和退税率计算。

$$应退税额 = 外贸收购不含增值税购进金额 × 退税税率$$

【例题 2-11】 某进出口公司2018年3月出口美国平纹布2 000米，进货增值税专用发票列明单价20元/平方米，计税金额为40 000元，退税率13%，计算应退税额。

解析：

$$应退税额 = 2 000 × 20 × 13\% = 5 200(元)$$

2) 外贸企业收购小规模纳税人出口货物增值税的退税规定

(1) 凡从小规模纳税人购进持普通发票特准退税的抽纱、工艺品等12类出口货物，同样实行销售出口货物的收入免税，并退还出口货物进项税额的办法。由于小规模纳税人使用的是普通发票，其销售额和应纳税额没有单独计价，小规模纳税人的增值税也是价外计征的，这样，必须将合并定价的销售额先换算成不含税价格，然后据以计算出口货物退税。其计算公式为：

$$应退税额 = [普通发票所列(含增值税)销售金额] ÷ (1+3\%) × 3\%$$

对出口企业购进小规模纳税人特准的12类货物出口，提供的普通发票应符合《中华人民共和国发票管理办法》的有关使用规定，否则不予办理退税。

(2) 凡从小规模纳税人购进税务机关代开的增值税专用发票的出口货物，按以下公式计算退税：

$$应退税额 = 增值税专用发票注明的金额 \times 3\%$$

【例题 2-12】 某进出口公司 2018 年 4 月购进某小规模纳税人抽纱工艺品 300 打全部出口,普通发票注明金额 8 000 元;购进另一小规模纳税人西服 300 套全部出口,取得税务机关代开的增值税专用发票,发票注明金额 6 000 元,退税税率 3%,计算该企业的应退税额。

解析:

$$应退税额 = 8\,000 \div (1 + 3\%) \times 3\% + 6\,000 \times 3\% = 413.01(元)$$

(3) 外贸企业委托生产企业加工收回后报关出口的货物,按购进国内原辅材料的增值税专用发票上注明的进项税额,依原辅材料的退税率计算原辅材料应退税额。支付的加工费,凭受托方开具货物的退税率,计算加工费的应退税额。

【例题 2-13】 某进出口公司 2018 年 8 月购进牛仔布委托加工成服装出口,取得税务机关代开的牛仔布增值税发票一张,注明计税金额 40 万元(退税税率 3%);取得服装加工费增税专用发票注明的计税金额 10 万元(退税税率 17%),计算该企业的应退税额。

解析:

$$应退税额 = 40 \times 3\% + 10 \times 17\% = 2.9(万元)$$

第三节　增值税的会计核算

一、增值税会计核算的会计账户设置

(一) 一般纳税人增值税会计核算的会计账户设置

增值税一般纳税人应当在"应交税费"账户下设置"应交增值税""未交增值税""预交增值税""待抵扣进项税额""待认证进项税额""待转销项税额""增值税留抵税额""简易计税""转让金融商品应交增值税""代扣代交增值税"等明细账户。

1. "应交增值税"明细账户

增值税一般纳税人应在"应交增值税"明细账内设置"进项税额""销项税额抵减""已交税金""转出未交增值税""减免税款""出口抵减内销产品应纳税额""销项税额""出口退税""进项税额转出""转出多交增值税"等专栏。其中:

(1) "进项税额"专栏,记录一般纳税人购进货物、加工修理修配劳务、服务、无形资产或不动产而支付或负担的、准予从当期销项税额中抵扣的增值税额。

(2) "销项税额抵减"专栏,记录一般纳税人按照现行增值税制度规定因扣减销售额而减少的销项税额。

(3) "已交税金"专栏,记录一般纳税人当月已交纳的应交增值税额。

(4) "转出未交增值税"和"转出多交增值税"专栏,分别记录一般纳税人月度终了转出当月应交未交或多交的增值税额。

(5) "减免税款"专栏,记录一般纳税人按现行增值税制度规定准予减免的增值税额。

（6）"出口抵减内销产品应纳税额"专栏,记录实行"免、抵、退"办法的一般纳税人按规定计算的出口货物的进项税抵减内销产品的应纳税额。

（7）"销项税额"专栏,记录一般纳税人销售货物、劳务、服务、无形资产或不动产应收取的增值税额。

（8）"出口退税"专栏,记录一般纳税人出口货物、劳务、服务、无形资产按规定退回的增值税额。

（9）"进项税额转出"专栏,记录一般纳税人购进货物、劳务、服务、无形资产或不动产等发生非正常损失以及其他原因而不应从销项税额中抵扣、按规定转出的进项税额。

为了详细核算企业应缴纳的增值税的计算、解缴、抵扣等情况,企业应在"应交税费——应交增值税"明细账户下设置以下专栏,其格式如表 2-8 所示。

表 2-8　应交税费——应交增值税

年		凭证号	摘要	借方					贷方				借或贷	余额
月	日			合计	进项税额	已交税金	减免税款	出口抵减内销产品应纳税额	转出未交增值税	合计	销项税额	出口退税	进项税额转出	转出多交增值税		

2. "未交增值税"明细账户

"未交增值税"明细账户,核算一般纳税人月度终了从"应交增值税"或"预交增值税"明细账户转入当月应交未交、多交或预缴的增值税额,以及当月缴纳以前期间未交的增值税额。该账户的借方发生额反映企业上交以前月份未交的增值税额,以及月末自"应交税费——应交增值税"账户转入的当月多交的增值税;贷方发生额,反映月末自"应交税费——应交增值税"账户转入的当月发生的应交未交增值税额;期末借方余额,反映企业多交的增值税;贷方余额,反映企业未交的增值税。其格式如表 2-9 所示。

表 2-9　应交税费——未交增值税

年		凭证字号	摘要	借方	贷方	借／贷	余额
月	日						

3. "预交增值税"明细账户

"预交增值税"明细账户,核算一般纳税人转让不动产、提供不动产经营租赁服务、提供建筑服务、采用预收款方式销售自行开发的房地产项目等,以及其他按现行增值税制度规定应预缴的增值税额。

4. "待抵扣进项税额"明细账户

"待抵扣进项税额"明细账户,核算一般纳税人已取得增值税扣税凭证并经税务机关认证,按照现行增值税制度规定准予以后期间从销项税额中抵扣的进项税额。包括:一般纳税人自 2016 年 5 月 1 日后取得并按固定资产核算的不动产或者 2016 年 5 月 1 日后取得的不动产在建工程,按现行增值税制度规定准予以后期间从销项税额中抵扣的进项税额;实行纳税辅导期管理的一般纳税人取得的尚未交叉稽核比对的增值税扣税凭证上注明或计算的进项税额。

5. "待认证进项税额"明细账户

"待认证进项税额"明细账户,核算一般纳税人由于未经税务机关认证而不得从当期销项税额中抵扣的进项税额。包括:一般纳税人已取得增值税扣税凭证、按照现行增值税制度规定准予从销项税额中抵扣,但尚未经税务机关认证的进项税额;一般纳税人已申请稽核但尚未取得稽核相符结果的海关缴款书进项税额。

6. "待转销项税额"明细账户

"待转销项税额"明细账户,核算一般纳税人销售货物、加工修理修配劳务、服务、无形资产或不动产,已确认相关收入(或利得)但尚未发生增值税纳税义务而需于以后期间确认为销项税额的增值税额。

7. "增值税留抵税额"明细账户

"增值税留抵税额"明细账户,核算兼有销售服务、无形资产或者不动产的原增值税一般纳税人,截止到纳入营改增试点之日前的增值税期末留抵税额按照现行增值税制度规定不得从销售服务、无形资产或不动产的销项税额中抵扣的增值税留抵税额。

8. "转让金融商品应交增值税"明细账户

"转让金融商品应交增值税"明细账户,核算增值税纳税人转让金融商品发生的增值税额。

9. "代扣代交增值税"明细账户

"代扣代交增值税"明细账户,核算纳税人购进在境内未设经营机构的境外单位或个人在境内的应税行为代扣代缴的增值税。

10. 简易计税(略)

(二)小规模纳税人增值税的会计账户设置

小规模纳税人只设置"应交税费——应交增值税"明细账户,由于小规模纳税人不得抵扣进项税额,因此只需要设置借、贷、余三栏式明细账页。该账户借方反映已交的增值税税额;贷方反映应交的增值税税额;期末借方余额,反映多交的增值税税额;期末贷方余额,反映尚未缴纳的增值税税额。其格式如表 2-10 所示。

表 2-10　应交税费——应交增值税

年		凭证字号	摘要	借方	贷方	借／贷	余额
月	日						

二、一般纳税人企业增值税的会计核算

(一)增值税销项税额的核算

企业销售货物、劳务、服务、无形资产或不动产等,应当按应收或已收的金额,借记"应收账款""应收票据""银行存款"等账户,按取得的收入金额,贷记"主营业务收入""其他业务收入""固定资产清理""工程结算"等账户,按现行增值税制度规定计算的销项税额(或采用简易计税方法计算的应纳增值税额),贷记"应交税费——应交增值税(销项税额)"或"应交税费——简易计税"账户(小规模纳税人应贷记"应交税费——应交增值税"账户)。发生销售退回的,应根据按规定开具的红字增值税专用发票作相反的会计分录。

1. 一般销售方式下销项税额的会计核算

1) 采用直接收款方式销售的会计处理

采取直接收款方式销售货物,不论货物是否发出,均以收到销售款或取得索取销售款的凭证、销货发票交给购货方的当日,确认销售额和纳税义务的发生,借记"银行存款""应收账款"等,贷记"主营业务收入""应交税费——应交增值税(销项税额)"账户等。

【例题 2-14】 宏运公司为增值税一般纳税人,向华丰公司销售自产 A 产品 300 件,每件不含税售价 600 元,增值税 28 800 元。货已发出,当即收到转账支票一张解入银行。

解析:

根据上述业务,作如下会计分录:

借:银行存款　　　　　　　　　　　　　　　　　　　　　　208 800
　贷:主营业务收入　　　　　　　　　　　　　　　　　　180 000
　　　应交税费——应交增值税(销项税额)　　　　　　　　28 800

【例题 2-15】 翔云公司(增值税一般纳税人)修理车间为大华公司(小规模纳税人)提供修理业务,向大华公司开具普通发票,收取修理费 3 625 元现金。

解析:

根据上述业务,作如下会计分录:

$$计算应纳的销项税额 = 3\,625 \div (1 + 16\%) \times 16\% = 500(元)$$

借:库存现金　　　　　　　　　　　　　　　　　　　　　　3 625
　贷:其他业务收入　　　　　　　　　　　　　　　　　　3 125
　　　应交税费——应交增值税(销项税额)　　　　　　　　500

2) 商业汇票结算方式货物销售销项税额的账务处理

采取商业汇票结算方式进行货物销售,纳税人应按照收到购货方交来的商业汇票的当天,确认收入实现和增值税纳税义务发生。企业按照收到的商业汇票票面数,借记"应收票据"等账户;按照增值税专用发票上所列价款及税款,贷记"主营业务收入""应交税费——应交增值税(销项税额)"等账户。

【例题 2-16】 宏源公司 9 月 8 日向江南制造厂销售商品一批,开具的增值税专用发票上注明的价款为 500 000 元,增值税税额为 80 000 元。商品已发出,收到江南制造厂交来的承兑期为 3 个月,面值为 585 000 元的商业承兑汇票一张。

解析:

根据上述业务,作如下会计分录:

借:应收票据——商业承兑汇票　　　　　　　　　　　　　　580 000
　贷:主营业务收入　　　　　　　　　　　　　　　　　　500 000
　　　应交税费——应交增值税(销项税额)　　　　　　　　80 000

3）赊销方式销售货物销项税额的账务处理

采取赊销方式销售时，增值税纳税义务发生时间为合同约定的收款日期的当天。企业在发出商品时，按发出商品的实际成本借记"发出商品"账户，贷记"库存商品"等账户；在合同约定的收款日期，按应确认的收入借记"应收账款"等账户，贷记"主营业务收入""应交税费——应交增值税（销项税额）"账户。

4）分期收款方式销售货物销项税额的会计处理

采取分期收款方式销售货物，增值税纳税义务发生时间为合同约定的收款日期的当天，即按合同或协议约定的收款日期和金额分期确认应税收入，分期计算缴纳增值税。在实际操作中，企业往往在销售时就开具增值税专用发票，将发票送交购买方，从而开始计算到期日。而税法规定，对已开具增值税专用发票的货物销售，要及时足额计入当期销售额计税，这会造成纳税期提前。

【例题 2-17】　甲公司 8 月初向乙公司分期收款方式销售货物，销售额为 60 000 元，该批货物成本为 42 000 元，货物已经发出。按合同规定货款分三个月付清，本月 5 日为第一次约定付款日，开出增值税专用发票注明销售额 20 000 元，增值税 3 200 元，货款尚未收到。

解析：

根据上述业务，甲公司按如下步骤作会计分录：

（1）发出商品时：

借：分期收款发出商品　　　　　　　　　　　　　　　　　　　　　　　42 000

　　贷：库存商品　　　　　　　　　　　　　　　　　　　　　　　　　　42 000

（2）本月开出发票时（确认收入）：

借：应收账款　　　　　　　　　　　　　　　　　　　　　　　　　　　23 200

　　贷：主营业务收入　　　　　　　　　　　　　　　　　　　　　　　20 000

　　　　应交税费——应交增值税（销项税额）　　　　　　　　　　　　　3 200

（3）结转成本：

$$结转的主营业务成本 = 42\,000 \times (20\,000 \div 60\,000) = 14\,000（元）$$

借：主营业务成本　　　　　　　　　　　　　　　　　　　　　　　　　14 000

　　贷：分期收款发出商品　　　　　　　　　　　　　　　　　　　　　14 000

在以后的收款约定日，作相同的账务处理。

5）预收货款方式销售货物销项税额的账务处理

企业采取预收货款方式进行货物销售，应以货物发出的当天确认收入实现和增值税纳税义务发生，预收货款时货物尚未转移，不能确认销售实现。企业预收货款时，借记"银行存款"账户，贷记"预收账款"账户；交货时，开具增值税专用发票，按发票上注明的价款及税款，贷记"主营业务收入""应交税费——应交增值税（销项税额）"账户，借记"预收账款""应收账款"账户。

【例题 2-18】　翔云公司 9 月 1 日与长江公司签订供货合同，供货金额为 1 000 000 元，增值税税率为 16%，长江公司先预付全部货款的 40%，剩余货款交货后付清。

解析：

根据上述业务，作如下会计分录：

（1）预收货款时：

借：银行存款	400 000
贷：预收账款	400 000

（2）交货时：

借：预收账款	400 000
应收账款	760 000
贷：主营业务收入	1 000 000
应交税费——应交增值税（销项税额）	160 000

（3）收到长江公司补付的货款时：

借：银行存款	760 000
贷：应收账款	760 000

2. 视同销售方式下销项税额的会计核算

企业发生税法上视同销售的行为，应当按照企业会计准则制度相关规定进行相应的会计处理，并按照现行增值税制度规定计算的销项税额（或采用简易计税方法计算的应纳增值税额），借记"应付职工薪酬""利润分配"等账户，贷记"应交税费——应交增值税（销项税额）"或"应交税费——简易计税"账户（小规模纳税人应记入"应交税费——应交增值税"账户）。

1）将货物交付他人代销、销售代销货物增值税的核算

将货物交付他人代销、销售代销货物应交增值税的会计核算，应视代销方式的不同而异。

视同买断方式。视同买断代销商品是委托方和受托方签订代销商品协议，委托方按协议价收取所代销的货款，实际售价可由受托方自定，实际售价和协议价之间的差额归受托方所有的销售方式。这种销售方式，发出商品时委托方不确认收入，受托方不作为商品购进处理。受托方将商品售出后并向委托方开具代销清单，委托方收到代销清单时按协议价确认收入，同时向受托方开具专用发票。

【例题 2-19】　2018 年 5 月 1 日，A 公司与 B 公司签订代销合同，A 委托 B 销售商品 400 件。合同规定 A 公司每件商品收取（不含税）价款 100 元，售价由 B 公司自定，该商品每件成本为 80 元。6 月 18 日，A 公司收到 B 公司开来代销清单时开具增值税专用发票，发票注明售价 40 000 元，增值税额为 6 400 元。B 公司实际销售时开具的增值税专用发票注明售价为 50 000 元，增值税额为 8 000 元。7 月 3 日 A 公司收到 B 公司按协议价支付的款项。

解析：

根据上述业务，A 公司作如下会计分录：

（1）将商品交付 B 公司：

借：委托代销商品   32 000
  贷：库存商品   32 000

（2）收到B公司代销清单：

借：应收账款——B公司   46 400
  贷：主营业务收入   40 000
    应交税费——应交增值税（销项税额）   6 400

（3）结转销售成本：

借：主营业务成本   32 000
  贷：委托代销商品   32 000

（4）收到B公司支付的货款：

借：银行存款   46 400
  贷：应收账款——B公司   46 400

根据上述业务，B公司作如下会计分录：

（1）收到A公司委托代销商品：

借：受托代销商品   40 000
  贷：受托代销商品款   40 000

（2）实际销售商品：

借：银行存款   58 000
  贷：主营业务收入   50 000
    应交税费——应交增值税（销项税额）   8 000

（3）结转销售成本：

借：主营业务成本   40 000
  贷：受托代销商品   40 000

借：受托代销商品款   40 000
  贷：应付账款——A公司   40 000

（4）收到A单位开具专用发票后按协议价将货款划付给A公司：

借：应交税费——应交增值税（进项税额）   6 400
  贷：应付账款——A公司   6 400

借：应付账款——A公司   46 400
  贷：银行存款   46 400

收取手续费方式。收取手续费方式是受托方根据所代销的商品售价和规定手续费率计算向委托方收取手续费的销售方式。这种代销方式与视同买断相比，其主要区别是：受托方按照委托方规定的价格销售，不得自行改变售价；委托方在收到销售清单时确认商品销售收入实现，受托方则按应收取的手续费确认收入。

【例题 2-20】 沿用[例题 2-19]的资料，假定前述代销协议规定：B公司按每件100元的价格对外销售商品(该商品每件成本为 80 元),按不含税售价的 10% 收取手续费;6 月 10 日 B 公司全部售出该商品,向购买方开具的增值税专用发票上注明 E 商品售价 40 000 元,增值税额 6 400 元。6 月 18 日 A 公司收到 B 公司开具代销清单,并向 B 公司开具一张金额相同的增值税专用发票;7 月 3 日 A 公司收到 B 公司支付的商品代销款(已扣除代销手续费)及手续费增值税普通发票一份。

解析:

根据上述业务,A 公司作如下会计分录:

(1)将商品交付 B 公司:

借:委托代销商品	32 000
贷:库存商品	32 000

(2)收到 B 公司代销清单:

借:应收账款——A 公司	46 400
贷:主营业务收入	40 000
应交税费——应交增值税(销项税额)	6 400

同时,结转销售成本和代销手续费:

借:主营业务成本	32 000
贷:委托代销商品	32 000

(3)收到 B 公司开具的代销手续费普通发票时:

借:销售费用——代销手续费	4 000
贷:应收账款——B 公司	4 000

(4)收到 B 公司汇来货款:

借:银行存款	42 400
贷:应收账款——B 公司	42 400

根据上述业务,B 公司作如下会计分录:

(1)收到 A 公司委托代销商品:

借:受托代销商品	40 000
贷:受托代销商品款	40 000

(2)实际销售商品:

借:银行存款	46 400
贷:应付账款——A 公司	40 000
应交税费——应交增值税(销项税额)	6 400

同时结转代销商品款:

借:受托代销商品款	40 000
贷:受托代销商品	40 000

（3）收到 A 单位开出的增值税专用发票后，按协议价将货款划给 A 公司：

借：应交税费——应交增值税（进项税额）   6 400

   贷：应付账款——A 公司   6 400

（4）B 公司为 A 公司开具代销手续费发票时：

$$代销手续费收入 = 40\,000 \times 10\% = 4\,000（元）$$

$$应交增值税 = 4\,000 \div (1 + 6\%) \times 6\% = 226.42（元）$$

借：应付账款——A 公司   4 000.00

   贷：主营业务收入——劳务收入   3 773.58

      应交税费——应交增值税（销项税额）   226.42

（5）支付扣除代销手续费后的代销款时：

借：应付账款——A 公司   42 400

   贷：银行存款   42 400

2）设有两个以上机构并实行统一核算纳税人，将货物从一个机构移送其他机构用于销售（不在同一县、市）销项税额的会计核算

设有两个以上机构并实行统一核算的纳税人，将货物从一个机构移送至其他机构（不在同一县、市）用于销售，其纳税义务发生时间为货物移送的当天。在货物移送时要开具增值税专用发票，货物调出方计算销项税额，调入方计算进项税额。调入方按确定的货价借记"库存商品"账户，按增值税专用发票上注明的税额借记"应交税费——应交增值税（进项税额）账户，同时按价税合计数贷记"应付账款——调出方"；调出方按确定的价税合计数借记"应收账款——调入方"账户，按确定的价格贷记"主营业务收入"及"应交税费——应交增值税（销项税额）"账户。

【例题 2-21】 奥创公司为一般纳税人企业，以自产的一批产品 200 件，每件不含税售价 100 元，调往所属 A 公司（不在同一县、市）用于销售，开具增值税专用发票。

解析：

根据上述业务，奥创公司作如下会计分录：

借：应收账款——A 公司   23 200

   贷：主营业务收入   20 000

      应交税费——应交增值税（销项税额）   3 200

下属 A 公司会计分录：

借：库存商品   20 000

     应交税费——应交增值税（进项税额）   3 200

   贷：应付账款——奥创公司   23 200

3）将自产或委托加工的货物用于非应税项目、集体福利或个人消费销项税额的会计核算

非应税项目是指提供非应税劳务、非应税服务、转让无形资产、销售不动产和固定资产、在建工程等。企业将自产和委托加工的货物用于非应税项目、集体福利或个人消费，应

视同销售货物计算缴纳增值税,借记"在建工程""应付职工薪酬"等账户,贷记"应交税费——应交增值税(销项税额)""库存商品""原材料"等账户。

【例题 2-22】　奥创公司为一般纳税人企业,仓库在建工程领用自产产品一批,实际成本 100 000 元,该批产品对外售价不含税为 130 000 元。

解析:

根据上述业务,作如下会计分录:

$$销项税额 = 130\ 000 \times 16\% = 20\ 800(元)$$

借:在建工程	120 800
贷:库存商品	100 000
应交税费——应交增值税(销项税额)	20 800

【例题 2-23】　奥创公司为一般纳税人企业,公司将本期自产的产品作为福利发放给公司职工。该产品成本为 100 000 元,该批产品对外售价不含税 120 000 元。

解析:

根据上述业务,作如下会计分录:

$$销项税额 = 120\ 000 \times 16\% = 19\ 200(元)$$

借:应付职工薪酬	139 200
贷:主营业务收入	120 000
应交税费——应交增值税(销项税额)	19 200
借:主营业务成本	100 000
贷:库存商品	100 000

4) 将自产、委托加工或购买的货物作为投资的销项税额的会计核算

企业将自产、委托加工或购买的货物作为投资,提供给其他单位或个体经营者,应视同销售货物。按对外投资货物应缴纳的增值税额及计税价格,借记"长期股权投资"账户;按对外投资货物的计税价格和规定的税率计算的应交增值税,贷记"应交税费——应交增值税(销项税额)";按计税价格,贷记"主营业务收入"账户,同时结转货物成本,借记"主营业务成本"账户,贷记"库存商品"等账户。

【例题 2-24】　甲公司将一批自产品对乙公司进行投资,其库存商品账面成本为 200 000 元,同类产品市场售价(不含税)为 250 000 元,增值税税率为 16%。双方协议甲公司应享有乙公司的所有者权益份额按该产品的市场售价作价。

解析:

根据上述业务,作如下会计分录:

借:长期股权投资——乙公司(投资成本)	290 000
贷:主营业务收入	250 000
应交税费——应交增值税(销项税额)	40 000
借:主营业务成本	200 000
贷:库存商品	200 000

5) 将自产、委托加工、购买的货物无偿赠送其他单位或者个人销项税额的会计核算

将自产、委托加工或者购买的货物无偿赠送他人,应按捐赠货物应缴纳的增值税额及货物售价或组成计税价格之和,借记"营业外支出"账户;按捐赠货物计税价格和规定税率计算的应缴增值税,贷记"应交税费——应交增值税(销项税额)"账户,按捐赠货物售价,贷记"主营业务收入"等账户。同时结转货物成本,借记"主营业务成本"账户,贷记"库存商品"账户。

【例题 2-25】 奥创公司为一般纳税人企业,将自产的商品一批无偿赠与乙企业,该商品实际成本 20 000 元,计税价格 24 000 元。

解析:

根据上述业务,作如下会计分录:

$$奥创公司捐赠商品应缴纳的增值税 = 24\,000 \times 16\% = 3\,840(元)$$

借:营业外支出——捐赠支出	27 840
贷:主营业务收入	24 000
应交税费——应交增值税(销项税额)	3 840
借:主营业务成本	20 000
贷:库存商品	20 000

3. 特殊销售方式下销项税额的会计核算

1) 折扣销售(商业折扣)销项税额的会计核算

折扣销售是指销货方在销售货物或应税劳务时,因购货方购货数量较大等原因而给予购货方的价格优惠。税法规定,在折扣销售方式下,只有销售额和折扣额在同一张发票上分别注明的,可按折扣后的余额作为计税销售额,否则不得从销售额中减去折扣额。

【例题 2-26】 奥创公司为一般纳税人企业,2018 年 8 月销售 B 产品 800 件,价目表中标明不含税售价为 1 000 元每件,因购买数量较大给予 10% 的商业折扣,折扣额与销售额在同一张发票上注明,货款尚未收到。

解析:

根据上述业务,作如下会计分录:

$$销项税额 = 800 \times 1\,000 \times (1-10\%) \times 16\% = 115\,200(元)$$

借:应收账款	835 200
贷:主营业务收入	720 000
应交税费——应交增值税(销项税额)	115 200

2) 销售折扣(现金折扣)销项税额的会计核算

销售折扣是销货方在销售货物或提供应税劳务后,为了鼓励购货方及早偿还货款而给予购货方的一种折扣优惠。税法规定销售折扣不得从销售额中减除,销售全额作为计税依据。发生的销售折扣,通过"财务费用"账户进行核算。在销售折扣方式下,无论购货方是否享受折扣,不影响销货方增值税额的计算。

【例题 2-27】 承[例题 2-26],奥创公司给对方规定的销售折扣条件为"2/10,n/30",其他条件不变。

解析：

若奥创公司于 10 日内收到货款时：

借：银行存款	820 800
财务费用	14 400
贷：应收账款	835 200

若奥创公司于 10 日后收到货款时：

| 借：银行存款 | 835 200 |
| 贷：应收账款 | 835 200 |

3) 销售退回及销售折让销项税额的会计核算

销售退回是购货方由于销货方提供的商品质量、规格、型号等不符合协议的规定，又不接受销货方提出的折让条件而将这部分商品退还给销售方的事项。销售折让是指销货方因售出货物的质量等原因给予购货方的一种价格减让。

在通常情况下，销售退回发生在销售收入确认后，不论是当年销售还是以前年度销售的，销售企业均应根据购货方退回的专用发票或其主管税务机关开具的红字专用发票通知单，开具红字专用发票，冲减退回当月的销售收入和按规定计算的销项税额，同时冲减退回当月的销售成本。按应冲减的销售收入，借记"主营业务收入"账户，按允许扣减当期的增值税销项税额，借记"应交税费——应交增值税（销项税额）"账户，按已付或应付的金额，贷记"银行存款"等账户；按退回商品的成本，借记"库存商品"账户，贷记"主营业务成本"账户。税法上允许从销售额中扣减退货额或折让额，需要根据增值税专用发票管理的具体规定，分别不同情况进行账务处理。

(1) 购买方未付款且未作账务处理的情况。当购买方未付款且未作账务处理时，应退回原发票联和税款抵扣联。如果销货方尚未记账，在收到退回的两联发票和留存的发票上分别注明"作废"即可；如果销货方已记账，需要以退回的两联发票为依据，开具红字专用发票，冲减退回当期的销售额及销项税额。

【例题 2-28】 阳光公司 8 月 28 日收到甲企业退回的发票联和税款抵扣联，原因是上月购进货物因质量问题全部退回，价款为 200 000 元，税款为 32 000 元，并转来代垫的退货运费 5 000 元（应计的进项税额为 500 元）的单据。公司据此开具红字增值税专用发票。

解析：

根据上述业务，作如下会计分录：

借：应收账款	232 000
贷：主营业务收入	200 000
应交税费——应交增值税（销项税额）	32 000
借：销售费用	5 000
应交税费——应交增值税（进项税额）	500
贷：应付账款——甲公司	5 500

(2) 购买方已付款或未付款但已作账务处理的情况下。当购买方已付款或未付款但已

作账务处理时,不能退还发票联和抵扣联。销货方必须以购买方当地主管税务机关开具的退货或货物折让证明单为依据,以退回数量、价款或折让金额开具红字专用发票,冲减当期销售额和销项税额。

【例题 2-29】 大华公司上月销售给 A 公司产品 100 件,货款尚未收到,由于质量不符合要求,双方协商折让 20%。A 公司转来的证明单上列明:折让价款为 30 000 元,折让税额为 4 800 元。大华公司根据 A 公司开来的证明单开出红字增值税专用发票。

解析:

根据上述业务,作如下会计分录:

借:应收账款 　　　　　　　　　　　　　　　　　　　　　34 800

　贷:主营业务收入 　　　　　　　　　　　　　　　　　　30 000

　　　应交税费——应交增值税(销项税额) 　　　　　　　　4 800

4)以旧换新销售销项税额的会计核算

以旧换新销售时指销货方在销售商品的同时回收与所售商品相同的旧商品。采取以旧换新方式销售货物的,应按新货物的同期销售价格确定销售额,计算应收增值税,不得扣减旧货物的收购价格;回收的商品作为购进商品进行核算。以旧换新销售时,按实际收到的价款,借记"银行存款""库存现金"等账户,按回收旧货物扣除报废的部分,借记"原材料""库存商品"等账户;按报废不能使用的部分,借记"待处理财产损益"账户;按不含税收入,贷记"主营业务收入""其他业务收入"等账户;按收取的增值税,贷记"应交税费——应交增值税(销项税额)"账户。

【例题 2-30】 大华公司采取以旧换新方式销售产品一批,不含税价款为 50 000 元,增值税税额为 80 00 元;同时回收同类旧产品作价 8 000 元,并已验收入库,余额以银行存款收讫。

解析:

根据上述业务,作如下会计分录:

借:银行存款 　　　　　　　　　　　　　　　　　　　　　50 000

　　库存商品 　　　　　　　　　　　　　　　　　　　　　 8 000

　贷:主营业务收入 　　　　　　　　　　　　　　　　　　50 000

　　　应交税费——应交增值税(销项税额) 　　　　　　　　8 000

5)包装物销售及没收押金销项税额的会计核算

第一,包装物销售的会计核算。

随同产品销售且不单独计价的包装物,其收入随同所销售的产品一起计入产品销售收入,会计处理同一般销售业务相同;随同产品销售但单独计价的包装物,其收入按应确认的金额,贷记"其他业务收入"账户;按规定应缴纳的增值税额,贷记"应交税费——应交增值税(销项税额)"账户。

【例题 2-31】 大华公司销售带包装物的产品 100 件,包装物单独计价增值税专用发票注明货款为 10 000 元,包装物不含税销售价款为 1 000 元,款已收到,存入银行。

解析:

根据上述业务,作如下会计分录:

$$销项税额 = (10\ 000 + 1\ 000) \times 16\% = 1\ 760(元)$$

借：银行存款　　　　　　　　　　　　　　　　　　　　　　　12 760

　贷：主营业务收入　　　　　　　　　　　　　　　　　　　　　10 000

　　　应交税费——应交增值税(销项税额)　　　　　　　　　　　　1 760

　　　其他业务收入　　　　　　　　　　　　　　　　　　　　　　1 000

第二，出租、出借的包装物收取押金的会计核算。

不随同产品销售而收取的出租、出借的包装物押金，由于这部分押金按规定在包装物按时退还时，返还给购买者，故在收取押金时，不计入销售额计征增值税。但包装物预期不予退还而将押金没收时，首先将含税的包装物押金换算为不含税的价格，再计入其他业务收入征税。没收押金时，借记"其他应付款"账户，贷记"其他业务收入""应交税费——应交增值税(销项税额)"账户。

注意：对销售除啤酒、黄酒外的其他酒类产品收取的包装物押金，不适用此规定，不论包装物押金是否归还，一并计入酒类产品销售额中征税。

【例题 2-32】　大华公司 5 月销售产品取得不含税收入 2 000 元，收取的包装物押金为 800 元。当月有 5 850 元以前月份收取的包装物押金到期，客户退来包装物价值 2 320 元，剩余 3 530 元押金予以没收。

解析：

根据上述业务，作如下会计分录：

销售时：

借：银行存款　　　　　　　　　　　　　　　　　　　　　　　3 120

　贷：主营业务收入　　　　　　　　　　　　　　　　　　　　　2 000

　　　应交税费——应交增值税(销项税额)　　　　　　　　　　　　320

　　　其他应付款——包装物押金　　　　　　　　　　　　　　　　800

收回包装物及没收押金：

$$销项税额 = 3\ 530 \div (1 + 16\%) \times 16\% = 487(元)$$

借：其他应付款——包装物押金　　　　　　　　　　　　　　　　5 850

　贷：银行存款　　　　　　　　　　　　　　　　　　　　　　　2 320

　　　其他业务收入　　　　　　　　　　　　　　　　　　　　　3 043

　　　应交税费——应交增增值税(销项税额)　　　　　　　　　　　　487

6）兼营不同税率销售销项税额的会计核算

一般纳税人兼营不同税率销售应按不同税率的销售额计算增值税，按不含税收入和增值税税额合计数，借记"银行存款""应收账款""应收票据"等账户；按不含税收入，贷记"主营业务收入""其他业务收入"等账户；按收取的增值税税额，贷记"应交税费——应交增增值税(销项税额)"账户。

【例题 2-33】　大华公司销售甲产品一批，专用发票注明不含税销售额为 200 000 元，增值税税额 32 000 元，另由运输机构收取送货运费 8 120 元，款项存入银行。

解析：

根据上述业务，作如下会计分录：

$$价外费用不含税销售额 = 8\ 120 \div (1 + 16\%) = 7\ 000(元)$$
$$价外费用销项税额 = 7\ 000 \times 16\% = 1\ 120(元)$$

借：银行存款   240 120

贷：主营业务收入   200 000

其他业务收入   7 000

应交税费——应交增值税（销项税额）   33 120

【例题 2-34】 大华公司采用价税合一办法核算，当月销售农用薄膜、农药等农用生产资料 550 000 元，销售其他工业品 928 000 元。

解析：

根据上述业务，作如下会计分录：

$$农业生产资料销售额 = 550\ 000 \div (1 + 10\%) = 500\ 000(元)$$
$$农业生产资料增值税销项税额 = 550\ 000 \div (1 + 10\%) \times 10\% = 50\ 000(元)$$
$$工业品销售额 = 928\ 000 \div (1 + 16\%) = 800\ 000(元)$$
$$工业品增值税销项税额 = 928\ 000 \div (1 + 16\%) \times 16\% = 128\ 000(元)$$

借：银行存款   1 478 000

贷：主营业务收入   1 300 000

应交税费——应交增值税（销项税额）   178 000

（二）增值税进项税额的核算

增值税进项税额的核算一定要有专用发票的抵扣联及其他相关凭证为依据，但有专用发票也不一定就能核算"进项税额"，专用发票必须经过主管税务机关认证。否则，不可在当月抵扣销项税额。

一般纳税人购进货物、劳务、服务、无形资产或不动产，按应计入相关成本费用或资产的金额，借记"在途物资"或"原材料""库存商品""生产成本""无形资产""固定资产""管理费用"等账户，按当月已认证的可抵扣增值税额，借记"应交税费——应交增值税（进项税额）"账户，按当月未认证的可抵扣增值税额，借记"应交税费——待认证进项税额"账户，按应付或实际支付的金额，贷记"应付账款""应付票据""银行存款"等账户。发生退货的，如原增值税专用发票已做认证，应根据税务机关开具的红字增值税专用发票做相反的会计分录；如原增值税专用发票未做认证，应将发票退回并做相反的会计分录。

1. 企业购进材料、商品、生产设备等进项税额的会计核算

由于增值税的核算严格实行价与税分离的原则，所以企业从国内购进材料、商品等，按照专用发票上注明的采购货物金额，借记"材料采购""原材料""库存商品""固定资产"等账户，按照专用发票上注明的增值税税额，借记"应交税费——应交增值税（进项税额）"账户，按照实际支付或应付的款项贷记"银行存款""应付账款""应付票据"等账户。

【例题 2-35】 奥创公司为增值税一般纳税人，2018 年 8 月 1 日购入原材料一批，取得增值税专用发票注明的材料价款为 200 000 元，增值税税额为 32 000 元，发票等结算凭证已收到并经过主管税务机关认证，材料已验收入库，货款已通过银行转账支付。

解析：

根据上述业务，作如下会计分录：

借：原材料   200 000
　　应交税费——应交增值税(进项税额)   32 000
　　贷：银行存款   232 000

2. 企业接受应税劳务进项税额的会计核算

企业接受应税劳务，按照专用发票上注明的应计入成本、费用的金额，借记"生产成本""制造费用""管理费用""其他业务成本"等账户，按照专用发票上注明的增值税税额，借记"应交税费——应交增值税(进项税额)"账户，按照实际支付或应付的款项贷记"银行存款""应付账款""应付票据"等账户。

【例题 2-36】 奥创公司为增值税一般纳税人，2018 年 8 月生产车间修理机器，通过银行转账支付给 A 修理厂修理费(含税)3 480 元，取得增值税专用发票上注明修理费 3 000 元，增值税税额为 480 元，发票等结算凭证已收到并经过主管税务机关认证。

解析：

根据上述业务，作如下会计分录：

借：制造费用   3 000
　　应交税费——应交增值税(进项税额)   480
　　贷：银行存款   3 480

3. 购进免税农产品进项税额的会计核算

《增值税暂行条例》规定，对于购入的农产品按专业收购凭证上注明的买价(或收购金额)和 12% 的扣除率计算进项税额，并准予从销项税额中扣除。其会计处理与国内购进货物基本相同。具体会计分录如下：

借：材料采购、原材料、库存商品等   [收购金额×(1-12%)]
　　应交税费——应交增值税(进项税额)   (收购金额×12%)
　　贷：银行存款、应付账款等

【例题 2-37】 大华粮食企业收购农民自产的农副产品 10 吨，每吨 2 000 元，使用经税务机关批准的收购凭证，共计支付买价 20 000 元。上述款项已通过银行支付。发票等结算凭证已收到并经过主管税务机关认证。

解析：

根据上述业务，作如下会计分录：

$$进项税额 = 20\,000 \times 12\% = 2\,400(元)$$
$$材料成本 = 20\,000 \times (1-12\%) = 17\,600(元)$$

借：原材料   17 600
　　应交税费——应交增值税(进项税额)   2 400
　　贷：银行存款   20 000

4. 接受投资、捐赠货物进项税额的会计核算

企业接受投资转入的货物，按专用发票上注明的增值税税额，借记"应交税费——应交

增值税（进项税额）"账户，按双方确认的投资货物价值，借记"原材料""固定资产"等账户，按增值税与货物价值的合计数，贷记"实收资本""股本"账户。

企业接受捐赠转入的货物价值，借记"原材料"等账户，按专用发票上注明的增值税税额，借记"应交税费——应交增值税（进项税额）"账户，贷记"营业外收入"账户。

如果接受投资或捐赠的货物未能取得专用发票的，则进项税额计入物资成本。

【例题 2-38】 大华公司 9 月 3 日收到远大公司投资转入的原材料一批，增值税专用发票上注明的价款为 100 000 元，增值税税额为 16 000 元，材料已验收入库。发票已收到并经过主管税务机关认证。

解析：

根据上述业务，作如下会计分录：

借：原材料	1 00 000
应交税费——应交增值税（进项税额）	16 000
贷：实收资本	116 000

【例题 2-39】 大华公司 9 月 15 日收到光大公司捐赠转入的原材料一批，增值税专用发票上注明的价款为 4 00 000 元，增值税税额为 64 000 元，材料已验收入库。发票已收到并经过主管税务机关认证。

解析：

根据上述业务，作如下会计分录：

借：原材料	400 000
应交税费——应交增值税（进项税额）	64 000
贷：营业外收入	464 000

5. 进口货物的进项税额的会计核算

企业进口货物，根据海关进口增值税专用缴款书上注明的增值税额，借记"应交税费——应交增值税（进项税额）"账户，按进口货物应计入采购成本的金额，借记"材料采购""原材料""库存商品"等账户，按照实际支付或应付的金额，贷记"银行存款""应付账款"等账户。具体会计分录如下：

借：材料采购、原材料、库存商品等	（关税完税价格＋关税＋消费税）
应交税费——应交增值税（进项税额）	（专用缴款书上注明的增值税额）
贷：银行存款、应付账款等	

【例题 2-40】 光明公司进口原材料一批，关税完税价格为 800 000 元，适用的进口增值税税率为 16%，海关征收关税税率 12%，款项已支付，商品未入库。

解析：

根据上述业务，作如下会计分录：

$$进项税额 = 800\ 000 \times (1+12\%) \times 16\% = 143\ 360（元）$$

借：在途物资	896 000
应交税费——应交增值税（进项税额）	143 360
贷：银行存款	1 039 360

6. 委托加工货物进项税额的会计核算

企业委托其他单位加工物资，按支付给受托单位的加工费、往返的运杂费，借记"委托加工物资"账户，按支付给受托单位的增值税税额，借记"应交税费——应交增值税(进项税额)"账户，按借方两项金额之和，贷记"银行存款"等账户。

【例题 2-41】　光明公司发出原材料一批，价款 20 000 元，交加工单位加工零配件。加工单位开来专用发票注明加工费 2 000 元，增值税税额 320 元，加工过程中发生运费支出 500 元(不含增值税)，取得货物运输业增值税专用发票，货物加工完毕已验收入库，以银行存款支付相关费用，专用发票已按规定通过税务局认证。

解析：

根据上述业务，作如下会计分录：

(1) 发出加工材料时：

借：委托加工物资　　　　　　　　　　　　　　　　　　　　　　　　20 000
　　贷：原材料　　　　　　　　　　　　　　　　　　　　　　　　　　　20 000

(2) 支付加工费时：

借：委托加工物资　　　　　　　　　　　　　　　　　　　　　　　　2 000
　　应交税费——应交增值税(进项税额)　　　　　　　　　　　　　　　320
　　贷：银行存款　　　　　　　　　　　　　　　　　　　　　　　　　2 320

(3) 支付运费时：

借：委托加工物资　　　　　　　　　　　　　　　　　　　　　　　　500
　　应交税费——应交增值税(进项税额)　　　　　　　　　　　　　　　50
　　贷：银行存款　　　　　　　　　　　　　　　　　　　　　　　　　550

(4) 加工完毕后收回入库时：

借：半成品(周转材料)　　　　　　　　　　　　　　　　　　　　　　22 500
　　贷：委托加工物资　　　　　　　　　　　　　　　　　　　　　　　22 500

7. 不得抵扣进项税额的会计核算

一般纳税人购进货物、劳务、服务、无形资产或不动产，用于简易计税方法计税项目、免征增值税项目、集体福利或个人消费等，其进项税额按照现行增值税制度规定不得从销项税额中抵扣的，取得增值税专用发票时，应借记相关成本费用或资产账户，借记"应交税费——待认证进项税额"账户，贷记"银行存款""应付账款"等账户，经税务机关认证后，应借记相关成本费用或资产账户，贷记"应交税费——应交增值税(进项税额转出)"账户。

【例题 2-42】　大华公司为特定一般纳税人，采用简易计税方法。2018 年 12 月，该公司购进一批商品，取得增值税专用发票注明货款金额 500 000 元，增值税税额为 80 000 元，款项已支付，商品已到货。

解析：

根据上述业务，作如下会计分录：

(1) 商品入库时：

```
借：库存商品                                              500 000
    应交税费——待认证进项税额                              80 000
  贷：银行存款                                            580 000
```

（2）增值税发票通过税务机关认证后：

```
借：库存商品                                               80 000
  贷：应交税费——应交增值税(进项税额转出)                  80 000
```

8. 购进不动产或不动产在建工程按规定进项税额分年抵扣的会计核算

一般纳税人自 2016 年 5 月 1 日后取得并按固定资产核算的不动产或者 2016 年 5 月 1 日后取得的不动产在建工程,其进项税额按现行增值税制度规定自取得之日起分两年从销项税额中抵扣,第一年抵扣比例为 60%,第二年抵扣比例为 40%。60%的部分于取得扣税凭证的当期从销项税额中扣除;40%的部分为待抵扣进行税额,于取得扣税凭证的当月起第 13 个月从销项税额中扣除。会计核算时应当按取得成本,借记"固定资产""在建工程"等账户,按当期可抵扣的增值税额,借记"应交税费——应交增值税(进项税额)"账户,按以后期间可抵扣的增值税额,借记"应交税费——待抵扣进项税额"账户,按应付或实际支付的金额,贷记"应付账款""应付票据""银行存款"等账户。尚未抵扣的进项税额待以后期间允许抵扣时,按允许抵扣的金额,借记"应交税费——应交增值税(进项税额)"账户,贷记"应交税费——待抵扣进项税额"账户。

【例题 2-43】　大华公司为增值税一般纳税人,2018 年 12 月购进仓库一栋,购入价 2 200(含税)万元,取得增值税专用发票。对该项经济业务进行会计处理。

解析：

$$进项税额 = 2\ 200 \div (1 + 10\%) \times 10\% = 200(万元)$$
$$2018 年 12 月可抵扣进项税额 = 200 \times 60\% = 120(万元)$$
$$2019 年 12 月可抵扣进项税额 = 200 \times 40\% = 80(万元)$$

2018 年 12 月会计分录如下：

```
借：固定资产——××仓库                                 20 000 000
    应交税费——应交增值税(进项税额)                     1 200 000
            ——待抵扣进项税额                            800 000
  贷：银行存款                                         22 000 000
```

2019 年 12 月会计分录如下：

```
借：应交税费——应交增值税(进项税额)                       800 000
  贷：应交税费——待抵扣进项税额                            800 000
```

9. 货物等已验收入库但尚未取得增值税扣税凭证的会计核算

一般纳税人购进的货物等已到达并验收入库,但尚未收到增值税扣税凭证并未付款的,应在月末按货物清单或相关合同协议上的价格暂估入账,不需要将增值税的进项税额暂估入账。下月初,用红字冲销原暂估入账金额,待取得相关增值税扣税凭证并经认证后,按应计入相关成本费用或资产的金额,借记"原材料""库存商品""固定资产""无形资产"等账户,按可抵扣的增值税额,借记"应交税费——应交增值税(进项税额)"账户,按应付金额,贷记"应付账款"等账户。

10. 购买方作为扣缴义务人的会计核算

按照现行增值税制度规定,境外单位或个人在境内发生应税行为,在境内未设有经营机构的,以购买方为增值税扣缴义务人。境内一般纳税人购进服务、无形资产或不动产,按应计入相关成本费用或资产的金额,借记"生产成本""无形资产""固定资产""管理费用"等账户,按可抵扣的增值税额,借记"应交税费——进项税额"账户(小规模纳税人应借记相关成本费用或资产账户),按应付或实际支付的金额,贷记"应付账款"等账户,按应代扣代缴的增值税额,贷记"应交税费——代扣代交增值税"账户。实际缴纳代扣代缴增值税时,按代扣代缴的增值税额,借记"应交税费——代扣代交增值税"账户,贷记"银行存款"账户。

(三)增值税进项税额转出的会计核算

因发生非正常损失或改变用途等,原已计入进项税额、待抵扣进项税额或待认证进项税额,但按现行增值税制度规定不得从销项税额中抵扣的,借记"待处理财产损溢""应付职工薪酬""固定资产""无形资产"等账户,贷记"应交税费——应交增值税(进项税额转出)""应交税费——待抵扣进项税额"或"应交税费——待认证进项税额"账户;原不得抵扣且未抵扣进项税额的固定资产、无形资产等,因改变用途等用于允许抵扣进项税额的应税项目的,应按允许抵扣的进项税额,借记"应交税费——应交增值税(进项税额)"账户,贷记"固定资产""无形资产"等账户。固定资产、无形资产等经上述调整后,应按调整后的账面价值在剩余尚可使用寿命内计提折旧或摊销。

1. 购进货物改变用途时进项税额转出的会计核算

如果企业购进货物用于生产经营,那么货物购进时支付的增值税必然应计入进项税额。当这些货物改变用途,用于按规定不得抵扣进项税额,本应形成的销项税额没有实现。为了不破坏进项税额与销项税额的对应关系,在会计处理上,需要将已计入"应交税费——应交增值税"借方的进项税额从"应交税费——应交增值税"的贷方转出,即借记有关成本、费用、损失账户,贷记"应交税费——应交增值税(进项税额转出)"账户。

【例题 2-44】 宏源商场(一般纳税人)2018 年 6 月份购进 1 000 箱饮料,每箱 30 元,取得增值税专用发票上注明价款为 30 000 元,增值税税额为 4 800 元,货已验收入库,并支付全部货款。8 月份该公司将其中 200 箱饮料作为福利分给职工。

解析:

根据上述业务,作如下会计分录:

6 月份购入 1 000 箱饮料时:

借:库存商品   30 000
  应交税费——应交增值税(进项税额)   4 800
  贷:银行存款   34 800

8 月份作为福利分给职工时:

$$应转出的进项税额 = 4\ 800 \times (200 \div 1\ 000) = 960(元)$$

借:管理费用——福利费   6 960
  贷:应付职工薪酬——福利费   6 960

借：应付职工薪酬——福利费　　　　　　　　　　　　　　　　　　6 960
　　贷：库存商品　　　　　　　　　　　　　　　　　　　　　　　　6 000
　　　　应交税费——应交增值税(进项税额转出)　　　　　　　　　　960

2. 货物发生非正常损失时进项税额转出的会计核算

购进货物和已耗用购进货物及应税劳务的在产品、产成品发生非正常损失后，不可能形成销售收入及销项税额，这部分损失中的进项税额就不能从销项税额中抵扣，而应由企业自己负担。借记"待处理财产损溢"账户，贷记"应交税费——应交增值税(进项税额转出)"，同损失货物而减少的存货成本一并处理。

【例题 2-45】 2018 年 6 月，光明公司仓库中的材料因管理不善发生损失，上月购进的原材料实际损失为 100 000 元，库存商品损失 100 件，单位成本 200 元，增值税税率为 16%(进项税额已作抵扣)。8 月 5 日经核查，获保险公司赔偿 5 000 元，款项尚未收到，其余损失由光明公司自己负担。

解析：

根据上述业务，作如下会计分录：

(1) 发生损失时：

$$应转出的进项税额 = (100\ 000 + 100 \times 200) \times 16\% = 19\ 200(元)$$

借：待处理财产损溢　　　　　　　　　　　　　　　　　　　　　139 200
　　贷：原材料　　　　　　　　　　　　　　　　　　　　　　　　120 000
　　　　应交税费——应交增值税(进项税额转出)　　　　　　　　　19 200

(2) 经核查后作处理：

借：其他应收款——保险公司　　　　　　　　　　　　　　　　　　5 000
　　营业外支出　　　　　　　　　　　　　　　　　　　　　　　　134 200
　　贷：待处理财产损益　　　　　　　　　　　　　　　　　　　　139 200

(四) 增值税减免税款的会计核算

按我国现行增值税的减免规定，减免增值税分为先征收后返回、即征即退、直接减免三种形式。因此，其会计处理也有所不同。

1. 先征后返增值税的会计核算

先征后返是指税务机关正常将增值税征收入库，然后由财政机关按税收政策规定审核并返还企业所缴入库的增值税。先征收后返回的，确认应返税款时，借记"其他应收款"账户，贷记"营业外收入——补贴收入"账户；收到退税款时，借记"银行存款"账户，贷记"其他应收款"账户。

【例题 2-46】 大华公司第二季度的增值税税款为 25 600 元，按照税法的有关规定，该笔增值税税款应该享受先征后返的政策。2018 年 7 月 8 日，该公司收到这笔退税款。

解析：

根据上述业务，作如下会计分录：

(1) 6 月底确认返税时：

借：其他应收款　　　　　　　　　　　　　　　　　　　　　　　25 600
　　贷：营业外收入——补贴收入　　　　　　　　　　　　　　　　25 600

（2）7 月 8 日实际收到退税款时：

借：银行存款　　　　　　　　　　　　　　　　　　　　　　　25 600

　　贷：其他应收款　　　　　　　　　　　　　　　　　　　　　25 600

2. 即征即退增值税的会计核算

即征即退是指对按税法规定缴纳的税款，由税务机关在征税时部分或全部退还纳税人的一种税收优惠。企业在办理缴纳增值税的同时办理增值税的退税手续，上缴时先借记"应交税费"账户，贷记"银行存款"账户；同时按退税款借记"银行存款"账户，贷记"营业外收入"账户。

【例题 2-47】　华联企业进口一批商品，该批商品实行即征即退的增值税政策。该批商品价值为 500 000 元人民币，应该缴纳进口环节的增值税 80 000 元。款项已支付，商品已到货。

解析：

根据上述业务，作如下会计分录：

（1）企业购进商品入账时：

借：库存商品　　　　　　　　　　　　　　　　　　　　　　　500 000

　　应交税费——应交增值税（进项税额）　　　　　　　　　　 80 000

　　贷：银行存款　　　　　　　　　　　　　　　　　　　　　580 000

（2）收到退税款时：

借：银行存款　　　　　　　　　　　　　　　　　　　　　　　 80 000

　　贷：营业外收入　　　　　　　　　　　　　　　　　　　　　80 000

3. 直接减免的增值税的会计处理

采用直接减免的企业，借记"应交税费——应交增值税（减免税款）"账户，贷记"营业外收入"账户。

【例题 2-48】　大华公司享受减半征收增值税优惠政策 1 年，增值税税率为 16%。当年 5 月份购进材料一批，增值税专用发票注明材料价款 70 000 元，增值税税额 11 200 元，当月实现销售收入 100 000 元，增值税销项税额 16 000 元，以上款项均已通过银行收付入账，专用发票已按规定通过税务机关认证。

解析：

根据上述业务，作如下会计分录：

（1）购入原材料时：

借：原材料　　　　　　　　　　　　　　　　　　　　　　　　 70 000

　　应交税费——应交增值税（进项税额）　　　　　　　　　　 11 200

　　贷：银行存款　　　　　　　　　　　　　　　　　　　　　 81 200

（2）销售时：

借：银行存款　　　　　　　　　　　　　　　　　　　　　　　116 000

　　贷：主营业务收入　　　　　　　　　　　　　　　　　　　100 000

　　　　应交税费——应交增值税（销项税额）　　　　　　　　 16 000

当月应纳增值税额 $= (16\,000 - 11\,200) \times 50\% = 2\,400$（元）

（3）缴纳增值税时：

借：应交税费——应交增值税（已交税金）   2 400

  贷：银行存款   2 400

（4）享受减免税时：

借：应交税费——应交增值税（减免税款）   2 400

  贷：营业外收入——补贴收入   2 400

（五）增值税出口货物退（免）税的会计核算

为核算纳税人出口货物应收取的出口退税款，设置"应收出口退税款"账户，该账户借方反映销售出口货物按规定向税务机关申报应退回的增值税、消费税等，贷方反映实际收到的出口货物应退回的增值税、消费税等。期末借方余额，反映尚未收到的应退税额。

（1）未实行"免、抵、退"办法的一般纳税人出口货物按规定退税的，按规定计算的应收出口退税额，借记"应收出口退税款"账户，贷记"应交税费——应交增值税（出口退税）"账户，收到出口退税时，借记"银行存款"账户，贷记"应收出口退税款"账户；退税额低于购进时取得的增值税专用发票上的增值税额的差额，借记"主营业务成本"账户，贷记"应交税费——应交增值税（进项税额转出）"账户。

（2）实行"免、抵、退"办法的一般纳税人出口货物，在货物出口销售后结转产品销售成本时，按规定计算的退税额低于购进时取得的增值税专用发票上的增值税额的差额，借记"主营业务成本"账户，贷记"应交税费——应交增值税（进项税额转出）"账户；按规定计算的当期出口货物的进项税抵减内销产品的应纳税额，借记"应交税费——应交增值税（出口抵减内销产品应纳税额）"账户，贷记"应交税费——应交增值税（出口退税）"账户。在规定期限内，内销产品的应纳税额不足以抵减出口货物的进项税额，不足部分按有关税法规定给予退税的，应在实际收到退税款时，借记"银行存款"账户，贷记"应交税费——应交增值税（出口退税）"账户。

（六）月末转出多交增值税和未交增值税的会计核算

月度终了，企业应当将当月应交未交或多交的增值税自"应交增值税"明细账户转入"未交增值税"明细账户。对于当月应交未交的增值税，借记"应交税费——应交增值税（转出未交增值税）"账户，贷记"应交税费——未交增值税"账户；对于当月多交的增值税，借记"应交税费——未交增值税"账户，贷记"应交税费——应交增值税（转出多交增值税）"账户。

（七）缴纳增值税的会计核算

（1）缴纳当月应交增值税的账务处理。企业缴纳当月应交的增值税，借记"应交税费——应交增值税（已交税金）"账户（小规模纳税人应借记"应交税费——应交增值税"账户），贷记"银行存款"账户。

（2）缴纳以前期间未交增值税的账务处理。企业缴纳以前期间未交的增值税，借记"应交税费——未交增值税"账户，贷记"银行存款"账户。

（3）预缴增值税的账务处理。企业预缴增值税时，借记"应交税费——预交增值税"账户，贷记"银行存款"账户。月末，企业应将"预交增值税"明细账户余额转入"未交增值税"

明细账户,借记"应交税费——未交增值税"账户,贷记"应交税费——预交增值税"账户。房地产开发企业等在预缴增值税后,应直至纳税义务发生时方可从"应交税费——预交增值税"账户结转至"应交税费——未交增值税"账户。

（4）减免增值税的账务处理。对于当期直接减免的增值税,借记"应交税费——应交增值税（减免税款）"账户,贷记损益类相关账户。

（八）增值税期末留抵税额的会计核算

纳入营改增试点当月月初,原增值税一般纳税人应按不得从销售服务、无形资产或不动产的销项税额中抵扣的增值税留抵税额,借记"应交税费——增值税留抵税额"账户,贷记"应交税费——应交增值税（进项税额转出）"账户。待以后期间允许抵扣时,按允许抵扣的金额,借记"应交税费——应交增值税（进项税额）"账户,贷记"应交税费——增值税留抵税额"账户。

（九）增值税税控系统专用设备和技术维护费用抵减增值税额的会计核算

按现行增值税制度规定,企业初次购买增值税税控系统专用设备支付的费用以及缴纳的技术维护费允许在增值税应纳税额中全额抵减的,按规定抵减的增值税应纳税额,借记"应交税费——应交增值税（减免税款）"账户（小规模纳税人应借记"应交税费——应交增值税"账户）,贷记"管理费用"等账户。

【例题2-49】　奥创公司一般纳税人,2018年8月第一次购买金税盘取得增值税发票,金税盘价款为200元,增值税为32元。当月缴纳2018年9月到2019年8月税控系统维护费取得增值税普通发票,价税合计400元。请对上述经济业务进行会计处理。

解析:

（1）购买金税盘的会计核算:

借:应交税费——应交增值税（减免税款）　　　　　　　　　　　　　232

　贷:管理费用　　　　　　　　　　　　　　　　　　　　　　　　　232

（2）缴纳税控系统维护费的会计核算:

借:应交税费——应交增值税（减免税款）　　　　　　　　　　　　　400

　贷:管理费用　　　　　　　　　　　　　　　　　　　　　　　　　400

三、小规模纳税人企业增值税的会计核算

小规模纳税人实行简易办法计算并缴纳增值税。小规模纳税人购买货物、劳务、服务、无形资产或不动产,取得增值税专用发票上注明的增值税应计入相关成本费用或资产,不通过"应交税费——应交增值税"账户核算。销售环节均是价税混合核算,但在月终结转收入时与一般纳税人一样,也进行价税分离核算。

小规模纳税人与一般纳税人会计核算上的区别是:一般纳税人在"应交税费"账户下设置"应交增值税""未交增值税"明细账户进行规范的价税分离核算,而小规模纳税人只需要设置"应交增值税"明细账户即可。

在购进货物时:

借:库存商品等（含增值税价款）

　贷:银行存款、库存现金、应付账款等

在销售货物时,按规定确定收入,并按征收率计算增值税:

借:应收账款、银行存款等
　　贷:主营业务收入或其他业务收入(不含税销售额)
　　　　应交税费——应交增值税

注意,在销售货物时,小规模纳税人销售额一般为含税销售额,在计算增值税时,应当先将不含税销售额转化为不含税销售额,公式为:

$$不含税销售额 = 含税销售额 / (1 + 征收率)$$
$$应交增值税 = 不含税销售额 × 征收率$$

缴纳增值税时:

借:应交税费——应交增值税
　　贷:银行存款

【例题 2-50】 大华便利店为小规模纳税人,2018 年 9 月 8 日购入饮料一批,增值税发票上注明的货物价款为 20 000 元,税款为 3 200 元,货物已经验收入库,货款已通过银行支付。

解析:

根据上述业务,作如下会计分录:

借:库存商品　　　　　　　　　　　　　　　　　　　　　　　　　　　23 200
　　贷:银行存款　　　　　　　　　　　　　　　　　　　　　　　　　　23 200

【例题 2-51】 某工业企业为小规模纳税人,10 月 15 日甲产品的含税销售额为 10 300 元,货款已收。

解析:

根据上述业务,作如下会计分录:

$$不含税销售额 = 10\ 300 ÷ (1 + 3\%) = 10\ 000(元)$$
$$应纳税额 = 10\ 000 × 3\% = 300(元)$$

借:银行存款　　　　　　　　　　　　　　　　　　　　　　　　　　　10 300
　　贷:主营业务收入　　　　　　　　　　　　　　　　　　　　　　　　10 000
　　　　应交税费——应交增值税　　　　　　　　　　　　　　　　　　　　300

思考题

1. 增值税有哪几种类型?我国采用哪种类型?
2. 一般纳税人与小规模纳税人的区别有哪些?
3. 简述增值税视同销售的范围。
4. 增值税的税率有哪些?特殊的税率又是哪些?
5. 增值税销项税额如何计算?
6. 增值税进行税额如何计算?
7. 增值税一般纳税人如何进行纳税申报?

8. 增值税减免如何进行会计核算？

9. 进口货物应纳增值税如何计算？

10. 货物发生非正常损失时进项税额转出如何核算？

实践能力训练

一、单选题

1. 自（　　）全面"营改增"之后，增值税征税范围包括销售或者进口的货物、销售劳务、销售服务、销售无形资产、销售不动产。

A. 2016 年 5 月 1 日　　　　　　　B. 2009 年 1 月 1 日

C. 2017 年 5 月 1 日　　　　　　　D. 以上都不对

2. 根据增值税相关法规的规定，下列各项中关于增值税性质的表述不正确的是（　　）。

A. 以全部流转额为计税销售额　　　B. 税负具有转嫁性

C. 实行比例税率　　　　　　　　　D. 征税环节具有单一性

3. 根据增值税法律制度的规定，下列行为中，涉及的进项税额可以从销项税额中抵扣的是（　　）。

A. 将外购的货物用于基建工程　　　B. 将外购的货物用于交际应酬

C. 将外购的货物无偿赠送给其他单位　D. 外购供管理部门使用的小轿车

4. 下列项目中，应计算销项税额的是（　　）。

A. 将购买的货物用于职工食堂

B. 将委托加工收回的货物继续用于产品生产

C. 将自产的货物作为奖品发放给业绩突出职工

D. 将购买的货物用于产品生产

5. 除国家税务总局另有规定外，纳税人一经认定为一般纳税人后，（　　）转为小规模纳税人。

A. 不得　　　　　　　　　　　　　B. 可以

C. 随时可以　　　　　　　　　　　D. 经过一段时间可以

6. 某管道运输企业为增值税一般纳税人，2018 年 11 月取得不含税管道运输收入 100 万元，当月购进材料，取得增值税专用发票，注明金额 40 万元，假定当月取得的相关票据均符合税法规定并在当月抵扣进项税，该企业当月实际缴纳增值税（　　）万元。

A. 4.20　　　　B. 6.00　　　　C. 3.60　　　　D. 10.20

7. 下列经营行为，不属于增值税征税范围的是（　　）。

A. 某生产企业对外出租设备　　　　B. 某个人向受雇企业提供应税劳务

C. 某生产企业附设饭店对外经营　　D. 某社会团体下属企业销售货物

8. 个体工商户张三是增值税小规模纳税人，2018 年第 1 季度销售货物收入 8 万元，采取按季度收取租金的方式出租了一套别墅给某公司办公使用，2018 年 1 月收取季度不含税租金 4.2 万元，则张三该季度应缴纳增值税（　　）。

A. 0　　　　　　　　　　　　　　B. 0.13 万元

C. 0.36 万元　　　　　　　　　　D. 0.48 万元

9. 某单位采取折扣方式销售货物,折扣额单独开发货票,增值税计税销售额是(　　)。

    A. 扣除折扣额的销售额   B. 不扣除折扣额的销售额

    C. 折扣额   D. 加上折扣额的销售额

10. 纳税人销售的下列货物中,属于免征增值税的货物是(　　)。

    A. 销售农业机械   B. 销售煤炭

    C. 销售日用百货   D. 销售自产的农产品

11. 采用预收货款方式销售货物,其增值税纳税义务发生时间为(　　)。

    A. 收到预收款的当天   B. 货物发出的当天

    C. 货物送达购货方的当天   D. 签订购销合同的当天

12. 依据现行增值税的有关规定,纳税人购进货物取得增值税专用发票后,必须自专用发票开具之日起(　　)日内到税务机关认证,否则不予抵扣进项税额。

    A. 60   B. 90   C. 180   D. 360

13. 根据修订后的《中华人民共和国增值税暂行条例》规定,增值税纳税人以1个月为一期纳税的,自期满之日起(　　)日内申报纳税。

    A. 3   B. 5   C. 10   D. 15

14. 增值税起征点的适用范围是(　　)。

    A. 个体经营者和其他个人   B. 私营企业

    C. 个人和私营企业   D. 个体经营者之外的其他个人

15. 某工厂为增值税一般纳税人,2018年3月将10台自产产品分配给投资者,单位成本65 000元,没有同类产品售价,市场上同类产品不含增值税的单位销售价格为70 000元,该产品增值税税率16%。此项业务(　　)。

    A. 不纳增值税   B. 计销项税额102 000元

    C. 计销项税额112 000元   D. 计销项税额112 200元

16. 固定业户到外县(市)销售货物的,应当向其机构所在地主管税务机关申请开具(　　),向其机构所在地主管税务机关申报纳税。

    A. 外出经营活动税收管理证明   B. 营业执照

    C. 进货退出或索取折让证明单   D. 发票换票证

17. 某一般纳税人2014年6月从某小规模纳税人处购进农产品一批,取得的普通发票上注明价款20 000元,该项业务准予抵扣的进项税额为(　　)元。

    A. 0   B. 2 000   C. 2 400   D. 2 300

18. 一般纳税人采取托收承付和委托银行收款方式销售货物,纳税义务发生时间为(　　)。

    A. 按合同约定的收款日期的当天   B. 发出货物并办妥托收手续的当天

    C. 发出货物的当天   D. 收到销售额并将提货单交给买方的当天

19. 我国现在实行的增值税类型是(　　)。

    A. 生产型   B. 收入型   C. 消费型   D. 全面

20. 企业发生的下列行为中,需要计算缴纳增值税的是(　　)。

    A. 取得存款利息   B. 获得保险赔偿

    C. 取得中央财政补贴   D. 收取包装物租金

二、多选题

1. 按对外购固定资产处理方式的不同,增值税可划分为(　　)。

   A. 生产型增值税 　　　　　　　　B. 收入型增值税

   C. 消费型增值税 　　　　　　　　D. 成本型增值

2. 某单位外购如下货物,按增值税有关规定不能作为进项税额抵扣的有(　　)。

   A. 外购的固定资产 　　　　　　　B. 外购货物用于免税项目

   C. 外购货物用于集体福利 　　　　D. 外购货物用于无偿赠送他人

3. 下列项目中,应按税法规定计算征收增值税的有(　　)。

   A. 将自制的货物用于对外投资 　　B. 将购买的货物用于对外投资

   C. 将委托加工的货物用于发放职工福利　D. 将购买的货物用于在建工程

4. 增值税一般纳税人由于客观原因造成增值税扣税凭证逾期的,经主管税务机关审核,允许继续抵扣进项税额,其客观原因包括(　　)。

   A. 社会突发事件

   B. 自然灾害

   C. 纳税人开户银行信息系统、网络故障

   D. 有关司法机关在办理业务或检查中,扣押、封存纳税人账簿资料

5. 纳税人销售或者进口下列货物,税率为 10% 的有(　　)。

   A. 粮食、食用植物油

   B. 自来水、暖气、冷气、热水、煤气、石油液化气、天然气、沼气、居民用煤炭制品

   C. 图书、报纸、杂志

   D. 应征资源税的应税矿产

6. 下列关于增值税固定业户纳税地点说法正确的有(　　)。

   A. 应当向其机构所在地的主管税务机关申报纳税

   B. 总机构和分支机构不在同一县(市)的,应当分别向各自所在地的主管税务机关申报纳税

   C. 经国务院财政、税务主管部门或者其授权的财政、税务机关批准,可以由总机构汇总向总机构所在地的主管税务机关申报纳税

   D. 总机构和分支机构不在同一县(市)的,应当向总机构所在地的主管税务机关申报纳税

7. 下列关于增值税小规模纳税人的表述正确的有(　　)。

   A. 实行简易征收办法

   B. 不得自行开具或向税务机关申请代开增值税专用发票

   C. 不得抵扣进项税额

   D. 一经认定为小规模纳税人,不得再转为一般纳税人

8. 下列属于增值税纳税期限的有(　　)。

   A. 5 天 　　　　　　　　　　　　B. 10 天

   C. 一个月 　　　　　　　　　　　D. 一个季度

9. 某生产企业(增值税一般纳税人)的下列进项税额,不得从销项税额中抵扣的有(　　)。

A. 购买涂料装修职工浴室发生的进项税额

B. 支付产成品仓库电费发生的进项税额

C. 购买一项同时用于应税项目和免税项目的专利权的进项税

D. 购买原材料用于生产免税产品所发生的进项税额

10. 关于一般纳税人发生销售退回或折让的税务处理说法正确的是(　　)。

A. 因销售货物退回或者折让而退还给购买方的增值税额,应从发生销售货物退回或者折让当期的销项税额中扣减

B. 因购进货物退出或者折让而收回的增值税额,应从发生购进货物退出或者折让当期的进项税额中扣减

C. 一般纳税人销售货物或者应税劳务,开具增值税专用发票后,发生销售货物退回或者折让、开票有误等情形,应按国家税务总局的规定开具红字增值税专用发票

D. 未按规定开具红字增值税专用发票的,增值税额不得从销项税额中扣减

11. 增值税应税销售额不包括(　　)。

A. 向购买方收取的增值税

B. 受托加工应征消费税的消费品所代收代缴的消费税

C. 合符条件的代为收取的政府性基金或者行政事业性收费

D. 向购买方收取的代购买方缴纳的车辆购置税

12. 下列关于增值税起征点的说法中,不符合规定的有(　　)。

A. 增值税对单位和个人规定了起征点

B. 纳税人销售额未达到规定的增值税起征点的,免征增值税;达到起征点的,就超过部分计算缴纳增值税

C. 销售货物的增值税起征点为月销售额5 000～20 000元

D. 销售应税劳务的增值税起征点为月销售额5 000～20 000元

E. 按次纳税的增值税起征点为每次(日)销售额300～500元

13. 纳税人视同销售货物行为而无销售额者,税务机关可以核定其销售额,核定方法包括(　　)。

A. 按组成计税价格确定

B. 按纳税人最近时期同类货物的平均销售价格确定

C. 按其他纳税人最近时期同类货物的平均销售价格确定

D. 按纳税人当月同类货物的平均销售价格确定

14. 下列属于增值税征税范围的有(　　)。

A. 单位聘用的员工为本单位提供的运输服务

B. 德国某公司转让商标权供我国A公司在德国和我国使用

C. 巴黎某酒店向来自我国境内科研团队提供住宿服务

D. 出租车公司向使用本公司自有出租车的出租车司机收取的管理费用

15. 划分一般纳税人和小规模纳税人的标准有(　　)。

A. 有上级主管部门　　　　　　　　B. 经营效益好

C. 会计核算健全　　　　　　　　　D. 销售额达到规定标准

三、判断题

1. 设有两个以上机构并实行统一核算的纳税人,将货物从一个机构移送其他机构用于销售应视同销售计算增值税。　　　　　　　　　　　　　　　　　　　　　　　（　　）

2. 纳税人采取以旧换新方式销售货物的,一律以新货的售价作为销售额,计算征收增值税。　　　　　　　　　　　　　　　　　　　　　　　　　　　　　　　　　（　　）

3. 纳税人兼营非增值税应税项目的,应分别核算货物或者应税劳务和非增值税应税项目的销售额。未分别核算的,由主管税务机关核定其销售额。　　　　　　　　（　　）

4. 一般纳税人向使用单位销售大型机器设备,不得开具增值税专用发票。　（　　）

5. 消费型增值税,允许一般纳税人抵扣外购固定资产的进项税。　　　　　（　　）

6. 销售货物或者应税劳务先开具发票后付款的,增值税纳税义务发生时间为开具发票的当天。　　　　　　　　　　　　　　　　　　　　　　　　　　　　　　　　（　　）

7. 纳税人发生混合销售行为时,根据纳税人主业合并征收增值税,一律不允许分开核算分别征收增值税。　　　　　　　　　　　　　　　　　　　　　　　　　（　　）

8. 用于非增值税应税项目、免征增值税(以下简称免税)项目、集体福利或者个人消费的外购固定资产的进项税不得抵扣。　　　　　　　　　　　　　　　　　　（　　）

9. 除国家税务总局另有规定外,纳税人一经认定为一般纳税人后,不得转为小规模纳税人。　　　　　　　　　　　　　　　　　　　　　　　　　　　　　　　　（　　）

10. "营改增"之后我国增值税有 4 档税率和 2 档征收率。　　　　　　　　（　　）

四、计算题

1. 大华企业为增值税一般纳税人,2018 年 3 月生产加工一批新产品(应税消费品)500 件,每件成本价 200 元(大华企业无同类产品市场销售价格),全部售给本企业职工,取得不含税销售额 100 000 元,假设消费税税率为 30%,成本利润率为 10%,要求:(1)假设同行奥威企业当月销售同类产品不含增值税价款为每件 300 元,计算大华企业该业务销项税额和应纳消费税税额。(2)假设无同类产品市场销售价格,则销项税额和应纳消费税税额是多少?

2. 大华汽车配件商店为小规模纳税人,2018 年 5 月购进零配件 14 500 元,支付电费 500 元,当月销售汽车配件取得零售收入 20 000 元,收取包装费 2 000 元,采取以旧换新方式销售新电器取得实收零售价格 18 000 元,旧电器折价 3 200 元,因顾客退货支付货款 1 000 元。计算大华汽车配件商店当月应纳增值税。

3. 大华企业为增值税一般纳税人,主要生产销售农膜,不含增值税售价为 100 元/件。为促进销售企业决定,凡购买农膜 2 000 件以上的,给予 20% 的价格折扣,当月甲企业一次性销售农膜 5 000 件给乙企业。计算该业务应纳增值税销项税额。

4. 某百货公司家电部以旧换新电冰箱 10 台,新冰箱零售价 3159 元/台,旧冰箱 100 元/台;其金银首饰部采取"以旧换新"方式向消费者销售金项链 10 条,每条新项链的零售价格为 3 000 元,每条旧项链作价 1 800 元,每条项链取得差价款 1 200 元,则:计算该百货公司以旧换新业务应纳增值税销项税额。

五、账务处理

1. 大华机械厂为小规模纳税人,2018 年 8 月购入材料 10 000 元(不含税),取得增值税专用发票上进项税额为 1 600 元。货款已通过银行转账支付,对该笔业务进行会计处理。

2. 大华机械厂为小规模纳税人，2018 年 5 月销售一批货物，开具普通发票的金额为 3 090 元，货款已收；受托加工货物一批，委托方提供的材料金额为 4 000 元，机械厂收取加工费委托税务所代开增值税专用发票上注明的销售额为 1 000 元。计算大华机械厂当月应纳的增值税，作出相应的账务处理并进行纳税申报。

3. 大华企业为增值税一般纳税人，2018 年 3 月发生如下经济业务：

(1) 销售 A 产品 50 台，不含税单价 8 000 元，货款收到后，向购买方开具了增值税专用发票，并将提货单交给了购买方。

(2) 将 20 台新试制的 B 产品分配给投资者，单位成本为 6 000 元，该产品尚未投放市场。

(3) 单位内部基本建设领用甲材料 1 000 千克，每千克单位成本为 50 元。

(4) 改、扩建单位幼儿园领用甲材料 200 千克，每千克单位成本为 50 元。同时领用 A 产品 5 台。

(5) 当月丢失库存乙材料 800 千克，每千克单位成本为 20 元，作待处理财产损溢处理。

(6) 本月发生购进货物的全部进项税额为 70 000 元，全部取得增值税发票并通过了认证。

其他相关资料：上月进项税额已全部抵扣完毕。购销货物增值税税率均为 16%。税务局核定的 B 产品成本利润率为 10%。

要求：

(1) 计算当月销项税额。

(2) 计算当月可抵扣进项税额。

(3) 计算当月应缴增值税税额。

(4) 作出相应的账务处理并进行纳税申报。

消费税会计

（Consumption tax accounting）

学习目标

本章内容主要有：消费税概述、消费税应纳税额的计算、消费税的纳税申报、消费税的会计核算。通过本章的学习，达到如下目的：

1. 了解消费税的发展历史，掌握消费税的概念、特点、纳税人、征税范围、税目及税率，熟悉纳税义务发生时间、纳税地点和纳税期限等问题。

2. 重点掌握不同纳税环节下消费税应纳税额的计算。

3. 掌握各种情况下消费税的确认、计量、记录与纳税申报。

第一节　消费税概述

一、消费税的产生与发展

消费税（Consumption tax），其雏形在我国最早可追溯到周朝的"关市之赋"。当时，由于农业、手工业的发展，城市的兴起和商业的繁荣，于是相继开征了诸如盐税、酒税等产品税，这就是消费税的原形。消费税发展至今，已成为世界各国普遍征收的税种，目前已被120多个国家或地区所征收，而且还有上升的趋势。特别是近年来，在可持续发展进行的税收法律制度改革的浪潮中，各国纷纷开征或调整消费税以便建立一个既有利于环境和生态保护又有利于经济发展的绿色税收法律制度。

我国的消费税是中央税。早在1951年政务院就根据国家公布和实行的《全国税政实施要则》的规定，颁布了《特种消费行为税暂行条例》，开始征收特种消费行为税，后来由于种种原因，消费税被迫取消。现行课征的消费税则是1994年税制改革中新设立的一种税，其法律依据是1994年开始实施的《中华人民共和国消费税暂行条例》《中华人民共和国消费税暂行条例实施细则》等。这些规范性文件都是为适应当时我国深化经济体制改革，对税收法律制度进行大规模改革的需要而制定的。它标志着我国的消费税法律制度基本建立起来。2006年国家税务总局对我国消费税税目、税率及相关政策进行调整。2008年国务院令539号对《中华人民共和国增值税暂行条例》进行了修订，2009年新的《中华人民共和国消费税暂行条例》及《中华人民共和国消费税暂行条例实施细则》的发布实施，2014年对消费税政策进行调整,2015年增加对电池和涂料征收消费税。消费税随着经济发展不断完善,使消费税逐步走上规范化的道路。

二、消费税的概念及特点

(一)消费税的概念

消费税是对我国境内从事生产、委托加工和进口应税消费品的单位和个人,就其销售额或销售数量,在特定环节征收的一种流转税。简单地说,消费税是对特定的消费品和消费行为征收的一种税。消费税是在对货物普遍征收增值税的基础上,选择少数消费品再征收的一个税种,主要是为了调节产品结构,引导消费方向,保证国家财政收入。消费税实行价内税,一般只在应税消费品的生产、委托加工和进口环节缴纳,在以后的批发、零售等环节,因为价款中已包含消费税,因此不用再缴纳消费税,税款最终由消费者承担。

(二)消费税的特点

一般来说,消费税的征税对象主要是与居民消费相关的最终消费品和消费行为。与其他税种相比,我国消费税具有以下方面的特点。

1. 征税范围具有选择性

我国消费税在征收范围上具有选择性,仅选择部分消费品征税,都是在人们普遍消费的大量消费品中或消费行为中有选择地确定若干个征税项目,在税法中列举征税。除税法明确列举的商品以外,不征收消费税。

2. 征税环节具有单一性

我国消费税是在生产(包括委托加工)、进口、流通或消费的某一环节征收,只征收一次,即通常所说的一次课征制。但为加强对卷烟消费的调控,卷烟不仅在生产环节征税而且在批发环节也征消费税。目前在零售环节征收的只有金银首饰。选择单一环节征税,其目的是为了加强源泉控制,防止税款流失;避免重复纳税;减少纳税人的数量,降低税收的征税成本。

3. 平均税率水平比较高且税负差异大

消费税属于国家运用税收杠杆对某些消费品进行特殊调节的税种,平均税率水平较高。消费税可以根据消费品的不同种类以及消费品的市场供求状况、价格水平、国家的产业政策和消费政策等情况,对消费品制定高低不同的税率,不同征税项目的税负差异较大。

4. 征收方法具有灵活性

消费税的计税方法比较灵活,为了适应不同应税消费品的情况,我国现行消费税实行从价定率和从量定额以及从价从量复合计征三种方法征税。通常对大部分应税消费品是以消费品的销售额为计税依据的,实行从价定率的办法征收消费税;对少数价格难以确定或者价格变化较大的消费品是以消费品的实物量为计税依据的,实行从量定额的办法征收消费税,如成品油、啤酒、黄酒;目前只对卷烟、白酒采用复合计征的办法。

5. 税负具有转嫁性

消费税作为一种价内税,无论是在哪一环节征收,消费品售价中所含的消费税税款最终都要转嫁到消费者身上,由消费者负担,因此税负具有转嫁性。

三、消费税的纳税人、征税范围及税率

(一)消费税的纳税人

根据我国《消费税暂行条例》的规定,消费税的纳税人是在中华人民共和国境内生产、委托加工和进口应税消费品的单位和个人,以及国务院确定的销售应税消费品的其他单位和个人,为消费税的纳税人。

(二)消费税的征税范围

消费税征税范围的选择立足我国的经济发展水平、国家的消费政策和产业政策,充分考虑人民的生活水平、消费水平和消费结构状况,注重保证国家财政收入的稳定增长,适当借鉴国外征收消费税的成功经验和国际惯例。我国消费税目前征税的范围主要包括四大方面:①过度消费会对人体健康、生态环境等方面造成危害的特殊消费品,如烟、酒、鞭炮、焰火等。②奢侈品、非生活必需品,如高档化妆品、贵重首饰、珠宝玉石等。③高能耗、高污染及高档消费品,如电池、涂料、摩托车、小汽车、游艇等。④不可再生和替代的稀缺资源消费品,如成品油类。随着社会经济的发展、产业政策的调整及生态环境发展的需要,我国政府会对消费税的征税范围不断调整完善。

按照《消费税暂行条例》及财税〔2016〕129号等文件的规定,我国现行消费税共设15个税目,包括若干个子目。具体征收范围如下:

(1)烟:包括卷烟(包括进口卷烟、白包卷烟、手工卷烟和未经国务院批准纳入计划的企业及个人生产的卷烟)、雪茄烟和烟丝三个子目。

(2)酒:包括粮食白酒、黄酒、啤酒、其他酒等。

(3)高档化妆品:本税目征收范围包括高档美容、修饰类高档化妆品、高档护肤类高档化妆品和成套高档化妆品。高档美容、修饰类高档化妆品和高档护肤类高档化妆品是指生产(进口)环节销售(完税)价格(不含增值税)在10元/毫升(克)或15元/片(张)及以上的美容、修饰类高档化妆品和护肤类高档化妆品。

(4)贵重首饰及珠宝玉石:应税贵重首饰及珠宝玉石是指以金、银、珠宝玉石等高贵稀有物质以及其他金属、人造宝石等制作的各种纯金银及镶嵌饰物,以及经采掘、打磨、加工的各种珠宝玉石。

(5)鞭炮、焰火:本税目征收范围包括各种鞭炮、焰火。不包括:体育上用的发令纸、鞭炮药引线。

(6)成品油:成品油包括汽油、柴油、石脑油、溶剂油、航空煤油、润滑油、燃料油7个子目。

(7)摩托车:2014年12月1日起取消气缸容量250毫升(不含)以下的小排量摩托车消费税。气缸容量250毫升和250毫升(不含)以上的摩托车继续分别按3%和10%的税率征收消费税。

(8)小汽车:小轿车、中轻型商用客车。不包括:①电动汽车不属于本税目征收范围。②车身长度大于7米(含)、座位10~23座(含)。③沙滩车、雪地车、卡丁车、高尔夫车。

(9)高尔夫球及球具:包括高尔夫球、高尔夫球杆及高尔夫球包(袋)等。本税目征收范围包括高尔夫球、高尔夫球杆、高尔夫球包(袋)。高尔夫球杆的杆头、杆身和握把属于本税

目的征收范围。

(10) 高档手表：高档手表是指销售价格(不含增值税)每只在 10 000 元(含)以上的各类手表。

(11) 游艇：长度大于 8 米(含 8 米)小于 90 米(含 90 米)，内置发动机，可以在水上移动，一般为私人或团体购置，主要用于水上运动和休闲娱乐等非牟利活动的各类机动艇。

(12) 木制一次性筷子。

(13) 实木地板：以木材为原料，经过各种工序加工而成的地面装饰材料。

(14) 电池：它是一种将化学能、光能等直接转换为电能的装置，一般由电极、电解质、容器、极端，通常还有隔离层组成的基本功能单元，以及用一个或多个基本功能单元装配成的电池组。范围包括：原电池、蓄电池、燃料电池、太阳能电池和其他电池。

(15) 涂料：它是指涂于物体表面能形成具有保护、装饰或特殊性能的固态涂膜的一类液体或固体材料之总称。

(三) 消费税的税率

消费税的税率有比例税率和定额税率两种形式，对税率形式的选择，主要是根据课税对象的具体情况来确定的。对一些供求基本平衡，价格差异不大，计量单位规范的消费品，选择计税简便的定额税率，如黄酒、啤酒等；对一些供求矛盾突出，价格差异较大，计量单位不规范的消费品，选择税价联动的比例税率，如烟、白酒、高档化妆品、鞭炮、焰火、汽车轮胎、贵重首饰和珠宝玉石等。

一般情况下，对一种消费品只选择一种税率形式，但为了更有效地保全消费税税基，对卷烟、白酒，则采用了定额税率和比例税率双重征收形式。

根据 2008 年修订后的《消费税暂行条例》及《消费税暂行条例实施细则》及财税〔2016〕129 号等相关文件的规定，经整理汇总的消费税税目税率表见表 3-1。

表 3-1　消费税税目税率表

税　　目	税　　率
一、烟	
1. 卷烟	56%加 0.003 元/支(生产环节)
(1) 甲类卷烟(注：①)	36%加 0.003 元/支(生产环节)
(2) 乙类卷烟(注：②)	11%加 0.005 元/支
(3) 批发环节	36%
2. 雪茄烟	30%
3. 烟丝	
二、酒	
1. 白酒	20%加 0.5 元/500 克(或者 500 毫升)
2. 黄酒	240 元/吨
3. 啤酒	
(1) 甲类啤酒(注：③)	250 元/吨
(2) 乙类啤酒(注：④)	220 元/吨
4. 其他酒	10%
三、高档化妆品(2016 年 10 月 1 日起执行)	15%
四、贵重首饰及珠宝玉石	
1. 金银首饰、铂金首饰和钻石及钻石饰品	5%
2. 其他贵重首饰和珠宝玉石	10%

（续表）

税　　目	税　率
五、鞭炮、焰火	15％
六、成品油 　1. 汽油 　2. 柴油 　3. 航空煤油（暂缓征收） 　4. 石脑油 　5. 溶剂油 　6. 润滑油 　7. 燃料油	 1.52元/升 1.20元/升 1.20元/升 1.52元/升 1.52元/升 1.52元/升 1.20元/升
七、摩托车 　1. 气缸容量250毫升（不含）以下的小排量摩托车 　2. 气缸容量在250毫升（含250毫升） 　3. 气缸容量在250毫升以上的	 免税 3％ 10％

八、小汽车	1. 乘用车	① 气缸容量（排气量，下同）在1.0升（含1.0升）以下的	1％
		② 气缸容量在1.0升以上至1.5升（含1.5升）的	3％
		③ 气缸容量在1.5升以上至2.0升（含2.0升）的	5％
		④ 气缸容量在2.0升以上至2.5升（含2.5升）的	9％
		⑤ 气缸容量在2.5升以上至3.0升（含3.0升）的	12％
		⑥ 气缸容量在3.0升以上至4.0升（含4.0升）的	25％
		⑦ 气缸容量在4.0升以上的	40％
	2. 中轻型商用客车	5％	
	3. 超豪华小汽车（注：⑤）财税(2016)129	按照生产（进口）环节税率和零售环节税率（10％）加总计算	

税　目	税率
九、高尔夫球及球具	10％
十、高档手表	20％
十一、游艇	10％
十二、木制一次性筷子	5％
十三、实木地板	5％
十四、电池	4％
十五、涂料	4％

注：① 甲类卷烟，即每标准条（200支）调拨价格在70元（不含增值税）以上（含70元）的卷烟，生产环节（含进口）的税率为56％。

② 乙类卷烟，即每标准条调拨价格在70元（不含增值税）以下的卷烟，生产环节（含进口）的税率为36％。

③ 甲类啤酒，每吨出厂价（含包装物及包装物押金）在3 000元（含3 000元，不含增值税）以上的啤酒。

④ 乙类啤酒，每吨出厂价（含包装物及包装物押金）在3 000元（不含增值税）以下的啤酒。

⑤ 超豪华小汽车是指每辆零售价格130万元（不含增值税）及以上的乘用车和中轻型商用客车。

四、消费税的纳税环节

（一）生产销售环节的规定

1. 视同生产

工业企业以外的单位和个人的下列行为视为应税消费品的生产行为，按规定征收消费税：

（1）将外购的消费税非应税产品以消费税应税产品对外销售的。

（2）将外购的消费税低税率应税产品以高税率应税产品对外销售。

2. 自产自用的处理

（1）纳税人自产自用的应税消费品，用于连续生产应税消费品，移送时不征收消费税，终端应税消费品出厂销售时按规定征收消费税。

（2）用于其他方面的。纳税人自产自用的应税消费品，用于连续生产非应税消费品移送时征收消费税，终端产品出厂销售时不征收消费税。纳税人自产自用的应税消费品，用于在建工程、管理部门、非生产机构、提供劳务、馈赠、赞助、集资、广告、样品、职工福利、奖励等方面移送时征收消费税。

（二）委托加工环节的规定

1. 委托加工应税消费品

委托加工的应税消费品，除受托方为个人外，由受托方在向委托方交货时代收代缴消费税；委托个人加工的应税消费品，由委托方收回后缴纳消费税。

2. 委托加工收回的应税消费品对外出售

（1）委托方将收回的应税消费品，以不高于受托方的计税价格出售的，为直接出售，不再缴纳消费税。

（2）委托方以高于受托方计税价格出售的，不属于直接出售，需按规定申报缴纳消费税，在计税时准予扣除受托方已代收代缴的消费税。

（三）进口环节的规定

单位和个人进口应税消费品，于报关进口时缴纳消费税。

（四）零售环节的规定

1. 商业零售金银首饰

在零售环节征收消费税的金银首饰（简称"金银铂钻"）包括：

（1）金基、银基合金首饰以及金、银和金基、银基合金的镶嵌首饰。

（2）钻石及钻石饰品。

（3）铂金首饰。

2. 超级豪华小轿车

对超豪华小汽车，在生产（进口）环节按现行税率征收消费税基础上，在零售环节加征消费税，税率为 10%。

（五）批发环节

（1）自 2009 年 5 月 1 日起，在卷烟批发环节加征一道消费税，从价计征；自 2015 年 5 月 10 日起，卷烟批发环节消费税采用复合计税办法计征。

（2）烟草批发企业将卷烟销售给其他烟草批发企业的，不缴纳消费税。

（3）卷烟消费税改为在生产和批发两个环节征收后，批发企业在计算应纳税额时不得扣除已含的生产环节的消费税税款。

（4）纳税人兼营卷烟批发和零售业务的，应当分别核算批发和零售环节的销售额、销售数量；未分别核算的，按照全部销售额、销售数量计征批发环节消费税。

五、消费税的征收管理

（一）消费税的纳税时间

消费税纳税义务发生时间，以货款结算方式或行为发生时间分别确定如下几种情况：

第一，纳税人销售的应税消费品。

（1）采取赊销和分期收款结算方式的，为书面合同约定的收款日期的当天，书面合同没有约定收款日期或者无书面合同的，为发出应税消费品的当天。

（2）采取预收货款结算方式的，为发出应税消费品的当天。

（3）采取托收承付和委托银行收款方式销售的应税消费品，为发出应税消费品并办妥托收手续的当天。

（4）纳税人采取其他结算方式的，为收讫销售款或者取得索取销售款凭据的当天。

第二，纳税人自产自用的应税消费品，为移送使用的当天。

第三，纳税人委托加工的应税消费品，为纳税人提货的当天。

第四，纳税人进口的应税消费品，为报关进口的当天。

（二）消费税的纳税期限

《消费税暂行条例》规定，消费税的纳税期限分别为1日、3日、5日、10日、15日、1个月或者1个季度。纳税人的具体纳税期限，由主管税务机关根据纳税人应纳税额的大小分别核定；不能按照固定期限纳税的，可以按次纳税。

纳税人以1个月或者1个季度为1个纳税期的，自期满之日起15日内申报纳税；以1日、3日、5日、10日或者15日为1个纳税期的，自期满之日起5日内预缴税款，于次月1日起15日内申报纳税并结清上月应纳税款。

纳税人进口应税消费品，应当自海关填发海关进口消费税专用交款书之日起15日内缴纳税款。

（三）消费税的纳税地点

消费税的纳税地点视应税消费品的具体情况而不同。

（1）纳税人销售的应税消费品以及自产自用的应税消费品，除国家另有规定外，应当向纳税人核算地的主管税务机关申报纳税。

（2）委托加工的应税消费品，当受托方为个体业户时，由委托方在其核算地申报纳税，除此之外，均由受托方向其所在地的主管税务机关申报纳税。

（3）进口的应税消费品，由进口人或者其代理人向报关地海关申报纳税。

（4）纳税人到外县（市）销售或者委托外县（市）代销自产应税消费品的，于应税消费品销售后，向机构所在地或者居住地主管税务机关申报纳税。

（5）纳税人的总机构与分支机构不在同一县（市）的，应当分别向各自机构所在地的主管税务机关申报纳税;经财政部、国家税务总局或者其授权的财政、税务机关批准,可以由总机构汇总向总机构所在地的主管税务机关申报纳税。

第二节　消费税应纳税额的计算及纳税申报

一、消费税的计算方法

按照现行消费税法的基本规定,消费税应纳税额的计算分为从价定率、从量定额和复合计税三种计算方法。

(一) 从价定率计税

实行从价定率征税的应税消费品,计税依据是应税消费品的销售额,该销售额是指纳税人销售应税消费品向购买方收取的全部价款和价外费用。按照计税依据和规定的适用税率计算应纳税额。

应纳税额的计算公式:

$$应纳税额 = 销售额 \times 比例税率$$
$$销售额 = 向购买方收取的全部价款 + 价外收费$$

注意:实行从价定率征收消费税的消费品,其消费税税基与增值税税基是一致的,都是以含消费税(价内税)而不含增值税(价外税)的销售额作为计税基数。

$$应税消费品的销售额 = 含增值税的销售额 \div (1 + 增值税税率或者征收率)$$

我国现行消费税对烟(除卷烟外)、酒(除白酒、黄酒、啤酒)、高档化妆品、鞭炮、焰火、贵重首饰及珠宝玉石、摩托车、小汽车、高尔夫球及球具、高档手表、游艇、木制一次性筷子和实木地板、电池、涂料等应税消费品的应纳税额,采取从价定率的方法计征消费税。

(二) 从量定额计税

实行从量定额征税的应税消费品,计税依据是应税消费品的销售数量,该销售数量是指纳税人生产、加工、进口应税消费品的实际销售数量。按照计税依据和规定的使用税额标准计算应纳税额。

应纳税额的计算公式:

$$应纳税额 = 销售数量 \times 定额税率(单位税额)$$

在实际销售过程中,一些纳税人经常将计量单位混用,为了规范不同产品的计量单位,《消费税暂行条例施行细则》中具体规定了吨与升两个计量单位的换算标准如下:

黄酒　　1吨＝962升　　　　　啤酒　　1吨＝988升
汽油　　1吨＝1 388升　　　　柴油　　1吨＝1 176升
航空煤油　1吨＝1 246升　　　石脑油　1吨＝1 385升
溶剂油　1吨＝1 282升　　　　润滑油　1吨＝1 126升
燃料油　1吨＝1 015升

采用定额税率征税的消费品,必须核定其销售数量作为计税依据。具体的核定方法如下:

(1) 销售应税消费品的,为应税消费品的销售数量。

(2) 自产自用应税消费品的,为应税消费品的移送使用数量。

(3) 委托加工应税消费品的,为纳税人收回的应税消费品数量。

(4) 进口的应税消费品,为海关核定的应税消费品的进口数量。

我国现行消费税对啤酒、黄酒、汽油、柴油、石脑油、溶剂油、润滑油、燃料油、航空煤油等实行定额税率,采用从量定额的办法征税,其计税依据是纳税人销售应税消费品的数量。

(三) 复合计税

复合计税方法是从价定率与从量定额相结合,计算应纳税额的一种方法。我国现行消费税对白酒、卷烟产品实施复合计税方法。

应纳税额的计算公式:

$$应纳税额 = 销售数量 \times 定额税率 + 销售额 \times 比例税率$$
$$白酒应纳税额 = 斤 \times 0.5 + 销售额 \times 20\%$$
$$卷烟应纳税额 = 支 \times 0.003 + 销售额 \times 56\%(70元以上/条)$$
$$= 支 \times 0.003 + 销售额 \times 36\%(70元以下/条)$$

生产卷烟、白酒从量定额计税依据为实际销售数量;进口、委托加工、自产自用卷烟、白酒从量定额计税依据分别为海关核定的进口征税数量、委托方收回数量和移送使用数量。

二、消费税应纳税额的计算

(一) 生产销售应税消费品应纳消费税额的计算

1. 销售额的一般规定

现行消费税和增值税实行交叉结合征收,增值税实行价外税,消费税实行价内税,由此决定了实行从价定率征收的应税消费品,其消费税的计税依据与增值税的计税依据一致,都是以含消费税而不含增值税的销售额作为计税依据的。即作为消费税计税依据的销售额一般应等同于作为增值税计税依据的销售额。

销售额是指纳税人销售应税消费品向购买方收取的全部价款和价外费用。价外费用是指在价款外收取的手续费、补贴、基金、集资费、返还利润、包装费、储备费、优质费、包装物租金、运输装卸费、奖励费、违约金、代收款项、代垫款项及其他性质的价外收费项目。但下列款项不属于价外费用:

(1) 承运部门的运费发票开具给购货方的,且由纳税人将该项发票转交给购货方。

(2) 国务院或财政部批准设立的政府性基金;国务院或者省级人民政府等部门设立的行政事业性收费。收取时开具省级以上财政部门印制的票据且所收款项全额上缴财政。

除此之外,其他价外费用,无论是否属于纳税人的收入,均应并入销售额计算征税。

如果纳税人应税消费品的销售额中未扣除增值税税额或因不得开具增值税专用发票而采取价税合一形式收取货款的,在计算消费税时,应将含增值税的销售额换算成不含增值税的销售额,其换算公式为:

$$应税消费品的销售额 = 含增值税的销售额 \div (1 + 增值税税率或征收率)$$

如果纳税人以非货币性资产交换方式用于投资、抵偿债务,应以同类应税消费品的最高销售价(而非加权平均价)为计税依据计算应纳消费税税额。

【例题 3-1】　大华商场为增值税一般纳税人,当月销售高档化妆品一批,开具增值税专用发票上注明售价 10 000 元,增值税 1 600 元。另外售出高档化妆品一批,开具普通发票,销售金额为 23 200 元。计算大华商场当月应纳的消费税税额(消费税税率为 15%)。

解析:

$$应税消费品的销售额 = 10\ 000 + 23\ 200 \div (1 + 16\%) = 30\ 000(元)$$
$$应纳消费税税额 = 30\ 000 \times 15\% = 4\ 500(元)$$

2. 包装物计入销售额的相关规定

纳税人连同包装物销售的应税消费品,根据以下情况分别确定销售额:

(1)包装物作价连同应税消费品销售的,无论包装物是否单独计价,也不论在会计处理中如何核算,均应并入应税消费品的销售额中征收消费税。

(2)如果包装物不作价随同产品销售,而是收取押金,此项押金则不应并入应税消费品销售额中征税。

(3)但对逾期未收回的包装物不再退还的或已收取一年以上的押金,应并入应税消费品的销售额,按照应税消费品的适用税率征收消费税。

(4)对酒类产品生产企业销售除黄酒、啤酒外的其他酒类产品而收取的包装物押金,无论押金是否返还及会计上如何核算,均应并入酒类产品销售额中征收消费税。

【例题 3-2】　大华酒厂为增值税一般纳税人,主要生产粮食白酒和啤酒。2018 年 7 月"主营业务收入"账户反映销售粮食白酒 60 000 斤,取得不含税销售额 105 000 元;销售啤酒 150 吨,每吨不含税售价 2 900 元。在"其他业务收入"账户反映收取粮食白酒品牌使用费 4 640 元;"其他应付款"账户反映本月销售粮食白酒收取包装物押金 9 280 元,销售啤酒收取包装物押金 1 160 元。计算该酒厂当月应纳消费税税额。

解析:

销售粮食白酒应纳消费税
$$= 60\ 000 \times 0.5 + 105\ 000 \times 20\% + 4\ 640 \div (1 + 16\%) \times 20\% + 9\ 280 \div (1 + 16\%) \times 20\%$$
$$= 53\ 400(元)$$
啤酒每吨价格 $= 2\ 900 + 1\ 160 \div (1 + 16\%) \div 150 = 2\ 906.67(元) < 3\ 000(元)$
啤酒应纳消费税 $= 150 \times 220 = 33\ 000(元)$
该酒厂应纳消费税税额 $= 53\ 400 + 33\ 000 = 86\ 400(元)$

3. 应税消费品已纳消费税扣除的计算

为了避免重复课税,现行《消费税暂行条例》规定,将外购的应税消费品和委托加工的应税消费品用于连续生产应税消费品计算征税时,按当期生产领用数量计算准予扣除外购或委托加工的应税消费品已纳的消费税税款。

下列连续生产的应税消费品准予从应纳消费税税额中按当期生产领用数量计算准予扣除外购或委托加工的应税消费品已纳的消费税税款。

(1)外购或委托加工收回的已税烟丝生产的卷烟。

(2)外购或委托加工收回的已税高档化妆品生产的高档化妆品。

（3）外购或委托加工收回的已税珠宝玉石生产的贵重首饰及珠宝玉石。

（4）外购或委托加工收回的已税鞭炮焰火生产的鞭炮焰火。

（5）外购或委托加工收回的已税杆头、杆身和握把为原料生产的高尔夫球杆。

（6）外购或委托加工收回的已税木制一次性筷子为原料生产的木制一次性筷子。

（7）外购或委托加工收回的已税实木地板为原料生产的实木地板。

（8）以外购或委托加工收回的已税汽油、柴油、石脑油、燃料油、润滑油用于连续生产应税成品油。

（9）外购或委托加工收回的已税摩托车连续生产摩托车（如用外购两轮摩托车改装三轮摩托车）。

2016年10月1日起，高档化妆品消费税纳税人（以下简称"纳税人"）以外购、进口和委托加工收回的高档化妆品为原料继续生产高档化妆品，准予从高档化妆品消费税应纳税额中扣除外购、进口和委托加工收回的高档化妆品已纳消费税税款。

当期准予扣除外购应税消费品已纳税额的计算公式：

当期准予扣除的外购应税消费品已纳税额 ＝ 当期准予扣除的外购应税消费品买价 × 外购应税消费品适用税率

当期准予扣除的外购应税消费品买价 ＝ 期初库存的外购应税消费品买价 ＋ 当期购进的外购应税消费品买 － 期末库存的外购应税消费品买价

当期准予扣除的委托加工应税消费品已纳税额 ＝ 期初库存的委托加工应税消费品已纳税额 ＋ 当期收回的委托加工应税消费品已纳税额 － 期末库存的委托加工应税消费品已纳税额

【例题3-3】 大华卷烟厂用外购已税烟丝生产卷烟，当月销售额为180万元（共计40标准箱，每标准箱为250条），当月月初库存外购烟丝账面余额70万元，当月购进烟丝30万元，月末库存外购烟丝账面余额为50万元。请计算该厂当月销售卷烟应纳消费税税款（卷烟适用比例税率为56%，定额税率150元/每标准箱，烟丝适用比例税率30%，上述款项均不含增值税）。

解析：

（1）当月应纳消费税税额＝180×56%＋40×0.015＝101.4（万元）

（2）当月准予扣除外购烟丝已纳税款＝（70＋30－50）×30%＝15（万元）

（3）当月销售卷烟实际应交纳消费税＝101.4－15＝86.4（万元）

【例题3-4】 某企业本月销售高档化妆品200 000元，消费税税率为15%。本月从受托方收回委托其加工的高档化妆品一批，已由委托方代收代缴消费税6 000元。该企业月初库存的委托加工护肤品的已纳税额为3 000元，月末库存的护肤品已纳税额为2 000元。

解析：

（1）当月销售高档化妆品应纳消费税税额＝200 000×15%＝30 000（元）

（2）当月准予扣除的委托加工应税消费品已纳税额＝3 000＋6 000－2 000＝7 000（元）

（3）当月销售护发品实际应缴纳消费税＝30 000－7 000＝23 000（元）

4. 超豪华小汽车零售环节消费税应纳税额

超豪华小汽车零售环节消费税应纳税额计算公式：

应纳税额 ＝ 零售环节销售额（不含增值税）× 零售环节税率

国内汽车生产企业直接销售给消费者的超豪华小汽车,消费税税率按照生产环节税率和零售环节税率加总计算。消费税应纳税额计算公式:

$$应纳税额 = 销售额 \times (生产环节税率 + 零售环节税率)$$

(二) 自产自用应税消费品应纳税额的计算

自产自用应税消费品是指纳税人生产应税消费品后,不是用于直接对外销售,而是用于连续生产应税消费品或用于其他方面。

1. 自产自用应税消费品用于连续生产应税消费品的

用于连续生产应税消费品是指自产用作生产最终应税消费品的直接材料,并构成最终产品实体的应税消费品。例如,卷烟厂生产的烟丝,再用于本厂连续生产卷烟。按照《消费税暂行条例》的规定,凡自产自用的应税消费品,用于连续生产应税消费品的,不需要缴纳消费税,体现了税不重征和计税简便的原则,避免了重复征税。

2. 自产自用应税消费品用于连续生产非应税消费品的

自产自用应税消费品用于连续生产非应税消费品的,由于最终产品不属于应税消费品,所以应在移送使用环节缴纳消费税。

3. 自产自用应税消费品用于其他方面的

用于其他方面是指纳税人用于在建工程,以及用于馈赠、赞助、集资、广告、样品、职工福利、奖励等方面的应税消费品。按照《消费税暂行条例》的规定,纳税人自产自用的应税消费品,不是用于连续生产应税消费品的,而是用于其他方面的,于移送使用时纳税。

4. 组成计税价格

根据《消费税暂行条例》的规定,纳税人自产自用的应税消费品,凡用于连续生产非应税消费品及其他方面,应当纳税。具体分为以下两种情况:

第一,有同类消费品的销售价格的,按照纳税人生产的同类消费品的销售价格计算纳税。

$$应纳税额 = 同类消费品销售价格 \times 自产自用数量 \times 适用税率$$

如果当月同类消费品各期销售价格高低不同,应按销售数量加权平均计算。但销售的应税消费品有下列情况之一的,不得列入加权平均计算:

(1) 销售价格明显偏低又无正当理由的。

(2) 无销售价格的。

如果当月无销售价格或者当月未完结,应按照同类消费品上月或者最近月份的销售价格计算纳税。

第二,没有同类消费品销售价格的,按照组成计税价格计算纳税。

(1) 实行从价定率办法。

$$组成计税价格 = (成本 + 利润) \div (1 - 消费税税率)$$
$$= [成本 \times (1 + 成本利润率)] \div (1 - 消费税税率)$$
$$应纳税额 = 组成计税价格 \times 适用税率$$

"成本",是指应税消费品的产品生产成本。

"利润",是指根据应税消费品的全国平均成本利润率计算的利润。成本利润率应按

《中华人民共和国消费税暂行条例》中规定的成本利润率确定。

（2）实行复合计税办法。

$$组成计税价格＝（成本＋利润＋自产自用数量×定额税率)÷（1－消费税税率)$$
$$应纳税额＝组成计税价格×消费税税率＋应税消费品数量×消费税单位税额$$

【例题 3-5】 某高档化妆品生产企业为增值税一般纳税人，2018 年 5 月特别加工一批产品用作广告样品，已知该批产品的生产成本为 10 000 元，增值税税率为 16%，消费税税率为 15%，成本利润率为 5%，计算该企业应纳消费税税额及增值税税额。

解析： 自产自用应税消费品，用于其他方面的，于移送使用时纳税。理解"用于其他方面"的含义。没有同类消费品销售价格的，应按组成计税价格计算纳税。

$$组成计税价格＝[成本×（1＋成本利润率)]÷（1－消费税税率)$$
$$＝[10 000×（1＋5%)]÷（1－15%)＝12 352.94（元)$$
$$应纳税额＝组成计税价格×适用税率$$
$$应纳消费税税额＝12 352.94×15%＝1 852.94（元)$$
$$应纳增值税税额＝12 352.94×16%＝1 976.47（元)$$

【例题 3-6】 大华酒厂以自产特制粮食白酒 2 000 斤用于厂庆庆祝活动，每斤白酒成本 12 元，无同类产品售价。（白酒消费税税率为 20% 加 0.5 元/500 克，税务机关核对白酒的成本利润率为 10%)计算该企业应纳消费税税额及增值税税额。

解析：

（1）组成计税价格＝（成本＋利润＋自产自用数量×定额税率)÷（1－消费税税率)
$$＝[12×2 000×（1＋10%)＋2 000×0.5]÷（1－20%)＝34 250（元)$$

（2）应纳消费税＝34 250×20%＋2 000×0.5＝7 850（元)

（3）应纳增值税＝34 250×16%＝5 480（元)

（三）委托加工应税消费品应纳税额的计算

1. 委托加工应税消费品的含义与判定

委托加工应税消费品是指由委托方提供原料或主要材料，受托方只收取加工费和代垫部分辅助材料进行加工的应税消费品。

对于由受托方提供原材料生产的应税消费品，或者受托方先将原材料卖给委托方，然后再接受加工的应税消费品，以及由受托方以委托方名义购进原材料生产的应税消费品，不论纳税人在财务上是否作销售处理，都不得作为委托加工应税消费品，而应当按照销售自制应税消费品缴纳消费税。

《消费税暂行条例》及其实施细则对委托加工应税消费品代收代缴税款问题作了明确的规定：受托方是法定的代收代缴义务人，由受托方在向委托方交货时代收代缴消费税。纳税人委托个体经营者或者个人加工应税消费品，一律于委托方收回后在委托方所在地缴纳消费税。委托加工收回的应税消费品直接用于销售的，在销售时不再缴纳消费税；用于连续生产应税消费品的，已纳税款按规定准予抵扣。

2. 委托加工应税消费品消费税额的计算

根据《消费税暂行条例》的规定，委托加工的应税消费品，按照受托方的同类消费品的销售价格计算纳税。

第一,受托方有同类消费品的销售价格的,按照受托方生产的同类消费品的销售价格计算纳税。

$$销售额 = 委托方收回应税消费品数量 \times 受托方同类应税消费品销售价格$$

如果当月同类消费品各期销售价格高低不同,应按销售数量加权平均计算。

但销售的应税消费品有下列情况之一的,不得列入加权平均计算:

(1)销售价格明显偏低又无正当理由的。

(2)无销售价格的。

如果当月无销售或者当月未完结,应按照同类消费品上月或最近月份的销售价格计算纳税。

【例题 3-7】 大华公司将库存高档化妆品发出,委托阳光公司加工成套高档化妆品后直接对外销售,大华公司发出半成品账面成本为 400 000 元,支付加工费 80 000 元;阳光公司同类消费品计税销售额为 700 000 元,加工税费以银行存款付清。加工完毕后,大华公司验收入库待售。计算大华公司应支付阳光公司的增值税税额与消费税税额。

解析:

$$应付增值税税额 = 80\,000 \times 16\% = 12\,800(元)$$
$$应付消费税税额 = 700\,000 \times 15\% = 105\,000(元)$$

第二,受托方没有同类消费品销售价格的,按照组成计税价格计算纳税。

(1)实行从价定率办法。

$$组成计税价格 = (材料成本 + 加工费) \div (1 - 消费税税率)$$
$$应纳税额 = 组成计税价格 \times 消费税税率$$

(2)实行复合计税办法。

$$组成计税价格 = (材料成本 + 加工费 + 委托加工数量 \times 定额税率) \div (1 - 消费税税率)$$
$$应纳税额 = 组成计税价格 \times 消费税税率 + 应税消费品数量 \times 消费税单位税额$$

组成委托加工计税价格的"材料成本"是指委托方所提供加工材料的实际成本,并且委托加工应税消费品的纳税人,必须在委托加工合同上如实注明材料成本,凡未提供材料成本或者提供的材料成本不实时,按税务机关核定的材料成本计算组成计税价格。组成委托加工计税价格的"加工费"是指受托方加工应税消费品向委托方所收取的包括代垫辅助材料的全部费用。

【例题 3-8】 某企业为一般纳税人企业,本月受托加工 A 类高档化妆品 10 件,受托方同类产品含增值税售价为 11 600 元/件;受托加工 B 类高档化妆品 5 件,成本为 40 000 元,加工费为 10 000 元。高档化妆品税率为 15%,计算该企业应代扣代缴消费税税额。

解析:

(1)受托加工 A 类高档化妆品 10 件,按照受托方的同类消费品的销售价格计算纳税。

$$应税消费品的销售额 = 含增值税的销售额 \div (1 + 增值税税率或者征收率)$$
$$= 11\,600 \div (1 + 16\%) = 10\,000(元)$$
$$A 类高档化妆品应纳税额 = 同类消费品销售单价 \times 委托加工数量 \times 适用税率$$
$$= 10\,000 \times 10 \times 15\% = 15\,000(元)$$

（2）受托加工 B 类高档化妆品 5 件，没有同类消费品销售价格的，按照组成计税价格计算纳税。

$$组成计税价格 =（材料成本 + 加工费）÷（1 - 消费税税率）$$
$$=（40\ 000 + 10\ 000）÷（1 - 15\%）= 58\ 823.53（元）$$
$$B 类高档化妆品应纳税额 = 组成计税价格 × 适用税率$$
$$= 58\ 823.53 × 15\% = 8\ 823.53（元）$$
$$该企业应代扣代缴消费税税额 = 15\ 000 + 8\ 823.53 = 23\ 823.53（元）$$

（四）进口应税消费品应纳税额的计算

进口的应税消费品，于报关进口时按照组成计税价格和规定的税率计算应纳消费税，由进口人或其代理人向报关地海关申报纳税，由海关代征消费税。进口环节消费税除国务院另有规定外，一律不得给予减税、免税。

进口应税消费品应纳税额的计算，按计税办法分三种情况计算。

1. 实行从价定率计税

实行从价定率办法计算应纳税额的，按照组成计税价格计算纳税。组成计税价格计算公式：

$$组成计税价格 =（关税完税价格 + 关税）÷（1 - 消费税税率）$$
$$应纳税额 = 组成计税价格 × 适用税率$$

【例题 3-9】　某公司从境外进口一批高档化妆品，经海关核定，关税的完税价格为 54 000 元，进口关税税率为 25%，消费税税率为 15%，计算该公司应纳消费税税额。

解析：

$$组成计税价格 =（关税完税价格 + 关税）÷（1 - 消费税税率）$$
$$=（54\ 000 + 54\ 000 × 25\%）÷（1 - 15\%）= 79\ 411.76（元）$$
$$应纳消费税税额 = 组成计税价格 × 适用税率$$
$$= 79\ 411.76 × 15\% = 11\ 911.76（元）$$

2. 实行从量定额计税

对于从量定额的进口应税消费品，为海关核定的应税消费品进口征税数量和规定的单位税额计算纳税。实行从量定额办法的应税消费品的应纳税额的计算：

$$应纳税额 = 应税消费品数量 × 消费税单位税额$$

应税消费品数量是指海关核定的应税消费品进口征税数量。

3. 实行复合计税

实行复合计税法只适用于进口卷烟、白酒。实行复合计税办法的应税消费品的应纳税额的计算：

$$组成计税价格 =（关税完税价格 + 关税 + 进口数量 × 消费税定额税率）÷（1 - 消费税比例税率）$$
$$应纳税额 = 组成计税价格 × 消费税比例税率 + 进口应税消费品数量 × 消费税定额税率$$

我国对进口卷烟实行复合计税办法。在计算进口卷烟应纳消费税额时，依据确定的进口卷烟消费税适用比例税率，计算进口卷烟消费税组成计税价格和应纳消费税税额。

（1）进口卷烟消费税组成计税价格 =（关税完税价格 + 关税 + 消费税定额税）÷（1 - 进

口卷烟消费税适用比例税率）

（2）应纳消费税税额＝进口卷烟消费税组成计税价格×进口卷烟消费税适用比例税率＋消费税定额税

（3）消费税定额税＝进口卷烟数量×消费税定额税率

三、出口退(免)税的计算

(一) 出口应税消费品的退税率

消费税的退税率，就是该应税消费品消费税的征收率。兼营不同税目或不同税率的应税消费品的出口，企业应将不同消费税税率的出口应税消费品分开核算和申报，凡划分不清适用税率的，一律从低适用退税率。

(二) 出口应税消费品退(免)税政策

出口应税消费品退(免)消费税在政策上分为以下三种情况。

1. 出口免税并退税

适用这个政策的是：有出口经营权的外贸企业购进应税消费品直接出口，以及外贸企业受其他外贸企业委托代理出口应税消费品。

2. 出口免税但不退税

适用这个政策的是：有出口经营权的生产性企业自营出口或生产企业委托外贸企业代理出口自产的应税消费品，依据其实际出口数量免征消费税，不予办理退还消费税。

3. 出口既不免税也不退税

适用这个政策的是：除生产企业、外贸企业外的其他企业，具体是指一般商贸企业，这类企业委托外贸企业代理出口应税消费品一律不予退(免)税。

(三) 出口应税消费品退税额的计算

外贸企业收购应税消费品出口，除退还增值税外，还应退还已缴纳的消费税。

出口应税消费品退税与增值税的区别是消费税按应税消费品适用的税率退(全退)，而增值税是按退税率计算。

出口应税消费品退税额的计算，按计税办法分三种情况计算。

1. 实行从价定率计税

属于从价定率计征消费税的应税消费品，应依照外贸企业从工厂购进货物时征收消费税的价格(不含增值税)计算应退税额，计算公式为：

$$应退消费税税款 = 出口货物的工厂销售额 × 消费税税率$$

2. 实行从量定额计税

属于从量定额计征消费税的应税消费品，应依照外贸企业从工厂购进货物和保管出口的数量计算应退税额，计算公式为：

$$应退消费税税款 = 出口数量 × 单位税额$$

3. 实行复合计税

属于复合计税方法的应税消费品，应依照外贸企业从工厂购进货物时复合计税征收消费税的方式计算应退税额，计算公式为：

$$应退消费税税款 = 应税销售数量 \times 定额税率 + 应税销售额 \times 比例税率$$

四、消费税的纳税申报

纳税人无论当期有无销售或是否营利，均在规定时间内填制"消费税申报表"，并向主管税务机关进行纳税申报。纳税人销售的应税消费品因质量等原因发生退货的，其已缴纳的消费税税款可予以退还。在办理退税手续时，应将开具的红字增值税发票、退税证明等资料报主管税务机关备案，经其核对无误后办理退税。纳税人直接出口的应税消费品办理免税后发生退关或者国外退货，复进口时已予以免税的，可暂不办理补税，待其转为国内销售的当月申报缴纳消费税。

消费税纳税申报表包括烟类应税消费品消费税纳税申报表、酒类应税消费品消费税纳税申报表、成品油消费税纳税申报表、小汽车消费税纳税申报表、电池消费税纳税申报表和其他应税消费品消费税纳税申报表，其中酒类应税消费品消费税纳税申报表及本期准予抵减（扣）税额计算表、其他应税消费品消费税纳税申报表及本期准予抵减（扣）税额计算表格式，如表3-2、表3-3、表3-4、表3-5所示。

表3-2　酒类应税消费品消费税纳税申报表

税款所属期：　　年　月　日　至　　年　月　日

纳税人名称（公章）：　纳税人识别号：□□□□□□□□□□□□□□□

填表日期：　　年　月　日　　　　　　　　　　　　单位：吨、元（列至角分）

项目 应税消费品名称	适用税率		销售数量	销售额	应纳税额
	定额税率	比例税率			
粮食白酒	0.5元/斤	20%			
薯类白酒	0.5元/斤	20%			
啤酒	250元/吨	—			
啤酒	220元/吨	—			
黄酒	240元/吨	—			
其他酒	—	10%			
合计	—	—			

本期准予抵减税额：	声明 此纳税申报表是根据国家税收法律的规定填报的，我确定它是真实的、可靠的、完整的。
本期减（免）税额：	经办人（签章）： 财务负责人（签章）： 联系电话：
期初未缴税额：	
本期缴纳前期应纳税额：	（如果你已委托代理人申报，请填写）授权声明
本期预缴税额：	为代理一切税务事宜，现授权 ＿＿＿＿
本期应补（退）税额：	（地址）为本纳税人的代理申报人，任何与本申报表有关的往来文件，都可寄予此人。
期末未缴税额：	授权人签章：

以下由税务机关填写

受理人（签章）：　　　　　　受理日期：　　年　月　日　　　　受理税务机关（章）：

表 3-3　本期准予抵减(扣)税额计算表

税款所属期：　　　年　　月　　日至　　　　年　　月　　日

纳税人名称(公章)：　纳税人识别号：[　　　　　　　　　　　　　　　　　　　　]

填表日期：　　　年　　月　　日　　　　　　　　　　　　单位：吨、元(列至角分)

一、当期准予抵减的外购啤酒液已纳税款计算

1. 期初库存外购啤酒液数量：

2. 当期购进啤酒液数量：

3. 期末库存外购啤酒液数量：

4. 当期准予抵减的外购啤酒液已纳税款：

二、当期准予抵扣的葡萄酒已纳税款：

三、本期准予抵减(扣)税款合计：

表 3-4　应税消费品消费税纳税申报表

税款所属期：　　　年　　月　　日至　　　　年　　月　　日

纳税人名称(公章)：　纳税人识别号：[　　　　　　　　　　　　　　　　　　　　]

填表日期：　　　年　　月　　日　　　　　　　　　　　　金额单位：元(列至角分)

应税消费品名称＼项目	适用税率	销售数量	销售额	应纳税额
合计	—	—	—	

本期准予抵减税额：	声明
本期减(免)税额：	此纳税申报表是根据国家税收法律的规定填报的,我确定它是真实的、可靠的、完整的。
	经办人(签章)：
	财务负责人(签章)：
	联系电话：
期初未缴税额：	
本期缴纳前期应纳税额：	
本期预缴税额：	(如果你已委托代理人申报,请填写)
本期应补(退)税额：	授权声明为代理一切税务事宜,现授权＿＿＿＿(地址)为本纳税人的代理申报人,任何与本申报表有关的往来文件,都可寄予此人。
期末未缴税额：	授权人签章：

表 3-5 本期准予扣除税额计算表

税款所属期： 年 月 日 至 年 月 日

纳税人名称(公章)： 纳税人识别：

填表日期： 年 月 日 金额单位:元(列至角分)

项目	应税消费品名称				合计
当期准予扣除的委托加工应税消费品已纳税款计算	期初库存委托加工应税消费品已纳税款				—
	当期收回委托加工应税消费品已纳税款				—
	期末库存委托加工应税消费品已纳税款				—
	当期准予扣除委托加工应税消费品已纳税款				
当期准予扣除的外购应税消费品已纳税款计算	期初库存外购应税消费品买价				
	当期购进应税消费品买价				
	期末库存外购应税消费品买价				
	外购应税消费品适用税率				—
	当期准予扣除外购应税消费品已纳税款				
本期准予扣除税款合计					

第三节 消费税的会计核算

一、消费税核算的账户设置

缴纳消费税的企业在核算消费税时,主要应设置两个账户。

(一)"应交税费——应交消费税"

为了正确、及时地反映企业应缴、已缴、欠缴消费税等涉税事项,纳税人应在"应交税费"账户下设置"应交消费税"明细账户进行核算。该明细账户借方反映企业实际缴纳的消费税额和待抵扣的消费税额;贷方反映企业按规定应缴纳的消费税税额。期末借方余额,表示企业多缴或待扣的消费税额;期末贷方余额,表示企业应交而未交的消费税税额。

(二)"税金及附加"

为了反映企业产生的消费税费用,企业还应设置"税金及附加"账户,该账户核算企业因销售应税产品而负担的消费税金及附加(城市维护建设税、教育费附加等)。企业在计算应缴纳消费税时,借记"税金及附加"账户,贷记"应交税费——应交消费税"账户。实际缴纳时,借记"应交税费——应交消费税"账户,贷记"银行存款"账户。期末,应将"税金及附加"账户的余额转入"本年利润"账户,结转后本账户无余额。

二、应税消费品销售的会计核算

(一) 应税消费品一般销售业务的会计核算

由于消费税属于价内税,企业销售应税消费品的售价包含消费税。因此,企业缴纳的消费税,应记入"税金及附加"账户,由销售收入补偿。企业从销售商品到最终缴纳消费税,按步骤去做会计核算。销售实现,确认收入时,借记"银行存款"或"应收账款"等账户,按实现的销售收入,贷记"主营业务收入""其他业务收入"等账户,按取得的增值税税额,贷记"应交税费——应交增值税(销项税额)"账户;结转销售成本时,借记"主营业务成本""其他业务成本"等账户,贷记"库存商品"等账户;计提应交纳的消费税时,借记"税金及附加"账户,贷记"应交税费——应交消费税"账户;实际缴纳消费税税款时,借记"应交税费——应交消费税"账户,贷记"银行存款"账户。发生销货退回及退税时,做相反的会计分录。

【例题3-10】 大华企业为一般纳税人企业,2018年9月销售乘用车15辆(气缸容量2.2升),出厂销售价每辆150 000元,价外收取有关费用每辆11 600元,每辆车的成本为120 000元。款项均已通过银行收讫,根据上述业务进行会计处理。

解析:

$$应纳消费税税额 = (150\,000 + 11\,600 \div 1.16) \times 9\% \times 15 = 216\,000(元)$$
$$应纳增值税税额 = (150\,000 + 11\,600 \div 1.16) \times 16\% \times 15 = 384\,000(元)$$

根据有关凭证,依次作会计分录如下:

(1) 销售实现,确认收入时:

借:银行存款	2 784 000
贷:主营业务收入	2 400 000
应交税费——应交增值税(销项税额)	384 000

(2) 结转销售成本时:

借:主营业务成本	1 800 000
贷:库存商品	1 800 000

(3) 计提应缴纳的消费税时:

借:税金及附加	216 000
贷:应交税费——应交消费税	216 000

(4) 实际缴纳消费税款时:

借:应交税费——应交消费税	216 000
贷:银行存款	216 000

(二) 应税消费品包装物应纳消费税的会计核算

应税消费品连同包装物销售的,无论包装物是否单独计价以及在会计上如何核算,均应并入应税消费品的销售额中缴纳消费税。如果包装物不作价随同产品销售,而是收取押金,此项押金则不应并入应税消费品的销售额中征税。但对因逾期未收回的包装物不再退还的或者已收取的时间超过 12 个月的押金,应并入应税消费品的销售额,按照应税消费品的适用税率缴纳消费税。对既作价随同应税消费品销售,又另外收取的包装物的押金,凡纳税人在规定的期限内没有退还的,均应并入应税消费品的销售额,按照应税消费品的适用税率缴纳消费税。随同产品出售的包装物,视具体情况作相应的会计核算。

1. 随同产品销售而不单独计价

随同产品出售不单独计价的包装物,因为其收入已包括在产品销售收入中,其应纳消费税与产品销售一并进行会计核算。借记"税金及附加"账户,贷记"应交税费——应交消费税"账户。

2. 随同产品销售而单独计价

随同产品出售但单独计价的包装物,因为其收入记入"其他业务收入"账户,其应纳消费税则应记入"其他业务成本"账户。根据业务发生情况,确认收入时,借记"银行存款"或"应收账款"等账户,贷记"其他业务收入"及"应交税费——应交增值税(销项税额)"账户;结转销售成本时,借记"其他业务成本"账户,贷记"周转材料——包装物"账户;计算应交纳的消费税时,借记"税金及附加"账户,贷记"应交税费——应交消费税"账户,实际缴纳消费税款时,借记"应交税费——应交消费税"账户,贷记"银行存款"账户。

【例题 3-11】　大华酒厂异地销售粮食白酒,包装物单独计价,收取包装费 7 000 元(不含增值税税金),款项已收到,该批包装物成本为 5 000 元,该企业增值税税率为 16%,要求对出售包装物应缴的增值税、消费税进行会计核算。

解析:

$$应纳消费税税额 = 7\,000 \times 20\% = 1\,400(元)$$
$$应纳增值税税额 = 7\,000 \times 16\% = 1\,120(元)$$

根据有关凭证,依次作会计分录如下:

(1) 销售实现,确认收入时:

借:应收账款		8 190
贷:其他业务收入		7 000
应交税费——应交增值税(销项税额)		1 120

(2) 结转销售成本时:

借:其他业务成本		5 000
贷:周转材料——包装物		5 000

(3) 计算应缴纳的消费税时:

借:税金及附加		1 400
贷:应交税费——应交消费税		1 400

(4) 实际缴纳消费税款时:

借:应交税费——应交消费税		1 400
贷:银行存款		1 400

3. 出租、出借包装物逾期未收回而没收的押金

出租、出借包装物逾期未收回而没收的押金,按没收的押金计算应缴的增值税、消费税,贷记"应交税费"账户,扣除应交税费后的余额,贷记"其他业务收入"账户。出租包装物收取押金时,借记"银行存款"账户,贷记"其他应付款"账户;逾期未收回包装物没收押金时(含增值税),借记"其他应付款"账户,贷记"其他业务收入(不含增值税的收入)""应交税费——应交增值税(销项税额)"账户;计算押金收入应缴纳的消费税时,借记"税金及附加"账户,贷记"应交税费——应交消费税"账户。

【例题 3-12】 奥创公司为一般纳税人,该公司销售高档化妆品一批,出借包装物(周转期半年)收取押金 1 500 元。因包装物逾期未归还,而没收押金。该公司增值税税率为16%,高档化妆品消费税税率为 15%,要求对该项业务进行会计核算。

解析:

根据以上经济业务作会计分录如下:

(1)出租包装物收取押金时:

借:银行存款　　　　　　　　　　　　　　　　　　　　　　1 500

　　贷:其他应付款　　　　　　　　　　　　　　　　　　　　1 500

(2)逾期未收回包装物没收押金时:

$$应纳增值税 = 1\,500 \div (1 + 16\%) \times 16\% = 206.90(元)$$

借:其他应付款　　　　　　　　　　　　　　　　　　　　　1 500

　　贷:其他业务收入(不含增值税的收入)　　　　　　　　　1 293.10

　　　　应交税费——应交增值税(销项税额)　　　　　　　　206.90

(3)计算押金收入应缴纳的消费税时:

$$应纳消费税税额 = 1\,500 \div (1 + 16\%) \times 15\% = 193.97(元)$$

借:税金及附加　　　　　　　　　　　　　　　　　　　　　193.97

　　贷:应交税费——应交消费税　　　　　　　　　　　　　　193.97

(4)实际缴纳消费税款时:

借:应交税费——应交消费税　　　　　　　　　　　　　　　193.97

　　贷:银行存款　　　　　　　　　　　　　　　　　　　　　193.97

三、应税消费品视同销售的会计核算

消费税的视同销售行为范围除与增值税相同之外,还包括纳税人以自产应税消费品连续生产非应税消费品的行为。对视同销售行为,一般按同类消费品市场价格计税;但对纳税人用于换取生产及消费资料、投资入股、抵偿债务等方面的应税消费品,应以纳税人同类应税消费品的最高售价为依据计算消费税。

(一)企业以生产的应税消费品用于股权投资、职工福利、个人消费等方面的会计核算

企业以生产的应税消费品用于股权投资、职工福利、个人消费等方面时,按规定应交纳的消费税,借记"长期股权投资""应付职工薪酬"等账户,贷记"应交税费——应交消费税"账户。

【例题 3-13】 大华汽车制造厂在 2018 年 6 月以其生产的 20 辆乘用车(气缸容量 2.0升)向出租汽车公司投资。双方协议,税务机关认可的每辆汽车售价为 150 000 元,每辆车的实际成本为 100 000 元,该公司增值税税率为 16%,要求对该经济业务进行会计核算。

解析:

根据以上经济业务作会计分录如下:

$$应纳增值税 = 150\ 000 \times 16\% \times 20 = 480\ 000(元)$$
$$应纳消费税 = 150\ 000 \times 5\% \times 20 = 150\ 000(元)$$

作会计分录如下：

借：长期股权投资	3 480 000
贷：主营业务收入	3 000 000
应交税费——应交增值税(销项税额)	480 000
借：主营业务成本	2 000 000
贷：库存商品	2 000 000
借：税金及附加	150 000
贷：应交税费——应交消费税	150 000
借：应交税费——应交消费税	150 000
贷：银行存款	150 000

(二) 企业以生产的应税消费品换取生产资料、消费资料或抵偿债务的会计核算

企业以生产的应税消费品换取生产资料、消费资料或抵偿债务、支付代购劳务费等，应视同销售行为，在会计上作销售处理。

以应税消费品换取生产资料和消费资料的，应按售价(若有不同售价，计算增值税时按平均售价，计算消费税时，应按最高售价)借记"材料采购"等账户，贷记"主营业务收入"账户；以应税消费品支付代购劳务费，按售价借记"应付账款"等账户，贷记"主营业务收入"账户。同时，按售价计算应交消费税，借记"税金及附加"账户，贷记"应交税费——应交消费税"账户；并结转销售成本。

【例题 3-14】　大华白酒厂 3 月用粮食白酒 15 吨，抵偿阳光农场大米款 75 000 元。该粮食白酒每吨本月售价在 4 800～5 200 元浮动，平均销售价格 5 000 元/吨，该酒厂增值税税率为 16%，要求对该经济业务增值税及消费税进行会计核算。

解析：

根据以上经济业务作如下核算：

以物抵债属销售范畴，应纳增值税的销项税额 $= 5\ 000 \times 15 \times 16\% = 12\ 000(元)$

该粮食白酒的最高销售价格为 5 200 元/吨，则：

应纳消费税额 $= 5\ 200 \times 15 \times 20\% + 15 \times 2\ 000 \times 0.5 = 30\ 600(元)$

作会计分录如下：

借：应付账款——阳光农场	75 000
贷：主营业务收入	63 000
应交税费——应交增值税(销项税额)	12 000
借：税金及附加	30 600
贷：应交税费——应交消费税	30 600
借：应交税费——应交消费税	30 600
贷：银行存款	30 600

（三）企业以自产应税消费品用于在建工程、馈赠等方面的会计核算

企业将自产的产品自用是一种内部结转关系，不存在销售行为，企业并没有现金流入，因此，应按产品成本转账并据其用途计入相应账户。当企业将应税消费品移送自用时，按其成本转账，借记"在建工程""营业外支出""销售费用"等账户，贷记"产成品"或"自制半成品"账户。按自用产品的销售价格或组成计税价格计算应交消费税时，则借记"在建工程""营业外支出""销售费用"等账户（不通过"税金及附加"账户），贷记"应交税费——应交消费税"账户。

【例题 3-15】 大华汽车制造厂将自产的一辆乘用车（3.0 升）用于在建工程，同类汽车销售价格为 200 000 元，该汽车成本 130 000 元，该厂增值税税率为 16%，消费税税率 12%，要求对该经济业务增值税及消费税进行会计核算。

解析：

根据以上经济业务作会计分录如下：

$$应交增值税 = 200\ 000 \times 16\% = 32\ 000(元)$$
$$应交消费税 = 200\ 000 \times 12\% = 24\ 000(元)$$

作会计分录如下：

借：在建工程	186 000
贷：库存商品	130 000
应交税费——应增值税（销项税额）	32 000
应交税费——应交消费税	24 000

四、委托加工应税消费品的会计核算

委托加工应税消费品用于委托方收回消费品时，受托方代收代缴消费税，但受托方为个人的除外。

（一）委托方的会计核算

委托加工的应税消费品在提取货物时已由受托方代收代缴了消费税，委托方收回后以不高于受托方计税价格直接销售的，不再缴纳消费税。因此，委托方应将受托方代收代缴的消费税随同应支付的加工费一并计入委托加工的应税消费品成本。委托方根据受托方代收代缴的消费税和向受托方支付的加工费有关凭证，借记"委托加工物资"或"生产成本""自制半成品"账户，贷记"应付账款""银行存款"等账户。

如果委托方收回后以高于受托方计税价格直接销售的，需要计算缴纳消费税并可抵扣该消费品委托加工环节被代收的消费税，同时作应税消费的会计处理。

1. 委托加工的应税消费品收回后直接用于销售

【例题 3-16】 大华卷烟厂委托甲厂加工烟丝，大华卷烟厂和甲厂均为一般纳税人。大华卷烟厂提供烟叶 61 000 元，甲厂收取加工费 30 000 元，增值税 4 800 元。计算甲厂应代扣代缴消费税并作卷烟厂相应的会计处理。

解析：

根据以上经济业务作会计分录如下：

（1）卷烟厂发出材料时：

借：委托加工物资   61 000

 贷：原材料   61 000

（2）卷烟厂支付加工费时：

借：委托加工物资   30 000

  应交税费——应交增值税（进项税额）   4 800

 贷：银行存款   34 800

（3）卷烟厂支付代收代缴消费税时：

$$代扣代缴消费税 = (61\,000 + 30\,000) \div (1 - 30\%) \times 30\% = 39\,000(元)$$

借：委托加工物资   39 000

 贷：银行存款   39 000

（4）卷烟厂委托加工的烟丝入库时：

借：产成品   130 000

 贷：委托加工物资   130 000

2. 委托加工的应税消费品收回后连续生产应税消费品

委托加工的应税消费品收回后连续生产应税消费品时，已纳消费税款准予抵扣。因此，委托方应将受托方代收代缴的消费税借记"应交税费——应交消费税"账户，待最终应税消费品销售时，允许从缴纳的消费税中抵扣。现行税法已将收回扣税法改为生产实耗扣税法，为了在会计上清晰反映其抵扣过程，可设"待扣税金"账户反映其发生和抵扣过程。

【例题 3-17】 接例 3-16，委托加工的烟丝收回后，经过进一步加工后作为卷烟对外销售。假设当月销售 3 标准箱（每标准箱 250 条），每标准条调拨价 60 元，期初库存委托加工应税烟丝已纳消费税 2 580 元，期末库存委托加工应税烟丝已纳税额 29 880 元，货款已通过银行收款，要求对上述经济业务进行会计核算。

解析：

根据以上经济业务作会计分录如下：

（1）取得收入时：

借：银行存款   52 200

 贷：主营业务收入   45 000

  应交税费——应交增值税（销项税额）   7 200

（2）计提消费税时：

$$应纳消费税 = 150 \times 3 + 45\,000 \times 36\% = 16\,650(元)$$

借：税金及附加   16 650

 贷：应交税费——应交消费税   16 650

（3）抵扣消费税时：

$$当月准予抵扣的消费税额 = 2\,580 + 39\,000 - 29\,880 = 11\,700(元)$$

借：应交税费——应交消费税   11 700

 贷：待扣税金——待扣消费税   11 700

（4）月实际上缴消费税时：

$$实际上缴消费税 = 16\,650 - 11\,700 = 4\,950(元)$$

借：应交税费——应交消费税　　　　　　　　　　　　　　　　　　　　4 950
　贷：银行存款　　　　　　　　　　　　　　　　　　　　　　　　　　　　4 950

（二）受托方的会计处理

受托方可按本企业同类消费品的销售价格计算代收代缴消费税税款；若没有同类消费品销售价格的，按照组成计税价格计算。

【例题 3-18】　甲厂作为受托方为大华卷烟厂将烟叶加工成烟丝，资料见例 3-16。按组成计税价格计算，税率为 30%。

解析：

根据以上经济业务作会计分录如下：

$$组成计税价格 = (61\,000 + 30\,000) \div (1 - 30\%) = 130\,000(元)$$
$$应纳消费税款 = 130\,000 \times 30\% = 39\,000(元)$$

甲厂作有关会计分录：

（1）收取加工费时：

借：银行存款　　　　　　　　　　　　　　　　　　　　　　　　　　34 800
　贷：主营业务收入　　　　　　　　　　　　　　　　　　　　　　　30 000
　　　应交税费——应交增值税（销项税额）　　　　　　　　　　　　 4 800

（2）收取代收代缴消费税时：

借：银行存款　　　　　　　　　　　　　　　　　　　　　　　　　　39 000
　贷：应交税费——应交消费税　　　　　　　　　　　　　　　　　　39 000

（3）上缴代扣消费税时：

借：应交税费——应交消费税　　　　　　　　　　　　　　　　　　　39 000
　贷：银行存款　　　　　　　　　　　　　　　　　　　　　　　　　39 000

五、进口应税消费品的会计核算

进口应税消费品时，进口单位缴纳的消费税应计入应税消费品成本中。按进口成本连同应纳关税、消费税、增值税，借记"固定资产""材料采购"等账户；由于进口货物将海关交税与提货联系在一起，即交税后方能提货，为简化核算，关税、消费税可以不通过"应交税费"账户反映，直接贷记"银行存款"账户。若情况特殊，先提货，后交税时，也可以通过"应交税费"账户。

【例题 3-19】　某企业进口小汽车 2 辆，小汽车到岸价格折合人民币 400 000 元，应纳关税 20 000，款项通过银行存款支付，适用消费税率 30%，增值税税率 16%，要求进行相关会计核算。

解析：

根据上述经济业务作如下核算：

$$组成计税价格 = (400\,000 + 20\,000) \div (1 - 30\%) = 600\,000(元)$$
$$应纳消费税款 = 600\,000 \times 30\% = 180\,000(元)$$
$$应纳增值税款 = 600\,000 \times 16\% = 96\,000(元)$$
$$支付款项总额 = 400\,000 + 20\,000 + 180\,000 + 102\,000 = 702\,000(元)$$

作会计分录如下：

借：库存商品	600 000
应交税费——应交增值税(进项税额)	96 000
贷：银行存款	696 000

六、出口应税消费品的会计核算

按照税法规定，除国家限制出口的应税消费品外，纳税人出口的应税消费品免征消费税。具体分为出口直接予以免税和先税后退两种情形进行会计处理。第一，生产企业直接出口应税消费品或通过外贸企业出口应税消费品，按规定直接予以免税的，可以不计算应交消费税。第二，通过外贸企业出口应税消费品时，如按规定实行先征后退方法的，按下列方法进行会计核算。

(一) 生产企业将应税消费品销售给外贸企业，由外贸企业自营出口的情况

1. 生产企业的会计核算

将消费品销售给外贸企业时，计算应交消费税时：

借：税金及附加
　贷：应交税费——应交消费税

实际交纳消费税时：

借：应交税费——应交消费税
　贷：银行存款

发生销货退回及退税时作相反分录。

2. 外贸企业的会计核算

应税消费品报关出口后申请出口退税时：

借：其他应收款——出口退税
　贷：主营业务成本

实际收到退回的消费税时：

借：银行存款
　贷：其他应收款——出口退税

(二) 由外贸企业代理出口应税消费品的情况

1. 生产企业的会计核算

计算应缴消费税时：

借：其他应收款——出口退税
　贷：应交税费——应交消费税

实际缴纳消费税时：

借：应交税费——应交消费税
　　贷：银行存款

实际收到退回的消费税时：

借：银行存款
　　贷：其他应收款——出口退税

2. 外贸企业的会计处理

将应税消费品出口后，收到税务部门退回企业缴纳的消费税时：

借：银行存款
　　贷：应付账款——××生产企业

将税金退还给生产企业时：

借：应付账款——××生产企业
　　贷：银行存款

思考题

1. 简述消费税的三种计税方法。
2. 自产自用应税消费品的应纳税额如何计算？
3. 委托加工应税消费品的应纳税额如何计算？
4. 应税消费品视同销售的应如何进行会计核算？
5. 委托加工应税消费品的应如何进行会计核算？
6. 消费税的特点有哪些？

实践能力训练

一、单选题

1. 纳税人将应税消费品与非应税消费品以及适用税率不同的应税消费品组成成套消费品销售的，应按（　　　）。
   A. 应税消费品的平均税率计征　　　B. 应税消费品的最高税率计征
   C. 应税消费品的不同税率，分别计征　D. 应税消费品的最低税率计征

2. 按照国家有关规定，纳税人委托个体经营者加工应税消费品，一律由（　　　）消费税。
   A. 受托人代收代缴　　　　　　　　B. 委托方收回后在委托方所在地缴纳
   C. 委托方收回后在受托方所在地缴纳　D. 不缴纳

3. 在计算征收消费税时，有权确定应税消费品的全国平均成本利润率的是（　　　）。
   A. 生产企业　　　　　　　　　　　B. 销售企业
   C. 当地政府　　　　　　　　　　　D. 国家税务总局

4. 消费税的纳税环节是（　　　）。
   A. 单一环节　　　B. 双环节　　　　C. 多环节　　　　D. 批发环节

5. 纳税人将自产自用应税消费品,用于连续生产应税消费品的(　　)。
    A. 视同销售纳税
    B. 于移送使用时纳税
    C. 按组成计税价格纳税
    D. 不纳税

6. 进口应税消费品,按组成计税价格计算应纳消费税,其组成计税价格的公式是(　　)。
    A. 组成计税价格=关税完税价格+关税
    B. 组成计税价格=关税完税价格+关税+增值税
    C. 组成计税价格=(关税完税价格+关税)÷(1-消费税税率)
    D. 组成计税价格=(关税完税价格+关税)÷(1+消费税税率)

7. 纳税人销售应税消费品收取款项,含增值税的,计算消费税计税依据公式是(　　)。
    A. 含增值税的销售额÷(1-增值税税率或征收率)
    B. 含增值税的销售额÷(1+增值税税率或征收率)
    C. 含增值税的销售额÷(1-消费税税率)
    D. 含增值税的销售额÷(1+消费税税率)

8. 下列各项行为一般不需自行缴纳消费税的是(　　)。
    A. 将自产的应税消费品对外交换其他应税消费品
    B. 将自产的应税消费品对外投资
    C. 将外购的商品委托加工应税消费品
    D. 将自产的应税消费品对外交换其他非应税消费品

9. 纳税人委托加工应税消费品的,其纳税义务发生时间为(　　)。
    A. 移送使用当天
    B. 纳税人提货的当天
    C. 报关进口的当天
    D. 发出应税消费品的当天

10. 根据税法规定,下列说法不正确的是(　　)。
    A. 应税消费品征收消费税的,其税基不含有增值税
    B. 凡是征收增值税的货物都征收消费税
    C. 应税消费品征收增值税的,其税基含有消费税
    D. 增值税属于价外税,消费税属于价内税

11. 下列各项中,符合消费税纳税义务发生时间规定的是(　　)。
    A. 进口的应税消费品,为取得进口货物的当天
    B. 自产自用的应税消费品,为移送使用的当天
    C. 委托加工的应税消费品,为支付加工费的当天
    D. 采取预收货款结算方式的,为收到预收款的当天

12. 将自产的啤酒分给职工搞福利,征收消费税的依据应是(　　)。
    A. 所分数量×不含税(增值税)单价
    B. 所分数量×含税(增值税)单价
    C. 所分数量×适用定额
    D. 所分数量

二、多选题

1. 下列货物应征收消费税的有(　　)。
    A. 金银首饰　　　B. 汽车轮胎　　　　C. 啤酒　　　　　　D. 保健食品

2. 纳税人自产自用应税消费品,用于(　　)的应缴纳消费税。

A. 连续生产应税消费品的 　　　　　　B. 在建工程

C. 职工福利 　　　　　　　　　　　　D. 广告、样品

3. 在中华人民共和国境内从事下列活动的单位和个人,为消费税的纳税义务人(　　)。

A. 批发或零售应税消费品 　　　　　　B. 生产应税消费品

C. 进口应税消费品 　　　　　　　　　D. 委托加工应税消费品

4. 我国消费税分别采用(　　)的计征方法。

A. 从价定率 　　　　　　　　　　　　B. 从量定额

C. 从价定额 　　　　　　　　　　　　D. 从量定率

E. 从价、从量复合计税

5. 消费税是对我国境内从事生产、委托加工应税消费品的单位和个人,就其(　　)在特定
的环节征收的一种税。

A. 销售额 　　　B. 所得额 　　　C. 生产额 　　　D. 销售数量

6. 下列应税消费品中既采用定额税率又采用定率税率的是(　　)。

A. 卷烟 　　　B. 烟丝 　　　C. 白酒 　　　D. 啤酒

7. 纳税人自产自用的应税消费品,在(　　)时应当缴纳消费税。

A. 用于管理部门 　　　　　　　　　　B. 用于职工福利

C. 用于连续生产应税消费品 　　　　　D. 用于连续生产非应税消费品

8. 下列选项中为消费税纳税人的是(　　)。

A. 生产应税消费品的单位(金银首饰除外)

B. 委托加工消费品的单位(金银首饰除外)

C. 进口环节(金银首饰除外)

D. 受托加工消费品的单位(金银首饰除外)

9. 下列说法正确的有(　　)。

A. 凡是征收消费税的货物都征增值税

B. 凡是征收增值税的货物都征消费税

C. 应税消费品征收增值税的,其计税依据含有消费税

D. 应税消费品征收消费税的,其计税依据含有增值税

10. 我国现行消费税采用的税率形式是(　　)。

A. 差别比例税率 　　　　　　　　　　B. 弹性比例税率

C. 超额累进税率 　　　　　　　　　　D. 定额税率

三、判断题

1. 对应税消费品征收消费税与征收增值税的征税环节相同,均在应税消费品的批发、零售
环节。　　　　　　　　　　　　　　　　　　　　　　　　　　　　　　(　　)

2. 纳税人兼营不同税率的应税消费品,如果未分别核算不同税率应税消费品的销售额、销
售数量,则应从高适用税率。　　　　　　　　　　　　　　　　　　　　(　　)

3. 委托加工收回的应税消费品直接出售时,不再征收消费税。　　　　　　(　　)

4. 我国现行消费税采取多环节课征制,即每流转一个环节,课征一次。　　(　　)

5. 应税消费品的销售额,是指纳税人销售应税消费品向购买方收取的全部价款和价外费

用,其中也包括向购买方收取的增值税税额。　　　　　　　　　　　　　　　　（　　）

6. 我国现行消费税中采用定额税率的有啤酒、黄酒、成品油。　　　　　　　　（　　）

7. 应税消费品征收消费税的,其税基含有增值税;应税消费品征收增值税的,其税基不含
   有消费税。　　　　　　　　　　　　　　　　　　　　　　　　　　　　　（　　）

8. 我国现行消费税的征税对象大多为最终消费品,因此选择在零售环节征收。　（　　）

9. 委托加工应税消费品,受托方为消费税的纳税人。　　　　　　　　　　　　（　　）

10. 纳税人自产自用的应税消费品,包括用于连续生产应税消费品,用于在建工程及馈赠、
    赞助等方面的应税消费品应缴纳消费税。　　　　　　　　　　　　　　　　（　　）

四、计算题

1. 大华啤酒厂2018年8月销售乙类啤酒400吨,每吨出厂价格2 800元。计算8月该
啤酒厂应纳消费税税额。

2. 奥创炼油厂2018年5月销售无铅汽油1 000吨,柴油3 000吨,适用的消费税单位
税额分别为1.52元/升、1.2元/升。计算奥创炼油厂5月应纳消费税税额。

3. 某白酒生产企业为增值税一般纳税人,2018年5月销售粮食白酒50吨,取得不含增
值税的收入150万元。计算白酒企业5月应缴纳的消费税(增值税)。

4. 甲酒厂9月从农业生产者手中收购粮食,共计支付收购价款60 000元。甲酒厂将收
购的粮食从收购地直接运往异地的乙酒厂生产加工白酒,白酒加工完毕,企业收回白酒8
吨,取得乙酒厂开具防伪税控的增值税专用发票,注明加工费25 000元,代垫辅料价值
15 000元,加工的白酒在当地无同类产品市场价格。计算乙酒厂应代收代缴的消费税。

5. 某外贸公司,2018年8月进口一批应税消费品,已知该批应税消费品的关税完税价
格为90万元,按规定应交纳关税18万元,假定进口应税消费品的消费税税率为10%。计
算进口环节应纳的消费税。

五、账务处理

1. 某酒厂销售散装粮食白酒10吨,不含税售价2 400元/吨,生产成本1 600元/吨。
随同白酒出售单独计价的包装桶200只,每只不含税售价40元,成本价12元/只。计算该
酒厂应纳消费税及增值税并进行会计处理。

2. 大众汽车厂将一辆小轿车移交厂部使用,该种型号的汽车不含税售价为154 000
元,单位成本为130 000元,消费税税率为9%。计算该厂应纳消费税及增值税并进行账务
处理。

第四章 关 税 会 计
(Tariffs accounting)

↗ 学习目标

本章内容主要有:关税概述、关税应纳税额的计算、关税的会计核算。通过本章的学习,达到如下目的:

1. 了解关税的减免税优惠,熟悉关税的概念和分类、纳税人、征税范围、关税的税则、税率、纳税地点和纳税期限。

2. 熟练掌握关税完税价格的确定、应纳关税税额的计算和会计处理方法。

第一节 关 税 概 述

一、关税的产生与发展

随着社会生产力的发展,出现了商品的生产和交换。关税正是随着商品交换和商品流通领域的不断扩大、国际贸易的不断发展而产生和逐步发展的。在国外,关税也是一种古老的税种,最早发生在欧洲。在我国,西周时期《周礼·地官》中有了"关市之征"的记载。关税从其本来意义上讲是对进出关卡的物品征税;市税是在领地内商品聚散集市上对进出集市的商品征税。到鸦片战争后,海关大权落入外人之手,尤其是英国人一直统治着我国海关,引进了近代关税概念和关税制度。在中华人民共和国成立初期,由于发达资本主义国家对我国封锁禁运等一些历史原因,我国关税工作比较简单,关税不被重视。自我国在20世纪80年代实施对外开放政策后,国际间的经济贸易往来大量增多,经济改革使关税的作用日益受到重视,国际间的关税协定中有关关税事务日益繁多,关税制度不断改革和完善,逐步实现了现代化和国际化。

二、关税的概念和特点

(一) 关税的概念

关税(Tariff)是由海关根据国家制定的有关法律,以进出关境的货物和物品为征税对象而征收的一种商品流转税。关境又称"海关境域"或"关税领域",是指一国海关法规可以全面实施的领域。国境是一个主权国家全面行使主权的领土范围,包括领土、领海和领空。

货物,通常指贸易性商品;物品通常指非贸易性物品,包括入境旅客或交通工具上的工作人员随身携带的物品及个人邮寄的自用品。

我国现行关税的征收管理是以 2000 年 7 月修订颁布的《中华人民共和国海关法》、2003 年 11 月由国务院发布的《中华人民共和国进出口关税条例》及《中华人民共和国海关进出口税则》和《中华人民共和国海关入境旅客行李物品和个人邮递物品征收进口税办法》为基本法律依据。

(二) 关税的特点

(1) 关税是在统一的国境或关境内征税。货物在进出国境或关境时才征收关税,而且在统一的国境或关境内,按照统一实施的关税税则征收一次关税以后,货物即可在全国境内或整个关境内流通,不再征收关税。

(2) 关税是对进出国境或关境的货物或物品征税。

(3) 关税具有涉外性,具有维护国家主权、平等互利发展国际贸易往来或技术经济合作的特点。

(4) 关税由国家专设的海关机构负责征收。监督管理、征收关税、稽查走私是我国海关的三项基本任务。

(5) 关税是单一环节的价外税。关税的完税价格中不包括关税,即在征收关税时,是以实际成交价格为计税依据,关税不包括在内。但海关代征增值税、关税时,其计税依据包括关税在内。

(三) 关税的作用

1. 维护国家主权和经济利益

征收关税,表面看似乎只是一个与对外贸易相联系的税收问题,其实一国采取什么样的关税政策直接关系到国与国之间的主权和经济利益。历史发展到今天,关税已成为各国政府维护本国政治、经济权益,乃至进行国际经济竞争的一个重要武器。我国根据平等互利和对等原则,通过关税复式税则的运用等方式,争取国际间的关税互惠并反对他国对我国进行关税歧视,促进对外经济技术交往,扩大对外经济合作。

2. 保护和促进本国工农业生产的发展

一个国家采取什么样的关税政策,是实行自由贸易,还是采用保护关税政策,是由该国的经济发展水平、产业结构状况、国际贸易收支状况以及参与国际经济竞争的能力等多种因素决定的。国际上许多发展经济学家认为,自由贸易政策不适合发展中国家的情况。相反,这些国家为了顺利地发展民族经济,实现工业化,必须实行保护关税政策。我国作为发展中国家,一直十分重视利用关税保护本国的“幼稚工业”,促进进口替代工业发展,关税在保护和促进本国工农业生产的发展方面发挥了重要作用。

3. 调节国民经济和对外贸易

关税是国家调节经济的重要杠杆,通过税率的高低和关税的减免,可以影响进出口规模,调节国民经济活动。如调节出口产品和出口产品生产企业的利润水平,有意识地引导各类产品的生产,调节进出口商品数量和结构,可促进国内市场商品的供需平衡,保护国内市场的物价稳定等。

4. 筹集国家财政收入

从全球大多数国家尤其是发达国家的税制结构看,关税收入在整个财政收入中的比重不大,并呈下降趋势。但是,一些发展中国家,其中主要是那些国内工业不发达、工商税源有限、国民经济主要依赖于某种或某几种初级资源产品出口,以及国内许多消费品主要依赖于进口的国家,征收进出口关税仍然是他们取得财政收入的重要渠道之一。我国关税收入是财政收入的重要组成部分,关税为经济建设提供了可观的财政资金。

三、关税的分类

(一) 按照征收目的分类

1. 财政关税

财政关税是指以筹集或增加国家财政收入为目的而征收的关税。财政关税的基本特征是对进口产品与本国同类产品征收同样的税,或者征收的关税既不引导本国生产该种产品,又不引导生产能转移该种产品需求的代用品。财政关税的税率一般比较低,低关税有助于外国大宗商品的输入,而大量输入外国商品正是增加关税收入的主要途径。

2. 保护关税

保护关税是指以保护本国经济发展为目的而征收的关税。由于关税构成进口货物的成本,对进口商品征收关税会提高进口商品的价格,削弱它与国内生产的同类商品的竞争力,从而有利于保护国内企业的生产。随着世界经济的发展,保护关税成为各国推行贸易保护主义的重要手段。

(二) 按照关税征收标准和方法分类

1. 从价税

从价税是指以货物价格为计征标准而征收的关税,是最常用的关税计税标准。从价税具有税负公平、明确、易于实施、征收简便等优点。

2. 从量税

从量税是指以货物的计量单位(重量、数量、体积、长度)作为计征标准而计算征收的一种关税。其特点是不因商品价格的涨落而改变应纳税额,手续简便,但税负不合理,难以普遍采用。我国目前仅对啤酒等少量商品采用从量计征。

3. 复合税

复合税是指对同一税目的货物同时采用从价税和从量税两种标准而课征的一种关税。在实务中,货物的从量税额与从价税额难以同时确定,且手续复杂,因此复合计税方法难以普遍采用。

4. 选择税

选择税是指在海关税则中对同一税目的商品规定有从价标准和从量标准征收税款的两种税率,在征收时可由海关选择其中一种计征。一般是选择税额较高的一种。基本原则:在物价上涨时使用从价税;在物价下跌使用从量税。

5. 滑准税

滑准税是指对同一税目的商品按其价格的高低,设定不同的税率,进口货物按其价格水平所适用的税率课税。滑准税可以使进口商品价格越高,其进口关税税率越低,进口商品的价格越低,其进口关税税率越高。

6. 差价税(又称差额税)

差价税税率是按照进口货物价格低于国内同类货物价格的差价额来确定的一种进口

关税。

（三）按照货物来源的国别（地区）不同分类

1. 普通关税（又称一般关税）

普通关税是对与本国没有签署贸易或经济优惠等友好协定的国家原产的货物征收的非优惠性关税，其税率通常较高。普通关税还是用于未签订最惠国待遇贸易协定的国家和地区的关税。

2. 最惠国关税

最惠国关税适用于原产于我国共同适用最惠国待遇条款的国家的进口货物，或原产于我国与我国签订有相互给予最惠国待遇条款的双边贸易协定的国家或地区的进口货物。其税率通常比普通关税税率要低，但高于特惠关税税率。这说明，最惠国关税也不是最优惠的关税，而只是一种非歧视性的关税待遇。最惠国税率比普通税率要低，税率差幅则往往很大。例如，美国对绸缎进口，最惠国税率为 11％，普通税率为 60％。

3. 协定关税

协定关税指两个或两个以上国家（地区）用缔结条约或贸易协定的方式，相互给予某种优惠待遇的关税制度。享受最惠国待遇的国家中非协定的缔约方，不能要求根据最惠国待遇享受贸易协定缔约方享受的待遇。

4. 特定优惠关税（又称特惠关税）

特定优惠关税是给予来自特定国家（地区）的进口货物的排他性的优惠关税，其他国家不得根据最惠国待遇条款要求享受这种优惠关税。特惠关税税率一般低于最惠国税率和协定税率。中国对来自世界不发达国家和地区的一些商品实行特别优惠关税。

5. 普通优惠关税（简称普惠制）

普通优惠关税是指发达国家（地区）对从发展中国家（地区）输入的商品，特别是制成品或半制成品，给予普遍的、非歧视的和非互惠的优惠关税。

四、关税纳税义务人及纳税范围

（一）关税纳税义务人

依据《中华人民共和国海关法》规定，进口货物的收货人、出口货物的发货人、进出境物品的所有人，是关税的纳税义务人。进出口货物的收、发货人是指依法取得对外贸易经营权，并进口或者出口货物的法人或者其他社会团体。进出境物品的所有人包括该物品的所有人和推定为所有人的人。

一般情况下，依照以下原则推定所有人：

（1）对于携带进境的物品，推定其携带人为所有人。

（2）对分离运输的行李，推定相应的进出境旅客为所有人。

（3）对以邮寄方式进境的物品，推定其收件人为所有人。

（4）以邮递或其他方式出境的物品，推定其寄件人或托运人为所有人。

（二）关税的纳税范围

关税征税对象是指国家准许进出口的货物、进境物品，但法律、行政法规另有规定的除外。

五、关税税则及税率

（一）关税税则

关税税则（Customs tariff），又称海关税则，是一国政府根据国家关税政策和经济政策，通过一定的立法程序制定颁布实施的，对进出口货物和物品加以系统分类的一览表，是关税政策的具体体现。现行关税税则包括两个部分：一部分是海关计征关税的规章条例及说明。另一部分是关税税目、税则列号和税率。截至 2016 年，我国关税税目共计 8 294 个。《中华人民共和国海关进出口税则》包括进口税则和出口税则两部分。

（二）关税税率

根据《中华人民共和国海关进出口税则》，关税的税率包括进口关税税率和出口关税税率。

1. 进口关税税率

我国进口税则设有最惠国税率、协定税率、特惠税率、普通税率、关税配额税率等税率。

（1）最惠国税率适用原产于与我国共同适用最惠国待遇条款的国家或地区的进口货物，或原产于与我国签订有相互给予最惠国待遇条款的双边贸易协定的国家或地区进口的货物，以及原产于我国境内的进口货物。

（2）协定税率适用原产于我国参加的含有关税优惠条款的区域性贸易协定有关缔约方的进口货物。

（3）特惠税率适用原产于与我国签订有特殊优惠关税协定的国家或地区的进口货物。

（4）普通税率适用于原产于上述国家或地区以外的其他国家或地区的进口货物以及原产地不明的进口货物。

（5）关税配额税率是指一定数量内的进口商品适用税率较低的配额内税率，超出该数量的进口商品适用税率较高的配额外税率。

按照普通税率征税的进口货物，经国务院关税税则委员会特别批准，可以适用最惠国税率。适用最惠国税率、协定税率、特惠税率的国家或者地区名单，由国务院关税税则委员会决定。

2. 出口关税税率

《关税条例》第九条规定："出口关税设置出口税率。对出口货物在一定期限内可以实行暂定税率。"国家仅对少数资源性产品及易于竞相杀价、盲目进口、需要规范出口秩序的半成品征收出口关税。

（三）税率的运用

进出口货物，应当适用海关接受该货物申报进口或者出口之日实施的税率：

（1）进口货物到达前，经海关核准先行申报的，应当适用装载该货物的运输工具申报进境之日实施的税率。

（2）因纳税义务人违反规定需要追征税款的进出口货物，应当适用违反规定的行为发生之日实施的税率；行为发生之日不能确定的，适用海关发现该行为之日实施的税率。

已申报进境并且放行的保税货物、减免税货物、租赁货物或者已申报进出境并且放行的暂时进出境货物，有下列情形之一需缴纳税款的，应当适用海关接受纳税义务人再次填写报关单申报办理纳税及有关手续之日实施的税率：

(1) 保税货物经批准不复运出境的。

(2) 保税仓储货物转入国内市场销售的。

(3) 减免税货物经批准转让或者移作他用的。

(4) 可以暂不缴纳税款的暂时进出境货物，经批准不复运出境或者进境的；

(5) 租赁进口货物，分期缴纳税款的。

六、关税的税收优惠

关税减免是对某些纳税人和征税对象给予鼓励和照顾的一种特殊调节手段。关税减免分为法定减免税、特定减免税和临时减免税。根据《中华人民共和国海关法》规定，除法定减免税外的其他减免均由国务院决定。减征关税在我国加入世界贸易组织之后以最惠国税率或者普通税率为基准。

(一) 法定减免税收优惠政策

法定减免税是《中华人民共和国海关法》和《中华人民共和国进出口关税条例》明确列出的减税或免税。符合税法规定的予以减免的进出口货物，纳税义务人无须提出申请，海关可按规定直接予以减免税，海关对法定减免税货物一般不进行后续管理。

1. 法定减免税的情形

法定减免税主要有如下情形：

(1) 一票货物关税税额、进口环节增值税或者关税税额在人民币 50 元以下的。

(2) 无商业价值的广告品及货样。

(3) 国际组织、外国政府无偿赠送的物资。

(4) 进出境运输工具装载的途中必需的燃料、物料和饮食用品。

(5) 因故退还的中国出口货物，可以免征进口关税，但已征收的出口关税，不予退还。

(6) 因故退还的境外进口货物，可以免征出口关税，但已征收的进口关税不予退还。

2. 酌情减免税的情形

有下列情形之一的进口货物，海关可以酌情减免税：

(1) 在境外运输途中或者在起卸时，遭受到损坏或者损失的。

(2) 起卸后海关放行前，因不可抗力遭受损坏或者损失的。

(3) 海关查验时已经破漏、损坏或者腐烂，经证明不是保管不慎造成的。

(二) 特定减免税收优惠政策

特定减免税也称政策性减免税。特定减免税货物一般有地区、企业和用途的限制，海关需要进行后续管理，也需要进行减免税统计。特定减免税主要有如下几种：

(1) 科教用品。

(2) 残疾人专用品。

(3) 扶贫、慈善性捐赠物资。

(4) 对于加工贸易产品、边境贸易进口物资、保税区进口货物、出口加工区进出口货物、进口设备、特定地区、特定行业均有相应的减免税政策。

(三) 临时减免税收优惠政策

临时减免税是指以上法定和特定减免税以外的其他减免税，由国务院根据《中华人民共和国海关法》对某个单位、某类商品、某个项目或某批进出口货物的特殊情况,给予特别照顾,一案一批,专文下达的减免税。一般有单位、品种、期限、金额或数量等限制,不能比照执行。

七、关税的税收管理

(一) 关税的缴纳

(1) 进口货物应自运输工具申报进境之日起 14 日内,缴纳关税;出口货物除海关特准外,应自货物运抵海关监管区后,装货的 24 小时以前缴纳关税。

(2) 纳税人应自海关填发税款缴款书之日起 15 日内缴纳关税。

(二) 关税的强制执行

(1) 征收关税滞纳金。滞纳金自关税缴纳期限届满滞纳之日起,至纳税义务人缴纳关税之日止,按滞纳税款 0.5‰的比例按日征收,周末或者法定日不予扣除。具体计算公式为:

$$滞纳金金额 = 滞纳关税税额 \times 滞纳金比率(0.5‰) \times 滞纳天数$$

(2) 强制征收。如纳税义务人自缴纳税款期限届满之日起 3 个月仍未缴纳税款,经直属海关关长或者其授权的隶属海关关长批准,海关可以采取强制扣缴、变价抵缴等强制措施。

(三) 关税退还

纳税义务人遇下列情况之一,可自缴纳税款之日起 1 年内,书面声明理由,连同原纳税收据向海关申请退税,并加算同期活期存款利息,逾期不予受理:

(1) 因海关误征,多纳税款的。

(2) 海关核准免验进口的货物,在完税后,发现有短卸情况,经海关审查认可的。

(3) 已征出口关税的货物,因故未装运出口,申报退关,经海关查验属实的。

(四) 关税补征和追征

(1) 关税补征,是因非纳税人违反海关规定造成的少征或漏征关税,关税补征期为缴纳税款或货物放行之日起 1 年内。

(2) 关税追征,是因纳税人违反海关规定造成少征或漏征关税,关税追征期为自纳税人应缴纳税款之日起 3 年内,并加收 0.5‰的滞纳金。

第二节 关税应纳税额的计算

一、关税的计税依据

我国对进出口货物征收关税,主要采取从价计征的方法,以货物的完税价格为计税依据征收关税。完税价格是指海关对进出口货物或物品征税时,计算应纳关税税额的依据。它分为进口货物的完税价格和出口货物的完税价格。

(一) 进口货物完税价格的确认

进口货物的完税价格由海关以进口应税货物的成交价格以及该货物运抵中华人民共

和国境内输入地点起卸前的运输及其相关费用、保险费为基础审查确定。

1. 一般进口货物完税价格的确定

一般进口货物的完税价格是以进口货物成交价格为基础确定。进口货物的成交价格是卖方向中华人民共和国境内销售货物时,买方为进口该货物向卖方实付、应付的并按有关规定调整后的价格总额,包括直接交付的价款和间接交付的价款。

进口货物成交价格的确定方式不同,其完税价格的确定方式也不同。

进口货物成交价格的确定方式有以下三种:

1) 岸价(CIF)

"CIF"的含义是"成本加运费、保险费"的价格术语简称,习惯上又称"到岸价"。

2) 离岸价(FOB)

"FOB"的含义是"船上交货"的价格术语简称。这一价格术语是指卖方在合同规定的装运港把货物装上买方指定的船,并负责至货物装上船为止的一切费用和风险,又称"离岸价格"。

3) 离岸价+运费(CFR)

"CFR"的含义是"成本加运费"的价格术语简称,又称"离岸加运费价格"。这一价格术语是指卖方负责将合同规定的货物装上买方指定运往目的港的船,负责至货物装上船为止的一切费用和风险,并支付运费。

根据上述三种进口货物成交价格的确定方式,可以分别确定其完税价格如下:

(1) 以我国口岸到岸价格(CIF)成交的,则该成交价格就是关税完税价格。关税完税价格计算公式为:

$$关税完税价格 = CIF 价格$$

(2) 以国外口岸离岸价(FOB)成交的,应另加从发货口岸到我国口岸以前的运杂费和保险费作为关税完税价格。关税完税价格计算公式为:

$$关税完税价格 = FOB + 运杂费 + 保险费$$
$$= (FOB + 运杂费) \div (1 - 保险费率)$$

(3) 以成本加运费(CFR)成交的,应另加保险费作为关税完税价格。关税完税价格计算公式为:

$$关税完税价格 = CFR + 保险费 = CFR \div (1 - 保险费率)$$

如果进口货物的成交价格不符合规定条件的,或者成交价格不能确定的,海关了解有关情况并与纳税义务人进行价格磋商后,应依次以下列价格估定该货物的完税价格:

(1) 该货物同时或者大约同时向我国境内销售的相同货物的成交价格。

(2) 该货物同时或者大约同时向我国境内销售的类似货物的成交价格。

(3) 以进口货物相同或者类似进口货物在境内的销售价格为基础,扣除境内发生的有关费用后,审查确定的价格。

(4) 根据生产该货物的成本、利润和一般费用等采用计算价格估价法确定的价格。

(5) 采用其他合理的估价方法确定的价格。

2. 特殊进口货物完税价格的确定

（1）运往境外修理的货物，出境时已向海关报明，并在海关规定期限内复运进境的，应当以海关审定的境外修理费和料件费估定价格作为完税价格，此完税价格不包括运保费。

（2）运往境外加工的货物，出境时已向海关报明，并在海关规定期限内复运进境的，应当以海关审定的境外加工费、料件费、复运进境的运输及相关费用、保险费估定完税价格。

（3）经海关批准暂时进境的货物，按照一般进口货物估价办法估定完税价格。

（4）以租赁方式进口的货物，以租金方式支付的货物，以海关审定的租金估定完税价格；以留购的租赁货物，以海关审定的留购价格估定完税价格；承租人一次缴纳税款，按一般进口货物估价办法估定完税价格。

（5）境内留购的进口货样、展览品和广告陈列品，以海关审定大的留购价作为完税价格。

（6）减税或者免税进口的货物需要补税时，应当以海关审定的该货物原进口的价格，扣除折旧部分作为完税价格。

完税价格 ＝ 海关审定的该货物原进口时的价格×［1－补税实际已进口的时间（月）÷（监管年限×12）］

3. 进口货物完税价格的估定

海关在审查进口货物的成交价格时，遇到下列情况可不予接受：

（1）申报成交价格明细低于境内其他单位进口的大量成交的相同或类似货物价格而又不能提供合法证据和正当理由的。

（2）申报成交价格明细低于海关所掌握的相同或类似货物的国际市场公开成交价格而又不能提供合法证据和正当理由的。

（3）经海关调查认定的，买卖双方之间有特殊经济关系或对货物的使用、转让定有特殊条件或特殊安排协议而影响申报价格的。

海关未能接受进口货物的成交价格时，应当依次以下列价格为基础估定完税价格：

第一，该项货物的同一出口国或者地区购进的相同货物的成交价格确定完税价格。

第二，该项货物的同一出口国或者地区购进的类似货物的成交价格确定完税价格。

第三，以该项货物的相同或类似货物在国际市场上公开的成交价格确定完税价格。

第四，以该项货物的相同或类似货物在国内市场的批发价格，减去进口环节其他税费以及进口后的正常运输、储存、销售费用及利润后的价格确定完税价格。

（二）出口货物完税价格的确认

出口货物的完税价格由海关以出口货物的成交价格为基础审查确定，并应当包括货物运至我国境内输出地点装载前的运输及其相关费用、保险费。

1. 以成交价格为基础的完税价格

出口货物的成交价是指该货物出口销售时，卖方为出口该货物应当向买方直接收取和间接收取的价款总额。但不包括下列税费：

（1）出口关税。

（2）在货物价款中单独列明的货物至我国境内输出地点装载后的运输及其相关费用、保险费。

（3）在货物价款中单独列明由卖方承担的佣金。其计算可表述为：

$$完税价格 =(离岸价格 - 单独列明的由卖方承担的佣金)÷(1 + 出口关税税率)$$

2. 出口货物海关估定方法

出口货物的成交价格不能确定的,依次以下列价格估定该货物的完税价格:

(1)以该货物同时或者大约同时向同一国家或者地区出口的相同货物的成交价格估定其完税价格。

(2)以该货物同时或者大约同时向同一国家或者地区出口的类似货物的成交价格估定其完税价格。

(3)按照下列各项总和计算的价格估定其完税价格:境内生产相同或者类似货物的料件成本、加工费用,通常的利润和一般费用,境内发生的运输及其相关费用、保险费。

(4)采用其他合理方法估定的价格。

二、关税应纳税额的计算

(一)关税的计算方法

根据计税标准的不同,关税应纳税额的计算方法分为从价税、从量税、复合税和滑准税等方法。

1. 从价税应纳税额的计算

$$应纳关税税额 = 进(出)口应税货物数量 × 单位完税价格 × 适用税率$$

【例题 4-1】　大华公司从国外进口一批商品,进口商品的到岸价(CIF)折合人民币 350 万元,该商品的进口关税税率为 25%,计算该批商品应纳的关税税额。

解析:

$$应纳关税完税价格 = 350(万元)$$
$$应纳关税税额 = 350 × 25\% = 87.5(万元)$$

2. 从量税应纳税额的计算

$$应纳关税税额 = 进(出)口应税货物数量 × 单位货物税额$$

【例题 4-2】　大华公司从国外进口啤酒 2 000 箱,每箱 48 瓶,每瓶容量为 500 毫升。啤酒适用的单位税额为 3 元/升。计算大华公司进口该批啤酒应纳关税税额。

解析:

$$应纳关税税额 = (2\,000 × 48 × 500 ÷ 1\,000) × 3 = 144\,000(元)$$

3. 复合税应纳关税的计算

$$应纳关税税额 = 应税进(出)口应税货物数量 × 单位货物税额 + 应税进口数量 × 单位完税价格 × 适用税率$$

【例题 4-3】　大华公司从国外进口货物 10 件,成交价格折合人民币 800 000 元,按规定该批货物实行复合计征关税,该批货物适用从量税的单位税额为 7 000 元,同时适用的从价税税率为 3%。计算大华公司进口该批货物应纳关税税额。

解析:

$$应纳关税税额 = 10 × 7\,000 + 800\,000 × 3\% = 94\,000(元)$$

4. 滑准税应纳关税的计算

$$应纳关税税额 = 进(出)口应税货物数量 \times 单位完税价格 \times 滑准税税率$$

（二）进口货物应纳税额的计算

1. CIF 价格

以我国口岸到岸价格成交的,则该成交价格就是关税完税价格。其计算公式为：

$$关税完税价格 = CIF 价格$$
$$应纳进口关税税额 = 关税完税价格 \times 进口关税税率$$

【例题 4-4】 大华公司从国外进口货物 10 万吨,其成交价格为 CIF 天津新港 165 000 美元。计算应征关税税款是多少？进口关税税率为 15%,征税日汇率中间价为 \$1 = ￥6.75。

解析：

$$关税完税价格 = 165\,000 \times 6.75 = 1\,113\,750(元)$$
$$应纳进口关税税额 = 1\,113\,750 \times 15\% = 167\,062.5(元)$$

2. FOB 价格

以 FOB 价格(国外口岸离岸价)成交的,应另加从发货口岸到我国口岸以前的运杂费和保险费作为关税完税价格。其计算公式为：

$$关税完税价格 = FOB + 运杂费 + 保险费$$
$$= (FOB + 运杂费) \div (1 - 保险费率)$$
$$应纳进口关税税额 = 关税完税价格 \times 进口关税税率$$

【例题 4-5】 大华公司从美国进口货物 5 000 吨,进口申报价格为洛杉矶离岸价折合人民币 4 500 000 元,该批货物到我国口岸运费为每吨 300 元,保险费率为 2‰,进口关税税率为 5%。计算该批货物的进口关税税额。

解析：

$$关税完税价格 = (4\,500\,000 + 5\,000 \times 300) \div (1 - 2‰) = 5\,988\,000(元)$$
$$应纳进口关税税额 = 5\,988\,000 \times 5\% = 299\,400(元)$$

3. CFR 价格

以 CFR 价格(成本加运费价格)成交的,应当另加保险费作为关税完税价格。其计算公式为：

$$关税完税价格 = CFR + 保险费 = CFR/(1 - 保险费率)$$
$$应纳进口关税税额 = 关税完税价格 \times 进口关税税率$$

【例题 4-6】 大华公司从国外进口设备 3 台,运抵大连港的 CFR 价格折合成人民币为 1 996 000 元,保险费率为 2‰。该设备由大连港运至公司总部国内运费为 5 000 元,进口关税税率为 10%。计算该批货物的进口关税税额。

解析：

$$关税完税价格 = 1\,996\,000 \div (1 - 2‰) = 2\,000\,000(元)$$
$$应纳进口关税税额 = 2\,000\,000 \times 10\% = 200\,000(元)$$

通过以上例题可以看出,以 FOB 和 CFR 条件成交的进口货物,在计算税款时应先把进口货物的申报价格折算成 CIF 价格,然后再计算税款。

(三) 出口货物应纳税额的计算

1. CIF 价格

以国外口岸到岸价成交的,必须在 CIF 价格(到岸价)基础上先扣除从我国口岸离开后所发生的运费和保险费,再扣除出口关税后,作为关税完税价格。其计算公式为:

$$关税完税价格 = (CIF 价格 - 运输费 - 保险费) \div (1 + 出口关税税率)$$
$$= [CIF 价格 \times (1 - 保险费率) - 运输费] \div (1 + 出口关税税率)$$
$$应纳出口关税税额 = 关税完税价格 \times 出口关税税率$$

【例题 4-7】　大华公司向境外出口商品一批,成交价格(CIF 价格)折合人民币为 600 000 元,其中从我国口岸离开后所发生的运费和保险费分别为 40 000 元和 10 000 元,该批商品出口关税税率为 10%。计算该公司应纳出口关税税额。

解析:

$$关税完税价格 = (600\ 000 - 40\ 000 - 10\ 000) \div (1 + 10\%) = 500\ 000(元)$$
$$应纳出口关税税额 = 500\ 000 \times 10\% = 50\ 000(元)$$

2. FOB 价格

以我国口岸离岸价格成交的,必须将离岸价中所包含的出口关税税额扣除后的余额作为关税完税价格。其计算公式为:

$$关税完税价格 = FOB 价格 \div (1 + 出口关税税率)$$
$$应纳出口关税税额 = 关税完税价格 \times 出口关税税率$$

【例题 4-8】　天津大华外贸公司出口商品一批,该批商品在我国口岸离岸价格折合人民币为 575 000 元,出口关税税率为 15%。计算该公司应纳出口关税税额。

解析:

$$关税完税价格 = 575\ 000 \div (1 + 15\%) = 500\ 000(元)$$
$$应纳出口关税税额 = 500\ 000 \times 15\% = 75\ 000(元)$$

3. CFR 价格

以国外口岸成本加运费成交的,应先扣除从我国口岸离开后所发生的运输费用,再扣除出口关税税额后的金额作为关税完税价格。其计算公式为:

$$关税完税价格 = (CFR 价格 - 运输费) \div (1 + 出口关税税率)$$
$$应纳出口关税税额 = 关税完税价格 \times 出口关税税率$$

【例题 4-9】　大华外贸公司向韩国出口商品一批,双方协定以 CFR 价格成交,折合人民币为 8 000 000 元,其中从我国口岸离开后所发生的运输费用为 300 000 元,出口关税税率为 10%。计算该公司应纳出口关税税额。

解析:

$$关税完税价格 = (8\ 000\ 000 - 300\ 000) \div (1 + 10\%) = 7\ 000\ 000(元)$$
$$应纳出口关税税额 = 7\ 000\ 000 \times 10\% = 700\ 000(元)$$

第三节 关税的会计核算

一、关税核算的账户设置

纳税人进出口货物应纳的关税可以不通过"应交税费"账户,直接记入相关的购货成本或销货成本账户。如果要记录企业交纳的进出口关税时,应设置"应交税费"总账账户进行核算,为了全面反映企业关税的缴纳、结余情况及进出口关税的计算,在该账户下设置"应交进口关税"和"应交出口关税"两个二级明细账户进行明细核算。

"应交税费——应交进口关税"的贷方发生额反映应缴的进口关税,借方发生额反映实际上缴的进口关税,贷方余额表示尚未缴纳的进口关税,借方余额表示多缴的进口关税;"应交税费——应交出口关税"的贷方发生额反映应缴的出口关税,借方发生额反映实际上缴的出口关税,贷方余额表示尚未缴纳的出口关税,借方余额表示多缴的出口关税。

企业按照规定计提应交关税时,借记相关账户,贷记"应交税费——应交进(出)口关税"账户,实际缴纳时,借记"应交税费——应交进(出)口关税"账户,贷记"银行存款"等账户。在实际工作中,由于企业经营进出口业务的形式和内容不同,具体会计核算方式也有所区别。

二、自营进出口关税的会计核算

(一)自营进口业务关税的会计核算

商品流通企业自营进口业务按照规定计算的进口关税税额,应该与商品的买价一起计入进口货物的采购成本,在会计核算上是通过设置"应交税费——应交进口关税"和"在途物资""材料采购""原材料"等账户加以反映。计提应缴纳的进口关税时,借记"在途物资""材料采购""原材料"等账户,贷记"应交税费——应交进口关税";实际缴纳时,借记"应交税费——应交进口关税",贷记"银行存款"。也可不通过"应交税费——进口关税"账户,直接借记"材料采购""商品采购"等账户,贷记"银行存款""应付账款"等账户。

【例题 4-10】 大华外贸公司从国外自营进口商品 400 台,以境外口岸 FOB 价格成交,单价折合人民币 20 000 元。已知该货物运抵中国关境内输入地点起卸前的包装费、运费、保险费和其他劳务费用每台 2 000 元人民币。该商品的进口关税税率为 20%,增值税税率为 16%,款项均以银行转账支票付讫。要求对该外贸公司有关业务进行会计处理。

解析:

(1)确认商品采购成本:

关税完税价格 = 400 × 20 000 + 400 × 2 000 = 8 800 000(元)

应纳进口关税税额 = 8 800 000 × 20% = 1 760 000(元)

应纳增值税税额 = (8 800 000 + 1 760 000) × 16% = 1 689 600(元)

商品采购成本 = 8 800 000 + 1 760 000 = 10 560 000(元)

借：在途物资	10 560 000
应交税费——应交增值税(进项税额)	1 689 600
贷：银行存款	10 489 600
应交税费——应交进口关税	1 760 000

(2) 实际缴纳关税时：

借：应交税费——应交进口关税	1 760 000
贷：银行存款	1 760 000

(3) 商品验收入库时：

借：库存商品	10 560 000
贷：在途物资	10 560 000

(二) 自营出口业务关税的会计核算

商品流通企业自营出口业务按照规定计算的出口关税税额,在会计核算上是通过设置"应交税费——应交出口关税"和"税金及附加"账户加以反映。借记"税金及附加"账户,贷记"应交税费——应交出口关税"。实际缴纳时,借记"应交税费——应交出口关税"账户,贷记"银行存款"账户。

【例题 4-11】　大华外贸进出口公司自营出口商品一批,该商品离岸(FOB)价为864 000元(含关税),出口关税税率20%,货款尚未收到。企业根据海关开出的关税缴纳凭证,以银行转账支票付讫税款(不考虑其他税费)要求对该外贸公司有关业务进行会计处理。

解析：

(1) 确认收入：

$$关税完税价格 = 864\ 000 \div (1 + 20\%) = 720\ 000(元)$$
$$应纳出口关税税额 = 720\ 000 \times 20\% = 144\ 000(元)$$

借：应收账款	864 000
贷：主营业务收入	864 000

(2) 收到海关开出的税款缴纳凭证：

借：税金及附加	144 000
贷：应交税费——应交出口关税	144 000

(3) 实际上交关税时：

借：应交税费——应交出口关税	144 000
贷：银行存款	144 000

三、代理进出口关税的会计核算

(一) 代理进口关税的会计核算

代理进口是外贸企业接受国内委托方的委托,办理对外洽谈和签订进出口合同,执行合同并办理运输、开证、付汇全过程的业务。进口代理方对其代理的进口业务不负担盈亏,只是收取一定的手续费。代理进口业务的进口关税,由代理方向委托方收取,在计算应缴纳进口关税时,借记"应收账款"账户,贷记"应交税费——应交进口关税"账户;实际缴纳进口关税时,借记"应交税费——应交进口关税"账户,贷记"银行存款"账户。

【例题 4-12】 大华外贸进出口公司接受 A 生产企业委托进口甲商品一批,该批商品国外口岸离岸价格折合人民币 600 000 元;另支付保险费、运输费等共计 50 000 元;应交进口关税 55 000 元,增值税 102 850 元,协议进口手续费 6 500 元。要求对该外贸公司有关业务进行会计处理。

解析:

(1) 收到 A 企业进口商品所需的货款和保险费、运输费等时:

借:银行存款	650 000
贷:应付账款	650 000

(2) 收到进口单证向外方支付货款等时:

借:应付账款	650 000
贷:银行存款	650 000

(3) 计算应交进口关税和增值税时:

借:应收账款——A 企业	157 850
贷:应交税费——应交进口关税	55 000
应交税费——应交增值税	102 850

(4) 实际缴纳税金时:

借:应交税费——应交进口关税	55 000
应交税费——应交增值税	102 850
贷:银行存款	157 850

(5) 结算代理进口手续费时:

借:应收账款——A 企业	6 500
贷:主营业务收入——代理手续费收入	6 500

(6) 收到 A 企业的各项应收款项时:

借:银行存款	164 350
贷:应收账款——A 企业	164 350

(二) 代理出口关税的会计核算

代理出口是外贸企业代理其他单位经营出口业务。代理出口的盈亏由委托方承担,因出口而交纳的出口关税也由委托方负担。在计算应缴纳出口关税时,借记"应收账款"账户,贷记"应交税费——应交出口关税"账户;实际缴纳出口关税时,借记"应交税费——应交出口关税"账户,贷记"银行存款"账户;收到委托方支付的代缴出口关税时,借记"银行存款"账户,贷记"应收账款"账户。

【例题 4-13】 大华外贸公司代理 B 生产企业出口乙商品一批,该批商品的离岸价格为人民币 500 250 元(含关税);出口关税 15%,协议代理手续费 5 000 元。要求对该外贸公司有关业务进行会计处理。

解析：

$$关税完税价格 = 500\,250 \div (1 + 15\%) = 435\,000(元)$$
$$应纳出口关税税额 = 435\,000 \times 15\% = 65\,250(元)$$

(1) 计算应纳出口关税时：

借：应收账款——B企业　　　　　　　　　　　　　　　65 250
　　贷：应交税费——应交出口关税　　　　　　　　　　　　65 250

(2) 实际交纳时：

借：应交税费——应交出口关税　　　　　　　　　　　　65 250
　　贷：银行存款　　　　　　　　　　　　　　　　　　　65 250

(3) 计算应收手续费时：

借：应收账款——B企业　　　　　　　　　　　　　　　5 000
　　贷：主营业务收入——代理手续费收入　　　　　　　　　5 000

(4) 收到B企业的款项时：

借：银行存款　　　　　　　　　　　　　　　　　　　70 250
　　贷：应收账款——B企业　　　　　　　　　　　　　　70 250

思考题

1. 简述关税的概念，关税的作用，关税的分类。
2. 什么是关税完税价？如何确认关税完税价？
3. 企业如何进行关税的会计处理？

实践能力训练

一、单选题

1. 下列不属于关税纳税义务人的是(　　)。
   A. 进口货物的收货人　　　　　　　　B. 邮递出口物品的收件人
   C. 出口货物的发货人　　　　　　　　D. 进境物品的携带人

2. 纳税人应当自海关填发税款缴款书之日起(　　)日内向指定银行缴纳税款。
   A. 3　　　　　　　B. 5　　　　　　　C. 15　　　　　　　D. 30

3. 海关发现少征或者漏征税款的，应当自缴纳税款或者货物放行之日起(　　)内，向纳税人补征税款。
   A. 3个月　　　　　B. 6个月　　　　　C. 1年　　　　　　D. 2年

4. 根据我国税法规定，进口货物以海关审定的成交价格为基础的(　　)为完税价格。
   A. 公允价格　　　B. 到岸价格　　　　C. 离岸价格　　　　D. 货价

5. 根据进出口商品价格的变动而税率相应增减的进出口关税属于(　　)。

A. 从价税　　　　B. 从量税　　　　　C. 滑准税　　　　　D. 复合税

二、多选题

1. 下述选项中,关税的纳税义务人包括(　　)。
   A. 进口货物的收货人　　　　　　B. 出口货物的发货人
   C. 进出境物品的所有人　　　　　D. 进口货物的发货人

2. 按照关税的计征方式,可以将关税分为(　　)。
   A. 从量关税　　　B. 从价关税　　　　C. 复合关税　　　D. 选择性关税
   E. 滑动关税

3. 我国进口关税税则设有(　　)。
   A. 最惠国税率　　B. 协定税率　　　　C. 普通税率　　　D. 特惠税率
   E. 关税配额税

4. 关税按征收的目的可以分为(　　)。
   A. 财政关税　　　B. 特惠关税　　　　C. 保护关税　　　D. 普遍关税

5. 下列(　　)进出口货物,免征关税。
   A. 无商业价值的广告品和货样
   B. 外国政府、国际组织无偿赠送的物资
   C. 在海关放行前损失的货物
   D. 进出境运输工具装载的途中必需的燃料、物料和饮食用品

6. 关税征收管理规定中,关于补征和追征的期限为(　　)。
   A. 补征期1年内　　　　　　　　B. 追征期5年内
   C. 补征期2年内　　　　　　　　D. 追征期3年内

三、判断题

1. 我国对少数进口商品计征关税时所采用的滑准税实质上是一种特殊的从价税。(　　)

2. 在海关对进出口货物进行完税价格审定时,如海关不接受申报价格,而认为有必要估定完税价格时,可以与进出口货物的纳税义务人进行价格磋商。(　　)

3. 进出口货物完税后,如发现少征或者漏征关税税款,海关应当自缴纳税款或者货物放行之日起三年内,向收发货人或者他们的代理人补征。(　　)

4. 中华人民共和国准许进出口的货物、进境物品,除法律、行政法规另有规定外,由海关依照规定征收进出口关税。(　　)

5. 出口货物的成交价格,是指该货物出口时卖方为出口该货物应当向买方直接收取和间接收取的价款总额。出口关税应计入完税价格。(　　)

四、计算题

1. 某企业从韩国进口货物一批,成交价为到岸价(CIF),折合人民币1 000 000元,适用的关税税率为18%。计算该企业应纳关税税额。

2. 某企业从德国进口货物一批,成交价为离岸价(FOB),折合人民币2 000 000元,从德国口岸到我国口岸的运费为100 000元,保险费率为3%。该批货物适用的关税税率为10%。计算该企业应纳关税税额。

3. 某企业从美国进口一批设备,以成本加运费(CFR)成交的,折合人民币为2 800 000

人民币,保险费率为3%。该批设备适用的关税税率为12%。计算该企业应纳关税税额。

4. 某进出口公司进口某批不用征收进口关税的货物,经海关审核其成交价格总值为CIF境内某口岸800万美元。已知该批货物的关税税率为35%,增值税税率为16%,兑换率为:1美元=6.3元人民币。请计算应征增值税税额。

五、账务处理

1. 某进出口公司自营出口商品一批,我国口岸FOB价折合人民币为720 000元,设出口关税税率为20%,根据海关开出的税款缴纳凭证,以银行转账支票付讫税款。计算该公司应纳关税税额并进行相应会计处理。

2. 某外贸企业从国外自营进口排气量2.2升以上的小轿车一批,CIF价格折合人民币为200万元,进口关税税率为25%,消费税税率9%、增值税税率16%。根据海关开出的税款缴纳凭证,以银行转账支票付讫税款。计算该公司应纳的关税、消费税及增值税并进行相应会计处理。

3. 某进出口公司受某单位委托代理进口商品一批,进口货款1 900 000元已汇入进出口公司的开户银行。该进口商品我国口岸CIF价为USD 240 000,当日的人民币市场汇价USD1=¥8,进口关税税率为20%,代理手续费按货价2%收取。该批商品已运达指定口岸,公司与委托单位办理有关结算。根据上述业务进行相应会计处理。

资源税会计
（Resources tax accounting）

第五章

学习目标

本章内容主要有：资源税概述、资源税应纳税额的计算、资源税的纳税申报及其会计核算。通过本章的学习，达到如下目的：

1. 了解资源税的纳税人、扣缴义务人。
2. 熟悉资源税的概念、特点、征税对象、单位税额。
3. 掌握资源税应纳税额的计算、资源税的纳税申报及其会计核算。

第一节　资源税概述

一、资源税的产生与发展

资源税在西方发达国家属于绿色生态税收，资源税是环境税收的重要组成部分，通过征收资源税，可以将开采、利用资源的外部成本内部化，提高资源利用效率，减少资源浪费，促进节能减排，达到保护环境的目的。目前无论是发达国家还是发展中国家，对资源产品征税已成为通行惯例。在我国，1984 年 9 月 18 日国务院颁布了《中华人民共和国资源税条例（草案）》，从当年 10 月 1 日起开始征收资源税。随着经济的发展和资源情况的变化，1993 年 12 月 25 日，国务院重新修订颁布了《中华人民共和国资源税暂行条例》，从 1994 年 1 月 1 日起施行，对资源税进行了重大改革。我国现行资源税是以 2011 年 9 月 21 日修订颁布的《中华人民共和国资源税暂行条例》及《中华人民共和国资源税暂行条例实施细则》为基本法律依据，从 2011 年 11 月 1 日起实施。为进一步规范资源税征收管理，优化纳税服务，防范涉税风险，国家税务总局研究制定了《资源税征收管理规程》，2018 年 3 月 30 日发布，从 2018 年 7 月 1 日起施行。当前为贯彻落实创新、协调、绿色、开放、共享的发展理念，全面推进资源税改革，有效发挥税收杠杆调节作用，促进资源行业持续健康发展，推动经济结构调整和发展方式转变，加快生态文明建设，全面推进资源税改革工作已陆续展开。

二、资源税的概念及特点

（一）资源税的概念

资源税是以部分自然资源为课税对象，对在我国境内（包括领域及管辖海域）开采应税自然资源及生产盐的单位和个人,就其应税产品销售额或销售数量和自用数量为计税依据而征收的一种税。

（二）资源税的特点

资源税的特点可以从以下三个方面来理解。

1. 征税范围较窄

自然资源是生产资料或生活资料的天然来源,它包括的范围很广,如矿产资源、土地资源、水资源、动植物资源等。目前我国的资源税征税范围较窄,仅选择了部分级差收入差异较大、资源较为普遍、易于征收管理的矿产品和盐列为征税对象。随着我国经济的快速发展,对自然资源的合理利用和有效保护将越来越重要,因此,资源税的征税范围应逐步扩大。中国资源税目前的征税范围包括矿产品和盐两大类。水资源税改革试点于 2016 年 7 月 1 日在河北暂行。自 2017 年 12 月 1 日起在北京、天津、山西、内蒙古、山东、河南、四川、陕西、宁夏等 9 个省（自治区、直辖市）扩大水资源税改革试点。

2. 实行从价定率或者从量定额及地区差别幅度定额税率的征税办法

资源税根据每一课税对象的不同特点,选择不同的征税方法。一方面对原油、天然气、煤炭等多数资源实行从价定率的征税办法。另一方面对其他应税产品,实行从量定额的征税办法。

我国现行资源税对实行从量定额征收的,一方面税收收入不受产品价格、成本和利润变化的影响,能够稳定财政收入。另一方面有利于促进资源开采企业降低成本,提高经济效率。同时,资源税采用地区差别幅度定额税率,就地征收。资源税按照"资源条件好、收入多的多征;资源条件差、收入少的少征"的原则,根据矿产资源等级分别确定不同的税额,以有效地调节资源级差收入。

3. 实行源泉课征

资源税采用一次课征制,以后应税资源在流转环节中不再征税。不论采掘或生产单位是否属于独立核算,资源税税收法规规定,资源税均在采掘或生产地源泉控制征收,这样既照顾了采掘地的利益,又避免了税款的流失。这与其他税种由独立核算的单位统一缴纳不同。

（三）资源税的作用

（1）调节资源级差收入,有利于企业在同一水平上竞争;开征资源税,旨在使自然资源条件优越的级差收入归国家所有,排除因资源优劣造成企业利润分配上的不合理状况。

（2）加强资源管理,有利于促进企业合理开发、利用。

（3）与其他税种配合,有利于发挥税收杠杆的整体功能。

（4）增加财政收入,加快生态文明建设。

三、资源税的纳税人

（一）纳税人

1. 一般规定

在我国领域及管辖海域开采应税矿产品或者生产盐的单位和个人,为资源税的纳税人。应税矿产品在境内开采或生产,进口应税矿产品和盐不征收资源税;对出口应税资源也不免征或者退还已纳的资源税。

2. 特殊规定

（1）水资源税纳税人：

自 2016 年 7 月 1 日起，在河北省利用取水工程或者设施直接从江河、湖泊（含水库）和地下取用地表水、地下水的单位和个人，为水资源税纳税人。

自 2017 年 12 月 1 日起在北京、天津、山西、内蒙古、山东、河南、四川、陕西、宁夏等 9 个省（自治区、直辖市）扩大水资源税改革试点。

（2）开采海洋、陆上油气资源的中外合作油气田、自营油气田，自 2011 年 11 月 1 日起新签订的合同缴纳资源税，不再缴纳矿区使用费。

（二）扣缴义务人

扣缴义务人，是指独立矿山、联合企业及其他收购未税矿产品的单位。目前资源税代扣代缴的适用范围是指收购的除原油、天然气、煤炭以外的资源税未税矿产品。独立矿山、联合企业收购未税矿产品的，按照本单位应税产品税额、税率标准；其他收购单位收购未税矿产品的，按照税务机关核定的应税产品税额、税率标准。

扣缴义务人主要是适应税源小、零散、不定期开采、易漏税等税务机关认为不易控管、由扣缴义务人在收购时代扣代缴未税矿产品资源税为宜的情况。

中外合资开采石油、天然气的单位，按照现行规定，只征收矿区使用费，暂不征收资源税。

四、资源税的征税范围、税目及税率

（一）资源税的增税范围

我国资源税的征税范围包括矿产品和盐，原则上以开采取得的原料产品或者自然资源的初级产品为课税对象。具体征税范围如下：

（1）原油，指开采的自然原油，不包括人造原油。开采原油过程中，用于加热、修井的原油免税。

（2）天然气，指专门开采或与原油同时开采的天然气，暂不包括煤矿生产的天然气。

（3）煤炭，指原煤，包括原煤和以未税原煤加工的洗选煤（不包括煤矸石、煤炭制品）。

（4）金属矿（包括原矿、精矿、金锭，如铝土矿、铁矿、金矿等）。

（5）非金属矿（包括原矿、精矿，如石灰石、井矿盐、湖盐、地下卤水晒制的盐、海盐、煤层气、黏土砂石等）。

（6）水资源，包括地表水和地下水（目前仅限于指定省区 10 个）。

（二）资源税的税目及税率

1. 资源税的税目

《资源税暂行条例实施细则》规定的资源税税目有：原油、天然气、煤炭、其他非金属原矿、金属矿、水资源 6 大类项目，每类中又包括具体的应税矿产品，每种应税矿产品规定了单位税额。

2. 资源税的税率

资源税采取从价定率与从量定额的征收办法，分别以应税产品的销售额乘以纳税人具体适用的比例税率或者以应税产品的销售数量乘以纳税人具体适用的定额税率计算。具体税率见表 5-1。

表 5-1 资源税税目税率表

税　目		征税对象	税率幅度
一、原油		原油	5%～10%
二、天然气		原矿	5%～10%
三、煤炭		原煤或洗选煤	2%～10%
四、金属矿	铁矿	精矿	1%～6%
	金矿	金锭	1%～4%
	铜矿	精矿	2%～8%
	铝土矿	原矿	3%～9%
	铅锌、镍、锡	精矿	2%～6%
	未列举名称的其他金属矿产品	原矿或精矿	税率不超过 20%
五、非金属矿	石墨	精矿	3%～10%
	硅藻土	精矿	1%～6%
	高岭土	原矿	1%～6%
	萤石	精矿	1%～6%
	石灰石	原矿	1%～6%
	硫铁矿	精矿	1%～6%
	磷矿	原矿	3%～8%
	氯化钾	精矿	3%～8%
	硫酸钾	精矿	6%～12%
	井矿盐	氯化钠初级产品	1%～6%
	湖盐	氯化钠初级产品	1%～6%
	提取地下卤水晒制的盐	氯化钠初级产品	3%～15%
	煤层(成)气	原矿	1%～2%
	黏土、砂石	原矿	每吨或立方米 0.1 元～5 元
	未列举名称的其他非金属矿产品	原矿或精矿	从量税率每吨或立方米不超过 30 元；从价税率不超过 20%
六、海盐		氯化钠初级产品	1%～5%
七、水资源		目前仅限于指定省区	地表水平均不低于每立方米 0.4 元 地下水平均不低于每立方米 1.5 元

3. 税率(额)确定的依据

列举名称的资源品目,由省级人民政府在规定的税率幅度内提出具体适用税率建议,报财政部、国家税务总局确定核准。未列举名称的其他金属和非金属矿产品,由省级人民政府根据实际情况确定具体税目和适用税率,报财政部、国家税务总局备案。

水资源税额具体关注如下内容:

（1）对取用地下水从高制定税额标准。

（2）超采地区的地下水水资源税税额标准要高于非超采地区，严重超采地区的地下水水资源税税额标准要大幅高于非超采地区。

（3）对特种行业取用水，从高制定税额标准。特种行业取用水，是指洗车、洗浴、高尔夫球场、滑雪场等取用水。

（4）对超计划或者超定额取用水，从高制定税额标准。

（5）对超过规定限额的农业生产取用水，以及主要供农村人口生活用水的集中式饮水工程取用水，从低制定税额标准。

五、资源税的税收优惠

（一）减征、免征规定

纳税人开采或生产应税产品，自用于连续生产应税产品的，不缴纳资源税；自用于其他方面的，视同销售缴纳资源税。

有下列情形之一，减征或免征资源税：

（1）开采原油过程中用于加热、修井的原油，免税。

（2）纳税人开采或者生产应税产品过程中，因意外事故或者自然灾害等原因遭受重大损失的，由省、自治区、直辖市人民政府酌情决定减税或者免税。

（3）国务院规定的其他减税、免税项目。

（二）原油、天然气资源税优惠政策

（1）对油田范围内运输稠油过程中用于加热的原油、天然气免征资源税。

（2）减征40%：对稠油、高凝油和高含硫天然气。

（3）减征30%：对三次采油、深水油气田。

（4）减征20%：对低丰度油气田。

（三）煤炭资源税的税收优惠

减征30%：

（1）对衰竭期煤矿开采的煤炭。

（2）自2016年7月1日起，对实际开采年限在15年（含）以上的衰竭期矿山开采的矿产资源。

减征50%：

（1）对充填开采置换出来的煤炭。

（2）其他对依法在建筑物下、铁路下、水体下通过充填开采方式采出的矿产资源。

对鼓励利用的低品位矿、废石、尾矿、废渣、废水、废气等提取的矿产品，由省级人民政府根据实际情况确定是否给予减税或免税。

（四）水资源税的税收优惠

（1）对规定限额内的农业生产取用水，免征水资源税。

（2）对取用污水处理回用水、再生水等非常规水源，免征水资源税。

（3）除接入城镇公共供水管网以外，军队、武警部队通过其他方式取用水的，免征水资源税。

（4）抽水蓄能发电取用水，免征水资源税。

（5）采油排水经分离净化后在封闭管道回注的，免征水资源税。

（五）进出口应税矿产资源

进口不征资源税；出口不免退资源税。

【补充】纳税人将其开采的应税产品直接出口的，按其离岸价格（不含增值税）为销售额。

六、资源税的税收管理

（一）资源税的纳税环节

（1）开采或者生产应税产品直接销售的，在销售环节纳税。

（2）自产自用应税产品的，在移送使用环节纳税。

（3）由扣缴义务人代扣代缴的，在收购环节由扣缴义务人代扣代缴。

（二）资源税的纳税义务发生时间

纳税人销售应税产品，其纳税义务发生时间为：

（1）纳税人采取分期收款结算方式的，其纳税义务发生时间，为销售合同规定的收款日期的当天。

（2）纳税人采取预收货款结算方式的，其纳税义务发生时间，为发出应税产品的当天。

（3）纳税人采取其他结算方式的，其纳税义务发生时间，为收讫销售款或者取得索取销售款凭据的当天。

纳税人自产自用应税产品的纳税义务发生时间，为移送使用应税产品的当天。

扣缴义务人代扣代缴税款的纳税义务发生时间，为支付首笔货款或者开具应支付货款凭据的当天。

（三）资源税的纳税地点

矿产品的开采地或盐的生产地缴纳资源税。

跨省开采资源税应税产品，其下属生产单位与核算单位不在同一省、自治区、直辖市的，对其开采或者生产的应税产品，一律在开采地或者生产地纳税。

扣缴义务人代扣代缴的资源税，应当向收购地主管税务机关缴纳。

海洋原油、天然气资源税向国家税务总局海洋石油税务管理机构缴纳。

水资源税：

（1）应当向生产经营所在地的税务机关申报缴纳水资源税。

（2）跨省（区、市）调度的水资源，由调入区域所在地的税务机关征收水资源税。

（3）跨省（区、市）水力发电取用水，分别向跨省（区、市）水电站征收水资源税。

（4）建立税务机关与水行政主管部门协作征税机制。

（5）试点省份开征水资源税后，应当将水资源税征收标准降为零。

（6）水资源税改革试点期间，水资源税收入全部归属试点省份。

（四）资源税的纳税期限

（1）一般按日、按月缴纳；以 1 个月为一期纳税的，期满之日起 10 日内申报纳税。

（2）不定期开采矿产品的纳税人，可以按次计算缴纳资源税。

（3）水资源税：按季或者按月征收，由主管税务机关根据实际情况确定。不能按固定期限计算纳税的，可以按次申报纳税。

第二节 资源税的计算及会计核算

一、资源税的计税依据

根据《国家税务总局关于发布〈资源税征收管理规程〉的公告》(国家税务总局公告 2018 年第 13 号)的规定,自 2018 年 7 月 1 日起,资源税应纳税额按照应税产品的计税销售额或销售数量乘以适用税率计算。

计税销售额或者销售数量,包括应税产品实际销售和视同销售两部分。

(一) 从价定率征收的计税依据

实行从价定率征收的计税依据是应征资源税的销售额。从价定率计算资源税的销售额,包括纳税人销售应税产品向购买方收取的全部价款和价外费用,但不包括收取的增值税销项税额。价外费用是指在价款外收取的手续费、补贴、基金、集资费、返还利润、包装费、储备费、优质费、包装物租金、运输装卸费、奖励费、违约金、代收款项、代垫款项及其他性质的价外收费项目。

纳税人将其开采的原煤加工为洗选煤销售的,以洗选煤销售额乘以折算率作为应税煤炭销售额计算缴纳资源税。

$$洗选煤计税销售额 = 洗选煤销售额 \times 折算率$$

洗选煤销售额包括洗选副产品的销售额,不包括洗选煤从洗选煤厂到车站、码头等的运输费用。

折算率可通过洗选煤销售额扣除洗选环节成本、利润计算,也可通过洗选煤市场价格与其所用同类原煤市场价格的差额及综合回收率计算。折算率由省、自治区、直辖市财税部门或其授权地市级财税部门确定。

如果纳税人申报的应税产品销售额明显偏低并且无正当理由的、有视同销售应税产品行为而无销售额的,除财政部、国家税务总局另有规定外,按下列顺序确定销售额:

(1) 按纳税人最近时期同类产品的平均销售价格确定。

(2) 按其他纳税人最近时期同类货产品的平均销售价格确定。

(3) 按组成计税价格确定。

由于资源税是价内税,组成计税价格的公式为:

$$组成计税价格 = 成本 \times (1 + 成本利润率) \div (1 - 适用税率)$$

其中成本是指应税产品的实际生产成本;成本利润率由省、自治区、直辖市税务机关确定。

(4) 特殊情况销售额的确定:

第一,纳税人开采应税产品由其关联单位对外销售的,按其关联单位的销售额征收资源税。

第二,纳税人既有对外销售应税产品,又有将应税产品自用于除连续生产应税产品以外的其他方面的,则自用的这部分应税产品,按纳税人对外销售应税产品的平均价格计算销售额征收资源税。

第三,纳税人将其开采的应税产品直接出口的,按其离岸价格(不含增值税)计算销售额征收资源税。

（二）从量定额征收的计税依据

（1）基本规定：销售数量包括纳税人开采或者生产应税产品的实际销售数量和视同销售的自用数量。

（2）纳税人不能准确提供应税产品销售数量的，以应税产品的产量或者主管税务机关确定的折算比换算成的数量为计征资源税的销售数量。煤炭，对于连续加工前无法正确计算原煤移送使用量的，可按加工产品的综合回收率，将加工产品实际销量和自用量折算成的原煤数量作为课税数量。

（3）纳税人在资源税纳税申报时，除财政部、国家税务总局另有规定外，应当将其应税和减免税项目分别计算和报送。

（4）金属和非金属矿产品原矿，因无法准确掌握纳税人移送使用原矿数量的，可将其精矿按选矿比折算成原矿数量，以此作为课税数量，其计算公式为：

$$选矿比 = 精矿数量 \div 耗用原矿数量$$
$$原矿课税数量 = 精矿数量 \div 选矿比$$

（5）纳税人以自产的液体盐加工固体盐，按固体盐税额征税，以加工的固体盐数量为课税数量。纳税人以外购的液体盐加工成固体盐，其加工固体盐所耗用液体盐的已纳税额准予抵扣。

（6）凡同时开采多种资源产品的要分别核算，不能准确划分不同资源产品课税数量的，从高适用税率。

（7）水资源税实行从量计征，除水力发电和火力发电贯流式（不含循环式）冷却取用水的情形外，其计税依据为实际取用水量，其应纳税额的计算公式为：

$$应纳税额 = 实际取用水量 \times 适用税额$$

（8）水力发电和火力发电贯流式（不含循环式）冷却取用水，其计税依据为实际发电量，其应纳税额的计算公式为：

$$应纳税额 = 实际发电量 \times 适用税额$$

火力发电贯流式冷却取用水，是指火力发电企业从江河、湖泊（含水库）等水源取水，并对机组冷却后将水直接排入水源的取用水方式。火力发电循环式冷却取用水，是指火力发电企业从江河、湖泊（含水库）、地下等水源取水并引入自建冷却水塔，对机组冷却后返回冷却水塔循环利用的取用水方式。

二、资源税应纳税额的计算

资源税应纳税额，按照应税产品的课税数量和规定的单位税额计算，其计算公式如下：

1. 从价定率征收

$$应纳税额 = （不含增值税）销售额 \times 适用税率$$

2. 从量定额征收

$$应纳税额 = 课税数量 \times 适用的单位税额$$

扣缴义务人代扣代缴资源税的计算公式为：

$$代扣代缴资源税应纳税额＝收购未税矿产品的数量×适用的单位税额$$

【例题 5-1】　大华油田在 2018 年 9 月开采原油 12.5 万吨，其中已销售 10 万吨，自用 0.5 万吨，尚待销售 2 万吨。每吨原油销售 500 元。该油田适用的税率为 6％，计算该油田当月应纳的资源税为多少？

解析：

$$应纳资源税税额＝(10＋0.5)×500×6\%＝315(万元)$$

【例题 5-2】　大华油田在 2018 年 12 月生产原油 8 万吨，其中销售 6 万吨，用于加热、修井的原油 1 万吨，待销售 1 万吨，每吨原油售价为 500 元。当月在开采过程中还回收并销售伴生天然气 1 000 万立方米，售价为 1 000 万元。该油田原油适用税率为 7％，天然气适用税率为 6％。计算该油田 10 月份应纳资源税税额。

解析：

(1) 原油应纳税额＝6×500×7％＝210(万元)

(用于加热、修井的原油免税)。

(2) 天然气应纳税额＝1 000×6％＝60(万元)

(3) 10 月份油田应纳税额＝210＋60＝270(万元)

【例题 5-3】　大华矿山在 2018 年 9 月销售铜矿石原矿 20 000 吨，移送入选精矿 4 000 吨，选矿比为 20％，该矿山铜矿属于五等，按规定适用 1.2 元/吨的单位税额，计算该矿山本月应纳资源税税额。

解析：

(1) 原矿应纳资源税税额＝20 000×1.2＝24 000(元)

(2) 精矿应纳资源税税额＝4 000÷20％×1.2＝24 000(元)

(3) 应纳资源税税额＝24 000＋24 000＝48 000(元)

【例题 5-4】　某纳税人本期以自产液体盐 50 000 吨和外购液体盐 10 000 吨(每吨已缴纳资源税 5 元)加工固体盐 12 000 吨对外销售，取得销售收入 600 万元。已知固体盐税额为每吨 30 元，该纳税人应纳资源税税额。

解析：

$$应纳资源税税额＝12 000×30－10 000×5＝310 000(元)$$

【例题 5-5】　某矿山某月收购未税矿石 60 000 吨，该矿石的单位税额为 3 元/吨。计算该矿山当月应代扣代缴的资源税税额。

解析：

$$代扣代缴的资源税税额＝60 000×3＝180 000(元)$$

三、资源税的纳税申报

资源税的纳税人不论本期是否发生应税行为，均应按期进行纳税申报，在规定时间内向主管税务机关报送"资源税纳税申报表"主表(见表 5-2)、附表(一)(见表 5-3)、附表(二)(见表 5-4)和附表(三)(见表 5-5)。

表 5-2 资源税纳税申报表

根据国家税收法律法规及资源税有关规定制定本表。纳税人不论有无销售额,均应按照税务机关核定的纳税期限填写本表,并向当地税务机关申报。

税款所属时间:自 年 月 日至 年 月 日 填表日期: 年 月 日

金额单位:元至角分

纳税人识别号												

纳税人名称	(公章)	法定代表人姓名		注册地址		生产经营地址	

开户银行及账号		登记注册类型		电话号码	

税目	子目	折算率或换算比	计量单位	计税销售量	计税销售额	适用税率	本期应纳税额	本期减免税额	本期已缴税额	本期应补(退)税额
1	2	3	4	5	6	7	8①=6×7 8②=5×7	9	10	11=8-9-10
合　计		—	—							

授权声明	如果你已委托代理人申报,请填写下列资料: 　为代理一切税务事宜,现授权(地址)为本纳税人的代理申报人,任何与本申报表有关的往来文件,都可寄予此人。 授权人签字:	申报人声明	本纳税申报表是根据国家税收法律法规及相关规定填写的,我确定它是真实的、可靠的、完整的。 声明人签字:

主管税务机关: 接收入: 接收日期: 年 月 日

本表一式两份,一份纳税人留存,一份税务机关留存。

表 5-3 资源税纳税申报表附表(一)

(原矿类税目适用)

纳税人识别号																	

纳税人名称: (公章)

税款所属时间:自 年 月 日至 年 月 日 金额单位:元至角分

序号	税目	子目	原矿销售额	精矿销售额	折算率	精矿折算为原矿的销售额	允许扣减的运杂费	允许扣减的外购矿购进金额	计税销售额	计量单位	原矿销售量	精矿销售量	平均选矿比	精矿换算为原矿的销售量	计税销售量
	1	2	3	4	5	6=4×5	7	8	9=3+6-7-8	10	11	12	13	14=12×13	15=11+14
1															
2															
3															
合计															

表5-4　资源税纳税申报表附表(二)
(精矿类税目适用)

纳税人识别号 □□□□□□□□□□□□□□□□□□□□□

纳税人名称：　　　　　　　　　　　　　　　(公章)

税款所属时间:自　年　月　日至　年　月　日　　　　　　　金额单位:元至角分

序号	税目	子目	原矿销售额	精矿销售额	换算比	原矿换算为精矿的销售额	允许扣减的运杂费	允许扣减的外购矿购进金额	计税销售额	计量单位	原矿销售量	精矿销售量	平均选矿比	原矿换算为精矿的销售量	计税销售量
	1	2	3	4	5	6＝3×5	7	8	9＝4+6−7−8 10	11	12	13	14＝11÷13	15＝12+14
1															
2															
合计															

表5-5　资源税纳税申报表附表(三)
(减免税明细)

纳税人识别号 □□□□□□□□□□□□□□□□□□□□□

纳税人名称：　　　　　　　　　　　　　　　(公章)

税款所属时间:自　年　月　日至　年　月　日　　　　　　　金额单位:元至角分

序号	税目	子目	减免项目名称	计量单位	减免税销售量	减免税销售额	适用税率	减免性质代码	减征比例	本期减免税额
	1	2	3	4	5	6	7	8	9	10①＝6×7×9 10②＝5×7×9
1										
2										
3										
4										
5										
合计	—	—		—						

四、资源税的会计核算

(一)账户设置

为反映和监督资源税的计算和缴纳情况,纳税人应设置"应交税费——应交资源税"账户,该账户为负责类账户,贷方登记本期应缴纳的资源税;借方登记实际缴纳或允许抵扣的资源税税额;期末贷方余额表示企业应缴而未缴的资源税;如果为借方余额,表示多缴资源税或允许抵扣的资源税。同时,企业应设置"税金及附加"账户,核算企业应由主营业务收入负担的资源税。

（二）会计核算

在实际生产经营活动中，由于企业资源税应纳税额的计算存在不同情况，因此其会计核算方法也有所不同。

1. 企业销售应税产品的会计核算

企业将计算出销售的应税产品应缴纳的资源税，借记"税金及附加"账户，贷记"应交税费——应缴资源税"账户；上缴资源税时，借记"应交税费——应缴资源税"账户，贷记"银行存款"等账户。

【例题 5-6】 大华油田在 2018 年 8 月对外销售原油 1 000 吨，开具增值税专用发票，取得销售额 500 万元、增值税额 80 万元，该原油的税率为 6%，货款通过银行转账已收到，税款通过银行转账已交纳。对上述经济业务进行相应会计处理。

解析：

（1）取得销售收入时：

借：银行存款   5 800 000
  贷：主营业务收入   5 000 000
      应交税费——应交增值税（销项税额）   800 000

（2）计提应交资源税时：

$$应纳资源税税额 = 500 \times 6\% = 30（万元）$$

借：税金及附加   300 000
  贷：应交税费——应交资源税   300 000

（3）缴纳资源税时：

借：应交税费——应交资源税   300 000
  贷：银行存款   300 000

2. 自产自用应税消费品的会计核算

企业将计算出自产自用的应税产品应缴纳的资源税，借记"生产成本""制造费用"等账户，贷记"应交税费——应缴资源税"账户；上缴资源税时，借记"应交税费——应缴资源税"账户，贷记"银行存款"等账户。

【例题 5-7】 大华盐场在 2018 年 8 月将原盐 1 250 吨加工成精盐 1 000 吨，根据税法规定企业自用原盐单位税额 25 元/吨，应缴资源税 31 250 元，对上述经济业务进行相应会计处理。

解析：

（1）计提资源税时：

借：生产成本   31 250
  贷：应交税费——应缴资源税   31 250

（2）缴纳资源税时：

借：应交税费——应缴资源税   31 250
  贷：银行存款   31 250

3. 收购未税矿产品的会计核算

《资源税暂行条例》规定，收购未税矿产品的单位为资源税的扣缴义务人，企业收购未税矿产品,借记"材料采购"等账户,贷记"银行存款"等账户,按代扣代缴的资源税,借记"材料采购"等账户,贷记"应交税费——应缴资源税"账户,上缴资源税时,借记"应交税费——应缴资源税"账户,贷记"银行存款"等账户。

【例题 5-8】 大华炼铁厂收购未税铁矿石 10 000 吨,每吨收购价为 125 元,购进价总计 1 250 000 元,增值税进项税额 200 000 元,价税合计 1 450 000 元,企业代扣代缴资源税税款后,用银行存款支付收购款。该铁矿石的单位税额为 25 元/吨。对大华炼铁厂作出相应会计处理。

解析:

(1)代扣代缴资源税时:

借:材料采购 1 250 000
　　应交税费——应交增值税(进项税额) 200 000
　　贷:银行存款 1 200 000
　　　　应交税费——应交资源税 250 000

(2)缴纳资源税时:

借:应交税费——应交资源税 250 000
　　贷:银行存款 250 000

4. 外购液体盐加工团体盐的会计核算

企业在购入液体盐时,按所允许抵扣的资源税,借记"应交税费——应缴资源税"账户,按外购价款扣除允许抵扣资源税后的数额,借记"材料采购"等账户,按应支付的全部价款,贷记"银行存款""应付账款"等账户;企业加工成固体盐后,在销售时,按计算出的销售固体盐应缴的资源税,借记"税金及附加"账户,贷记"应交税费——应缴资源税"账户;将销售固体盐应纳的资源税扣抵液体盐已纳资源税后的差额上缴时,借记"应交税费——应缴资源税"账户,贷记"银行存款"等账户。

【例题 5-9】 大华盐厂在 2018 年 9 月外购液体盐 2 000 吨,每吨含增值税价款 58 元,液体盐资源税税额为 3 元/吨,该盐厂将全部液体盐加工成固体盐 500 吨,每吨含增值税售价为 464 元,固体盐适用资源税税额为 25 元/吨。对大华盐厂上述经济业务作出相应的会计处理。

解析:

(1)购入液体盐时:

$$购入液体盐应纳资源税税额 = 2\,000 \times 3 = 6\,000(元)$$

借:在途物资 94 000
　　应交税费——应交资源税 6 000
　　应交税费——应交增值税(进项税额) 16 000
　　贷:银行存款 116 000

(2)验收入库时:

借:原材料——液体盐 94 000
　　贷:在途物资 94 000

（3）销售固体盐时：

借：银行存款　　　　　　　　　　　　　　　　　　　232 000
　　贷：主营业务收入　　　　　　　　　　　　　　　　　200 000
　　　　应交税费——应交增值税（销项税额）　　　　　　32 000

（4）计算销售固体盐应缴的资源税时：

$$销售固体盐应纳资源税税额 = 500 \times 25 = 12\ 500（元）$$

借：税金及附加　　　　　　　　　　　　　　　　　　12 500
　　贷：应交税费——应交资源税　　　　　　　　　　　12 500

本月应纳资源税 = 12 500 - 6 000 = 6 500（元）

（5）次月初缴纳资源税时：

借：应交税费——应交资源税　　　　　　　　　　　　6 500
　　贷：银行存款　　　　　　　　　　　　　　　　　　6 500

思考题

1. 简述资源税的概念及纳税范围。
2. 简述企业对资源税的会计处理。
3. 比较资源税从价计证与从量计证的优缺点。

实践能力训练

一、单选题

1. 以自产液体盐加工成固体盐销售的，计税依据是（　　　）。
   A. 固体盐的销售数量　　　　　　　　B. 固体盐的销售金额
   C. 耗用的液体盐的数量　　　　　　　D. 加工好的固体盐数量

2. 某采矿企业某月共开采铜矿石 50 000 吨，销售铜矿石 40 000 吨，适用税额每吨 6 元。该企业当月应缴纳的资源税额为（　　　）元。
   A. 168 000　　　　B. 210 000　　　　C. 240 000　　　　D. 300 000

3. 下列产品中，不征资源税的有（　　　）。
   A. 出口的海盐　　　　　　　　　　　B. 铜矿石
   C. 锡矿石　　　　　　　　　　　　　D. 中外合作开采的石油、天然气

4. 某铁矿山在 2018 年 12 月销售铁矿石原矿 6 万吨，移送入选精矿 0.5 万吨，选矿比为 40%，适用税额为 10 元/吨。该铁矿山当月应缴纳的资源税为（　　　）。
   A. 55 万元　　　　B. 60 万元　　　　C. 65 万元　　　　D. 72.5 万元

5. 某油田在 2018 年 12 月生产原油 6 400 吨，当月销售 6 100 吨，自用 5 吨，另有 2 吨在采油过程中用于加热、修井。原油单位税额为每吨 8 元，该油田当月应缴纳资源税（　　　）。
   A. 48 840 元　　　B. 48 856 元　　　C. 51 200 元　　　D. 51 240 元

6. 纳税人开采或生产应税产品并销售的，其资源税的征税数量为（　　　）。

    A. 开采数量　　　B. 实际产量　　　　C. 销售数量　　　　D. 计划产量

7. 下列各项中,属于资源税的纳税人的是( )。

    A. 境内开采应税矿产品或者生产盐的个人

    B. 生产居民煤炭制品的单位

    C. 中外合作开采石油、天然气企业

    D. 进口应税资源产品的单位或个人

8. 资源税纳税环节应是( )。

    A. 生产销售环节　　　　　　　　B. 批发环节

    C. 运输环节　　　　　　　　　　D. 最终消费环节

9. 扣缴义务人代扣代缴的资源税,应当向( )税务机关缴纳。

    A. 机构所在地　　　　　　　　　B. 生产所在地

    C. 销售地　　　　　　　　　　　D. 收购地

10. 某盐场某月以自产液体盐50万吨和外购液体盐60万吨共加工成固体盐27万吨,生产的固体盐当月全部销售。该企业液体盐和固体盐资源税税额分别为10元/吨和50元/吨,外购液体盐资源税税额为8元/吨。当月该盐场应纳资源税( )万元。

    A. 870　　　　　　B. 1 350　　　　　　C. 1370　　　　　　D. 750

二、多选题

1. 下列各项中,属于资源税纳税人的有( )。

    A. 开采原煤的国有企业　　　　　B. 进口铁矿石的私营企业

    C. 开采石灰石的个体经营者　　　D. 开采锡矿石的个人

    E. 开采盐矿的集体企业

2. 资源税的税目共有7个,其中包括( )。

    A. 天然气　　　　　　　　　　　B. 天然矿泉水

    C. 盐　　　　　　　　　　　　　D. 煤炭制品

3. 根据相关规定,下列关于资源税的纳税地点,表述正确的有( )。

    A. 资源税纳税人应向开采或生产所在地主管税务机关纳税

    B. 跨省开采的,在开采所在地纳税

    C. 扣缴义务人应向收购地税务机关缴纳

    D. 省内开采的,在机构所在地主管税务机关缴纳

    E. 纳税人在本省、自治区、直辖市范围内开采或者生产应税产品,应一律向开采所在地主管税务机关纳税

4. 下列各项中,符合资源税纳税义务发生时间规定的有( )。

    A. 采取分期收款结算方式的为实际收到款项的当天

    B. 采取预收贷款结算方式的为发出应税产品的当天

    C. 自产自用应税产品的为移送使用应税产品的当天

    D. 采取其他结算方式的为收讫销售款或取得索取销售款凭据的当天

5. 矿产品资源税的纳税人包括( )。

    A. 经销单位　　　　B. 运销单位　　　　C. 开采个人

　　D. 收购未税产品单位　　　　　　E. 开采单位

三、判断题

1. 资源税是对开采,生产所有自然资源的单位和个人征收的一种税。　　　　（　　）
2. 海盐属于资源税征税范围。　　　　　　　　　　　　　　　　　　　　（　　）
3. 资源税扣缴义务人代扣代缴税款的纳税义务发生时间,为支付货款的当天。（　　）
4. 资源税实行差别税额,从量征收。　　　　　　　　　　　　　　　　　　（　　）
5. 原煤、洗煤、选煤及其他煤制品均应缴纳资源税。　　　　　　　　　　　（　　）

四、计算题

　　1. 某油田在 2018 年 8 月生产原油 20 万吨,其中 12 万吨用于外销,5 万吨移送所属化工厂进行加工提炼,1 万吨用于加热和修井,1 万吨用于职工食堂和浴室,还有 1 万吨待销售。另外在采油过程中还同时回收天然气 4 000 万立方米并销售。请计算该油田当年 4 月应缴纳多少资源税(原油单位税额为 8 元/吨,天然气单位税额为 12 元/千立方米)。

　　2. 某铜矿开采企业为增值税一般纳税人,2018 年 9 月生产经营情况如下:采用分期收款方式销售铜矿石 5 000 吨,不含税单价 40 元/吨,合同规定分两个月等额收回货款,9 月实际收到货款 60 000 元;当地铜矿资源税 5 元/吨。请计算该铜矿开采企业此业务中涉及的增值税销项税和资源税。

　　3. 南方某盐场在 2018 年 9 月以自产的液体盐加工固体盐 2 000 吨,当月售出 1 600 吨;以外购液体盐 820 吨加工固体盐 550 吨,当月全部售出;另外还直接销售自产液体盐 500 吨,请计算该盐场当期应纳资源税税额。(南方海盐固体盐单位税额为 10 元/吨,液体盐单位税额为 2 元/吨)

五、账务处理

　　1. 大华盐场某月外购液体盐 4 万吨,货已到并验收入库,价款 720 万元,增值税税额 115.20 万元,本月销售固体盐 10 万吨。液体盐单位税额为 4 元/吨,固体盐单位税额为 15 元/吨。计算该盐场应纳资源税税额为多少? 该企业如何进行账务处理?

　　2. 大华矿山某月份销售锡矿石 25 000 吨,同时用锡矿石入选锡精矿。因特殊原因税务机关无法准确掌握入选精矿时移送使用的原矿数量,只知道锡精矿的数量为 5 000 吨,精矿与锡矿石原矿选矿比为 1：20,该锡矿等级为四等,按规定适用的单位税额为 1.4 元/吨。计算该矿山当月应纳资源税税额为多少? 该企业如何进行账务处理?

第六章　土地增值税会计

（Land value added tax accounting）

学习目标

本章内容主要有：土地增值税概述、土地增值税应纳税额的计算及土地增值税的会计核算。通过本章的学习，达到如下目的：

1. 熟悉土地增值税的概念和特点，理解土地增值税的税率表。
2. 重点掌握土地增值税应税收入及扣除项目的确定方法和土地增值税税额的计算。
3. 掌握土地增值税的会计核算。

第一节　土地增值税概述

一、土地增值税的概念及特点

（一）土地增值税的概念

土地增值税是对有偿转让国有土地使用权及地上建筑物和其他附着物产权，取得增值收入的单位和个人征收的一种税。长期以来我国对国有土地采取行政划拨、无偿占用，乱占滥用土地现象十分严重。为此，国务院在 1987 年 4 月颁布实施了《耕地占用税暂行条例》。1994 年 1 月 1 日，国务院又颁布实施了《中华人民共和国土地增值税暂行条例》。我国开征土地增值税的目的和意义主要是规范土地和房地产市场交易秩序；抑制房地产投机和炒卖活动，合理调节土地增值收益，防止国有土地收益流失；增加国家财政收入。

（二）土地增值税的特点

1. 以转让房地产的增值额为计税依据

纳税人以土地增值税的增值额为计税依据计提缴纳土地增值税。土地增值税的增值额是以征税对象的全部销售收入额扣除与其相关的成本、费用、税金及其他项目金额后的余额。

2. 征税范围比较广

凡在我国境内转让房地产并取得收入的单位和个人，除税法规定免税的外，均应依照土地增值税条例规定缴纳土地增值税。换言之，凡发生应税行为的单位和个人，不论其经济性质，也不分内、外资企业或中、外籍人员，无论专营或兼营房地产业务，均有缴纳土地增值税的义务。

3. 实行超率累进税率

土地增值税的税率是以转让房地产增值率的高低为依据来确认,按照累进原则设计,实行分级计税,增值率高的,税率高,多纳税;增值率低的,税率低,少纳税。

4. 实行按次征收

土地增值税在房地产发生转让的环节,实行按次征收,每发生一次转让行为,就应根据每次取得的增值额征一次税。

二、土地增值税的纳税人

转让国有土地使用权、地上的建筑物及其附着物(以下简称"转让房地产")并取得收入的单位和个人,为土地增值税的纳税义务人。这里所指的转让国有土地使用权、地上的建筑物及其附着物并取得收入,是指以出售或者其他方式有偿转让房地产的行为,不包括以继承、赠与方式以及无偿转让房地产的行为。

三、土地增值税的征税对象和范围

(一)土地增值税的征税对象

土地增值税的征税对象,是转让国有土地使用权、地上建筑物及其附着物所取得的增值额,即纳税人取得全部转让收入减去税法规定允许扣除项目金额后的余额。这里所指的房地产,包含两层意思:一是国有土地,是指国家法律规定属于国家所有的土地。二是地上的建筑物及附着物,是指建于国家所有的土地上一切建筑物、构筑物、地上地下的各种附属设施及附着于该土地上的不能移动、一经移动即遭损坏的种植物、养殖物及其他物品。

(二)土地增值税的征税范围

土地增值税的征税范围是指凡转让国有土地使用权、地上建筑物及其附着物并取得收入的行为。它有三层含义:一是土地增值税仅对转让国有土地使用权征收,对转让集体土地使用权不征税。二是只对转让房地产产权的征税,不转让产权的不征税。三是对转让房地产并取得收入的征税,对虽发生转让行为,但未取得收入的不征税。征税范围的具体规定见表6-1。

(三)土地增值税的税收优惠

(1)转让房屋,增值额未超过扣除项目金额之和20%的,免征土地增值税。

第一,建造普通标准住宅出售,其增值率未超过20%的,予以免税。增值率超过20%的,应就其全部增值额按规定计税。

第二,转让旧房作为保障性住房且增值额未超过扣除项目金额20%的免税。

表 6-1　土地增值税征税范围的具体规定

具体事项	征收规定
以房地产进行投资、联营	房地产作价入股转让到投资联营企业,暂免征收;投资、联营的企业属于从事房地产开发的,或者房地产开发企业以其建造的商品房进行投资和联营的征收。 将投资联营的上述房地产再转让,征税。
合作建房	①建成后自用,暂免。②建成后转让,征税。

（续表）

具体事项	征收规定
企业兼并转让房地产	暂免。
房地产交换	①单位之间换房，征税。②个人之间互换自有居住用房免征。
房地产抵押	①抵押期不征。②抵押期满，不能偿还债务，房地产抵债，征税。
房地产出租	不征，因为没有发生房地产权属的转移，不属于征收土地增值税的范围。
房地产评估增值	不征，因为房地产评估增值，没有发生房地产权属的转让，不属于征收土地增值税的范围。
国家收回房地产权	免征。国家收回房地产权是指因城市实施规划、国家建设的需要而被政府批准征用的房产或收回的土地使用权。
转让、置换	征税。
代建房行为	不征，因为代建房行为不属于土地增值税的征税范围。
赠送	征的行为包括两种： ① 房产所有人、土地使用权所有人将房屋产权、土地使用权赠与直系亲属或承担直接赡养义务人的行为不征收土地增值税。 ② 房产所有人、土地使用权所有人通过中国境内非营利的社会团体、国家机关将房屋产权、土地使用权赠与教育、民政和其他社会福利、公益事业的行为。

第三，转让旧房作为公共租赁住房房源，且增值额未超过扣除项目金额 20% 的免税。

（2）因国家建设需要的税收优惠。

国家建设需要依法征用、收回的房地产，免征土地增值税；城市实施规划、国家建设需要而搬迁，纳税人自行转让房地产，免征增值税。

（3）对个人销售住房暂免征收土地增值税。

（4）对企业改制、资产整合过程中涉及的土地增值税，予以免征。

四、土地增值税的税率

土地增值税是以转让房地产取得的收入，减除法定扣除项目金额后的增值额作为计税依据，并按照四级超率累进税率进行征收。采用超率累进税率，需要确定几项因素：一是纳税对象数额的相对率，土地增值税的增值额与扣除项目金额的比即相对率。二是把纳税对象的相对率从低到高划分为若干个级次。土地增值税按增值额与扣除项目金额的比率从低到高划分为四个级次，即：增值额未超过扣除项目金额 50% 的部分；增值额超过扣除项目金额 50%、未超过 100% 的部分；增值额超过扣除项目金额 100%、未超过 200% 的部分；增值额超过扣除项目金额 200% 的部分。三是按各级次分别规定不同的税率。土地增值税的税率是 30%、40%、50%、60%。土地增值税税率表见表 6-2。

表 6-2　土地增值税税率表

级别	计 税 依 据(增值额)	税率	速算扣除数
1	土地增值额未超过扣除项目金额 50% 的部分	30%	0
2	土地增值额超过扣除项目金额 50% 未超过 100% 的部分	40%	5%

（续表）

级别	计 税 依 据（增值额）	税率	速算扣除数
3	土地增值额超过扣除项目金额100%未超过200%的部分	50%	15%
4	土地增值额超过扣除项目金额200%以上的部分	60%	35%

五、土地增值税的税收管理

（一）纳税时间

土地增值税的纳税人应当自转让房地产合同签订之日起7日内,向房地产所在地主管税务机关办理纳税申报。纳税人因经常发生房地产转让而难以在每次转让后申报的,经税务机关审核同意后,可以定期进行纳税申报,具体期限由税务机关根据情况确定。纳税人选择定期申报方式的,应向纳税所在地的地方税务机关备案。定期申报方式确定后,1年之内不得变更。

办理申报手续时应提交房屋和建筑物产权证书、土地使用权证书、土地转让合同、房屋买卖合同、房地产评估报告及其他与转让房地产有关的资料,然后在税务机关核实的期限内缴纳土地增值税。

（二）纳税地点

土地增值税的纳税人应向房地产所在地主管税务办理纳税申报,并在税务机关核定的期限内缴纳土地增值税。

第二节　土地增值税的计算及会计核算

一、土地增值税的计税依据

土地增值税的计税依据为土地增值额。

（一）土地增值额的确定

土地增值额是纳税人转让房地产所取得的应税收入减除规定的扣除项目金额后的余额。其计算公式表示如下:

$$土地增值额 = 转让房地产所取得的收入 - 规定的扣除项目金额$$

（二）应税收入的确定

纳税人转让房地产所取得的应税收入是指纳税人转让房地产所取得的全部价款及有关的经济利益,包括货币收入、实物收入和其他收入的总和,不允许从中减除任何成本费用。对取得的实物收入,要按取得收入时的市场价格折算成货币收入;对取得的无形资产收入,要进行专门的评估,在确定其价值后折算成货币收入。销售收入包括视同销售房地产的收入,但不包括企业销售的增值额未超过扣除项目金额20%的普通标准住宅的销售收入。

营改增后,纳税人转让房地产的土地增值税应税收入不含增值税。适用增值税一般计税方法的纳税人,其转让房地产的土地增值税应税收入不含增值税销项税额;适用简易计税方法的纳税人,其转让房地产的土地增值税应税收入不含增值税应纳税额。

(三) 扣除项目金额的确定

税法准予纳税人从转让收入额中减除的扣除项目包括如下几项。

1. 纳税人取得土地使用权所支付的金额

具体包括:

(1) 纳税人取得土地使用权所支付的地价款。

(2) 纳税人在取得土地使用权时按国家统一规定缴纳的有关费用。

2. 房地产开发成本

房地产开发成本是指纳税人房地产开发项目实际发生的成本,包括土地征用及拆迁补偿费、前期工程费、建筑安装工程费、基础设施费、公共配套设施费、开发间接费用等。

3. 房地产开发费用

房地产开发费用是指与房地产开发项目有关的销售费用、管理费用和财务费用。现行财务会计制度规定,这三项费用作为期间费用,直接计入当期损益,不按成本对象进行摊销。因此,作为土地增值税扣除项目的房地产开发费用,不按纳税人房地产开发项目实际发生的费用进行扣除,而是按税法规定标准进行扣除。房地产开发费用按如下规定计算:

(1) 纳税人能够按转让房地产项目计算分摊利息支出并能提供金融机构贷款证明的:

允许扣除的房地产开发费用 = 利息 + (取得土地使用权所支付的金额 + 房地产开发成本) × 5% 以内

(注:利息最高不超过按商业银行同类同期贷款利率计算的金额。)

(2) 纳税人不能按转让房地产项目计算分摊利息支出或不能提供金融机构贷款证明的:

允许扣除的房地产开发费用 = (取得土地使用权所支付的金额 + 房地产开发成本) × 10% 以内

上述具体适用的比例按省级人民政府此前规定的比例执行。

财政部、国家税务总局对扣除项目金额中利息支出的计算的两点专门规定:一是利息的上浮幅度按国家的有关规定执行,超过上浮幅度的部分不允许扣除。二是对于超过贷款期限的利息部分和加罚的利息不允许扣除。

4. 与转让房地产有关的税金

营改增后,房地产开发企业实际缴纳的城市维护建设税、教育费附加,凡能够按清算项目准确计算的,允许据实扣除。凡不能按清算项目准确计算的,则按该清算项目预缴增值税时实际缴纳的城市维护建设税、教育费附加扣除。营改增后,计算土地增值税增值额的扣除项目中"与转让房地产有关的税金"不包括增值税。营改增后,土地增值税纳税人接受建筑安装服务取得的增值税发票,应按照国家税务总局公告 2016 年第 23 号规定,在发票的备注栏注明建筑服务发生地县(市、区)名称及项目名称,否则不得计入土地增值税扣除项目金额。

需要明确的是,房地产开发企业按照《施工、房地产开发企业财务制度》有关规定,在转让时缴纳的印花税因列入管理费用中,故在此不允许单独再扣除。非房地产企业转让不动产的印花税可以作为税金项目扣除。

5. 其他扣除项目

对专门从事房地产开发的纳税人可按上述"纳税人取得土地使用权所支付的金额"和"房地产开发成本"两项金额之和加计 20％进行扣除。此条优惠除专门从事房地产开发企业之外的其他纳税人不适用。

6. 关于旧房转让时的扣除计算问题

转让旧房的,应按房屋及建筑物的评估价格、取得土地使用权所支付的地价款和按国家统一缴纳的有关费用及在转让环节缴纳的税金作为扣除项目金额计征土地增值税。对取得土地使用权时未支付地价款或不能提供已支付的地价款凭据的,在计征土地增值税时不允许扣除。

旧房及建筑物的评估价格是指在转让已使用的房屋及建筑物时,由政府批准设立的房地产评估机构评定的重置成本价乘以成新度折扣率后的价格。评估价格须经当地税务机关确认。

$$评估价格 = 重置成本 \times 成新度折扣率$$

重置成本是指对旧房及建筑物按转让时的建材价格及人工费用计算,建造同样面积、同样层次、同样建设标准的新房及建筑物所花费的成本费用。成新度折扣率是指按照旧房的新旧程度作为一定比例的折扣。

营改增后,纳税人转让旧房及建筑物,凡不能取得评估价格,但能提供购房发票的,扣除项目的金额按照下列方法计算:

(1) 提供的购房凭据为营改增前取得的营业税发票的,按照发票所载金额(不扣减营业税)并从购买年度起至转让年度止每年加计 5％计算。

(2) 提供的购房凭据为营改增后取得的增值税普通发票的,按照发票所载价税合计金额从购买年度起至转让年度止每年加计 5％计算。

(3) 提供的购房发票为营改增后取得的增值税专用发票的,按照发票所载不含增值税金额加上不允许抵扣的增值税进项税额之和,并从购买年度起至转让年度止每年加计 5％计算。

二、土地增值税应纳税额的计算

(一) 土地增值税应纳税额的计算

土地增值税的基本计算公式如下:

$$应纳税额 = 转让房地产的增值额 \times 适用税率$$
$$= (应税收入 - 扣除项目金额) \times 适用税率$$
$$转让房地产的增值率 = (转让房地产的增值额 \div 扣除项目金额) \times 100％$$

因为土地增值税采用超率累进税率,所以在实际计算土地增值税时,既可以按照一般定义法,逐级计算出各部分税额后再相加得出应纳税额,又可以采用速算扣除的方法计算应纳税额。

1. 一般定义法(分步计算法)

分步计算出每一级的增值额及其应纳税额,然后相加得出纳税人转让该项房地产的应

纳税额,用公式表示为:

$$应纳税额 = \sum(每级距的土地增值额 \times 适用税率)$$

在具体计算时,分六个步骤进行:

第一步,计算收入总额。

第二步,计算扣除项目金额。

第三步,用收入总额减去扣除项目金额计算增值额。

即:土地增值额=转让房地产收入-规定扣除项目金额

第四步,计算转让房地产的增值率。

第五步,计算出各级距的增值额,依次为:

$$第一级增值额 = 扣除项目金额 \times 50\%$$
$$第二级增值额 = 扣除项目金额 \times (100\% - 50\%)$$
$$第三级增值额 = 扣除项目金额 \times (200\% - 100\%)$$
$$第四级增值额 = 全部应税增值额 - 以上各级增值额之和$$

第六步,以每一级的增值额乘以该级的税率,得出该级的土地增值税税额,然后相加即纳税人的应纳土地增值税税额。

2. 速算扣除法

在实际工作中,分步计算比较烦琐,一般可以采用速算扣除法计算,即按增值额乘以适用的税率,减去允许扣除项目金额乘以速算扣除系数的简便方法计算,具体公式如下:

$$土地增值税税额 = 增值额 \times 适用税率 - 允许扣除项目金额 \times 速算扣除系数$$

在具体计算时,分五个步骤进行:

第一步,计算收入总额。

第二步,计算扣除项目金额。

第三步,计算增值额。

第四步,计算增值率,即增值额与扣除项目金额之比。

第五步,计算土地增值税额,即按增值率所适用的税率直接乘以增值额,再减去扣除项目金额乘以速算扣除系数。

【例题 6-1】 某工业企业 2018 年出售一幢新建办公楼取得收入 12 800 万元,该办公楼建造成本和相关费用 3 330 万元,缴纳与转让办公楼相关的税金 670 万元(其中印花税金 2.5 万元)。计算该企业应缴纳土地增值税税额。

解析:

1. 按一般定义法计算

第一步,计算收入总额。

$$收入总额 = 12\ 800(万元)$$

第二步,计算扣除项目金额。

$$扣除项目金额 = 3\ 330 + 670 = 4\ 000(万元)$$

第三步，计算增值额税。

$$增值额 = 12\ 800 - 4\ 000 = 8\ 800(万元)$$

第四步，计算增值率税。

$$增值率 = 8\ 800 \div 4\ 000 = 220\%$$

第五步，计算出各级距的增值额税。

第一级增值额 $=$ 扣除项目金额$\times 50\% = 4\ 000 \times 50\% = 2\ 000(万元)$
第二级增值额 $=$ 扣除项目金额$\times(100\% - 50\%) = 4\ 000 \times 50\% = 2\ 000(万元)$
第三级增值额 $=$ 扣除项目金额$\times(200\% - 100\%) = 4\ 000 \times 100\% = 4\ 000(万元)$
第四级增值额 $=$ 全部应税增值额 $-$ 以上各级增值额之和 $= 8\ 800 - (2\ 000 + 2\ 000 + 4\ 000) = 800(万元)$

第六步，计算应纳土地增值税税额税。

$$应纳土地增值税税额 = 2\ 000 \times 30\% + 2\ 000 \times 40\% + 4\ 000 \times 50\% + 800 \times 60\%$$
$$= 3\ 880(万元)$$

2. 按速算扣除法计算

第一步，计算收入总额税。

$$收入总额 = 12\ 800(万元)$$

第二步，计算扣除项目金额。

$$扣除项目金额 = 3\ 330 + 670 = 4\ 000(万元)$$

第三步，计算增值额。

$$增值额 = 12\ 800 - 4\ 000 = 8\ 800(万元)$$

第四步，计算增值率。

$$增值率 = 8\ 800 \div 4\ 000 = 220\%$$

第五步，计算土地增值税税额。

$$应纳土地增值税税额 = 8\ 800 \times 60\% - 4\ 000 \times 35\% = 3\ 880(万元)$$

【例题 6-2】 某企业转让一幢旧厂房，当时造价 300 万元，无偿取得土地使用权。若现在建造同样的房子需要 700 万元，该房子 8 成新，按 800 万元出售，支付有关税费 25 万元。计算该企业应纳土地增值税税额。

解析：

(1) 计算允许扣除的金额。

$$评估价格 = 700 \times 80\% = 560(万元)$$
$$有关税费 = 25(万元)$$
$$允许扣除的金额合计 = 560 + 25 = 585(万元)$$

(2) 计算增值额。

$$增值额 = 800 - 585 = 215(万元)$$

(3) 计算增值率，确定税率和速算扣除系数。

$$增值率 = 215 \div 585 \times 100\% \approx 36.75\%$$

查"土地增值税税率表"确定适用税率为 30%、速算扣除系数为 0。

(4) 计算应纳税额。

$$应纳税额 = 215 \times 30\% = 64.5(万元)$$

（二）土地增值税预征的计算

房地产开发企业采取预收款方式销售自行开发的房地产项目的，可按照以下方法计算土地增值税预征计征依据：

$$土地增值税预征的计征依据 = 预收款 - 应预缴增值税税款$$

土地增值税预征的计征依据采用一般土地增值税的计算方法进行应纳土地增值税的计算。

（三）土地增值税的清算

土地增值税清算是纳税人在符合清算条件后，按规定计算房地产开发项目应缴纳的土地增值税，然后填写《土地增值税清算申报表》，向主管税务机关提供有关资料，办理土地增值税清算手续，结清该房地产项目应缴纳土地增值税税款的行为。

土地增值税清算应该以相关部门审批的房地产开发项目为单位进行清算；对分期开发的项目，以分期项目为清算单位。如果开发项目中同时包含普通住宅和非普通住宅的，应分别计算增值额。纳税人符合下列条件之一的，应进行土地增值税清算：

(1) 房地产开发项目全部竣工、完成销售的。

(2) 整体转让未竣工决算房地产开发项目的。

(3) 直接转让土地使用权的。

对符合以下条件之一的，主管税务机关可要求纳税人进行土地增值税清算：

(1) 已竣工验收的房地产开发项目，已转让的房地产建筑面积占整个项目可售建筑面积的比例在 85% 以上，或该比例虽未超过 85%，但剩余的可售建筑面积已经出租或自用的。

(2) 取得销售（预售）许可证满 3 年仍未销售完毕的。

(3) 纳税人申请注销税务登记但未办理土地增值税清算手续的，应在办理注销登记前进行土地增值税清算。

(4) 省级税务机关规定的其他情况。

（四）土地增值税的纳税申报

从事房地产开发的纳税人，应在取得土地使用权并获得房地产开发项目开工许可后，根据税务机关确定的时间，向主管税务机关报送《土地增值税项目登记表》（见表 6-3），并在每次转让（预售）房地产时，依次填报表中规定栏目的内容。国家税务总局于 2016 年对土地增值税纳税申报表进行了修订，详见税总函〔2016〕309 号。

表 6-3　土地增值税项目登记表
（从事房地产开发的纳税人适用）

纳税人识别号：　　　　　　　纳税人名称：　　　　　填表日期：　　年　　月　　日

金额单位：元至角分　　　　　　　　　　　　　　　　　面积单位：平方米

项目名称		项目地址		业　别	
经济性质		主管部门			
开户银行		银行账号			
地　址		邮政编码		电　话	
土地使用权受让(行政划拨)合同号			受让(行政划拨)时间		
建设项目起讫时间		总预算成本		单位预算成本	
项目详细坐落地点					
开发土地总面积		开发建筑总面积		房地产转让合同名称	
转让次序	转让土地面积(按次填写)	转让建筑面积(按次填写)		转让合同签订日期(按次填写)	
第1次					
第2次					
……					
备注					

以下由纳税人填写：

纳税人声明	此纳税申报表是根据《中华人民共和国土地增值税暂行条例》及其实施细则和国家有关税收规定填报的，是真实的、可靠的、完整的。	
纳税人签章	代理人签章	代理人身份证号

以下由税务机关填写：

受理人		受理日期　　年　　月　　日	受理税务机关签章

填表说明：

1. 本表适用于从事房地产开发与建设的纳税人，在立项后及每次转让时填报。

2. 凡从事新建房及配套设施开发的纳税人，均应在规定的期限内，据实向主管税务机关填报本表所列内容。

3. 本表栏目的内容如果没有，可以空置不填。

4. 纳税人在填报土地增值税项目登记表时，应同时向主管税务机关提交土地使用权受让合同、房地产转让合同等有关资料。

5. 本表一式三份，送主管税务机关审核盖章后，两份由地方税务机关留存，一份退纳税人。

　　土地增值税的纳税申报分为从事房地产开发（专营与兼营）的纳税人（即房地产开发公司）和非从事房地产开发的纳税人两种类型，两类纳税人的纳税申报要求有所不同，纳税申报表共有七份（包括从事房地产开发的纳税人预征适用、从事房地产开发的纳税人清算适用、非从事房地产开发的纳税人适用、从事房地产开发的纳税人清算后尾盘销售适用、从事房地产开发的纳税人清算方式为核定征收适用、纳税人整体转让在建工程适用、非从事房地产开发的纳税人核定征收适用)。本书只列出土地增值税纳税申报表(一)和土地增值税纳税申报表(三)(见表6-4、表6-5),不再进行具体说明。

三、土地增值税应纳税额的会计核算

(一) 账户设置

为了核算土地增值税的应交及已交等情况,企业应设置"应交税费——应交土地增值税"账户进行核算。

主营或兼营房地产业务的企业,应缴纳的土地增值税通过"税金及附加"和"应交税费——应交土地增值税"会计账户核算。

非房地产企业从事转让国有土地使用权与其地上建筑物及其附着物的,应缴纳的房地产税通过"固定资产清理"和"应交税费——应交土地增值税"会计账户核算。

(二) 会计核算

(1) 主营房地产业务的企业,计算当期转让房地产应缴纳土地增值税时,作如下会计分录:

借:税金及附加 ××
　　贷:应交税费——应交土地增值税 ××

(2) 非房地产企业转让国有土地使用权连同地上建筑物及其附着物,通过"固定资产清理"账户核算转让时应缴纳的土地增值税,作如下会计分录:

借:固定资产清理 ××
　　贷:应交税费——应交土地增值税 ××

(3) 企业按税法规定缴纳土地增值税时,作如下会计分录:

借:应交税费——应交土地增值税 ××
　　贷:银行存款 ××

表6-4 土地增值税纳税申报表(一)
(从事房地产开发的纳税人预征适用)

税款所属时间: 年 月 日 至 年 月 日　　　　　　填表日期: 年 月 日

项目名称:　　　　　　　　　项目编号:　　　　　金额单位:元至角分;面积单位:平方米

纳税人识别号 □□□□□□□□□□□□□□□□□□□□□□

房产类型	房产类型子目	收入				预征率(%)	应纳税额	税款缴纳	
		应税收入	货币收入	实物收入及其他收入	视同销售收入			本期已缴税额	本期应缴税额计算
	1	2=3+4+5	3	4	5	6	7=2×6	8	9=7−8
普通住宅									
非普通住宅									

(续表)

| 房产类型 | 房产类型子目 | 收入 | | | | 预征率（%） | 应纳税额 | 税款缴纳 | |
		应税收入	货币收入	实物收入及其他收入	视同销售收入			本期已缴税额	本期应缴税额计算
其他类型房地产									
合　计	—					—			

以下由纳税人填写：

纳税人声明	此纳税申报表是根据《中华人民共和国土地增值税暂行条例》及其实施细则和国家有关税收规定填报的，是真实的、可靠的、完整的。			
纳税人签章		代理人签章	代理人身份证号	

以下由税务机关填写：

受理人		受理日期	年 月 日	受理税务机关签章	

本表一式两份，一份纳税人留存，一份税务机关留存。

表 6-5　土地增值税纳税申报表（三）
（非从事房地产开发的纳税人适用）

税款所属时间：　年　月　日至　年　月　日　　　填表日期：　年　月　日

金额单位：元至角分　　　　　　面积单位：平方米

纳税人识别号 □□□□□□□□□□□□□□□□□□□□

纳税人名称		项目名称		项目地址	
所属行业		登记注册类型		纳税人地址	邮政编码
开户银行		银行账号		主管部门	电　话

项　目			行次	金　额
一、转让房地产收入总额　1＝2＋3＋4			1	
其中	货币收入		2	
	实物收入		3	
	其他收入		4	
二、扣除项目金额合计 （1）5＝6＋7＋10＋15 （2）5＝11＋12＋14＋15			5	
（1）提供评估价格	1. 取得土地使用权所支付的金额		6	
	2. 旧房及建筑物的评估价格 7＝8×9		7	
	其中	旧房及建筑物的重置成本价	8	
		成新度折扣率	9	
	3. 评估费用		10	

（续表）

（2）提供购房发票	1. 购房发票金额		11	
	2. 发票加计扣除金额 12＝11×5‰×13		12	
	其中：房产实际持有年数		13	
	3. 购房契税		14	
	4. 与转让房地产有关的税金等 15＝16＋17＋18＋19		15	
其中	营业税（已营改增）此栏不填		16	
	城市维护建设税		17	
	印花税		18	
	教育费附加		19	
三、增值额 20＝1－5			20	
四、增值额与扣除项目金额之比（％）21＝20÷5			21	
五、适用税率（％）			22	
六、速算扣除系数（％）			23	
七、应缴土地增值税税额 24＝20×22－5×23			24	
八、减免税额（减免性质代码： ）			25	
九、已缴土地增值税税额			26	
十、应补（退）土地增值税税额 27＝24－25－26			27	

以下由纳税人填写：

纳税人声明	此纳税申报表是根据《中华人民共和国土地增值税暂行条例》及其实施细则和国家有关税收规定填报的，是真实的、可靠的、完整的。		
纳税人签章		代理人签章	代理人身份证号

以下由税务机关填写：

受理人		受理日期	年 月 日	受理税务机关签章

本表一式两份，一份纳税人留存，一份税务机关留存。

【例题 6-3】 大华制造企业有一栋 2018 年 5 月 30 日以前建造的办公大楼，原价为 800 万元，已计提折旧 400 万元。经房地产评估机构评估，该楼房重置成本为 1 000 万元，成新度折扣率为 40％。2018 年 12 月大华企业将该栋办公大楼以 500 万元（不含税价）出售。出售过程中缴纳增值税 25 万元，城市维护建设税 1.75 万元，教育费附加 0.75 万元，共计缴纳税金 27.5 万元。计算该企业应缴纳的土地增值税税额，并进行相关会计处理。

解析：

1. 计算应缴纳的土地增值税

第一步，计算收入总额。

$$收入总额 ＝ 500（万元）$$

第二步，计算扣除项目金额。

$$扣除项目金额 ＝ 1\,000 \times 40\% ＋ 27.5 ＝ 427.5（万元）$$

第三步,计算增值额。

$$增值额 = 500 - 427.5 = 72.5(万元)$$

第四步,计算增值率。

$$增值率 = 72.5 \div 427.5 = 16.96\%(适用税率为30\%)$$

第五步,计算土地增值税税额。

$$应交土地增值税税额 = 72.5 \times 30\% = 21.75(万元)$$

2. 进行相关会计处理

(1) 固定资产转入清理时:

借:固定资产清理　　　　　　　　　　　　　　　4 000 000
　　累计折旧　　　　　　　　　　　　　　　　　4 000 000
　　贷:固定资产　　　　　　　　　　　　　　　　　8 000 000

(2) 出售取得收入时:

借:银行存款　　　　　　　　　　　　　　　　　5 000 000
　　贷:固定资产清理　　　　　　　　　　　　　　　5 000 000

(3) 出售固定资产计算应缴纳税金时:

借:固定资产清理　　　　　　　　　　　　　　　　492 500
　　贷:应交税费——应交增值税——销项税额　　　　250 000
　　　　应交税费——城市维护建设税　　　　　　　　17 500
　　　　应交税费——教育费附加　　　　　　　　　　 7 500
　　　　应交税费——应交土地增值税　　　　　　　　217 500

(4) 结转固定资产清理净损益时:

借:固定资产清理　　　　　　　　　　　　　　　　507 500
　　贷:营业外收入　　　　　　　　　　　　　　　　507 500

思考题

1. 简述土地增值税的概念及特点。
2. 简述土地增值税的计算方法及公式。
3. 土地增值税计算时允许扣除的项目包括哪些?
4. 如何进行土地增值税的会计核算?

实践能力训练

一、选择题

1. 下列各项中,应征收土地增值税的是(　　)。

　　A. 赠予社会公益事业的房地产

B. 个人之间互换自有居住用房地产

C. 抵押期满权属转让给债权人的房地产

D. 兼并企业从被兼并企业得到的房地产

2. 房地产开发企业在确定土地增值税的扣除项目时,允许单独扣除的税金是( )。

    A. 营业税、印花税   B. 房产税、城市维护建设税

    C. 增值税、城市维护建设税   D. 印花税、城市维护建设税

3. 对于不超过商业银行同类同期贷款利率据实列支的利息支出以外的其他房地产开发费用,按照取得土地使用权支付的金额和房地产开发成本之和,在( )以内计算扣除。

    A. 3%   B. 5%   C. 10%   D. 20%

4. 下列项目中,属于土地增值税征税范围的有( )。

    A. 抵押期满以国有土地使用权清偿到期债务

    B. 农村居民转让宅基地使用权

    C. 房产所有人通过当地教育局向希望小学捐赠的房屋

    D. 房地产评估增值

5. 房地产开发企业转让房地产的,其已缴纳的税金不得单独扣除的是( )。

    A. 增值税   B. 印花税   C. 城市维护建设税   D. 教育费附加

6. 土地增值税的税率形式是( )。

    A. 比例税率   B. 超额累进税率

    C. 全额累进税率   D. 超率累进税率

7. 土地增值额计算过程中,不准予按实际发生额扣除的项目是( )。

    A. 房地产开发费用   B. 地价款

    C. 房地产开发成本   D. 营业税金

8. 某工业企业 2018 年转让一幢新建办公楼取得收入 6 500 万元,该办公楼建造成本和相关费用 4 800 万元,缴纳与转让办公楼相关的税金 277.5 万元(其中印花税金 2.5 万元)。该企业应缴纳土地增值税( )万元。

    A. 96.75   B. 97.50   C. 426.75   D. 427.50

9. 选择土地增值税适用税率的依据是( )。

    A. 转让房地产的收入额与扣除项目金额之比

    B. 增值额与转让房地产的收入额之比

    C. 增值额与扣除项目金额之比

    D. 扣除项目金额与增值额之比

10. 纳税人转让房地产所取得的收入减除( )后的余额,为增值额。

    A. 实际支出   B. 项目金额

    C. 与转让房地产有关的税金   D. 房地产开发成本

二、多选题

1. 下列各项中,不属于土地增值税征税范围的有( )。

    A. 以房地产抵债而尚未发生房地产权属转让的

    B. 以房地产抵押贷款而房地产尚在抵押期间的

C. 被兼并企业的房地产在企业兼并中转让到兼并方的

D. 以出地、出资双方合作建房,建成后又转让给其中一方的

2. 下列各项中,符合土地增值税征收管理有关规定的有(   )。

A. 纳税人建造普通标准住宅出售,增值额未超过扣除项目金额20%的,减半征收土地增值税

B. 纳税人建造普通标准住宅出售,增值额未超过扣除项目金额20%的,免征土地增值税

C. 纳税人建造普通标准住宅出售,增值额超过扣除项目金额20%的,应对其超过部分的增值额按规定征收土地增值税

D. 纳税人建造普通标准住宅出售,增值额超过扣除项目金额20%的,应对其全部增值额按规定征收土地增值税

3. 下列各项中,符合土地增值税有关规定的有(   )。

A. 个人转让居住未满3年的自用住房,按规定计征土地增值税

B. 个人转让居住未满1年的自用住房,加征50%的土地增值税

C. 个人转让居住满3年未满5年的自用住房,减半征收土地增值税

D. 个人转让居住满5年或5年以上的自用住房,免予征收土地增值税

4. 对房地产开发企业来说,计算土地增值税时可以作为"与转让房地产有关的税金"扣除的有(   )。

A. 企业所得税   B. 城市维护建设税

C. 印花税   D. 教育费附加

5. 下列各项可以不征土地增值税的有(   )。

A. 转让抵押贷款的房屋

B. 房地产的代建房行为

C. 房地产重新评估而使其升值

D. 因城市实施规划、国家建设的需要而搬迁,由纳税人自行转让原房地产

6. 土地增值税规定,允许从事房地产开发的纳税人加计20%扣除的项目是(   )。

A. 房地产开发成本   B. 房地产开发费用

C. 取得土地使用权所支付的金额   D. 转让房地产的税金

E. 房价之外收取的代收费用

7. 下列项目中,计征土地增值税时需要用评估价格来确定转让房地产收入、扣除项目金额的包括(   )。

A. 出售新房屋及建筑物的   B. 虚报房地产成交价格的

C. 出售旧房屋及建筑物的   D. 提供扣除项目金额不实的

8. 下列情形中,土地增值税可实行核定征收的有(   )。

A. 依照法律、行政法规的规定应当设置但未设置账簿的

B. 擅自销毁账簿或者拒不提供纳税资料的

C. 申报的计税依据明显偏低,又无正当理由的

D. 各类凭证残缺不全,难以确定转让收入或扣除项目金额的

9. 土地增值税的纳税人是指转让国有土地使用权、地上建筑物及其附着物并取得收入的单位和个人,包括( )。

A. 企事业单位
B. 国家机关
C. 国有企业
D. 外商投资企业

10. 土地增值税中,下列准予从转让收入额中据实扣除的项目有( )。

A. 取得土地使用权所支付的金额
B. 土地征用及拆迁补偿费
C. 各项利息支出
D. 管理费用

三、判断题

1. 土地增值税实行四级超率累进税率。　　　　　　　　　　　　　　　　( )

2. 纳税人建造普通标准住宅出售,增值额未超过扣除项目金额20%的,免征土地增值税。　　　　　　　　　　　　　　　　　　　　　　　　　　　　( )

3. 因城市实施规划、国家建设的需要而被政府批准征用的房产或收回的土地使用权,仍需征收土地增值税。　　　　　　　　　　　　　　　　　　　　　( )

4. 土地增值税的纳税义务人为转让国有土地使用权、地上的建筑物及其附着物并取得收入的单位。　　　　　　　　　　　　　　　　　　　　　　　( )

5. 企业负担的土地增值税,应根据情况分别在税金及附加及其他业务成本账户中列支。　　　　　　　　　　　　　　　　　　　　　　　　　　　　　( )

6. 土地增值税的纳税人应向房地产所在地主管税务机关办理纳税申报,并在税务机关核定的期限内缴纳土地增值税。　　　　　　　　　　　　　　　　　( )

7. 将使用过的旧房屋出售不缴纳土地增值税。　　　　　　　　　　　　　( )

8. 隐瞒、虚报房地产成交价格,税务机关可以以房地产评估价格为计税依据,计征土地增值税。　　　　　　　　　　　　　　　　　　　　　　　　　( )

9. 与转让房地产有关的税金是指在转让房地产时缴纳的营业税、城市维护建设税、印花税。因转让房地产缴纳的教育费附加,也可视同税金予以扣除。　　　　( )

10. 房地产开发成本是指与房地产开发项目有关的销售费用、管理费用和财务费用。　　　　　　　　　　　　　　　　　　　　　　　　　　　　　( )

四、计算题

1. 某企业2018年5月在市区购置一栋办公楼,支付价款8 000万元。2018年5月,该企业将办公楼转让,取得收入10 000万元,签订产权转移书据。办公楼经税务机关认定的重置成本价为12 000万元,成新度折扣率60%。计算该企业在缴纳土地增值税时的增值额。

2. 2018年8月大华房地产开发公司转让新建普通标准住宅一幢,取得转让收入4 100万元,转让环节缴纳税款以及有关费用合计210万元。已知大华公司为取得土地使用权而支付的地价款和有关费用为1 600万元,房地产开发成本为900万元,利息支出为190万元(能够按房地产项目计算分摊并提供金融机构证明)。另知大华公司所在地政府规定的其他房地产开发费用的计算扣除比例为5%。计算该单位应缴纳的土地增值税税额。

五、账务处理

大华工业企业转让一幢于 20 世纪 90 年代建造的厂房,当时造价为 200 万元,无偿取得土地使用权。如果按现行市场价的材料、人工费计算,建造同样的房子需 700 万元,该房子为六成新,按 500 万元出售,支付有关税费共计 37.5 万元。计算企业转让旧房应缴纳的土地增值税税额,并进行相应的会计处理。

第七章 城市维护建设税及教育费附加

（Urban maintenance and construction tax and educational expenses to add）

学习目标

本章内容主要有：城市维护建设税及教育费附加的概念、特点、基本要素、应纳税额的计算、纳税申报及会计核算等。通过本章的学习，达到如下目的：

1. 理解城市维护建设税和教育费附加的概念及其主要内容。
2. 掌握城市维护建设税和教育费附加的计算及其核算。
3. 掌握城市维护建设税、教育费附加的纳税申报。

第一节　城市维护建设税的核算

一、城市维护建设税的概念和特点

（一）城市维护建设税的概念

城市维护建设税是对从事工商经营缴纳增值税、消费税的单位和个人，按其实际缴纳的"两税"税额的一定比例征收，专门用于城市维护建设的一种税收。

我国现行城市维护建设税的征收管理是以 1985 年 2 月 8 日颁布的《中华人民共和国城市维护建设税暂行条例》为基本法律依据。城市维护建设税是国家为加强城市的维护建设，扩大和稳定城市维护建设资金的来源而采取的一项税收措施。

（二）城市维护建设税的特点

与其他税种相比较，现行城市维护建设税的特点如下。

1. 税款专款专用，属于特定目的税

城市维护建设税专款专用，其税款专门用来保证城市的公共事业和公共设施的维护和建设，就是一种具有受益税性质的税种。

2. 属于一种附加税

城市维护建设税没有独立的征税对象或税基，而是以增值税、消费税实际缴纳的税额之和为计税依据，随"两税"同时附征，本质上属于一种附加税。

3. 根据城建规模设计税率

按照纳税人所在地的不同，城市维护建设税税率分三档：7%、5%、1%。

4. 征收范围较广

由于增值税、消费税是我国主体税种,城市维护建设税又是其附加税种,因此城市维护建设税的征税范围较广,包括城市、县城、建制镇,以及税法规定征收"两税"的其他地区。

二、城市维护建设税的基本要素

(一)城市维护建设税的纳税人

城市维护建设税的纳税人,是缴纳增值税、消费税的单位和个人。只要缴纳了增值税、消费税中的任何一种税,都应同时缴纳城市维护建设税。其中的单位和个人包括国有企业、集体企业、私营企业、股份制企业、其他企业和行政单位、事业单位、军事单位、社会团体,其他单位,以及个体和其他个人。自 2010 年 12 月 1 日起,对外商投资企业、外国企业及外籍个人(以下简称"外资企业")征收城市维护建设税和教育费附加。个体商贩及个人在集市上出售商品,对其征收临时经营增值税,是否同时按其实缴税额征收城市维护建设税,由各省、自治区、直辖市人民政府根据实际情况确定。

(二)城市维护建设税税率

城市维护建设税实行地区差别比例税率。按照纳税人所在地区的不同,城市维护建设税设置了三档税率,而且一般都是按照纳税人所在地区的规定税率执行。

(1)纳税人所在地为市区的,税率为 7%。

(2)纳税人所在地为县城、镇的,税率为 5%。

(3)纳税人所在地不在市区、县城或者镇的,税率为 1%。

特殊情况下,可按缴纳"两税"所在地区的规定税率计算缴纳城市维护建设税。

(1)由受托方代收代缴、代扣代缴两税的,以受托方所在地适用税率为准。

(2)无固定地点的,以经营地缴纳两税的,则以经营地适用税率为准。

(3)撤县建市后,纳税人所在地在市区的,城市维护建设税适用税率为 7%;纳税人所在地在市区以外其他镇的,城市维护建设税适用税率仍为 5%。

(4)开采海洋石油资源的中外合作油(气)田所在地在海上,根据《中华人民共和国城市维护建设税暂行条例》(国发〔1985〕19 号)第四条的规定,其城市维护建设税适用 1%的税率。

(三)城市维护建设税的税收优惠

城市维护建设税原则上不单独减免,有关减免规定具体如下:

(1)城市维护建设税按减免后实缴的"两税"税额计征,即随"两税"的减免而减免。

(2)对出口产品退还增值税、消费税的,不退还已缴纳的城市维护建设税。自 2005 年 1 月 1 日起,经国家税务局正式审核批准的当期免抵的增值税税额应纳入城市维护建设税和教育费附加的计征范围,分别按规定的税(费)率征收城市维护建设税和教育费附加。

(3)对个别缴纳城市维护建设税确有困难的企业和个人,由市县人民政府审批,酌情给予减免税照顾。

(4)海关对进口产品代征的增值税、消费税,不征收城市维护建设税。

(四)城市维护建设税的征收管理

城市维护建设税的征收管理、纳税环节等事项,比照增值税、消费税的有关规定办理。

特殊规定如下：

（1）纳税人直接缴纳"两税"的，在缴纳"两税"地缴纳城市维护建设税。

（2）代征、代扣、代缴两税的企业单位，同时也要代征、代扣、代缴城市维护建设税，如果没有代扣城市维护建设税的，应由纳税单位或个人回到其所在地申报纳税。

（3）银行的纳税地点：各银行缴纳的增值税，均由取得业务收入的核算单位在当地缴纳。即县以上各级银行直接经营业务取得的收入，由各级银行分别在所在地纳税。县和设区的市，由县支行或区办事处在其所在地纳税，而不能分别按所属营业所的所在地计算纳税。

（4）纳税人跨地区提供建筑服务、销售和出租不动产的，应在建筑服务发生地、不动产所在地预缴增值税时，以预缴增值税税额为计税依据，并按预缴增值税所在地的城市维护建设税适用税率和教育费附加征收率就地计算缴纳城市维护建设税和教育费附加。预缴增值税的纳税人在其机构所在地申报缴纳增值税时，以其实际缴纳的增值税税额为计税依据，并按机构所在地的城市维护建设税适用税率和教育费附加征收率就地计算缴纳城市维护建设税和教育费附加。

一般情况下，城市维护建设税不单独加收滞纳金或罚款。但是，如果纳税人缴纳了"两税"之后，却不按规定缴纳城市维护建设税的，则可以对其单独加收滞纳金，也可以单独进行罚款。

三、城市维护建设税的计算

（一）城市维护建设税的计税依据

城市维护建设税的计税依据是纳税人实际缴纳的增值税、消费税税额。

纳税人违反"两税"有关规定，被查补"两税"和被处以罚款时，也要对其未缴的城市维护建设税进行补税和罚款。纳税人违反"两税"有关规定而加收的滞纳金和罚款，不作为城市维护建设税的计税依据。

根据财税〔2018〕80号文件相关规定，自2018年7月27日起，享受增值税期末留抵退税政策的集成电路企业，允许其从城市维护建设税、教育费附加和地方教育附加的计税（征）依据中扣除退还的增值税税额。

（二）城市维护建设税应纳税额的计算

城市维护建设税是附加在增值税、消费税（"两税"）上的，属于附加税，其计算公式为：

$$应纳税额 =（实际缴纳的增值税 + 实际缴纳的消费税）× 适用税率$$

【例题7-1】　某企业设在市区，2018年10月缴纳增值税100万元、消费税15万元，补缴上月应纳消费税5万元。另外，该企业因违反税法规定被加收滞纳金和被处以罚款合计10万元。该企业当月应缴纳的城市维护建设税为多少？

解析：

城市维护建设税的计税依据是纳税人实际缴纳的增值税、消费税税额，包括补交税款。而不包括加收的滞纳金和罚款。

$$该企业本月应缴纳的城市维护建设税 =（100 + 15 + 5）× 7\% = 8.4（万元）$$

【例题7-2】 市区某企业2018年8月共缴纳增值税、消费税和关税552万元,其中关税112万元,进口环节缴纳的增值税和消费税260万元。该企业8月应缴纳的城市维护建设税为多少?

解析:

城市维护建设税的计税依据是纳税人实际缴纳的增值税和消费税税额,不包括关税和进口环节的增值税和消费税。

$$该企业本月应缴纳的城市维护建设税 = (552 - 112 - 260) \times 7\% = 19.6(万元)$$

四、城市维护建设税的会计核算

为了核算城市维护建设的应交及实交等情况,企业应设置"应交税费——应交城市维护建设税"账户,贷方登记应缴纳的城市维护建设税,借方登记已缴纳的城市维护建设税,期末贷方余额为尚未缴纳的城市维护建设税。计提城市维护建设税时,应借记"税金及附加"账户,贷记"应交税费——应交城市维护建设税"账户;缴纳城市维护建设税时,应借记"应交税费——应交城市维护建设税"账户,贷记"银行存款"等账户。

【例题7-3】 市区某企业2018年8月缴纳增值税5.5万元、消费税2.3万元。计算该企业当月应缴纳城市维护建设税的税额并作相应的会计处理。

解析:

$$应纳城市维护建设税税额 = (5.5 + 2.3) \times 7\% = 5\ 460(元)$$

(1)计算应缴城市维护建设税时:

借:税金及附加　　　　　　　　　　　　　　　　　　　　　　5 460

　　贷:应交税费——应交城市维护建设税　　　　　　　　　　　　5 460

(2)缴纳城市维护建设税时:

借:应交税费——应交城市维护建设税　　　　　　　　　　　　5 460

　　贷:银行存款　　　　　　　　　　　　　　　　　　　　　　5 460

第二节　教育费附加及地方教育费附加

一、教育费附加及地方教育费附加的概念

教育费附加是对缴纳增值税、消费税的单位和个人,就其实际缴纳的税额为计算依据征收的一种附加费。教育费附加是为加快地方教育事业,扩大地方教育经费的资金而征收的一项专用基金。

地方教育附加是指各省、自治区、直辖市根据国家有关规定,为实施"科教兴省"战略,增加地方教育的资金投入,促进各省、自治区、直辖市教育事业发展,开征的一项地方政府性基金。该收入主要用于各地方的教育经费的投入补充。

为了调动各种社会力量办教育的积极性,开辟多种渠道筹措教育经费,国务院于1986

年 4 月 28 日颁布了《征收教育费附加的暂行规定》，同年 7 月 1 日开始在全国范围内征收。国务院分别于 1990 年和 2005 年对该暂行规定进行了两次修订。为贯彻落实《国家中长期教育改革和发展规划纲要（2010—2020 年）》，财政部下发了《关于统一地方教育附加政策有关问题的通知》。

二、教育费附加的基本内容

（一）教育费附加及地方教育费附加的纳税人

教育费附加及地方教育费附加的纳税人，是指缴纳增值税、消费税的单位和个人。只要缴纳了增值税、消费税中的任何一种税，都应同时缴纳教育费附加。自 2010 年 12 月 1 日起，对外商投资企业和外国企业开始征收教育费附加。

（二）教育费附加及地方教育费附加的征收范围及计税依据

教育费附加及地方教育费附加对缴纳增值税、消费税的单位和个人征收，以其实际缴纳的增值税、消费税税额为计税依据，分别与增值税、消费税同时缴纳。但对出口产品退还增值税、消费税的，不退还已征的教育费附加。

缴纳教育费附加及地方教育费附加的单位和个人，因其偷漏税而被查补"两税"，处以罚款或课征滞纳金时，对其偷漏的教育费附加应同时补征、罚款或课征滞纳金。

（三）教育费附加及地方教育费附加的计征比率

现行教育费附加征收比率为 3%。地方教育附加征收比率为 2%。

（四）教育费附加及地方教育费附加的税收优惠

（1）对海关进口的产品征收的增值税、消费税，不征收育费附加及地方教育费附加。

（2）对由于减免增值税、消费税而发生退税的，可同时退还已征收的教育费附加及地方教育费附加。

（3）下岗失业人员从事个体经营的，自领取税务登记证之日起，3 年内免征教育费附加及地方教育费附加。

但对出口产品退还增值税、消费税的，不退还已征的教育费附加及地方教育费附加。

（五）教育费附加及地方教育费附加的征收管理

教育费附加及地方教育费附加的缴纳地点、缴纳期限等征收管理规定与城市维护建设税相同。

三、教育费附加及地方教育费附加的计算

教育费附加及地方教育费附加是附加在增值税、消费税（"两税"）上的，属于附加税，其计算公式为：

$$应纳税额 =（实际缴纳的增值税 + 实际缴纳的消费税）\times 适用税率$$

【例题 7-4】 西安市甲化工企业 2018 年 8 月实际缴纳增值税 15 万元、消费税 20 万元，试计算甲企业应缴纳的教育费附加及地方教育费附加、城市维护建设税。

解析：

$$应缴纳的教育费附加 =（15 + 20）\times 3\% = 1.05（万元）$$
$$应缴纳的地方教育费附加 =（15 + 20）\times 2\% = 0.7（万元）$$
$$应缴纳的城市维护建设税 =（15 + 20）\times 7\% = 2.45（万元）$$

【例题 7-5】　某市国有企业 2018 年共申报缴纳增值税 24 万元、消费税 20 万元。经税务机关检查发现,企业隐匿消费品销售收入 100 万元。为此,税务机关责令除追缴少缴纳的税收之外,加收滞纳金 1 万元和罚款 2 万元。假设该消费品的消费税税率为 10%,增值税税率为 17%,计算该企业应该缴纳的城市维护建设税和教育费附加。

解析:

应缴纳的城市维护建设税 $= (24 + 20 + 100 \times 17\% + 100 \times 10\%) \times 7\% = 4.97$(万元)

应缴纳的教育费附加 $= (24 + 20 + 100 \times 17\% + 100 \times 10\%) \times 3\% = 2.13$(万元)

应缴纳的地方教育费附加 $= (24 + 20 + 100 \times 17\% + 100 \times 10\%) \times 2\% = 1.42$(万元)

四、教育费附加及地方教育费附加的会计核算

为了核算教育费附加及地方教育费附加的应交及已交等情况,企业应设置"应交税费——应交教育费附加""应交税费——应交地方教育费附加"账户,贷记应缴纳的教育费附加及地方教育费附加,借记已缴纳的教育费附加及地方教育费附加,期末贷方余额为应缴未缴的教育费附加及地方教育费附加。计提教育费附加及地方教育费附加时,应借记"税金及附加"账户,贷记"应交税费——应交教育费附加""应交税费——应交地方教育费附加"账户;缴纳教育费附加时,应借记"应交税费——应交教育费附加""应交税费——应交地方教育费附加"账户,贷记"银行存款"等账户。

【例题 7-6】　设在某县城的神州旅行社 8 月份组织 4 次国内旅行团,收取旅费 120 000 元,其中替旅行团支付给其他单位的各项费用 60 000 元,改由其他旅行团接待 1 个团,转付旅行费 20 000 元。计算该旅行社当月应缴纳的教育费附加并作账务处理。

解析:

该旅行社应交增值税税额 $= (120\ 000 - 60\ 000 - 20\ 000) \times 6\% = 2\ 400$(元)

应交教育费附加 $= 2\ 400 \times 3\% = 72$(元)

应交地方教育费附加 $= 2\ 400 \times 2\% = 48$(元)

(1) 计提税金时:

借:税金及附加　　　　　　　　　　　　　　　　　　　　　　　120

　　贷:应交税费——应交教育费附加　　　　　　　　　　　　　　 72

　　　　应交税费——应交地方教育费附加　　　　　　　　　　　　 48

(2) 缴纳税金时:

借:应交税费——应交教育费附加　　　　　　　　　　　　　　　 72

　　应交税费——应交地方教育费附加　　　　　　　　　　　　　 48

　　贷:银行存款　　　　　　　　　　　　　　　　　　　　　　　120

第三节　城市维护建设税、教育费附加的纳税申报

在中华人民共和国境内缴纳增值税、消费税的单位和个人,依照税收法律法规及相关

规定确定的申报期限、申报内容,就其应税项目如实向税务机关申报缴纳城市维护建设税及教育费附加等。

城市维护建设税及教育费附加纳税申报的政策依据是《中华人民共和国城市维护建设税暂行条例》(国发〔1985〕19号)。

一、城市维护建设税及教育费附加纳税基本流程和规范

城市维护建设税及教育费附加纳税基本流程如图7-1所示。

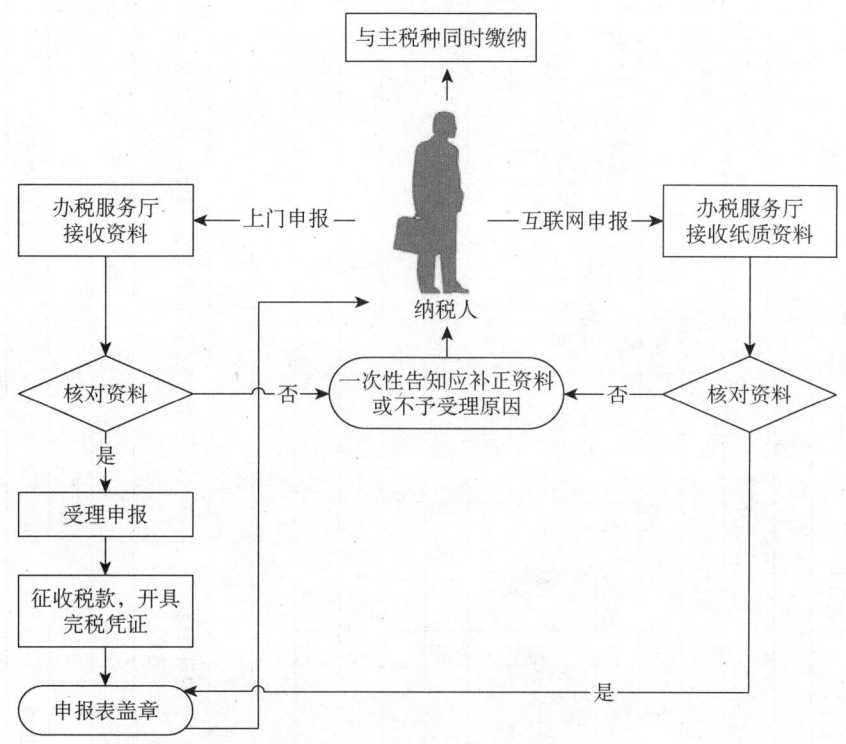

图7-1 城市维护建设税纳税基本流程图

城市维护建设税及教育费附加纳税基本规范:

(1)办税服务厅接收纳税人资料或纳税人通过互联网申报后提交的纸质资料,核对资料是否齐全、是否符合法定形式、填写内容是否完整、是否与税收优惠备案审批信息一致,符合的即时办结;不符合的当场一次性告知应补正资料或不予受理原因。

(2)为纳税人提供申报纳税办理指引,辅导纳税人申报纳税,提示纳税人填写税收优惠栏目。

(3)纳税人可通过财税库银电子缴税系统、银行卡(POS机)或现金等方式缴纳税款,办税服务厅应按规定开具完税凭证。

(4)办税服务厅人员在相应申报表上签名并加盖业务专用章,一份返还纳税人,一份作为资料归档,一份作为税收会计核算的原始凭证。

(5)主附税由同一税务机关管辖的可不单独申报,与主税种同时缴纳。

表 7-1　城市维护建设税、教育费附加、地方教育附加税（费）申报表

税款所属期限：自　年　月　日　至　年　月　日　　　填表日期：　年　月　日　　　　　　　　　金额单位：元至角分

纳税人识别号 □□□□□□□□□□□□□□□□□□

纳税人信息	名称					登记注册类型		所属行业		□单位　□个人	
	身份证件号码					联系方式				身份证件类型	

税（费）种	计税（费）依据					税率（征收率）	本期应纳税（费）额	本期减免税（费）额		本期已缴税（费）额	本期应补（退）税（费）额
	增值税		消费税	营业税（已营改增）	合计			减免性质代码	减免额		
	一般增值税	免抵税额									
	1	2	3	4	5=1+2+3	6	7=5×6	8	9	10	11=7－9－10
城市维护建设税											
教育费附加											
地方教育附加											
—											
合计	—				—	—					

以下由纳税人填写：

纳税人声明	此纳税申报表是根据《中华人民共和国城市维护建设税暂行条例》《国务院征收教育费附加的暂行规定》《财政部关于统一地方教育附加政策有关问题的通知》和国家有关税收规定填报的，是真实的、可靠的、完整的。		
纳税人签章		代理人签章	代理人身份证号

以下由税务机关填写：

受理人	受理日期　　年　月　日	受理税务机关签章

本表一式两份，一份纳税人留存，一份税务机关留存。
减免性质代码：减免性质代码按照国家税务总局制定下发的最新《减免性质及分类表》中的最细项减免性质代码填写。

（6）在办税服务厅或商业密集区提供自助办税设备。

二、城市维护建设税及教育费附加纳税申报

1. 纳税人办理时限

缴纳增值税、消费税的单位和个人依据税收法律、法规、规章及其他有关规定以其实际缴纳的消费税、增值税税额为计税依据，与对应的消费税、增值税同时缴纳，并向税务机关进行纳税申报。

2. 税务机关办理时限

报送资料齐全、符合法定形式、填写内容完整，受理后即时办结。

3. 城市维护建设税、教育费附加及地方教育附加税（费）申报表填写

详见表7-1。

思考题

1. 如何计算城市维护建设税？
2. 城市维护建设税如何核算？
3. 城市维护建设税的税率有哪些具体规定？

实践能力训练

一、单选题

1. 下列纳税人中应缴纳城市维护建设税的是（　　）。
   A. 印花税的纳税人　　　　　　　B. 个人所得税的纳税人
   C. 车船使用税的纳税人　　　　　D. 既缴增值税又缴消费税的纳税人

2. 某县城一加工企业2018年8月因进口半成品缴纳增值税120万元，销售产品缴纳增值税280万元，当月又出租门面房收到租金40万元。该企业当月应缴纳的城市维护建设税和教育费附加为（　　）。
   A. 28.2万元　　　B. 25.6万元　　　C. 22.56万元　　　D. 35.2万元

3. 设在县城的B企业按税法规定代收代缴设在市区的A企业的消费税，下列处理正确的是（　　）。
   A. 由B企业按5%税率代征代扣城市维护建设税
   B. 由A企业按5%税率回所在地缴纳
   C. 由B企业按7%税率代征代扣城市维护建设税
   D. 由A企业按7%税率自行缴纳城市维护建设税

4. 某市一企业2018年5月被查补增值税50 000元、消费税20 000元、所得税30 000元，被加收滞纳金2 000元，被处罚款8 000元。该企业应补缴城市维护建设税和教育费附加（　　）。
   A. 5 000元　　　B. 7 000元　　　C. 8 000元　　　D. 10 000元

5. 关于教育费附加的规定，下列表述正确的是（　　）。

A. 对出口产品退还增值税、消费税的，不退还已征的教育费附加

B. 对海关进口的产品征收增值税、消费税，同时征收教育费附加

C. 外资企业不缴纳教育费附加

D. 货物运输业按代开票纳税人管理的所有单位和个人，在代开发票时，按开票金额征收教育费附加

6. 关于教育费附加的说法，正确的是(　　　)。

A. 某公司应缴纳增值税 30 万元，实际缴纳增值税 20 万元，该公司以 30 万元为计税依据缴纳教育费附加

B. 张某下岗失业后开小吃店，2009 年 10 月 8 日领取税务登记证，2010 年 10 月 8 日起缴纳教育费附加

C. 某公司进口铁矿石缴纳增值税 80 万元，应同时按 3‰缴纳教育费附加

D. 某公司出口电视机已退增值税 60 万元，但已缴纳的教育费附加不予退还

二、多选题

1. 下列各项中，符合城市维护建设税征收管理有关规定的有(　　　)。

A. 海关对进口产品代征的增值税、消费税，征收城市维护建设税

B. 海关对进口产品代征的增值税、消费税，不征收城市维护建设税

C. 海关对出口产品退还增值税、消费税的，不退还已缴纳的城市维护建设税

D. 海关对进口产品退还增值税、消费税的，退还已缴纳的城市维护建设税

2. 下列各项中，符合城市维护建设税计税依据规定的有(　　　)。

A. 偷逃营业税而被查补的税款　　　　　B. 偷逃消费税而加收的滞纳金

C. 出口货物免抵的增值税税额　　　　　D. 出口产品征收的消费税税额

3. 某生产企业生产销售汽车轮胎，取得的销售收入应缴纳(　　　)。

A. 增值税　　　　B. 消费税　　　　C. 城市维护建设税　　　D. 教育费附加

4. 城市维护建设税适用的税率有(　　　)。

A. 7%　　　　　B. 5%　　　　　C. 3%　　　　　D. 1%

5. 关于城市维护建设税的适用税率，下列表述正确的有(　　　)。

A. 按纳税人所在地区的不同，设置了三档地区差别比例税率

B. 由受托方代收、代扣"两税"的，可按纳税人所在地的规定税率就地缴纳城市维护建设税

C. 流动经营等无固定纳税地点的纳税人可按纳税人缴纳"两税"所在地的规定税率就地缴纳城市维护建设税

D. 对增值税实行先征后返办法的，一般情况下附征的城市维护建设税不予退

三、判断题

1. 城市维护建设税是增值税、消费税的附加税，因此，它本身没有独立的征税对象。(　　　)

2. 城市维护建设税的计税依据为纳税人实际缴纳的增值税、消费税税额和查补的增值税、消费税税额，以及对纳税人违反增值税、消费税法规而加收的滞纳金和罚款。(　　　)

3. 凡是缴纳增值税、消费税的纳税人，须同时缴纳城市维护建设税。(　　　)

4. 纳税人在被查补"两税"和被处理罚款时，不再对其偷漏的城市维护建设税进行补税和

罚款。　　　　　　　　　　　　　　　　　　　　　　　（　　）

5. 除另有规定外,对出口商品退还增值税、消费税的,不再退还已缴纳的城市维护建设税及教育费附加。　　　　　　　　　　　　　　　　　　　　　　（　　）

6. 城市维护建设税的纳税义务发生时间和纳税期限与"两税"一致。　　　（　　）

四、计算题

1. 某市区一企业 2018 年 8 月缴纳增值税 5 万元、消费税 2 万元。计算该企业当月应缴纳城市维护建设税的税额。

2. 市区某企业 2018 年 3 月共缴纳增值税、消费税和关税 562 万元,其中关税 102 万元,进口环节缴纳的增值税和消费税 260 万元。该企业 3 月应缴纳的城市维护建设税为多少?

3. 市区甲企业 2018 年 12 月实际缴纳增值税 10 万元、消费税 20 万元。试计算甲企业应缴纳的教育费附加及地方教育费附加和城市维护建设税。

五、账务处理

1. 某企业设在市区,2018 年 10 月缴纳增值税 100 万元、消费税 15 万元,补缴上月应纳消费税 5 万元。另外,该企业因违反税法规定被加收滞纳金和被处以罚款合计 10 万元。计算该企业当月应缴纳的城市维护建设税并进行账务处理。

2. 在某县城的神州旅行社 9 月组织 4 次国内旅行团,收取旅费 120 000 元,其中替旅行团支付给其他单位的各项费用 60 000 元,改由其他旅行团接待 1 个团,转付旅行费 20 000元。计算该旅行社应缴纳的教育费附加并进行账务处理。

第八章 企业所得税会计

（Enterprise income tax accounting）

学习目标

本章内容主要有：企业所得税概述、企业所得税应纳税额的计算、企业所得税的纳税申报、企业所得税的会计核算等内容。通过本章的学习，达到如下目的：

1. 了解企业所得税的税制构成要素。
2. 掌握应纳税所得额与应纳所得税额的确认、计量、纳税申报表的填写及纳税申报方法。
3. 掌握企业所得税的会计处理中的资产负债表债务法。

第一节　企业所得税概述

一、企业所得税的产生与发展

中华人民共和国刚成立时，我国的企业所得税分为：国有企业所得税、集体企业所得税和私营企业所得税。在通过社会主义改造后国家对国有企业不征所得税，实行国有企业上缴利润制度。在中共十一届三中全会之后，为了理清国家与企业的分配关系，进一步扩大企业的自主权，通过在各地进行"利改税"试点，1980 年 9 月 10 日通过了《中华人民共和国中外合资经营企业所得税法》，这是中华人民共和国成立以后制定的第一部企业所得税法。1981 年 12 月 13 日通过了《中华人民共和国外国企业所得税法》。1983 年在全国推行第一步"利改税"，征税时间从 1983 年 1 月 1 日起计算。第一步"利改税"办法规定，对国有大中型企业征收 55％的所得税，税后利润根据企业的不同情况分别采取递增包干、固定比例上交，征收调节税、定额上缴等办法。在 1984 年又实行了第二步"利改税"，即对国有大中型企业在缴纳了 55％的所得税后的利润统一开征调节税。1991 年 4 月 9 日制定并通过了《中华人民共和国外商投资企业和外国企业所得税法》，于当年 7 月 1 日施行。1994 年税制改革时，取消按企业所有制形式设置所得税的办法，统一征收内资企业所得税制度，税率为33％。2007 年 3 月 16 日通过《中华人民共和国企业所得税法》（以下简称《企业所得税法》），于 2008 年 1 月 1 日施行。该法将内、外资企业所得税基本税率统一为 25％。2017 年2 月 24 日，《全国人民代表大会常务委员会关于修改〈中华人民共和国企业所得税法〉的决定》已由中华人民共和国第十二届全国人民代表大会常务委员会第二十六次会议通过并公布,自公布之日起施行。

二、企业所得税的概念及特点

(一) 企业所得税概念

企业所得税是对在我国境内的企业和其他取得收入的组织(个人独资企业和合伙企业除外)就其生产经营所得和其他所得(包括来自中国境内、境外的所得)征收的一种直接税。它是国家参与企业利润分配的重要手段。

(二) 企业所得税的特点

我国现行企业所得税法与其他税法相比,具有如下特点。

1. 以所得额为课税对象

税源大小受企业经济效益的影响,企业所得税的课税对象是总收入扣除成本费用后的净所得额。净所得额的大小决定着税源的多少,总收入相同的纳税人,所得额不一定相同,缴纳的所得税也不一定相同。

2. 征税以量能负担为原则

企业所得税以所得额为课税对象,所得税的负担轻重与纳税人所得的多少有着内在联系。所得多,负担能力大的多征;所得少,负担能力小的少征;无所得,没有负担能力的不征,以体现量能负担的原则。

3. 实行按年计算、分期预缴的征收办法

企业所得税的征收一般是以全年的应纳税所得额为计税依据的,实行按年计算、分月或分季预缴、年终汇算清缴的征收办法。

4. 统一了相关标准

企业所得税法统一了内、外资企业适应企业所得税法的标准;统一和规范了税前扣除的方法和标准;统一了税收优惠政策,体现了"产业优惠为主、区域优惠为辅"的主导思想;统一了基本税率标准。

三、企业所得税的纳税义务人与扣缴义务人

企业所得税的纳税人是在中华人民共和国境内的企业、事业单位、社会团体、民办非企业单位和从事经营活动的其他组织。依照我国法律、行政法规规定成立的个人独资企业以及合伙企业不适用《企业所得税法》。

非居民企业在中国境内未设立机构、场所的,或者虽设立机构、场所但取得的所得与其所设机构、场所没有实际联系的,其来自中国境内的所得应缴纳的所得税,实行源泉扣缴,以支付人为扣缴义务人。

《企业所得税法》依据居民税收管辖权的标准,将企业分为居民企业和非居民企业。居民企业是指依法在中国境内成立,或者依照外国(地区)法律成立但实际管理机构在中国境内的企业。非居民企业是指依照外国(地区)法律成立且实际管理机构不在中国境内,但在中国境内设立机构、场所的,或者在中国境内未设立机构、场所,但有来自中国境内所得的企业。

四、企业所得税的征税对象

(一) 居民企业的所得税征税对象

居民企业应当就其来自中国境内、境外的所得缴纳企业所得税。所得包括销售货物所得、提供劳务所得、转让财产所得、股息红利等权益性投资所得、利息所得、租金所得、特许权使用费所得、接受捐赠所得和其他所得。

(二) 非居民企业的所得税征税对象

(1) 非居民企业在中国境内设立机构、场所的,应当就其所设机构、场所取得的来自中国境内的所得以及发生在中国境外但与其所设机构、场所有实际联系的所得缴纳企业所得税。

(2) 非居民企业在中国境内未设立机构、场所的,或者虽设立机构、场所但取得的所得与其所设机构、场所没有实际联系的,应当就其来自中国境内的所得缴纳企业所得税。

五、企业所得税的税率

我国企业所得税税率采用比例税率,企业所得税的纳税人不同,适用的税率也不同。

1. 企业所得税基本税率 25%

它适用于居民企业取得的境内外的各项所得;非居民企业在中国境内设立机构、场所取得的来自中国境内的所得,以及发生在中国境外但与其所设机构、场所有实际联系的所得。

2. 企业所得税低税率 20%

它的适用范围是非居民企业在中国境内未设立机构、场所的,或者虽设立机构、场所但取得与其所设机构、场所没有实际联系的所得。《中华人民共和国企业所得税法实施条例》同时规定,该所得在实际征收过程中减按 10% 税率征收。

3. 企业所得税优惠税率

《企业所得税法》第二十八条规定:"符合条件的小型微利企业,减按 20% 的税率征收企业所得税。国家需要重点扶持的高新技术企业,减按 15% 的税率征收企业所得税。"

六、企业所得税税收管理

(一) 企业所得税的纳税地点

(1) 除税收法律、行政法规另有规定外,居民企业以企业登记注册地为纳税地点;登记注册地在境外的,以实际管理机构所在地为纳税地点。

(2) 非居民企业取得税法规定的所得,以机构、场所所在地为纳税地点。

(3) 非居民企业在中国境内未设立机构、场所,或者虽设立机构、场所但取得的所得与其所设机构、场所没有实际联系的,其所得应缴纳的所得税,以扣缴义务人所在地为纳税地点。

(二) 企业所得税纳税期限

《企业所得税法》规定,企业所得税按纳税年度计算。企业所得税分月或者分季预缴。企业应当自月份或者季度终了之日起 15 日内,向税务机关报送预缴企业所得税纳税申报表,预缴税款。分月或者分季预缴企业所得税时,应当按照月度或者季度的实际利润额预缴;按照月度或者季度的实际利润额预缴有困难的,可以按照上一纳税年度应纳税所得额的月度或者季度平均额预缴,或者按照经税务机关认可的其他方法预缴。预缴方法一经确定,该纳税年度内不得随意变更。纳税年度自公历 1 月 1 日起至 12 月 31 日止。企业应当自年度终了之日起 5 个月内,向税务机关报送年度企业所得税纳税申报表,并汇算清缴,结清应缴应退税款。企业在一个纳税年度中间开业,或者终止经营活动,使该纳税年度的实际经营期不足 12 个月的,应当以其实际经营期为一个纳税年度。企业依法清算时,应当以清算期间作为一个纳税年度。

扣缴义务人每次代扣的税款,应当自代扣之日起 7 日内缴入国库,并向所在地的税务机关报送扣缴企业所得税报告表。

七、企业所得税的税收优惠

企业所得税法实行"产业优惠为主,区域优惠为辅"的税收优惠体系。企业所得税的税收优惠方式包括法定减免、定期减免、加计扣除、加速折旧、减计收入、抵扣税额、税收抵免等。

(一) 法定减免

1. 免征

企业从事下列项目的所得,免征企业所得税:

(1) 蔬菜、谷物、薯类、油料、豆类、棉花、麻类、糖料、水果、坚果的种植。

(2) 农作物新品种的选育。

(3) 中药材的种植。

(4) 林木的培育和种植。

(5) 牲畜、家禽的饲养。

(6) 林产品的采集。

(7) 灌溉、农产品初加工、兽医、农技推广、农机作业和维修等农、林、牧、渔服务业项目。

(8) 远洋捕捞。

2. 减半征收

企业从事下列项目(不含国家禁止和限制发展的项目)的所得,减半征收企业所得税:

(1) 花卉、茶叶及其他饮料作物和香料作物的种植。

(2) 海水养殖、内陆养殖。

3. 技术转让所得的减免

技术转让是居民企业转让其所拥有技术的所有权或 5 年(含)以上全球独占许可使用权的行为。技术转让包括专利技术、著作权、技术咨询、技术服务等。

$$技术转让所得 = 技术转让收入 - 技术转让成本 - 相关税费$$

在一个纳税年度内,居民企业技术转让所得不超过 500 万元的部分,免缴企业所得税;超过 500 万元(含 500 万元)的部分,减半缴纳企业所得税。

4. 民族自治地方企业所得税的减免

民族自治地方的税务主管部门对本民族自治地方的企业应缴纳的企业所得税中属于

地方分享的部分,可以决定减征或者免征。

(二) 定期减免

第一,企业从事国家重点扶持的公共基础设施项目投资经营的所得,从项目取得第一笔生产经营收入所属年度起,第1～3年免缴企业所得税,第4～6年减半缴纳企业所得税。国家重点扶持的公共基础设施项目是指《公共基础设施项目企业所得税优惠目录》规定的港口码头、机场、铁路、公路、电力、水利等项目。

第二,从事符合条件的环境保护、节能节水项目的所得,从项目取得第一笔生产经营收入所属年度起,第1～3年免缴企业所得税,第4～6年减半缴纳企业所得税。

第三,2016年1月1日至2020年12月31日期间,对符合下列条件的居民企业,免征企业所得税:

(1) 生产和装配伤残人员专门用品,且在民政部发布的《中国伤残人员专门用品目录》范围之内。

(2) 以销售本企业生产或者装配的伤残人员专门用品为主,其所取得的年度伤残人员专门用品销售收入(不含出口取得的收入)占企业收入总额60%以上。

(3) 企业账证健全,能够准确、完整地向主管税务机关提供纳税资料,且本企业生产或者装配的伤残人员专门用品所取得的收入能够单独、准确核算。

(4) 企业拥有假肢制作师、矫形器制作师资格证书的专业技术人员不得少于1人;其企业生产人员如超过20人,则其拥有假肢制作师、矫形器制作师资格证书的专业技术人员不得少于全部生产人员的1/6。

(5) 具有与业务相适应的测量取型、模型加工、接受腔成型、打磨、对线组装、功能训练等生产装配专用设备和工具。

(6) 具有独立的接待室、假肢或者矫形器(辅助器具)制作室和假肢功能训练室,使用面积不少于115平方米。

第四,自2011年1月1日至2020年12月31日,对设在西部地区的鼓励类产业企业减按15%的税率征收企业所得税。具体参考《西部地区鼓励类产业目录》。

第五,自2017年1月1日起,技术先进型企业税收优惠,在全国范围内实行以下企业所得税优惠政策:

(1) 符合条件的技术先进型服务企业减按15%的税率征收企业所得税。

(2) 符合条件的技术先进型服务企业实际发生的职工教育经费支出,不超过工资薪金总额8%的部分,准予在计算应纳税所得额时扣除;超过部分准予在以后纳税年度结转扣除。

第六,2017年1月1日至2019年12月31日期间,科技型中小企业开展研发活动中实际发生的研发费用在按规定据实扣除的基础上,再按照实际发生额的75%在税前加计扣除;形成无形资产的,在上述期间按照无形资产成本的175%在税前摊销。

(三) 加计扣除

1. 研究开发费用的加计扣除

企业为开发新技术、新产品、新工艺发生的研究开发费用,未形成无形资产计入当期损益的,在按照规定据实扣除的基础上,按研究开发费用的50%加计扣除;形成无形资产的,按无形资产成本的 150% 在税前摊销。

2. 安置残疾人员就业的工资加计扣除

企业安置残疾人员及国家鼓励安置的其他就业人员的,在按照支付给残疾职工工资据实扣除的基础上,按照支付给残疾职工工资的 100% 加计扣除。企业对支付给残疾职工的工资,在进行企业所得税预缴申报时,允许据实计算扣除;在年度终了进行企业所得税年度申报和汇算清缴时,再按照规定计算加计扣除。残疾人员的范围适用《中华人民共和国残疾人保障法》的有关规定。

(四)加速折旧

对企业拥有并用于生产经营的主要或关键固定资产,在以下两种情况下,可以采用缩短折旧年限或者采取加速折旧的方法:

(1)由于技术进步,产品更新换代较快的固定资产。

(2)常年处于强震动、高腐蚀状态的固定资产。

缩短折旧年限方法,要求最低折旧年限不得低于法定折旧年限的 60%;加速折旧方法,可以采取双倍余额递减法或者年数总和法。

所有行业企业 2014 年 1 月 1 日后购入专门用于研发的仪器、设备,单位价值不超过 100 万元的,允许一次性计入当期成本费用在计算应纳税所得额时扣除;单位价值超过 100 万元的,可缩短折旧年限或采取加速折旧的方法。单位价值不超过 5 000 元的固定资产,允许一次性计入当期成本费用在计算应纳税所得额时扣除。

(五)减计收入

减计收入是指企业以《资源综合利用企业所得税优惠目录》规定的资源作为主要原材料,生产国家非限制和禁止并符合国家和行业相关标准的产品取得的收入,减按 90% 计入收入总额。

(六)应纳税所得额抵扣

(1)创业投资企业采取股权投资方式投资于未上市的中小高新技术企业(职工人数不超过 500 人、年销售收入不超过 2 亿元、资产总额不超过 2 亿元)2 年(含)以上,可以按照其对中小高新技术企业投资额的 70%,在股权持有满 2 年的当年抵扣该创业投资企业的应纳税所得额;当年不足抵扣的,可以在以后纳税年度结转抵扣。

(2)有限合伙制创业投资企业采取股权投资方式投资于未上市的中小高新技术企业满 2 年(24 个月)的,其法人合伙人可按照对未上市中小高新技术企业投资额的 70% 抵扣该法人合伙人从该有限合伙制创业投资企业分得的应纳税所得额,当年不足抵扣的,可以在以后纳税年度结转抵扣。

(七)应纳税额抵免

企业购置并实际使用《环境保护专用设备企业所得税优惠目录》《节能节水专用设备企业所得税优惠目录》和《安全生产专用设备企业所得税优惠目录》规定的环境保护、节能节水、安全生产等专用设备的,该专用设备的投资额的 10% 可以从企业当年的应纳税额中抵免;当年不足抵免的,可以在以后 5 个纳税年度结转抵免。

(八)西部大开发税收优惠

对设在西部地区以《西部地区鼓励类产业目录》中新增鼓励类产业项目为主营业务,且其当年度主营业务收入占企业收入总额 70％以上的企业,自 2014 年 10 月 1 日起,可减按 15％税率缴纳企业所得税。

(九) 小型微利企业税收优惠

根据《企业所得税法实施条例》等相关文件规定,自 2019 年 1 月 1 日起年应纳税所得额低于 100 万元(含 100 万元)的小型微利企业,其所得减按 25％计入应纳税所得额,按 20％的税率缴纳企业所得税。同时,对小型微利企业年应纳税所得额超过 100 万元到 300 万元的部分,减按 50％计入应纳税所得额,按 20％的税率缴纳企业所得税。

(十) 纳税期限优惠

(1) 企业符合税法规定条件的股权(资产)收购、合并、债务重组等重组行为,可按税法规定享受企业所得税递延纳税优惠政策。

(2) 企业以非货币性资产投资,可按规定享受 5 年内分期缴纳企业所得税政策。

第二节　企业所得税应纳税额的计算

一、企业所得税计税依据

企业所得税的计税依据是企业的应纳税所得额。纳税人应纳税所得额的计算以权责发生制为原则,应纳税所得额的正确计算,同成本、费用核算关系密切,直接影响到国家财政收入和企业的税收负担。纳税人在计算应纳税所得额时,按照税法规定计算出的应纳税所得额与企业依据财务会计制度计算的会计所得额(会计利润)往往不一致。当企业财务、会计处理办法与有关税收法规不一致时,企业应当依照国家税收法规的规定计算应纳税所得额。

应纳税所得额是指纳税人每一纳税年度的收入总额减去准予扣除项目金额(准予扣除项目金额包括不征税收入、免税收入、各项扣除以及允许弥补的以前年度亏损)后的余额。

应纳税所得额 ＝ 收入总额 － 准予扣除项目金额
应纳税所得额 ＝ 收入总额 － 不征税收入 － 免税收入 － 允许扣除的各项金额 － 允许弥补以前年度亏损

在实务中,由于我国采用财税混合会计模式,在账务处理中依据会计准则、会计制度计算的会计利润往往不等于应纳税所得额,因此在计算缴纳企业所得税时,单位会利用会计利润采取间接方法来计算应纳税所得额。

$$应纳税所得额 ＝ 会计利润 \pm 纳税调整额$$

二、收入总额的确定

收入总额是指企业在生产经营活动以及其他活动中取得的各项收入的总额,它包括纳税人来自中国境内、境外的生产经营收入和其他收入。收入包括货币形式和非货币形式。货币形式包括现金、存款、应收账款、应收票据、准备持有至到期的债券投资以及债务的豁免等;非货币形式包括固定资产、生物资产、无形资产、股权投资、存货、不准备持有至到期的债券投资、劳务以及有关权益等。非货币形式取得的收入,应当按照公允价值确定收入额。

（一）收入总额的范围

收入总额的范围包括销售货物收入,提供劳务收入,转让财产收入,股息、红利等权益性投资收益,利息收入,租金收入,特许权使用费收入,接受捐赠收入,其他收入。

（1）销售货物收入,是指企业销售商品、产品、原材料、包装物、低值易耗品以及其他存货取得的收入。

（2）提供劳务收入,是指企业从事建筑安装、修理修配、交通运输、仓储租赁、金融保险、邮电通信、咨询经纪、文化体育、科学研究、技术服务、教育培训、餐饮住宿、中介代理、卫生保健、社区服务、旅游、娱乐、加工以及其他劳务服务活动取得的收入。

（3）转让财产收入,是指企业转让固定资产、生物资产、无形资产、股权、债权等财产取得的收入。

（4）股息、红利等权益性投资收益,是指企业因权益性投资从被投资方取得的收入。

（5）利息收入,是指企业将资金提供他人使用但不构成权益性投资,或者因他人占用本企业资金取得的收入,包括存款利息、贷款利息、债券利息、欠款利息等收入。

（6）租金收入,是指企业提供固定资产、包装物或者其他有形资产的使用权取得的收入。

（7）特许权使用费收入,是指企业提供专利权、非专利技术、商标权、著作权以及其他特许权的使用权取得的收入。

（8）接受捐赠收入,是指企业接受的来自其他企业、组织或者个人无偿给予的货币性资产、非货币性资产。接受捐赠收入按照实际收到捐赠资产的日期确认收入的实现。

（9）对企业投资者从投保基金公司取得的行政和解金,应计入企业当期收入,依法征收企业所得税。

（10）其他收入,是指企业取得的除企业所得税法第六条第一项至第八项规定的收入外的其他收入,包括企业资产溢余收入、逾期未退包装物押金收入、确实无法偿付的应付款项、已作坏账损失处理后又收回的应收款项、债务重组收入、补贴收入、违约金收入、汇兑收益等。

（二）免税收入

免税收入是指属于纳税人的应税所得但是按照税法规定应予以免征所得税的收入。免税收入属于税收优惠,政府可根据经济调控目标,确定某些收入在一定时期免税,而在一定时期又可以恢复征税。《企业所得税法》规定的免税收入有:

（1）国债利息收入。

（2）符合条件的非营利组织的收入,不包括非营利组织从事营利活动取得的收入。

（3）符合条件的居民企业之间的股息和红利收入等权益性投资收益。

（4）在中国境内设立机构、场所的非居民企业从居民企业取得的与该机构、场所有实际联系的股息和红利收入。

（三）不征税收入

不征税收入是指不具有可税性的收入,税法永久性将其列为不征税范围的收入。《企业所得税法》第七条规定不征税收入有：

（1）财政拨款。

（2）依法收取并纳入财政管理的行政事业性收费、政府性基金。

（3）对社保基金理事会、社保基金投资管理人管理的社保基金银行存款利息收入，社保基金从证券市场中取得的收入，包括买卖证券投资基金、股票、债券的差价收入，证券投资基金红利收入，股票的股息、红利收入，债券的利息收入及产业投资基金收益、信托投资收益等其他投资收入，作为企业所得税不征税收入。

（4）企业取得的，由国务院财政、税务主管部门规定专项用途并经国务院批准的财政性资金。

三、准予扣除项目

企业所得税税前扣除的基本原则是真实性、相关性及合理性。真实性是指除税法另有规定外，税前扣除的支出必须是已经真实发生的。相关性是指纳税人税前扣除的支出必须与取得的应税收入相关。合理性是指税前扣除的支出是正常和必要的，其计算和分配方法符合一般的生产经营常规。

（一）准予扣除项目的基本范围

在计算应纳税所得额时准予从收入总额中扣除的项目，是指纳税人在每一纳税年度发生的与取得收入有关的一切必要和正常的成本、费用、税金、损失和其他支出；除税收法律、行政法规另有规定外，不得重复扣除。

1. 成本

成本是指纳税人为生产、销售商品和提供劳务等所发生的各项直接费用和各项间接费用。

2. 费用

费用是指纳税人为生产、销售商品和提供劳务等所发生的销售费用、管理费用和财务费用。

3. 税金

税金是指企业实际缴纳的消费税、资源税、关税和城市维护建设税、教育费附加等产品销售税金及附加，以及发生的房产税、车船使用税、城镇土地使用税、印花税等。

4. 损失

损失是指纳税人在生产经营过程中发生的各项营业外支出、经营亏损和投资净损失等。

5. 其他支出

其他支出是指除成本、费用、税金、损失外，企业经营活动中发生的合理的、有关的支出。

企业实际发生的与《税法》和《企业所得税法实施条例》规定的不征税收入有关的支出不得在税前扣除。

（二）准予扣除项目的具体标准

企业根据会计准则规定已经确认的支出，未超过税收法规规定的税前扣除范围和标准的,可按其实际确认的支出在税前扣除。超过税前扣除范围和标准的,应进行所得税的纳税调整。具体扣除标准如下。

1. 工资薪酬支出

企业发生的合理的工资薪酬支出,准予在税前扣除。国有企业工资薪金不得超过政府有关部门规定的限额;超过部分,不得计入企业工资薪金总额,也不得在计算企业应纳税所得额时扣除。

2. 企业三公经费支出

企业三公经费支出包括职工福利费、工会经费、职工教育经费支出。

1) 职工福利费支出

企业实际发生的满足职工共同需要的集体生活、文化、体育等方面的职工福利费支出,不超过工资薪金总额14%的部分,准予扣除。

2) 工会经费支出

企业拨缴的工会经费,不超过工资薪金总额2%的部分,凭工会组织开具的工会经费收入专用收据,准予在税前扣除。

3) 职工教育经费支出

企业发生的职工教育经费支出,不超过工资薪金总额2.5%的部分,准予扣除;超过部分,准予在以后纳税年度结转扣除。注册在中国境内、实行查账征收,经认定的高新技术企业发生的职工教育经费支出,不超过工资薪金总额8%的部分,准予在计算企业所得税应纳税所得额时扣除;超过部分,准予在以后年度结转扣除。软件生产企业的职工培训费用,可按实际发生额在计算应纳税所得额时扣除。

【例题 8-1】 某居民企业2018年实际支出的工资、薪金总额为150万元,福利费本期发生30万元,拨缴的工会经费3万元,已经取得工会拨缴收据,实际发生职工教育经费4.5万元。该企业在计算2018年应纳税所得额时,应调整的应纳税所得额为多少?

解析:

$$福利费调增金额 = 30 - 150 \times 14\% = 9(万元)$$

工会经费不调增。

$$教育经费调增金额 = 4.5 - 150 \times 2.5\% = 0.75(万元)$$
$$应调整的应纳税所得额 = 9 + 0.75 = 9.75(万元)$$

3. 社会保险费和住房公积金

企业按照国务院有关主管部门或省级人民政府规定的范围和标准为职工缴纳的基本医疗保险费、基本养老保险费、失业保险费、工伤保险费、生育保险费等基本社会保险费和住房公积金,准予在税前扣除。企业为在本企业任职和受雇员工(自愿参保的)支付的补充保险费,不超过职工工资总额5%标准内的部分,允许在税前扣除,超过部分不得扣除。

4. 商业保险

除企业依照国家有关规定为特殊工种职工支付的人身安全保险费和国务院财政、税务主管部门规定可以扣除的其他商业保险费外,企业为投资者或者职工支付的商业保险费,不得扣除。企业职工因公出差乘坐交通工具发生的人身意外保险费支出,准予扣除。

5. 借款费用

企业在生产经营活动中发生的合理的不需要资本化的借款费用,准予扣除。企业为购置、建造固定资产、无形资产和经过 12 个月以上的建造才能达到预定可销售状态的存货发生借款的,在有关资产购置、建造期间发生的合理的借款费用,应当作为资本性支出计入有关资产的成本,日后按税法规定计算的折旧等成本费用,可在税前扣除。

6. 利息及融资费用

(1) 非金融企业向金融企业借款的利息支出、金融企业的各项存款利息支出和同业拆借利息支出、企业经批准发行债券的利息支出,准予据实扣除。

(2) 非金融企业向非金融企业借款的利息支出,不超过按照金融企业同类同期贷款利率计算的部分,准予扣除,超过部分不得扣除。

【例题 8-2】 大华公司 2018 年度实现会计利润 48 万元,经注册税务师审核,"财务费用"账户中列支有两笔利息费用:向银行借入生产用资金 200 万元,借用期限 4 个月,支付利息 3 万元;经批准向本企业职工借入生产用资金 80 万元,借款期限为 8 个月,支付借款利息 4.5 万元。计算该公司 2018 年度的应纳税所得额为多少。

解析:

$$银行的利率 = (3 \times 3) \div 200 = 4.5\%$$
$$允许税前扣除的职工借款利息 = (80 \times 4.5\%) \div 12 \times 8 = 2.4(万元)$$
$$利息超标额 = 4.5 - 2.4 = 2.1(万元)$$
$$应纳税所得额 = 48 + 2.1 = 50.1(万元)$$

7. 汇兑损失

企业在货币交易中以及纳税年度终了时,将人民币以外的货币性资产、负债按照期末即期人民币汇率中间价折算为人民币时产生的汇兑损失,除已经计入有关资产成本与向所有者进行利润分配相关的部分外,准予扣除。

8. 业务招待费

企业发生的与生产经营活动有关的业务招待费支出,按照发生额的 60% 扣除,但最高不得超过当年销售(营业)收入[包括《企业所得税法实施条例》第二十五条规定的视同销售(营业)收入额]的 5‰;企业在筹建期间,发生的与筹办活动有关的业务招待费支出,可按实际发生额的 60% 计入企业筹办费,并按有关规定在税前扣除。

【例题 8-3】 大华公司 2018 年 1 月开始经营,全年实现营业收入 1 500 万元,实际支出业务招待费 12 万元,请问计算当年应纳税所得额时允许扣除的业务招待费为多少?

解析:

$$扣除限额 = 1 500 \times 5‰ = 7.5(万元)$$
$$扣除金额 = 12 \times 60\% = 7.2(万元)$$

因为扣除限额＞扣除金额,所以当年准予税前扣除的业务招待费金额是 7.2 万元。

9. 广告费和业务宣传费

企业发生的符合条件的广告费和业务宣传费支出,除国务院财政、税务主管部门另有规定外,不超过当年销售(营业)收入额(含视同销售收入额)15% 的部分,准予扣除;超过部分,准予在以后纳税年度结转扣除。烟草企业的烟草广告费和业务宣传费不得在企业所得税税前扣除。对化妆品制造或销售、医药制造和饮料制造(不含酒类制造)企业发生的广告费和业务宣传费支出,不超过当年销售(营业)收入30%的部分,准予扣除;超过部分,准予在以后纳税年度结转扣除。

【例题8-4】 大华公司2018年实现收入1 500万元,当年发生广告费150万元、业务宣传费40万元,请计算有关广告费和业务宣传费企业所得税税前扣除的金额为多少。

解析:

当年广告费和业务宣传费的扣除限额 = 1 500×15% = 225(万元)

当年实际发生广告费和业务宣传费 = 150+40 = 190(万元) < 扣除限额 225(万元)

所以,当年发生的广告费和业务宣传费可据实税前扣除。

10. 提取的专项基金

企业依照法律、行政法规有关规定提取的用于环境保护、生态恢复等方面的专项资金,准予扣除。上述专项资金提取后改变用途的,不得扣除。

11. 租赁费

企业根据生产经营活动的需要租入固定资产支付的租赁费,按照以下方法扣除:

(1)以经营租赁方式租入固定资产发生的租赁费支出,按照租赁期限均匀扣除。

(2)以融资租赁方式租入固定资产发生的租赁费支出,按照规定构成融资租入固定资产价值的部分应当提取折旧费用,分期扣除。

12. 劳动保护费

企业发生的合理的劳动保护支出,准予扣除。

13. 手续费及佣金支出

企业发生与生产经营有关的手续费及佣金支出,不超过以下规定计算限额以内的部分,准予扣除;超过部分,不得扣除。

(1)保险企业:财产保险企业按当年全部保费收入扣除退保金等后余额的15%(含本数,下同)计算限额;人身保险企业按当年全部保费收入扣除退保金等后余额的10%计算限额。

(2)其他企业:按与具有合法经营资格中介服务机构或个人(不含交易双方及其雇员、代理人和代表人等)所签订服务协议或合同确认的收入金额的5%计算限额。

14. 公益、救济性捐赠

企业通过公益性社会组织或者县级(含县级)以上人民政府及其组成部门和直属机构,用于慈善活动、公益事业的捐赠支出,在年度利润总额12%以内的部分,准予在计算应纳税所得额时扣除;超过年度利润总额12%的部分,准予结转以后3年内在计算应纳税所得额时扣除。上述公益性社会组织,应当依法取得公益性捐赠税前扣除资格;年度利润总额,是指企业依照国家统一会计制度的规定计算的大于零的数额;企业在对公益性捐赠支出计算扣除时,应先扣除以前年度结转的捐赠支出,再扣除当年发生的捐赠支出。

【例题8-5】 大华公司2018年度利润总额为90万元,未调整捐赠前的应纳税所得额为80万元。当年"营业外支出"账户中列支了通过当地教育部门向农村义务教育的捐赠12万元。计算该企业2018年应缴纳的企业所得税为多少。

解析：

公益性捐赠的扣除限额 = 利润总额 × 12% = 90 × 12% = 10.8(万元)

实际发生的公益性捐赠 = 12(万元)，超出了税前捐赠标准。

纳税调整金额 = 12 - 10.8 = 1.2(万元)

应纳税所得额 = 80 + 1.2 = 81.2(万元)

应纳所得税额 = 81.2 × 25% = 20.3(万元)

15. 资产损失

资产损失，是指企业在生产经营活动中实际发生的、与取得应税收入有关的资产损失，包括现金损失，存款损失，坏账损失，贷款损失，股权投资损失，固定资产和存货的盘亏、毁损、报废、被盗损失，自然灾害等不可抗力因素造成的损失以及其他损失。

准予在企业所得税税前扣除的资产损失，是指企业在实际处置、转让上述资产过程中发生的合理损失(简称"实际资产损失")，以及企业虽未实际处置、转让上述资产，但符合规定条件计算确认的损失(简称"法定资产损失")。

企业发生的资产损失，应按规定的程序和要求向主管税务机关申报后才能在税前扣除。未经申报的损失，不得在税前扣除。

16. 债权损失

企业符合税法规定条件的债权损失可按规定在计算企业所得税应纳税所得额时扣除。金融企业按照规定提取的贷款损失准备金，符合税法规定的，可以在企业所得税税前扣除。

17. 总机构分摊的费用

非居民企业在中国境内设立的机构、场所，就其中国境外总机构发生的与该机构、场所生产经营有关的费用，能够提供总机构出具的费用汇集范围、定额、分配依据和方法等证明文件，并合理分摊的，准予扣除。

四、企业亏损的确认和弥补

企业自开始生产经营的年度，为开始计算企业损益年度。

(一) 亏损确认计量

亏损是企业年度收入总额减去不征税收入、免税收入和各项税前扣除额后的余额为负数的金额。

(二) 亏损弥补的期限

企业纳税年度发生的亏损，准予向以后年度结转，用以后年度的所得弥补，但结转年限最长不得超过5年(连续计算，不得因亏损而顺延)。超过5年尚未弥补的亏损，不得在税前扣除。

五、不得扣除的项目

企业发生的支出应当区分收益性支出和资本性支出。收益性支出在发生当期直接扣除；资本性支出应当分期扣除或者计入有关资产成本，不得在发生当期直接扣除。企业的不征税收入用于支出所形成的费用或者财产，不得扣除或者计算对应的折旧、摊销扣除。企业所得税法规定下列基本项目不得扣除：

（1）向投资者支付的股息、红利等权益性投资收益款项。

（2）企业所得税税款、增值税税款。

（3）税收滞纳金。

（4）罚金、罚款和被没收财物的损失。

（5）公益性捐赠12%以外的捐赠和其他捐赠支出。

（6）赞助支出。

（7）未经核定的准备金支出。

（8）企业之间支付的管理费、企业内营业机构之间支付的租金和特许权使用费，以及非银行企业内营业机构之间支付的利息，不得扣除。

（9）与取得收入无关的其他支出。

六、应纳税所得额的其他规定

（一）相关资产的税务处理

1. 固定资产折旧的税务处理

固定资产，是指企业为生产产品、提供劳务、出租或者经营管理而持有的、使用时间超过12个月的非货币性资产，包括房屋、建筑物、机器、机械、运输工具以及其他与生产经营活动有关的设备、器具、工具等。在计算应纳税所得额时，企业按照规定计算的固定资产折旧，准予扣除。

1）固定资产折旧政策

固定资产按照直线法计算的折旧，准予扣除。

企业应当自固定资产投入使用月份的次月起计算折旧；停止使用的固定资产，应当自停止使用月份的次月起停止计算折旧。

企业应当根据固定资产的性质和使用情况，合理确定固定资产的预计净残值。固定资产的预计净残值一经确定，不得变更。

2）固定资产折旧年限

除国务院财政、税务主管部门另有规定外，固定资产计算折旧的最低年限如下：

（1）房屋、建筑物，为20年。

（2）飞机、火车、轮船、机器、机械和其他生产设备，为10年。

（3）与生产经营活动有关的器具、工具、家具等，为5年。

（4）飞机、火车、轮船以外的运输工具，为4年。

（5）电子设备，为3年。

3）下列固定资产不得计算折旧扣除

（1）房屋、建筑物以外未投入使用的固定资产。

（2）以经营租赁方式租入的固定资产。

（3）以融资租赁方式租出的固定资产。

（4）已足额提取折旧仍继续使用的固定资产。

（5）与经营活动无关的固定资产。

（6）单独估价作为固定资产入账的土地。

（7）其他不得计算折旧扣除的固定资产。

2. 无形资产累计摊销的税务处理

无形资产，是指企业为生产产品、提供劳务、出租或者经营管理而持有的、没有实物形态的非货币性长期资产，包括专利权、商标权、著作权、土地使用权、非专利技术、商誉等。

1）无形资产最低摊销

无形资产的摊销年限不得低于10年。作为投资或者受让的无形资产，有关法律规定或者合同约定了使用年限的，可以按照规定或者约定的使用年限分期摊销。无形资产按照规定计提的摊销费用，准予扣除。外购商誉的支出，在企业整体转让或者清算时，准予扣除。

2）下列无形资产不得计算摊销费用扣除

（1）自行开发的支出已在计算应纳税所得额时扣除的无形资产。

（2）自创商誉。

（3）与经营活动无关的无形资产。

3. 长期待摊费用摊销的税务处理

纳税人发生下列各项支出可以作为长期待摊费用，按照税法规定在一定的受益期限内摊销，准予在税前扣除。

第一，已足额提取折旧的固定资产的改建支出。

（1）发生的支出达到取得固定资产原值的50%以上。

（2）发生修理后固定资产的使用寿命延长2年以上。

（3）经修理的固定资产被用于新的或不同的用途。

第二，租入固定资产的改良支出。

第三，固定资产的大修理支出。

（1）修理支出达到取得固定资产时的计税基础50%以上；

（2）修理后固定资产的使用年限延长2年以上。

第四，其他应当作为长期待摊费用的支出。长期待摊费用，从费用发生的次月起，分期摊销，摊销期限不得少于3年。

（二）境外投资所得已纳税款的扣除

境外所得已纳税款的扣除，是指国家对纳税人来自中国境外的所得依法征收所得税时，允许纳税人将其已在境外缴纳的所得税税额从其应向本国缴纳的所得税税额中扣除。已在境外缴纳的所得税税额，是指企业来自中国境外的所得依照中国境外税收法律以及相关规定应当缴纳并已经实际缴纳的企业所得税性质的税款。

企业取得的下列所得已在境外缴纳的所得税税额，可以从其当期应纳税额中抵免，抵免限额为该项所得依照所得税法规定计算的应纳税额；超过抵免限额的部分，可以在以后5个年度内，用每年度抵免限额抵免当年应抵税额后的余额进行抵补：

（1）居民企业来自中国境外的应税所得。

（2）非居民企业在中国境内设立机构、场所，取得发生在中国境外但与该机构、场所有实际联系的应税所得。

抵免限额，是指企业来自中国境外的所得，依照企业所得税法和实施条例的规定计算的应纳税额。除国务院财政、税务主管部门另有规定外，该抵免限额应当分国（地区）不分

项计算,计算公式如下:

抵免限额 ＝ 中国境内、境外所得依照企业所得税法和实施条例的规定计算的应纳税总额×来自某国(地区)的应纳税所得额÷中国境内、境外应纳税所得总额

即:

$$抵免限额 ＝ 来自某国(地区)的应纳税所得额×25\%$$

如果应纳税额小于实纳税额,扣除全部应纳税额。

如果应纳税额大于实纳税额,将国外的已纳税额全额扣除。

【例题 8-6】　大华公司 2018 年度境内所得应纳税所得额为 300 万元,当年已预缴税款 30 万元,来自境外某国税前所得为 150 万元,境外实纳税款 25 万元,计算大华公司当年汇算清缴应补(退)的税款为多少。

解析:

抵免限额 ＝ (300＋150)×25%×150÷(300＋150) ＝ 150×25% ＝ 37.5(万元)

境外实交税款 25 万元 ＜ 抵免限额 37.5 万元,境外的已交税额可以全额扣除。

境内外汇总应纳税额 ＝ (300＋150)×25% ＝ 112.5(万元)

当年汇算清缴应补(退)的税款 ＝ 112.5－30－25 ＝ 57.5(万元)

七、应纳税额的计算

$$应纳税额 ＝ 应纳税所得额×适用税率－减免税额－抵免税额$$

公式中的减免税额和抵免税额,是指依照企业所得税法和国务院的税收优惠规定减征、免征和抵免的应纳税额。

【例题 8-7】　大华公司为居民企业,2018 年主营业务收入 650 万元,主营业务成本 480 万元;其他业务收入 96 万元,其他业务成本 66 万元;税金及附加 36.5 万元,管理费用 68 万元,财务费用 16 万元,营业外收入 10 万元,营业外支出 18 万元。计算大华公司当年的应纳税所得额及应纳所得税额。(计算结果保留小数点后两位)

解析:

应纳税所得额 ＝ 650－480＋96－66－36.5－68－16＋10－18 ＝ 71.5(万元)

应纳税额 ＝ 71.5×25% ＝ 17.88(万元)

【例题 8-8】　大华公司为居民企业,2018 年账户反映的经营业务如下:主营业务收入 5 400 万元,主营业务成本 3 600 万元,销售费用 870 万元,管理费用 580 万元,财务费用 50 万元,税金及附加 58 万元,营业外收入 90 万元,营业外支出 100 万元。广告费和业务宣传费 750 万元,业务招待费 30 万元,公益性捐赠支出 40 万元,全年发放工资总额 300 万元,职工工会经费 8 万元,职工福利费 45 万元,职工教育经费 9 万元。请计算大华公司该年度实际应纳的企业所得税。(计算结果保留小数点后两位)

解析:

会计利润总额 ＝ 5 400＋90－3 600－870－580－50－58－100 ＝ 232(万元)

应纳税所得额的调整为:

$$广告费和业务宣传费扣除限额 = 5\,400 \times 15\% = 810(万元)$$

广告费和业务宣传费扣除限额810(万元) > 实际发生额750(万元),故广告费和业务宣传费不调整。

$$业务招待费扣除限额 = 5\,400 \times 5‰ = 27(万元)$$
$$业务招待费扣除金额 = 30 \times 60\% = 18(万元)$$

因为扣除限额27(万元) > 扣除金额18(万元),所以当年准予税前扣除的业务招待费金额为18万元。

$$业务招待费调增额 = 30 - 18 = 12(万元)$$
$$公益性捐赠的扣除限额 = 利润总额 \times 12\% = 232 \times 12\% = 27.84(万元)$$
$$公益性捐赠调增额 = 40 - 27.84 = 12.16(万元)$$
$$职工工会经费扣除限额 = 300 \times 2\% = 6(万元)$$
$$职工工会经费调增额 = 8 - 6 = 2(万元)$$
$$职工福利费扣除限额 = 300 \times 14\% = 42(万元)$$
$$职工福利费调增额 = 45 - 42 = 3(万元)$$
$$职工教育经费扣除限额 = 300 \times 2.5\% = 7.5(万元)$$
$$职工教育经费调增额 = 9 - 7.5 = 1.5(万元)$$
$$应纳税所得额 = 232 + 12 + 12.16 + 2 + 3 + 1.5 = 262.66(万元)$$
$$应纳企业所得税 = 262.66 \times 25\% = 65.67(万元)$$

【例题8-9】 大华工业企业为居民企业,2018年发生经营业务具体如下:

(1) 取得产品销售收入5 000万元。

(2) 发生与产品销售收入配比的成本3 400万元。

(3) 当年发生销售费用890万元(其中广告费760万元),管理费用460万元(其中业务招待费30万元),财务费用70万元。

(4) 企业所得税前准许扣除的税金及附加60万元。

(5) 取得营业外收入80万元,发生营业外支出50万元(含通过公益性组织向贫困山区捐款26万元,支付税收滞纳金5万元)。

(6) 计入成本、费用中的实发工资总额300万元、拨缴职工工会经费6万元、发生职工福利费45万元、发生职工教育经费11.5万元。

请计算大华工业企业2018年应缴纳的企业所得税。

解析:

(1) 会计利润总额 = 5 000 - 3 400 - 890 - 460 - 70 + 80 - 50 = 150(万元)

(2) 广告费应调增所得额 = 760 - 5 000 × 15% = 10(万元)

(3) 因为业务招待费扣除限额5 000 × 5‰ = 25(万元) > 业务招待费扣除金额30 × 60% = 18(万元),所以业务招待费调增所得额 = 30 - 30 × 60% = 12(万元)

(4) 捐赠支出应调增所得额 = 26 - 150 × 12% = 8(万元)

(5) 工会经费应调增所得额 = 6 - 300 × 2% = 0

(6) 职工福利费应调增所得额 = 45 - 300 × 14% = 3(万元)

(7) 职工教育经费应调增所得额 = 11.5 - 300 × 2.5% = 4(万元)

（8）应纳税所得额＝150＋10＋12＋8＋3＋4＋5（税收滞纳金）＝192（万元）

（9）应缴纳企业所得税＝192×25％＝48（万元）

第三节　企业所得税的纳税申报

在汇算清缴之前，无论是企业还是税务机关，首先应当清楚企业的所得税征收方式是什么？企业所得税的征收方式有两种，分别是查账征收（据实征收）和核定征收。正常情况下，对于多数企业来说，企业所得税是实行查账征收的，但有一部分企业因存在特殊性而实行核定征收。

一、企业所得税的查账征收

对会计核算和财务管理符合税法要求的企业，采用查账征收方式。在查账征收方式下，凡是具有法人资格的企业都必须单独申报缴纳企业所得税，企业之间不得合并缴纳企业所得税。企业在进行企业所得税的纳税申报时，应根据企业所得税法与企业会计准则确认、计量两者之间的差异，将利润表中的收入、成本和费用项目调整为纳税申报表中的收入和扣除项目，进而计算应纳税所得额、应纳所得税额与应纳税额等。

（一）企业所得税的预缴

《中华人民共和国企业所得税法》第五十四条规定，企业所得税分月或者分季预缴。企业应当自月份或者季度终了之日起 15 日内，向税务机关报送预缴企业所得税纳税申报表，预缴税款。企业预缴企业所得税时，应当按照月度或者季度的实际利润额预缴，"实际利润额"是按照会计准则规定核算的利润总额减去以前年度待弥补亏损以及不征税收入、免税收入和减免的应税所得额后的余额。小型微利企业预缴企业所得税按 20％的优惠税率计算，符合减半征收条件的，在享受 20％的优惠税率后，再减按 50％计算企业所得税进行预缴。

（二）企业所得税的汇算清缴

《中华人民共和国企业所得税法》第五十四条规定，企业应当自年度终了之日起 5 个月内，向税务机关报送年度企业所得税纳税申报表，并汇算清缴，结清应缴应退税款。企业在年度中间终止经营活动的，应当自实际经营终止之日起 60 日内，向税务机关办理当期企业所得税汇算清缴。企业依法清算时，应当以清算期间作为一个纳税年度。企业应当在办理注销登记前，就其清算所得向税务机关申报并依法缴纳企业所得税。实行查账征收的企业（A 类）适用汇算清缴办法，实行核定定额征收企业所得税的纳税人（B 类）不进行汇算清缴。

（三）居民企业跨地区经营的汇总纳税

1. 跨地区经营汇总纳税的适用范围

《国家税务总局关于印发〈跨地区经营汇总纳税企业所得税征收管理办法〉的公告》（国家税务总局公告 2012 年第 57 号）规定："居民企业在中国境内跨地区（指跨省、自治区、直辖市和计划单列市，下同）设立不具有法人资格分支机构的，该居民企业为跨地区经营汇总纳税企业。"

2. 跨地区经营汇总纳税的基本要求

汇总纳税企业实行"统一计算、分级管理、就地预缴、汇总清算、财政调库"的企业所得税征收管理办法。

3. 税款预缴和汇算清缴

总机构应将本期企业应纳所得税额的 50% 部分，在每月或季度终了后 15 日内就地申报预缴。总机构应将本期企业应纳所得税额的另外 50% 部分，按照各分支机构应分摊的比例，在各分支机构之间进行分摊，并及时通知到各分支机构；各分支机构应在每月或季度终了之日起 15 日内，就其分摊的所得税额就地申报预缴。

4. 总分机构分摊税款的计算

$$总机构分摊税款 = 汇总纳税企业当期应纳所得税额 \times 50\%$$

$$所有分支机构分摊税款总额 = 汇总纳税企业当期应纳所得税额 \times 50\%$$

$$某分支机构分摊税款 = 所有分支机构分摊税款总额 \times 该分支机构分摊比例$$

总机构应按照上年度分支机构的营业收入、职工薪酬和资产总额三个因素计算各分支机构分摊所得税款的比例，三因素的权重依次为 0.35、0.35、0.30；三级及以下分支机构，其营业收入、职工薪酬和资产总额统一计入二级分支机构。

$$某分支机构分摊比例 = (该分支机构营业收入 / 各分支机构营业收入之和) \times 0.35 + (该分支机构职工薪酬 / 各分支机构职工薪酬之和) \times 0.35 + (该分支机构资产总额 / 各分支机构资产总额之和) \times 0.30$$

分支机构分摊比例按上述方法一经确定后，一般情况下当年不作调整。

【例题 8-10】　跨地区经营企业大华公司，总机构设在西安，在北京和广州分别设有甲、乙两个二级分支机构。大华公司企业所得税实行按季度预缴。上年度甲机构全年营业收入、职工薪酬、资产总额分别为 6 000 万元、200 万元和 3 000 万元，乙机构全年营业收入、职工薪酬、资产总额分别为 5 000 万元、120 万元和 2 500 万元。总机构计算的当期应纳税所得额为 8 000 万元。计算大华公司总部和分支机构分别预缴多少企业所得税。

解析：

（1）总机构预缴所得税的计算：

$$总部预缴所得税的基数 = 8\ 000 \times 25\% = 2\ 000（万元）$$

$$总部应预缴的所得税 = 2\ 000 \times 50\% = 1\ 000（万元）$$

（2）二级分支机构分摊比例的计算：

根据上年甲、乙两个二级分支机构的营业收入、职工薪酬、资产总额，计算其所得税分摊比例：

$$甲机构的分摊比例 = 6\ 000 \div (6\ 000 + 5\ 000) \times 0.35 + 200 \div (200 + 120) \times$$
$$0.35 + 3\ 000 \div (3\ 000 + 2\ 500) \times 0.3 = 0.57$$

$$乙机构的分摊比例 = 5\ 000 \div (6\ 000 + 5\ 000) \times 0.35 + 120 \div (200 + 120) \times 0.35 +$$
$$2\ 500 \div (3\ 000 + 2\ 500) \times 0.3 = 0.43$$

（3）二级分支机构预缴所得税的计算：

$$甲机构应预缴的企业所得税 = 1\ 000 \times 0.57 = 570（万元）$$

$$乙机构应预缴的企业所得税 = 1\ 000 \times 0.43 = 430（万元）$$

（四）非居民企业在我国境内设立机构场所的汇总纳税

非居民企业在中国境内设立两个或者两个以上机构、场所的，经税务机关审核批准，可以选择由其主要机构、场所汇总缴纳企业所得税。

二、企业所得税的核定征收

一部分企业因存在特殊性而实行核定征收。哪些情形的企业实行核定征收？

（一）企业所得税核定征收的范围

纳税人具有下列情形之一的，核定征收企业所得税：

（1）依照法律、行政法规的规定可以不设置账簿的。

（2）依照法律、行政法规的规定应当设置但未设置账簿的。

（3）擅自销毁账簿或者拒不提供纳税资料的。

（4）虽设置账簿，但账目混乱或者成本资料、收入凭证、费用凭证残缺不全，难以查账的。

（5）发生纳税义务，未按照规定的期限办理纳税申报，经税务机关责令限期申报，逾期仍不申报的。

（6）申报的计税依据明显偏低，又无正当理由的。

（二）企业所得税征收方式的确定

根据《中华人民共和国税收征收管理法》《中华人民共和国企业所得税法》及其实施细则及国家税务总局关于印发《核定征收企业所得税暂行办法》的通知等规定，纳税人所得税征收方式可按下列程序和方法确定：

（1）通过填列《企业所得税征收方式鉴定表》（见表 8-1），由纳税人提出申请，税务机关审核，确定其征收方式。

（2）鉴定表中 5 个项目均合格的，可实行纳税人自行申报、税务机关查账征收的方式征收企业所得税；有一项不合格的，可实行核定征收方式征收企业所得税。实行核定征收方式的，鉴定表的（1）、（4）、（5）项中有一项不合格的，或者（2）、（3）项均不合格的，可实行定额征收的办法征收企业所得税；（2）、（3）项中有一项合格，另一项不合格的，可实行核定应税所得率的办法征收企业所得税。所填鉴定表的五个项目依次是：（1）账簿设置情况，（2）收入核算情况，（3）成本费用核算情况，（4）纳税申报情况，（5）履行纳税义务情况。

企业所得税征收方式鉴定工作每年进行一次，时间为当年的 1～3 月月底。当年新办企业应在领取税务登记证后 3 个月内鉴定完毕。企业所得税征收方式一经确定，如无特殊情况，在一个纳税年度内一般不得变更。

表 8-1　企业所得税核定征收鉴定表

纳税人编码：　　　　　　　　　　鉴定期：　　　年度　　　　　　　　　　金额单位：元

申报单位			
地　　址			
经济性质		行业类别	
开户银行		账　　号	
邮政编码		联系电话	

（续表）

上年收入总额		上年成本费用额	
上年注册资本		上年原材料耗费量（额）	
上年职工人数		上年燃料、动力耗费量（额）	
上年固定资产原值		上年商品销售量（额）	
上年所得税额		上年征收方式	

行次	项　目	纳税人自报情况	主管税务机关审核意见
1	账簿设置情况		
2	收入核算情况		
3	成本费用核算情况		
4	纳税申报情况		
5	履行纳税义务情况		
6	其他情况		

纳税人对征收方式的意见：　　　　　　　　　主管税务机关意见：

　经办人签章：　　　　　　（公章）　　　　　经办人签章：　　　　　　（公章）
　　　　　　　　　　年　月　日　　　　　　　　　　　　　　年　月　日

县级税务机关审核意见：

　经办人签章：　　　　　　　　　　　　　　　　　　　　　　　　（公章）
　　　　　　　　　　　　　　　　　　　　　　　　　　　　年　月　日

（三）企业所得税的核定征收方式

企业所得税的核定征收方式主要包括定额征收和核定应税所得率征收两种办法以及其他合理的办法。

1. 定额征收

定额征收是指税务机关按照一定的标准、程序和办法，直接核定纳税人年度应纳税企业所得税款，由纳税人按规定进行申报缴纳的办法。定额征收方式不存在计算问题。

2. 核定应税所得率征收

核定应税所得率征收是指税务机关按照一定的标准、程序和方法，预先核定纳税人的应税所得率，由纳税人根据纳税年度内的收入总额或成本费用等项目的实际发生额，按预先核定的应税所得率计算缴纳企业所得税的办法。具体计算公式如下：

（1）应税收入总额＝收入总额－不征税收入－免税收入

（2）应纳税所得额＝应税收入总额×应税所得率

　　　　　　　＝［成本（费用）支出额÷（1－应税所得率）］×应税所得率

（3）应纳所得税额＝应纳税所得额×适用税率

纳税人具体的应税所得率由主管税务机关根据纳税人的行业特点、纳税情况、财务管理、会计核算、利润水平等因素，结合本地实际情况，按公平、公正、公开原则分类逐户核定。

应税所得率一经核定,除发生下列情况(企业实行改组改制的;生产经营范围、主营业务发生重大变化的;因遭受风、火、水、震等人力不可抗拒灾害的)外,一个纳税年度内一般不得调整。企业所得税应税所得率表见表8-2。

表8-2　企业所得税应税所得率表

行业	应税所得率
农、林、牧、渔业	3%～10%
制造业	5%～15%
批发和零售贸易业	4%～15%
交通运输业	7%～15%
建筑业	8%～20%
饮食业	8%～25%
娱乐业	15%～30%
其他行业	10%～30%
其他行业	10%～30%

【例题 8-11】　大华公司申请核定征收,该公司年度实现应税收入 120 万元,成本费用为 90 万元,主管税务机关核定的应税所得率为 12%。大华公司当年应纳多少企业所得税?

解析:

(1) 假定税务机关是以收入为核定基数:

$$应纳税所得额 = 120 \times 12\% = 14.4(万元)$$
$$应纳所得税额 = 14.4 \times 25\% = 3.6(万元)$$

(2) 假定税务机关是以成本费用为核定基数:

$$应纳税所得额 = 90 \div (1 - 12\%) \times 12\% = 12.27(万元)$$
$$应纳所得税额 = 12.27 \times 25\% = 3.07(万元)$$

如果税务机关核定采用定额征收方式,假定核定该公司全年应交企业所得税 4 万元,则该公司每季度应交 1 万元企业所得税。

三、企业所得税纳税申报表的填制

(一) 企业所得税纳税申报表的基本内容

企业所得税纳税申报表是根据企业所得税征收与管理规程的要求制定的,纳税人与税务机关为处理企业所得税征管事宜所使用的具有固定格式的纳税申报表。它既是纳税人或纳税代理人履行纳税义务以规范格式申报纳税的书面报告,也是税务机关据以征收、分析、评估、检查企业所得税所使用的重要资料。

(二) 居民企业所得税纳税申报表的格式

企业所得税纳税申报表有月(季)度预缴纳税申报表和年度纳税申报表。两大表分别于 2017 年 12 月 29 日和 2018 年 5 月 17 日公布实施。

国家税务总局公告 2017 年第 54 号将《中华人民共和国企业所得税年度纳税申报表(A类,2017 年版)》予以发布,适用于 2017 年度及以后年度企业所得税汇算清缴纳税申报。

国家税务总局公告 2018 年第 26 号对《中华人民共和国企业所得税月(季)度预缴纳税申报表(A类,2015 年版)》和《中华人民共和国企业所得税月(季)度预缴和年度纳税申报表(B类,2015 年版)》进行了修订。公告要求于 2018 年 7 月 1 日起,按照新版企业所得税预缴纳税申报表进行申报。

(1)《中华人民共和国企业所得税年度纳税申报表(A类)》及其附表,适用于实行查账征收的居民企业纳税人的年度申报。它由 1 张主表和 36 张附表组成,详见企业所得税申报表构成图(见图 8-1)。企业应该根据《中华人民共和国企业所得税法》及其实施条例(以下简称"税法")、相关税收政策,以及国家统一会计制度(《企业会计准则》《小企业会计准则》《企业会计制度》《事业单位会计准则》和《民间非营利组织会计制度》等)的规定,计算填报纳税人利润总额、应纳税所得额和应纳税额等有关项目。

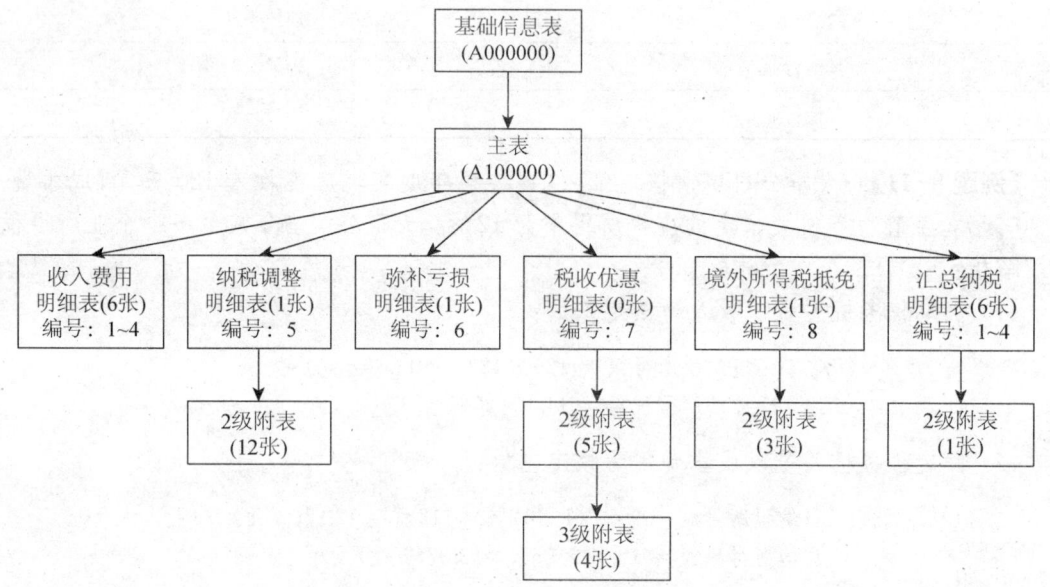

图 8-1 企业所得税申报表构成图

(2)《中华人民共和国企业所得税年度纳税申报表(B类)》,适用于实行核定应税所得率方式核定征收的居民企业纳税人的年度申报。

(3)《中华人民共和国企业所得税月(季)度预缴纳税申报表(A类)》,适用于实行查账征收企业所得税的居民企业纳税人(以下简称"纳税人")在月(季)度预缴纳税申报时填报。

(4)《中华人民共和国企业所得税月(季)度预缴纳税申报表(B类)》,适用于实行核定征收企业所得税的居民企业纳税人(以下简称"纳税人")在月(季)度预缴纳税申报时填报。此外,实行核定应税所得率方式的纳税人在年度纳税申报时填报本表。

(5)《中华人民共和国企业所得税汇总纳税分支机构分配表》,适用于在中国境内跨省、自治区、直辖市设立不具有法人资格的营业机构,并实行"统一计算、分级管理、就地预缴、汇总清算、财政调节"汇总纳税办法的居民企业填报。

（三）居民企业所得税月（季）度预缴纳税申报基本流程及基本规范

1. 居民企业所得税月（季）度预缴纳税申报基本流程

实行核定征收企业所得税的纳税人，依照税收法律法规及相关规定确定的申报内容，在季度或月份终了后15日内，向税务机关申报缴纳企业所得税。具体申报基本流程如图8-2所示。

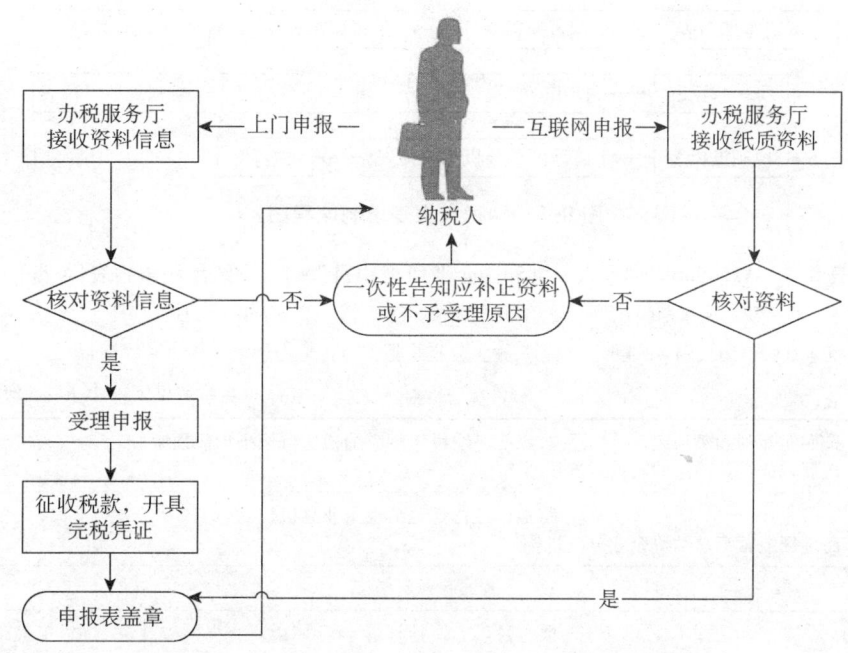

图8-2　企业所得税月（季）度预缴纳税基本流程图

2. 居民企业所得税月（季）度预缴纳税申报基本规范

（1）办税服务厅接收纳税人申报资料信息或纳税人通过互联网申报后提交的纸质资料，核对资料信息是否齐全、是否符合法定形式、填写内容是否完整、是否与税收优惠备案审批信息一致，符合的即时办结；不符合的当场一次性告知应补正资料或不予受理原因。

（2）办税服务厅为纳税人提供申报纳税办理指引，辅导纳税人申报纳税，提示纳税人填写税收优惠栏目。

（3）纳税人可通过财税库银电子缴税系统或银行卡（POS机）等方式缴纳税款，办税服务厅应按规定开具完税凭证。

（4）办税服务厅人员在申报表上签名并加盖业务专用章，一份返还纳税人，一份作为资料归档，一份作为税收会计核算的原始凭证。

（四）企业所得税纳税申报表的填制

1. 企业所得税月（季）度预缴纳税申报表及其填制

企业所得税预缴纳税申报表分为A类申报表和B类申报表。《中华人民共和国企业所得税月（季）度预缴纳税申报表（A类）》（见表8-3），适用于实行查账征收企业所得税的居民企业纳税人在月（季）度预缴纳税申报时填报。《中华人民共和国企业所得税月（季）度预缴纳税申报表(B类)》(见表 8-4),适用于实行核定征收企业所得税的居民企业纳税人在月(季)度预缴纳税申报时填报。

2. 企业所得税年度纳税申报表及其填制

《中华人民共和国企业所得税年度纳税申报表(A 类)》主表(见表 8-5)及其附表,适用于实行查账征收的居民企业纳税人的年度申报。纳税企业在填完企业所得税年度纳税申报表填报表单(见表 8-6)及基础信息表后,要依图 8-3 所示流程依次填写各种表格。

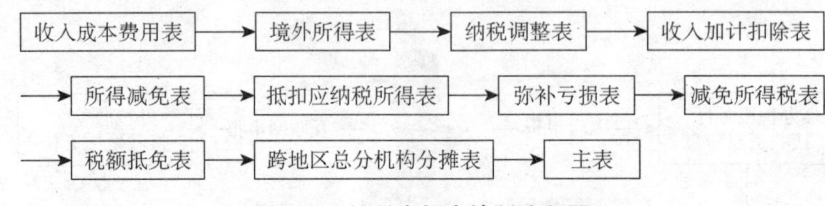

图 8-3 纳税申报表填制流程图

表 8-3 A200000 中华人民共和国企业所得税月(季)度预缴纳税申报表(A 类)

税款所属期间:　　　年　　月　　日　至　　　年　　月　　日

纳税人识别号(统一社会信用代码):□□□□□□□□□□□□□□□□□□

纳税人名称:　　　　　　　　　　　　　　　　　　　金额单位:人民币元(列至角分)

预缴 方式	□ 按照实际利润额预缴　　□ 按照上一纳税年度应纳税所得额平均额预缴 □ 按照税务机关确定的其他方法预缴
企业 类型	□ 一般企业　　　　　　　　□ 跨地区经营汇总纳税企业总机构 □ 跨地区经营汇总纳税企业分支机构

预缴税款计算

行次	项　目	本年累计金额
1	营业收入	
2	营业成本	
3	利润总额	
4	加:特定业务计算的应纳税所得额	
5	减:不征税收入	
6	减:免税收入、减计收入、所得减免等优惠金额(填写 A201010)	
7	减:固定资产加速折旧(扣除)调减额(填写 A201020)	
8	减:弥补以前年度亏损	
9	实际利润额(3+4−5−6−7−8)\按照上一纳税年度应纳税所得额平均额确定的应纳税所得额	
10	税率(25%)	
11	应纳所得税额(9×10)	
12	减:减免所得税额(填写 A201030)	
13	减:实际已缴纳所得税额	
14	减:特定业务预缴(征)所得税额	
15	本期应补(退)所得税额(11−12−13−14)\税务机关确定的本期应纳所得税额	

(续表)

汇总纳税企业总分机构税款计算			
16	总机构填报	总机构本期分摊应补(退)所得税额(17+18+19)	
17		其中:总机构分摊应补(退)所得税额(15×总机构分摊比例＿＿%)	
18		财政集中分配应补(退)所得税额(15×财政集中分配比例＿＿%)	
19		总机构具有主体生产经营职能的部门分摊所得税额(15×全部分支机构分摊比例＿＿%×总机构具有主体生产经营职能部门分摊比例＿＿%)	
20	分支机构填报	分支机构本期分摊比例	
21		分支机构本期分摊应补(退)所得税额	

附报信息			
小型微利企业	□是 □否	科技型中小企业	□是 □否
高新技术企业	□是 □否	技术入股递延纳税事项	□是 □否
期末从业人数			

谨声明:此纳税申报表是根据《中华人民共和国企业所得税法》《中华人民共和国企业所得税法实施条例》以及有关税收政策和国家统一会计制度的规定填报的,是真实的、可靠的、完整的。

法定代表人(签章): 年 月 日

纳税人公章: 会计主管: 填表日期: 年 月 日	代理申报中介机构公章: 经办人: 经办人执业证件号码: 代理申报日期: 年 月 日	主管税务机关受理专用章: 受理人: 受理日期: 年 月 日

《中华人民共和国企业所得税年度纳税申报表(B类)》(见表8-4),适用于实行核定应税所得率方式核定征收的居民企业纳税人的年度申报。采用核定应税所得率方式征收企业所得税的纳税人,依照税收法律法规及相关规定确定的申报内容,向税务机关申报年度企业所得税,并办理汇算清缴,结清应缴应退税款。

表8-4 B10000 中华人民共和国企业所得税月(季)度预缴和年度纳税申报表(B类)

税款所属期间: 年 月 日至 年 月 日

纳税人识别号(统一社会信用代码):□□□□□□□□□□□□□□□□□□

纳税人名称: 金额单位:人民币元(列至角分)

核定征收方式	□核定应税所得率(能核算收入总额的) □核定应税所得率(能核算成本费用总额的) □核定应纳所得税额

行次	项 目	本年累计金额
1	收入总额	
2	减:不征税收入	
3	减:免税收入(4+5+8+9)	
4	国债利息收入免征企业所得税	
5	符合条件的居民企业之间的股息、红利等权益性投资收益免征企业所得税	
6	其中:通过沪港通投资且连续持有H股满12个月取得的股息红利所得免征企业所得税	
7	通过深港通投资且连续持有H股满12个月取得的股息红利所得免征企业所得税	

（续表）

行次	项　目	本年累计金额
8	投资者从证券投资基金分配中取得的收入免征企业所得税	
9	取得的地方政府债券利息收入免征企业所得税	
10	应税收入额（1－2－3）\成本费用总额	
11	税务机关核定的应税所得率（%）	
12	应纳税所得额（第 10×第 11 行）\［第 10 行÷（1－第 11 行）×第 11 行］	
13	税率（25%）	
14	应纳所得税额（12×13）	
15	减：符合条件的小型微利企业减免企业所得税	
16	减：实际已缴纳所得税额	
17	本期应补（退）所得税额（14－15－16）\税务机关核定本期应纳所得税额	

月（季）度申报填报	小型微利企业	□ 是 □ 否	期末从业人数	
年度申报填报	所属行业明细代码		国家限制或禁止行业	□ 是 □ 否
	从业人数		资产总额（万元）	

谨声明：此纳税申报表是根据《中华人民共和国企业所得税法》《中华人民共和国企业所得税法实施条例》以及有关税收政策和国家统一会计制度的规定填报的，是真实的、可靠的、完整的。

法定代表人（签章）：　　　年　月　日

纳税人公章： 会计主管： 填表日期：　年　月　日	代理申报中介机构公章： 经办人： 经办人执业证件号码： 代理申报日期：　年　月　日	主管税务机关受理专用章： 受理人： 受理日期：　年　月　日

表 8-5　A100000　中华人民共和国企业所得税年度纳税申报表（A 类）

行次	类别	项　目	金　额
1	利润总额计算	一、营业收入（填写 A101010\101020\103000）	
2		减：营业成本（填写 A102010\102020\103000）	
3		减：税金及附加	
4		减：销售费用（填写 A104000）	
5		减：管理费用（填写 A104000）	
6		减：财务费用（填写 A104000）	
7		减：资产减值损失	
8		加：公允价值变动收益	
9		加：投资收益	
10		二、营业利润（1－2－3－4－5－6－7＋8＋9）	
11		加：营业外收入（填写 A101010\101020\103000）	
12		减：营业外支出（填写 A102010\102020\103000）	
13		三、利润总额（10＋11－12）	

(续表)

行次	类别	项 目	金 额
14	应纳税所得额计算	减:境外所得(填写 A108010)	
15		加:纳税调整增加额(填写 A105000)	
16		减:纳税调整减少额(填写 A105000)	
17		减:免税、减计收入及加计扣除(填写 A107010)	
18		加:境外应税所得抵减境内亏损(填写 A108000)	
19		四、纳税调整后所得(13－14＋15－16－17＋18)	
20		减:所得减免(填写 A107020)	
21		减:弥补以前年度亏损(填写 A106000)	
22		减:抵扣应纳税所得额(填写 A107030)	
23		五、应纳税所得额(19－20－21－22)	
24	应纳税额计算	税率(25%)	
25		六、应纳所得税额(23×24)	
26		减:减免所得税额(填写 A107040)	
27		减:抵免所得税额(填写 A107050)	
28		七、应纳税额(25－26－27)	
29		加:境外所得应纳所得税额(填写 A108000)	
30		减:境外所得抵免所得税额(填写 A108000)	
31		八、实际应纳所得税额(28＋29－30)	
32		减:本年累计实际已缴纳的所得税额	
33		九、本年应补(退)所得税额(31－32)	
34		其中:总机构分摊本年应补(退)所得税额(填写 A109000)	
35		财政集中分配本年应补(退)所得税额(填写 A109000)	
36		总机构主体生产经营部门分摊本年应补(退)所得税额(填写 A109000)	

表8-6 企业所得税年度纳税申报表(A类)填报表单

表单编号	表单名称	选择填报情况	
		填报	不填报
A000000	企业基础信息表	√	×
A100000	中华人民共和国企业所得税年度纳税申报表(A类)	√	×
A101010	一般企业收入明细表	□	□
A101020	金融企业收入明细表	□	□
A102010	一般企业成本支出明细表	□	□
A102020	金融企业支出明细表	□	□
A103000	事业单位、民间非营利组织收入、支出明细表	□	□
A104000	期间费用明细表	□	□

（续表）

表单编号	表单名称	选择填报情况	
		填报	不填报
A105000	纳税调整项目明细表	☐	☐
A105010	视同销售和房地产开发企业特定业务纳税调整明细表	☐	☐
A105020	未按权责发生制确认收入纳税调整明细表	☐	☐
A105030	投资收益纳税调整明细表	☐	☐
A105040	专项用途财政性资金纳税调整明细表	☐	☐
A105050	职工薪酬支出及纳税调整明细表	☐	☐
A105060	广告费和业务宣传费跨年度纳税调整明细表	☐	☐
A105070	捐赠支出及纳税调整明细表	☐	☐
A105080	资产折旧、摊销及纳税调整明细表	☐	☐
A105090	资产损失税前扣除及纳税调整明细表	☐	☐
A105100	企业重组及递延纳税事项纳税调整明细表	☐	☐
A105110	政策性搬迁纳税调整明细表	☐	☐
A105120	特殊行业准备金及纳税调整明细表	☐	☐
A106000	企业所得税弥补亏损明细表	☐	☐
A107010	免税、减计收入及加计扣除优惠明细表	☐	☐
A107011	符合条件的居民企业之间的股息、红利等权益性投资收益优惠明细表	☐	☐
A107012	研发费用加计扣除优惠明细表	☐	☐
A107020	所得减免优惠明细表	☐	☐
A107030	抵扣应纳税所得额明细表	☐	☐
A107040	减免所得税优惠明细表	☐	☐
A107041	高新技术企业优惠情况及明细表	☐	☐
A107042	软件、集成电路企业优惠情况及明细表	☐	☐
A107050	税额抵免优惠明细表	☐	☐
A108000	境外所得税收抵免明细表	☐	☐
A108010	境外所得纳税调整后所得明细表	☐	☐
A108020	境外分支机构弥补亏损明细表	☐	☐
A108030	跨年度结转抵免境外所得税明细表	☐	☐
A109000	跨地区经营汇总纳税企业年度分摊企业所得税明细表	☐	☐
A109010	企业所得税汇总纳税分支机构所得税分配表	☐	☐

说明：企业应当根据实际情况选择需要填报的表单。

3. 企业所得税汇总纳税分支机构所得税分配表及其填制

《企业所得税汇总纳税分支机构所得税分配表》（见表 8-7）适用于在中国境内跨省、自治区、直辖市和计划单列市设立不具有法人资格的营业机构的居民企业填报。

月(季)度终了之日起 10 日内,由实行汇总纳税的总机构随同《中华人民共和国企业所得税月(季)度纳税申报表(A 类,2018 年版)》报送;月(季)度终了之日起 15 日内,由实行汇总纳税的分支机构,将本表加盖总机构主管税务机关受理专用章之后的复印件,随同《中华人民共和国企业所得税月(季)度纳税申报表(A 类,2018 年版)》报送。

年度汇算清缴申报时,本表与《中华人民共和国企业所得税年度纳税申报表(A 类,2018 年版)》中的 A109010 表是一致的。年度终了之日起 5 个月内,由实行汇总纳税的总机构,随同《中华人民共和国企业所得税年度纳税申报表(A 类,2018 年版)》报送;年度终了之日起 5 个月内,由实行汇总纳税的分支机构,将本表加盖总机构主管税务机关受理专用章之后的复印件,随同《中华人民共和国企业所得税年度纳税申报表(A 类,2018 年版)》报送。

表 8-7　企业所得税汇总纳税分支机构所得税分配表

税款所属期间:　　年　月　日至　　年　月　日

总机构名称:　　　　　　　　　　　　　　　　金额单位:人民币元(列至角分)

总机构纳税人识别号	应纳所得税额	总机构分摊所得税额	总机构财政集中分配所得税额	分支机构分摊所得税额

分支机构情况	分支机构纳税人识别号	分支机构名称	三项因素			分配比例	分配所得税额
			营业收入	职工薪酬	资产总额		
	合计	—					

纳税人公章:　　　　　　　　　　　　　主管税务机关受理专用章:

会计主管:　　　　　　　　　　　　　　受理人:

填表日期:　　　　年　月　日　　　　　受理日期:　　　　年　月　日

第四节　企业所得税的会计核算

一、所得税会计概述

所得税会计(Income tax accounting)是研究处理会计收益和应税收益差异的会计理论

和方法,是反映企业所得税的确认、计量和报告的一整套会计原理、程序和方法。它诞生于西方的会计学领域,最早出现于 20 世纪初的美国。经过长期研究和实践,所得税会计已发展得较为成熟,我国所得税会计还处于起步发展阶段。

二、所得税会计的账户设置

(一) 应付税款法的会计账户设置

在应付税款法下,所得税会计核算应设置"所得税费用""应交税费——应交所得税"账户进行会计核算。

1. "所得税费用"账户

该账户属于损益类账户,用来核算企业按规定应从本期损益中扣除的所得税。借方登记企业应计入本期损益的所得税费用,贷方登记期末转入"本年利润"的所得税费用,该账户期末结转后无余额。

2. "应交税费——应交所得税"账户

该账户属于负债类账户,用来核算企业确认的当期应交未交的所得税及其实际上交情况。该账户的贷方登记企业确认的当期应交未交的所得税,借方登记实际上交的所得税,期末贷方余额表示当期实际未交的所得税。

(二) 资产负债表债务法的会计账户设置

在资产负债表债务法下,所得税会计核算应设置的账户主要有:"所得税费用""应交税费——应交所得税""递延所得税资产""递延所得税负债"账户。

1. "递延所得税资产"账户

该账户属于资产类账户,用来核算企业根据可抵扣暂时性差异所确认的所得税资产及其在以后期间的转回情况。该账户的借方登记企业应予以确认的递延所得税资产,贷方登记企业递延所得税资产的减少,期末借方余额则反映递延所得税资产的实际余额。

(1)企业在确认相关资产时,根据所得税会计准则应予以确认的递延所得税资产。

借:递延所得税资产
　贷:所得税费用——递延所得税费用
　(或)资本公积——其他资本公积

(2)资产负债表日,企业根据所得税会计准则应予以确认的递延所得税资产大于应交税费余额的。

借:递延所得税资产
　贷:所得税费用——递延所得税费用
　(或)资本公积——其他资本公积

应予以确认的递延所得税资产小于应交税费余额的,作相反的会计分录。

(3)资产负债表日,预计未来期间很可能无法获得足够的应纳税所得额用以抵扣暂时性差异的。

借:所得税费用——递延所得税费用(减记的金额)
　(或)资本公积——其他资本公积
　贷:递延所得税资产

2.“递延所得税负债”账户

该账户属于负债类账户,用来核算企业根据应纳税暂时性差异所确认的所得税负债以及在以后期间的转回情况。该账户的贷方登记企业应予以确认的递延所得税负债,借方登记企业递延所得税负债的减少额,期末贷方余额则反映递延所得税负债的实际余额。

(1)企业在确认相关负债时,根据所得税会计准则应予以确认的递延所得税负债。

借:所得税费用——递延所得税费用
　(或)资本公积——其他资本公积
　　贷:递延所得税负债

(2)资产负债表日,企业根据所得税会计准则应予以确认的递延所得税负债大于应交税费余额的。

借:所得税费用——递延所得税费用
　(或)资本公积——其他资本公积
　　贷:递延所得税负债

应予以确认的递延所得税负债小于应交税费余额的,作相反的会计分录。

三、资产、负债的计税基础

理解资产、负债的计税基础是处理所得税会计的关键。在确定资产、负债的计税基础时,必须以税收法规为依据进行。

(一)资产的计税基础

资产的计税基础,是指企业收回资产账面价值过程中,计算应纳税所得额时按照税法规定可以自应税经济利益中抵扣的金额。

资产在初始确认时,其计税基础一般为取得成本,即企业为取得某项资产支付的成本,是税法认定的在未来期间准予税前扣除的金额。在资产的持续经营过程中,其计税基础是指资产的取得成本减去以前期间按税法规定已经税前扣除的金额后的余额。该余额就是资产在未来期间计税时仍然可以税前扣除的金额。资产后续计量因会计准则规定与税法规定不同,可能造成账面价值与计税基础的差异。相关计算公式如下:

$$资产的计税基础 = 未来可税前列支的金额$$
$$某一资产负债表日资产的计税基础 = 成本 - 以前期间已税前列支的金额$$

1.固定资产

固定资产在初始确认时,按照会计准则规定的入账价值基本上是被税法认可的,即固定资产入账价值=固定资产计税基础。在持续经营过程中,会计准则按“实际成本-累计折旧-减值准备”进行计量,而税法按“实际成本-累计折旧”进行计量。由于会计准则与税收法规规定的不同,固定资产的账面价值与计税基础会产生差异。这种差异主要是由固定资产折旧方法、折旧年限的不同以及固定资产减值准备的提取等造成的。

折旧方法的差异:《企业会计准则》规定,企业应当根据固定资产有关的经济利益的预期实现方式合理选择折旧方法(直线法、工作量法、双倍余额递减法、年数总和法等),有关折旧方法的选择应该与固定资产为企业带来经济利益的消耗情况密切相关。税法一般会规定固定资产折旧方法,除特殊行业的固定资产可以按照规定采取加速折旧方法之外,基本上企业只有采用按税法规定的最低折旧年限采用直线折旧法,才允许税前扣除。

折旧年限差异:会计处理中以《企业会计准则》规定的折旧年限进行,而税法就每类固定资产的折旧年限有明确规定。会计处理时确定的折旧年限与税法规定年限有差异,也会产生固定资产持有期间的账面价值与计税基础的差异。

计提固定资产减值准备产生的差异:会计准则规定持有固定资产的期间内,对固定资产计提了减值准备可税前扣除,税法规定按照会计准则规定计提的资产减值准备在资产发生实质性损失前不允许税前扣除,因此会造成固定资产的账面价值与计税基础的差异。

【例题 8-12】 大华公司在 2016 年 12 月以 5 000 万元购入一项生产用固定资产。该固定资产预计使用寿命为 10 年,公司财务上按照直线法计提折旧,预计净残值为 0。假设税法规定的折旧年限、折旧方法和净残值与会计业务处理相同。2018 年年底,大华公司估计该项固定资产的可收回金额为 3 800 万元,计算该项固定资产 2018 年年底的账面价值、计税基础及其差额。

解析:

$$固定资产账面价值 = 5\ 000 - 5\ 000 \div 10 \times 2 - 200 = 3\ 800(万元)$$
$$固定资产计税基础 = 5\ 000 - 5\ 000 \div 10 \times 2 = 4\ 000(万元)$$
$$固定资产账面价值与计税基础之间差额 = 3\ 800 - 4\ 000 = -200(万元)$$

2. 无形资产

无形资产初始确认时,除内部研究开发形成的无形资产以外,以其他方式取得的无形资产,初始确认时按照会计准则规定确定的入账价值与按照税法规定确定的成本之间一般不存在差异。

对于内部研究开发形成的无形资产,会计准则规定有关内部研究开发活动区分两个阶段,研究阶段的支出应当费用化计入当期损益,开发阶段符合资本化条件以后至达到预定用途前发生的支出应当资本化作为无形资产的成本。税法规定:企业发生的研究开发支出,未形成无形资产的,应全部计入当期损益,在据实扣除的基础上再加计扣除 50%;形成无形资产的,在其使用期间内按照无形资产成本的 150% 摊销。

在无形资产后续计量中,会计处理与税收的差异主要在于对无形资产是否需要摊销及无形资产减值准备的提取方面。《企业会计准则》规定:无形资产在取得以后,应根据其使用寿命情况,分为使用寿命有限的无形资产和使用寿命不确定的无形资产。

1) 使用寿命不确定的无形资产

对使用寿命不确定的无形资产,会计准则规定不要求对无形资产进行摊销,但在其持有期间每年年末应进行减值测试。而税法规定,所有的无形资产成本均应在一定期间内进行摊销,从而形成无形资产账面价值与计税基础的差异。

$$无形资产账面价值 = 实际成本 - 减值准备$$
$$无形资产计税基础 = 实际成本 - 累计摊销(税法)$$

2) 使用寿命确定的无形资产

$$无形资产账面价值 = 实际成本 - 累计摊销(会计) - 减值准备$$
$$无形资产计税基础 = 实际成本 - 累计摊销(税法)$$

【例题 8-13】 大华公司无形资产取得成本为 200 万元,因其使用寿命无法合理估计,会计上作为使用寿命不确定无形资产,不予摊销。但税法规定按不短于 10 年摊销。该无形资产使用 1 年后,经测试没有减值,计算其账面价值和计税基础。

解析:

无形资产账面价值 = 实际成本－减值准备 = 200(万元)

无形资产计税基础 = 实际成本－累计摊销(税法) = 200－200÷10 = 180(万元)

3. 以公允价值计量且其变动计入其他综合收益的金融资产

按照《企业会计准则——金融工具确认和计量》的规定,对于以公允价值计量且其变动计入其他综合收益的金融资产,在某一会计期末的账面价值即该时点的公允价值;如果税法规定资产在持有期间市价变动损益在计税时不予考虑,以及有关金融资产在某一会计期末的计税基础为其取得成本,从而会造成公允价值变动的情况下该类金融资产的账面价值与其计税基础之间的差异。对企业持有的以公允价量计量且其变动计入其他综合收益的金融资产计税基础的确定,与以公允价值计量且其变动计入其他综合收益的金融资产类似,可依照上述方法处理。

【例题 8-14】 2018 年 9 月 28 日,大华公司从金融市场取得一项权益性投资,共支付价款 3 600 万元,作为交易性金融资产核算。2018 年 12 月 31 日,该项权益性投资的市价为 3 850 万元。假定税法规定对于交易性金融资产,持有期间公允价值的变动不计入应纳税所得额,待出售时一并计算应计入应纳税所得的金额。分析该项金融资产在 2018 年年底的账面价值及计税基础。

解析:

该项交易性金融资产的期末市价为 3 850 万元,按照会计准则规定进行核算,在 2018 年 12 月 31 日该项交易性金融资产的账面价值为 3 850 万元。

税法规定交易性金融资产在持有期间的公允价值变动不计入应纳税所得额,则该项金融资产在 2018 年 12 月 31 日的计税基础应为原取得的成本,即 3 600 万元。

4. 其他资产

除固定资产、无形资产和以公允价值计量且其变动计入当期损益的金融资产外,企业持有的其他资产,也可能造成其账面价值与计税基础之间存在差异,比如,采用公允价值模式计量的投资性房地产以及其他计提了资产减值准备的各项资产,等等。

(二) 负债的计税基础

负债的计税基础,是指负债的账面价值减去未来期间计算应纳税所得额时按照税法规定可予抵扣的金额。

负债的计税基础 = 负债的账面价值－未来期间按税法规定可税前扣除的金额

负债的确认与偿还一般不会影响企业的损益,也不会影响其应纳税所得额,即未来期间计算应纳税所得额时,按照税法规定可予税前扣除的金额为零,即负债的计税基础为负债账面价值。例如,短期借款、应付票据、应付账款、其他应付款等负债的确认和偿还,都不会对当期损益和应纳税所得额产生影响,其计税基础为账面价值。但有些负债的确认会影响企业的损益,从而影响企业的应纳税所得额。

1. 预计负债

企业会计准则规定:企业对于提供售后服务预计未来将发生的支出,在满足有关确认条件时,在销售当期即应确认为费用,同时确认预计负债。而税法规定:与预计负债相关的费用在实际发生时才允许税前扣除。这是因为,该类事项产生的预计负债在期末的计税基础为其账面价值与未来期间可税前扣除的金额之间的差额,而有关的支出在未来实际发生时可全部税前扣除,所以该项预计负债的计税基础为0,从而形成该项负债会计上的账面价值与计税基础之间的暂时性差异。

【例题 8-15】 大华公司因销售商品提供 3 年售后服务等原因于当年确认了 400 万元的销售费用,同时确认 400 万元的预计负债,当年并没有发生任何保修支出。税法规定,有关产品售后服务等与取得经营收入直接相关的费用于实际发生时允许税前列支。分析大华公司当年年底该项预计负债的账面价值和计税基础。

解析:

会计准则规定,按照最佳估计数确认预计负债,计入相关资产成本或者当期损益;税法规定,与预计负债相关的费用在实际发生时才允许税前扣除,因此:

$$预计负债的账面价值 = 400(万元)$$
$$预计负债的计税基础 = 400 - 400 = 0$$

2. 应付职工薪酬

《企业会计准则》规定:企业为获得职工提供的服务,给予的各种形式的报酬以及其他相关支出,均应作为企业的成本费用,在未支付之前确认为负债。税法规定:凡是符合企业的生产经营常规而发生的工资和薪金支出,均可以在税前予以抵扣,即未来期间计税时可予以税前扣除的金额为0,因而该项负债的计税基础为其账面价值,两者之间不产生暂时性差异。

【例题 8-16】 大华公司 2018 年 12 月 20 日分配计入各项成本费用的职工工资、薪金总额为 2 800 万元,至 2018 年 12 月 31 日尚未支付,但已列示为资产负债表中的负债"应付职工薪酬"项目。按照适用税法规定,该公司当期计入成本费用的 2 800 万元工资薪金支出中,可予以税前扣除的金额为 2 800 万元。分析该公司 2018 年年末应付职工薪酬的账面价值和计税基础。

解析:

按照《企业会计准则》规定,2018 年 12 月 31 日,该公司应付职工薪酬的账面价值应为 2 800 万元。

按照税法规定,大华公司当期实际发生的工资薪金支出 2 800 万元允许税前全部扣除,未来期间计税时可予以税前扣除的金额为 0,即该项负债的计税基础等于其账面价值 2 800 万元。

分析表明:该项负债的账面价值 2 800 万元与其计税基础 2 800 万元相同,因而不形成暂时性差异,即对未来期间的应纳税所得额和应交所得税不造成影响。

3. 预收账款

一般情况下,企业在收到客户预付的款项时,因不符合收入确认条件,会计上会将其确认为负债。税法对于收入的确认原则一般与会计准则相同,即会计上未确认收入时,计税时一般也不计入应纳税所得额,该部分经济利益在未来期间计税时可予以税前扣除的金额为 0,计税基础等于账面价值。在某些情况下,因不符合收入确认条件,会计上会将其确认为负债,而税法规定该预收账款应计入应纳税所得额时,有关预收账款的计税基础为 0,即因其发生时已经计算缴纳所得税,在未来期间可全额税前扣除。目前只有房地产企业在收到预收账款时,会计上不确认为收入,而税法需要视同销售缴纳相关税费。

4. 其他负债

企业的其他负债项目,如应交的罚款、滞纳金等,在尚未支付之前按照会计准则规定确认为费用,同时作为负债反映。税法规定,罚款和滞纳金不能税前扣除,即该部分费用无论是在发生当期还是在以后期间均不允许税前扣除,其计税基础为账面价值减去未来期间计税时可予税前扣除的金额 0 之间的差额,即:

$$计税基础 = 账面价值$$

四、会计利润与应税所得的差异分析

会计核算上的利润与税收法规的应纳税所得额之间存在差异。产生差异的原因是会计核算和税务处理分别遵循不同的原则,服务于不同的目的。财务会计核算的目标是公允地反映经营成果,满足信息使用者的需要,而计算应纳税所得额的目的则是实现税收,正确确定企业应交的所得税。因此,两者在实务中通常存在一定的差异。这种差异按性质划分为永久性差异和暂时性差异。

(一) 永久性差异

永久性差异是指某一会计期间,因会计制度和税法在计算收益、费用或损失时的口径不同而产生的税前会计利润与应纳税所得额之间的差异。这种差异在本期发生,不会在以后各期转回,除非修改会计制度或税法。永久性差异的会计处理原则是:永久性差异一旦发生,即应在本期调整。永久性差异存在四种类型,具体如下。

1. 会计上确认为收入,但税法上不确认为收入

财务会计规定列为收入、收益,但税法上允许税前扣除的项目,如企业购买国债利息收入等。

2. 会计上确认为费用,但税法上全部或部分不确认为费用

这种项目可分为以下两种情况:

(1) 扣除范围不同,财务会计上将其作为费用损失,而税法上不允许扣除。例如,违法经营的罚款和被没收财物的损失;各项税收的滞纳金、罚金和罚款;各种非救济性、非公益性捐赠和赞助支出;自然灾害或意外事故损失有赔偿的部分;等等。

(2) 会计上确认为费用,但税法上部分不确认为费用。例如,超标利息支出;超标的三项经费(工会经费、职工福利费、职工教育经费);超标的公益性、救济性捐赠;等等。

3. 税法上确认为收入,但会计上不确认为收入

税法上确认为收入,但会计上不确认为收入。例如,企业将自己生产的产品用于职工福利,不符合会计确认收入的条件,但税法规定,应将这一行为视为销售,在纳税申报时计算应纳税额。

4. 税法上确认为费用,但会计上不确认为费用

税法上确认为费用,但会计上不确认为费用。例如,对于自主研发的无形资产,会计上

将开发阶段符合资本化的计入无形资产的成本,而其余的作为管理费用处理,而税法上对企业研究开发支出加计税前扣除 50%。

(二)暂时性差异

暂时性差异是指企业资产、负债的账面价值与其计税基础不同产生的差异。根据暂时性差异对未来期间应税金额影响不同,分为应纳税暂时性差异、可抵扣暂时性差异和特殊项目产生的暂时性差异。

1. 应纳税暂时性差异

应纳税暂时性差异,是指在确定未来收回资产或清偿负债期间的应纳税所得额时,将导致产生应税金额的暂时性差异。该差异在未来期间转回时,会增加转回期间的应纳税所得额,即在未来期间不考虑该事项影响的应纳税所得额的基础上,由于该暂时性差异的转回,会进一步增加转回期间的应纳税所得额和应缴所得税金额。在应纳税暂时性差异产生当期,应当确认相关的递延所得税负债。

$$递延所得税负债 = 应纳税暂时性差异 \times 所得税税率$$

应纳税暂时性差异通常产生于以下情况。

1)资产的账面价值大于其计税基础

一项资产的账面价值代表的是企业在持续使用或最终出售该项资产时将取得的经济利益的总额,而计税基础代表的是一项资产在未来期间可予税前扣除的金额。资产的账面价值大于其计税基础,该项资产未来期间产生的经济利益不能全部税前抵扣,两者之间的差额需要缴税,产生应纳税暂时性差异。

2)负债的账面价值小于其计税基础

一项负债的账面价值为企业预计在未来期间清偿该项负债时的经济利益流出额。一项负债的计税基础代表的是账面价值在扣除税法规定未来期间允许税前扣除的金额后的差额。当负债的账面价值小于其计税基础时,则意味着就该项负债在未来期间可以税前抵扣的金额为负数,即应在未来期间应纳税所得额的基础上调增,从而产生应纳税暂时性差异,应确认相关的递延所得税负债。

应纳税暂时性差异发生时,账务处理如下:

借:所得税费用——递延所得税费用
　　(或)资本公积——其他资本公积
　　贷:递延所得税负债

转回同一事项对应的应纳税暂时性差异时,作反向分录:

借:递延所得税负债
　　贷:所得税费用——递延所得税费用
　　　　(或)资本公积——其他资本公积

应纳税暂时性差异的产生对企业的影响是:产生差异时,本期少交企业所得税;同一事项对应的差异在未来期间转回时,将多交企业所得税。

【例题 8-17】 大华公司某年 12 月取得一项固定资产,其原值为 150 万元,不考虑净残值,会计上按 10 年进行折旧,税法上可缩短折旧期限为 6 年,两者均采用直线法且无残值。

试分析大华公司该项资产在使用过程中产生的暂时性差异及递延所得税。

解析：

该项资产前 6 年的账面价值均大于其计税基础，每年均产生应纳税暂时性差异。

使用第 1 年年末：

$$固定资产的账面价值 = 150 - 15 = 135(万元)$$
$$固定资产的计税基础 = 150 - 25 = 125(万元)$$

假设第 1 年的利润总额为 a，且没有其他任何纳税调整事项，具体企业所得税账务处理如下：

借：所得税费用	$a \times 25\%$
贷：应交税费——应交所得税	$(a-10) \times 25\%$
递延所得税负债	$10 \times 25\%$

后 4 年每年需要转回应纳税暂时性差异 15 万元。假设第 7 年会计利润为 b，且没有其他任何纳税调整事项，具体企业所得税账务处理如下：

借：所得税费用——递延所得税费用	$b \times 25\%$
递延所得税负债	$10 \times 25\%$
贷：应交税费——应交所得税	$(b+10) \times 25\%$

2. 可抵扣暂时性差异

可抵扣暂时性差异是指在确定未来收回资产或清偿负债期间的应纳税所得额时，将导致产生可抵扣金额的暂时性差异。在可抵扣暂时性差异产生的当期，企业预计未来期间能够产生足够的应纳税所得税额利用该可抵扣差异时，应当确认相关的递延所得税资产。

$$递延所得税资产 = 可抵扣暂时性差异 \times 所得税税率$$

可抵扣暂时性差异通常产生于以下情况。

1）资产的账面价值小于其计税基础

资产在未来期间产生的经济利益少，按照税法规定允许税前扣除的金额多，则资产的账面价值与计税基础之间产生差异，在未来期间可减少应纳税所得额并减少应交所得税，符合有关条件时，应当确认相关的递延所得税资产。

2）负债的账面价值大于其计税基础

负债产生的暂时性差异实质上是税法规定就该项负债可以在未来期间税前扣除的金额，即：

$$
\begin{aligned}
负债产生的暂时性差异 &= 账面价值 - 计税基础 \\
&= 账面价值 - (账面价值 - 未来期间计税时按照税法规定可以税前扣除的金额) \\
&= 未来期间计税时按照税法规定可以税前扣除的金额
\end{aligned}
$$

当负债的账面价值大于计税基础时，意味着在未来期间按照税法规定与该项负债有关的全部或部分支出可以从未来应税经济利益中扣除，减少未来期间的应纳税所得额和应交企业所得税。

当可抵扣暂时性差异发生时，估计未来有充足的应纳税所得额时，其账务处理如下：

借：递延所得税资产

　　贷：所得税费用——递延所得税费用

　　（或）资本公积——其他资本公积

转回同一事项对应的可抵扣暂时性差异时，其账务处理如下：

借：所得税费用——递延所得税费用

　　（或）资本公积——其他资本公积

　　贷：递延所得税资产

可抵扣暂时性差异的产生对企业的影响是：产生差异时，本期多交企业所得税；同一事项对应的差异转回时，未来少交企业所得税。

【例题 8-18】　大华公司某年年末购入一项固定资产，入账原值为 150 万元，不考虑净残值，从购入次年开始计提折旧。账务处理中按 5 年期限进行折旧，税法上规定最低折旧年限为 10 年，折旧均采用直线折旧法且没有残值。会计上每年折旧额为 30 万元，税法上允许每年折旧额为 15 万元。分析固定资产使用过程中产生的暂时性差异及递延所得税。

解析：

固定资产在使用的前 5 年，资产账面价值均小于其计税基础，每年均产生可抵扣暂时性差异。

使用第 1 年年末：

$$固定资产的账面价值 = 150 - 30 = 120（万元）$$
$$固定资产的计税基础 = 150 - 15 = 135（万元）$$

假设第 1 年的利润总额为 a，且没有其他任何纳税调整事项，具体企业所得税账务处理如下：

借：所得税费用　　　　　　　　　　　　　　　　　　　　　　　$a \times 25\%$

　　递延所得税资产　　　　　　　　　　　　　　　　　　　　　$15 \times 25\%$

　　贷：应交税费——应交所得税　　　　　　　　　　　　　$(a + 15) \times 25\%$

后 5 年每年转回可抵扣暂时性差异 15 万元，账务处理如下：

借：所得税费用　　　　　　　　　　　　　　　　　　　　　　　$a \times 25\%$

　　贷：应交税费——应交所得税　　　　　　　　　　　　　$(a - 15) \times 25\%$

　　　递延所得税资产　　　　　　　　　　　　　　　　　　　$15 \times 25\%$

3. 特殊项目产生的暂时性差异

未作为资产、负债确认的项目产生的暂时性差异。某些交易或事项发生以后，因为不符合资产、负债的确认条件，所以没有体现为资产负债表中的资产或负债，但按税法规定能够确定其计税基础的，其账面价值与计税基础之间的差异也会形成暂时性差异。具体如下。

1）广告费和业务宣传费

会计准则规定，广告费和业务宣传费实际发生时计入当期损益（销售费用），其不形成资产，其资产账面价值为 0；税法规定，按不超过当年销售收入 15% 的部分准予扣除；超过部分准予在以后纳税年度结转扣除，其超过部分形成资产的计税基础。资产的账面价值小于计税基础就形成了可抵扣暂时性差异。

2）职工教育经费

会计准则规定，职工教育经费实际发生时通过"应付职工薪酬"转入相应的成本、费用，均在当期会计损益中扣除，不形成资产和负债，即资产账面价值为0；税法规定，一般情况下，实际发生的职工教育经费不超过当年实发工资总额2.5%（文化创意及设计服务、动漫企业等为8%）的部分准予税前扣除；超过部分准予结转以后纳税年度扣除，其超过部分形成资产的计税基础。资产的账面价值小于计税基础就形成了可抵扣暂时性差异。

3）可抵扣亏损及税款抵减

按照税法规定可以结转以后年度的未弥补亏损及税款抵减，虽不是因为资产、负债的账面价值和计税基础的不同而产生，但本质上可抵扣亏损和税款抵减，其与可抵扣暂时性差异作用相同，均能够减少未来期间的应纳税所得额和应交所得税金额，所以视其为可抵扣暂时性差异。

【例题8-19】　大华公司2016年发生经营亏损3 000万元，按照税法规定，该亏损可以抵减未来5年的应纳税所得额。大华公司预计其在未来5年期间能够产生足够的应纳税所得额来弥补该项亏损。假设大华公司在2017年盈利2 000万元，2018年盈利2 500万元且每年没有其他任何纳税调整事项，试对大华公司2016年、2017年、2018年所得税涉税事项进行账务处理（金额单位为万元）。

解析：

2016年：

借：递延所得税资产（3 000×25%）　　　　　　　　　　　　　　750
　　贷：所得税费用（3 000×25%）　　　　　　　　　　　　　　　　750

2016年利润总额为-3 000万元，所得税费用为-750万元。

$$净利润 = -3 000 - (-750) = -2 250（万元）$$

2017年盈利2 000万元，账务处理如下：

借：所得税费用（2 000×25%）　　　　　　　　　　　　　　　　500
　　贷：递延所得税资产（2 000×25%）　　　　　　　　　　　　　　500

2018年盈利2 500万元，账务处理如下：

借：所得税费用（2 500×25%）　　　　　　　　　　　　　　　　625
　　贷：递延所得税资产（1 000×25%）　　　　　　　　　　　　　　250
　　　　应交税费——应交企业所得税　　　　　　　　　　　　　　　375

五、应付税款法

应付税款法，是指本期税前会计利润与应纳税所得额之间的差异造成的影响纳税的金额直接计入当期损益，而不递延到以后各期的会计处理方法。在应付税款法下，不需要确认税前会计利润与应纳税所得额之间的差异造成的影响纳税的金额，因此，当期计入损益的所得税费用等于当期按应纳税所得额计算的应交所得税。其优点是简单，不必确认递延所得税;其缺点是违背了权责发生制原则。在目前会计实务中,除了执行会计准则的上市公司、央企以外的大部分企业仍然在采用应付税款法。

【例题 8-20】 大华公司 2018 年全年收入总额 1 500 万元,当年发生招待费 8 万元,全年利润总额 300 万元。假设该公司除招待费外没有其他纳税调整事项,该公司所得税税率为 25%,试对上述涉税经济业务进行会计处理。

解析:

$$招待费的扣除限额 = 1\,500 \times 5‰ = 7.5(万元)$$
$$招待费的扣除金额 = 8 \times 60\% = 4.8(万元)$$
因为扣除限额 > 扣除金额,所以招待费允许扣除 4.8 万元。
$$应纳税所得额 = 300 + (8 - 4.8) = 303.2(万元)$$
$$应纳所得税 = 303.2 \times 25\% = 75.8(万元)$$

六、资产负债表债务法的核算

(一) 资产负债表债务法

资产负债表债务法,是指从资产负债表出发,通过比较资产负债表上列示的资产、负债按照企业会计准则规定确定的账面价值与按照税法规定确定的计税基础,对于两者之间的差异分别按应纳税暂时性差异与可抵扣暂时性差异,确认相关的递延所得税负债与递延所得税资产,在此基础上确定每一会计期间利润表中的所得税费用。对资产负债表债务法的概念,可以用一个分录来表达,即:

借: 所得税费用
    递延所得税资产
  贷:应交税费——应交所得税
    递延所得税负债

(二) 资产负债表债务法的计算程序

采用资产负债表债务法核算所得税,企业一般应于每一资产负债表日进行所得税的核算。企业进行所得税核算一般应遵循以下核算程序。

1. 按照准则规定,确定资产、负债项目的账面价值

确定资产、负债项目的账面价值,就是按照会计准则规定确定资产负债表中除递延所得税资产和递延所得税负债以外的其他资产和负债项目的账面价值。

2. 按照企业所得税法规定,确定资产、负债项目的计税基础

确定资产、负债项目的计税基础,就是在我国会计准则中确定的资产、负债的基础上,以现行税法为准绳,计算确定资产负债表中有关资产、负债项目的计税基础。

3. 计算账面价值与计税基础之间的差额

计算账面价值与计税基础之间的差额,按差异的性质分析(除准则中规定的特殊情况外),是应纳税暂时性差异还是可抵扣暂时性差异。

4. 计算期末递延所得税负债或资产余额

$$期末递延所得税负债 = 应纳税暂时性差异 \times 所得税税率$$
$$期末递延所得税资产 = 可抵扣暂时性差异 \times 所得税税率$$

5. 计算本期递延所得税负债或资产调整额及递延所得税

本期递延所得税负债调整额 = 递延所得税负债期末余额 - 递延所得税负债期初余额

本期递延所得税资产调整额 = 递延所得税资产期末余额 - 递延所得税资产期初余额

递延所得税 = 本期递延所得税负债调整额 - 本期递延所得税资产调整额

6. 计算应纳税所得额

应纳税所得额 = 会计利润 ± 永久性差异 ± 暂时性差异

7. 计算当期应交纳的所得税

"应交税费——应交所得税"发生额 = 应纳税所得额 × 所得税适用税率

8. 计算本期所得税费用

所得税费用 = 本期应交所得税 + 本期递延所得税负债调整额 - 本期递延所得税资产调整额

= 本期应交所得税 + 递延所得税

(三) 资产负债表债务法的会计处理

1. 按月或按季度计算应预缴所得税额和缴纳所得税时,填制会计分录

借:应交税费——预缴所得税

　贷:银行存款

2. 年终汇算清缴时,填制会计分录

借:所得税费用(根据借贷平衡原理倒挤)

　　递延所得税资产

　贷:应交税费——应交所得税

　　　递延所得税负债

借:应交税费——应交所得税

　贷:应交税费——预缴所得税

借:应交税费——应交所得税

　贷:银行存款

注意:并不是所有的暂时性差异确认的递延所得税费用都计入"所得税费用"账户,有的需要计入"资本公积——其他资本公积",例如,由可供出售金融资产公允价值变动损益形成的暂时性差异涉及的递延所得税。

【例题 8-21】 大华公司持有的某项以公允价值计量且其变动计入其他综合收益的金融资产,成本为 500 000 元,会计期末,其公允价值为 600 000 元,该企业适用的所得税税率为 25%。除该事项外,该企业不存在其他会计与税收之间的差异,且递延所得税资产和递延所得税负债不存在期初余额。

解析:

会计期末在确认 100 000 元的公允价值变动时,其会计处理如下:

借:其他综合收益 　　　　　　　　　　　　　　　　　　　　　　　　　　100 000

　贷:资本公积——其他资本公积 　　　　　　　　　　　　　　　　　　　100 000

确认应纳税暂时性差异的所得税影响时，其会计处理如下：

借：资本公积——其他资本公积　　　　　　　　　　　　　　　　　25 000
　　贷：递延所得税负债　　　　　　　　　　　　　　　　　　　　　　　　25 000

（四）减免所得税的会计处理

1. 先计后免

（1）计提所得税时：

借：所得税费用
　　贷：应交税费——应交所得税

（2）减免所得税时：

借：应交税费——应交所得税
　　贷：资本公积

2. 先交后退

（1）上缴企业所得税时：

借：应交税费——应交所得税
　　贷：银行存款

（2）收到退税款时：

借：银行存款
　　贷：资本公积

3. 法定直接减免

不作会计处理。

【例题8-22】　大华公司2018年度利润表中利润总额为3 000万元，该公司适用所得税税率为25%。递延所得税资产及递延所得税负债不存在期初余额。

2018年发生的有关交易和事项中，会计处理与税务处理存在差别的有：

（1）2017年1月开始计提折旧的一项固定资产，成本为1 500万元，使用年限为10年，净残值为0，会计处理按双倍余额递减法计提折旧，税务处理按直线法计提折旧。假设税法规定的使用年限及净残值与会计规定相同。

（2）向关联企业捐赠现金500万元。按税法规定，企业向关联方的捐赠不允许税前扣除。

（3）当年购入某公司股票400万股，总计金额1 000万元，公司账务上作为以公允价值计量且其变动计入其他综合收益的金融资产核算；2018年12月31日该股票的公允价值为1 600万元。

（4）违反环保法规定应支付罚款250万元，未支付。

（5）期末对持有的存货计提了75万元的存货跌价准备。

要求：进行2018年年末所得税的会计处理。

解析：

（1）确定大华公司2018年12月31日有关资产、负债的账面价值及计税基础，计算相应的暂时性差异，见表8-8。

表 8-8　账面价值、计税基础与暂时性差异计算表　　　单位:万元

项　目	账面价值	计税基础	暂时性差异	
			应纳税暂时性差异	可抵扣暂时性差异
存　货	2 000	2 075		75
固定资产				
固定资产原价	1 500	1 500		
减:累计折旧	300	150		
减:固定资产减值准备	0	0		
固定资产账面价值	1 200	1 350		150
交易性金融资产	1 600	1 000	600	
其他应付款	250	250		
合　计			600	225

(2) 2018 年度当期应交所得税:

$$应纳税所得额 = 3\ 000 + 150 + 500 - 600 + 250 + 75 = 3\ 375(万元)$$
$$应交所得税 = 3\ 375 \times 25\% = 843.75(万元)$$

(3) 2018 年度递延所得税:

$$递延所得税资产 = 225 \times 25\% = 56.25(万元)$$
$$递延所得税负债 = 600 \times 25\% = 150(万元)$$
$$递延所得税 = 150 - 56.25 = 93.75(万元)$$
$$所得税费用 = 843.75 + 93.75 = 937.5(万元)$$

(4) 会计分录如下:

借:所得税费用　　　　　　　　　　　　　　　　　　　　　　9 375 000
　递延所得税资产　　　　　　　　　　　　　　　　　　　　　562 500
　贷:应交税费——应交所得税　　　　　　　　　　　　　　　8 437 500
　　递延所得税负债　　　　　　　　　　　　　　　　　　　　1 500 000

思考题

1. 如何确认企业所得税的收入总额、应税收入与不征税收入?
2. 简述暂时性差异的产生及分类。
3. 简述资产负债表债务法的会计处理程序。
4. 简述递延所得税资产的确认与计量。
5. 简述递延所得税负债的确认与计量。

实践能力训练

一、单选题

1. 甲公司 2018 年销售收入为 2 200 万元,当年发生的与生产经营活动有关的业务招待费

支出为60万元,且能够提供有效凭证。甲公司在计算当年企业所得税应纳税所得额时,准予扣除的业务招待费为(　　)万元。

A. 11　　　　　　　B. 60　　　　　　　C. 36　　　　　　　D. 50

2. 企业所得税的基本税率和低税率分别为(　　)。

A. 25％、20％　　B. 33％、15％　　C. 25％、15％　　D. 25％、10％

3. 企业发生的职工福利费支出,不超过工资薪金总额(　　)的部分,准予扣除。

A. 6％　　　　　　B. 1.5％　　　　　　C. 2％　　　　　　D. 14％

4. 企业拨缴的工会经费,不超过工资薪金总额(　　)的部分,准予扣除。

A. 2％　　　　　　B. 1.5％　　　　　　C. 2.5％　　　　　　D. 8％

5. (　　)是根据企业所得税法的规定,按照税法的核算方法计算出来的所得额,是企业所得税的计税依据。

A. 应纳税所得额　　　　　　　　　　B. 会计利润总额

C. 纳税调整额　　　　　　　　　　　D. 利润总额

6. 企业应当自年度终了之日起(　　)内,向税务机关报送年度企业所得税纳税申报表,并汇算清缴,结清应缴应退税款。

A. 3个月　　　　　B. 5个月　　　　　C. 4个月　　　　　D. 6个月

7. 2018年,某企业通过具备法定资格的公益性社会组织向灾区捐款100万元,直接向受灾小学捐款20万元,两笔捐款均在营业外支出中列支。该企业当年的利润总额为1 000万元。假设不考虑其他纳税调整事项,根据企业所得税法律制度的规定,该企业2018年度应纳税所得额为(　　)万元。

A. 1 000　　　　　B. 1 020　　　　　C. 1 120　　　　　D. 1 070

8. 按照企业所得税的有关规定,下列收入项目中,属于收入总额中"销售(营业)收入"的有(　　)。

A. 销售固定资产取得的收入　　　　B. 销售原材料取得的收入

C. 销售无形资产取得的收入　　　　D. 捐赠收入

9. 居民企业是指依法在中国境内成立,或者依照外国(地区)法律成立但(　　)在中国境内的企业。

A. 总机构　　　　　　　　　　　　B. 实际管理机构

C. 生产经营机构　　　　　　　　　D. 分支机构

10. 甲企业为符合条件的小型微利企业。2018年甲企业的应纳税所得额为50万元。甲企业当年应缴纳的企业所得税税额为(　　)万元。

A. 5　　　　　　　B. 10　　　　　　　C. 12.5　　　　　　D. 7.5

11. 根据企业所得税的规定,以下收入中属于不征税收入的是(　　)。

A. 财政拨款

B. 在中国境内设立机构、场所的非军民企业连续持有居民企业公开发行并上市流通的股票不足12个月取得投资收益

C. 非营利组织从事营利性活动取得的收入

D. 国债利息收入

12. 根据企业所得税法的规定,下列税金在计算企业应纳税所得额时,不得从收入总额中扣除的是( )。

    A. 土地增值税   B. 增值税

    C. 消费税   D. 资源税

13. 加速折旧属于税法规定的企业所得税税收优惠方式之一,其中采取缩短折旧年限方法的,最低折旧年限不得低于规定折旧年限的( )。

    A. 60%   B. 40%   C. 50%   D. 70%

14. 根据企业所得税法规定,财务会计制度与税收法规的规定不同而产生的差异,在计算企业所得税应纳税所得额时应按照税收法规的规定进行调整。下列各项中,属于时间性差异的是( )。

    A. 业务招待费产生的费用   B. 对外捐赠费用产生的费用

    C. 职工工会费用产生的差异   D. 广告费和业务宣传费产生的费用

15. 下列各项利息收入,不计入企业所得税应纳税所得额的是( )。

    A. 企业债券利息收入   B. 外单位欠款付给的利息收入

    C. 购买国债的利息收入   D. 银行存款利息收入

16. 根据企业所得税法规定,下列项目中享受税额抵免政策的是( )。

    A. 企业综合利用资源,生产符合国家产业政策规定的产品取得的收入

    B. 创业投资企业从事国家需重点扶持和鼓励的创业投资的投资额

    C. 企业购置用于环境保护的专用设备的投资额

    D. 安置残疾人员及国家鼓励安置的其他就业人员所支付的工资

17. 下列关于企业所得税纳税申报,表述不正确的是( )。

    A. 企业所得税应分月或分季预缴

    B. 企业清算时,应当以清算期间作为一个纳税年度

    C. 企业在年度中间终止经营活动的,应当自实际经营终止之日起45日内,向税务机关办理当期企业所得税汇算清缴

    D. 企业在一个纳税年度中间开业,或者终止经营活动,使该纳税年度的实际经营期不足12个月的,应当以实际经营期为一个纳税年度

18. 按照企业所得税法规定,企业所得税的征收办法是( )。

    A. 按月征收   B. 按季计征,分月预缴

    C. 按季征收   D. 按年计征,分月或分季预缴

19. 下列各项中,在计算企业所得税应纳税所得额时准予扣除的是( )。

    A. 企业之间支付的管理费

    B. 银行内营业机构之间支付的利息

    C. 企业内营业机构之间支付的租金

    D. 企业内营业机构之间支付的特许权使用费

20. 根据企业所得税法规定,国家重点扶持的高新技术企业,适用的企业所得税税率是( )。

    A. 10%   B. 15%   C. 20%   D. 25%

二、多选题

1. 企业所得税的纳税人分为(   )。
   A. 一般纳税人
   B. 居民企业
   C. 小规模纳税人
   D. 非居民企业

2. 根据企业所得税法律制度的规定,企业的下列资产支出项目中,不得计算折旧或摊销费用在税前扣除的有(   )。
   A. 已足额提取折旧的固定资产的改建支出
   B. 单独估价作为固定资产入账的土地
   C. 以融资租赁方式租入的固定资产
   D. 未投入使用的机器设备

3. 在计算企业所得税时不得从收入总额中扣除的税金有(   )。
   A. 土地增值税
   B. 企业所得税
   C. 增值税
   D. 契税
   E. 城市维护建设税

4. 企业所得税的纳税人包括(   )。
   A. 国有企业
   B. 集体企业
   C. 私营企业
   D. 外商投资企业
   E. 合伙企业

5. 下列项目中在会计利润的基础上应调增应纳税所得额的项目有(   )。
   A. 工资费用支出超标准
   B. 业务招待费超标准
   C. 公益、救济性支出超标准
   D. 税收的滞纳金
   E. 国库券利息收入

6. 在企业发生的下列利息支出中,在计算应纳税所得额时,可以从收入总额中扣除的有(   )。
   A. 向金融机构借款的利息支出
   B. 企业间相互拆借的利息支出
   C. 建造、购置固定资产的利息支出
   D. 建造、购置固定资产竣工决算投产后发生的向金融机构借款的利息支出

7. 我国居民企业的判定标准有(   )。
   A. 登记注册地标准
   B. 总机构所在地标准
   C. 实际管理机构地标准
   D. 生产经营所在地

8. 计算企业所得税时,下列应计入企业的收入总额的有(   )。
   A. 销售货物收入
   B. 提供劳务收入
   C. 转让财产收入
   D. 利息收入

9. 企业取得的下列所得(   )已在境外缴纳的所得税税额,可以从其当期应纳税额中抵免,抵免限额为该项所得依照规定计算的应纳税额。
   A. 居民企业来自中国境外的应税所得
   B. 非居民企业在中国境内设立机构、场所,取得发生在中国境外但与该机构、场所有实际联系的应税所得
   C. 居民企业来自中国境内的应税所得

D. 非居民企业在中国境内没有设立机构、场所,取得发生在中国境外且与该机构、场所没有实际联系的应税所得

10. 在直接计算法,居民企业的企业所得税应纳税所得额为收入减去(　　)。

　　A. 不征税收入
　　B. 免税收入
　　C. 各项扣除金额
　　D. 允许弥补的亏损

11. 在计算企业所得税时,下列支出不得扣除的有(　　)。

　　A. 向投资者支付的股息、红利等权益性投资收益款项
　　B. 非广告性质的赞助支出
　　C. 税收滞纳金
　　D. 未经核定的准备金支出

12. 下列可以在企业所得税前据实扣除的有(　　)。

　　A. 非金融企业向金融机构借款的利息支出
　　B. 金融企业的各项存款利息支出和同业拆借利息支出
　　C. 企业经批准发行债券的利息支出
　　D. 非金融企业向非金融机构借款的利息支出

13. 下列各项中符合企业所得税税前扣除标准的有(　　)。

　　A. 企业发生的职工福利费支出,不超过工资薪金总额14%的部分准予扣除
　　B. 企业拨缴的工会经费,不超过工资薪金总额2%的部分准予扣除
　　C. 企业拨缴的职工教育经费,不超过工资薪金总额2.5%的部分准予扣除
　　D. 企业发生的职工福利费、工会经费、职工教育经费都可以据实扣除

14. 下列属于免税收入的是(　　)。

　　A. 国债利息收入
　　B. 居民企业直接投资于其他居民企业取得的投资收益
　　C. 在中国境内设立机构、场所的非居民企业从居民企业取得与该机构、场所有实际联系的股息、红利等权益性投资收益
　　D. 财政拨款

15. 下列各项中应当征收企业所得税的收入有(　　)。

　　A. 国库券的转让收入
　　B. 因债权人原因确实无法支付的应付款项
　　C. 纳税人接收捐赠的实物资产
　　D. 企业在建工程发生的试运行收入

三、判断题

1. 企业发生的亏损,可在今后5个连续纳税年度内用税前所得进行弥补。　　　　(　　)

2. 《企业所得税法》规定,依照外国(地区)法律成立但实际管理机构在中国境内的企业为非居民企业。　　　　(　　)

3. 企业发生的公益救济性捐赠支出在年度会计利润总额12%以内的部分,准予在计算应纳税所得额时扣除。　　　　(　　)

4. 《企业所得税法》规定,企业安置残疾人员所支付的工资,在据实扣除的基础上,按照支付给残疾职工工资的100%加计扣除。　　　　(　　)

5. 对于由于技术进步,产品更新换代较快的固定资产,以及常年处于强震动、高腐蚀状态

的固定资产,可以采取缩短折旧年限或者采取加速折旧方法。　　　　　　　（　　）

6. 企业向非金融机构借款的利息支出可按实际发生数扣除。　　　　　　　（　　）

7. 企业发生亏损,可在今后5年内弥补亏损,是指以5个盈利年度的利润弥补亏损。（　　）

8. 企业购买国债的利息收入,不计入应纳税所得额。　　　　　　　　　　　（　　）

9. 企业来自中国境外的所得,已在境外缴纳的所得税税款,准予在汇总纳税时,从其应纳税额中扣除,但扣除额不得超过其境外所得依中国税法规定计算的应纳税额。（　　）

10. 对企业接受的捐赠收入可转入企业公积金,不予计征所得税。　　　　　（　　）

四、计算题

1. 大华企业2018年度有职工15人,实际列支工资54万元,符合当地工资标准。请问该企业2018年度允许税前扣除的工资为多少,允许税前列支的职工工会经费、职工福利费、职工教育经费分别为多少?

2. 大华公司2018年计入成本、费用的实发工资总额为300万元,当年会计利润总额为35万元,当年拨缴职工工会经费5万元,支出职工福利费45万元、职工教育经费15万元。假设该公司再没有其他纳税调整事项,公司适用企业所得税税率为25%。计算大华公司当年的应纳税所得额及应交企业所得税。

3. 大华公司2018年共实现税前收入总额1 800万元(其中包括产品销售收入1 600万元,国库券利息收入200万元),发生各项成本费用共计1 250万元。其中:合理的工资薪金总额175万元,业务招待费90万元,职工福利费45万元,职工教育经费3万元,工会经费9万元,税收滞纳金15万元,提取的各项准备金支出100万元(均未经税务部门批准),其他成本费用支出均符合税法规定。大华公司适用企业所得税税率为25%。计算大华公司的应纳税所得额及应纳所得税。

五、业务题

2016年12月30日,大华公司以1 000万元购入一台不需安装的机器,预计无残值。会计和税法规定按直线法计提折旧,会计折旧年限为4年,税法规定折旧年限为5年。假设该企业各年利润总额均为1 000万元,所得税税率为25%,2017年以前的递延所得税资产和递延所得税负债额为0。2017年5月,该公司因生产污染被处以50万元罚款;2015年6月,该公司获得国债利息收入40万元。计算大华公司2017年、2018年应纳税所得额及应纳所得税额并进行会计处理。

第九章 个人所得税会计

（Individual income tax accounting）

学习目标

本章内容主要有：个人所得税的概述、个人所得税应纳税额的计算、个人所得税的纳税申报及个人所得税会计核算等内容。通过本章的学习，达到如下目的：

1. 了解个人所得税的税制构成要素。
2. 理解个人所得税税率表的使用。
3. 掌握个人所得税应纳税额的计算及个人所得税的纳税申报。
4. 重点掌握个人所得税的会计核算。

第一节 个人所得税概述

一、个人所得税的产生与发展

个人所得税开征最早的国家是英国，1799年英国开始试行差别税率征收个人所得税。世界各国的个人所得税都是一种良性税收，其特征就是向富人征税。个人所得税的合理征缴可以有效地调节个人收入，缩小个人收入差距。我国在1980年9月10日召开的第五届全国人民代表大会第三次会议通过并公布了《中华人民共和国个人所得税法》（以下简称《个人所得税法》）。我国的个人所得税制度至此开始建立。当时800元的个人所得税免征额，基本上大多数人都不需要交税。1986年，国务院根据我国社会经济发展的状况，为了有效调节社会成员收入水平的差距，分别发布了《城乡个体工商户所得税暂行条例》和《个人收入调节税暂行条例》。1993年对《个人所得税法》进行了第一次修订，规定所有中国居民和有来自中国所得的非居民，均应依法缴纳个人所得税，所得税免征额为800元。1994年税制改革之后，个人所得税才逐渐成为我国最重要的税收之一。1999年对《个人所得税法》进行了第二次修订。2000年9月，财政部、国家税务总局制定了《关于个人独资企业和合伙企业投资者征收个人所得税的规定》（以下简称《规定》）。《规定》明确从2000年1月1日起，个人独资企业和合伙企业投资者将依法缴纳个人所得税。2005年对《个人所得税法》进行了第三次修订，免征额标准调整为1 600元，2006年1月1日起执行。2007年对《个人所得税法》进行了第四、第五次修订，对免征额标准调整为2 000元，2008年3月1日起执行。2011年对《个人所得税法》进行了第六次修订，免征额调整为3 500元，2011年9月1日起执行。

2018 年 8 月 31 日,第十三届全国人民代表大会常务委员会第五次会议对《个人所得税法》进行了第七次修正,从 2019 年 1 月 1 日起开始实施。

二、个人所得税的概念及特点

(一) 个人所得税的概念

个人所得税(Individual income tax)是以个人(自然人)取得的各项应税所得为征税对象而征收的一种所得税,它是调整征税机关与自然人(居民个人、非居民个人)之间在个人所得税的征纳与管理过程中所发生的社会关系的法律规范的总称。它是国家对本国公民、居住在本国境内的个人的所得和境外个人来自本国的所得征收的一种所得税。

(二) 个人所得税的特点

个人所得税是世界各国普遍征收的一个税种,我国个人所得税主要有以下特点。

1. 多种计税方法并用的征税制度

第七次修订的《个人所得税法》将个人取得的各种所得划分为 9 类,分别使用不同的费用减除规定、税率和计税方法。它首次将居民个人工资、薪金所得,劳务报酬所得,稿酬所得,特许权使用费所得纳入个人综合所得进行课征;将个人经营所得进行单项课征;利息、股息、红利所得,财产租赁所得,财产转让所得,偶然所得等所得按分类所得进行课征。

2. 超额累进税率与比例税率并用

我国现行个人所得税根据各类个人所得的不同性质和特点,将这两种形式的税率综合运用于个人所得税制。其中,对居民个人取得工资、薪金所得,劳务报酬所得,稿酬所得,特许权使用费所得,按纳税年度合并结合超额累进税率计算个人所得税。对非居民个人取得工资、薪金所得,劳务报酬所得,稿酬所得,特许权使用费所得,按月或者按次分项结合超额累进税率计算个人所得税。对纳税人取得经营所得,利息、股息、红利所得,财产租赁所得,财产转让所得,偶然所得,依照本法规定分别使用比例税率计算个人所得税。

3. 居民个人取得综合所得及经营所得采取按年计算个人所得税

最新修订的《个人所得税法》第十一条规定,从 2019 年 1 月开始,居民个人取得综合所得,按年计算个人所得税;有扣缴义务人的,由扣缴义务人按月或者按次预扣预缴税款。《个人所得税法》第十二条规定,纳税人取得经营所得,按年计算个人所得税,由纳税人在月度或者季度终了后 15 日内向税务机关报送纳税申报表,并预缴税款;在取得所得的次年 3 月 31 日前办理汇算清缴。

4. 采取源泉扣缴和个人申报制两种征纳方法

《个人所得税法》规定,对纳税人的应纳税额分别采取由支付单位代扣代缴和纳税人自行申报两种方法。对凡是可以在应税所得的支付环节扣缴个人所得税的,均由扣缴义务人履行代扣代缴义务;对于没有扣缴义务人的,以及个人在两处以上取得工资、薪金所得的,由纳税人自行申报纳税。此外,对其他不便于扣缴税款的,亦规定由纳税人自行申报纳税。

三、个人所得税的纳税义务人及征税范围

(一) 个人所得税的纳税义务人

个人所得税的纳税义务人,是指在中国境内有住所,或者无住所但在境内居住满 183

天,以及无住所又不居住或居住不满183天,但有从中国境内取得所得的个人。只要从中国境内、境外取得的所得,达到中国税法规定的纳税标准的个人,都是个人所得税的纳税人,包括中国公民、个体工商户以及在中国有所得的外籍人员(包括无国籍人员,下同)和香港、澳门、台湾同胞。《个人所得税法》所称在中国境内有住所,是指因户籍、家庭、经济利益关系而在中国境内习惯性居住;所称从中国境内和境外取得的所得,分别是指来自中国境内的所得和来自中国境外的所得。纳税人有中国公民身份证号码的,以中国公民身份证号码为纳税人识别号;纳税人没有中国公民身份证号码的,由税务机关赋予其纳税人识别号。扣缴义务人扣缴税款时,纳税人应当向扣缴义务人提供纳税人识别号。

下列所得,不论支付地点是否在中国境内,均为来自中国境内的所得:

(1) 因任职、受雇、履约等在中国境内提供劳务取得的所得。

(2) 将财产出租给承租人在中国境内使用而取得的所得。

(3) 许可各种特许权在中国境内使用而取得的所得。

(4) 转让中国境内的不动产等财产或者在中国境内转让其他财产取得的所得。

(5) 从中国境内企业、事业单位、其他组织以及居民个人取得的利息、股息、红利所得。

为了有效地行使税收管辖权,根据国际惯例,《个人所得税法》根据住所标准和居住时间标准,将个人所得税的纳税人分为居民个人和非居民个人,如图9-1所示。

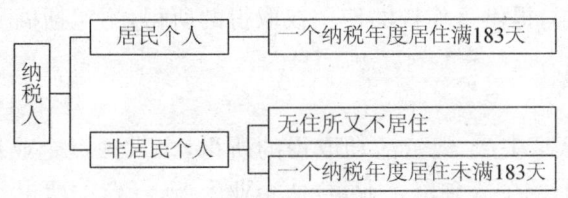

图9-1 个人所得税纳税人类别

1. 居民个人

在中国境内有住所,或者无住所而一个纳税年度内在中国境内居住累计满183天的个人,为居民个人。居民个人从中国境内和境外取得的所得,依照《个人所得税法》规定缴纳个人所得税。

2. 非居民个人

在中国境内无住所又不居住,或者无住所而一个纳税年度内在中国境内居住累计不满183天的个人,为非居民个人。非居民个人从中国境内取得的所得,依照《个人所得税法》规定缴纳个人所得税。

纳税年度,自公历1月1日起至12月31日止。

(二) 个人所得税扣缴义务人

扣缴义务人,是指向个人支付所得的单位或者个人。扣缴义务人应当依法办理全员全额扣缴申报。全员全额扣缴申报,是指扣缴义务人应当在代扣税款的次月15日内,向主管税务机关报送其支付所得的所有个人的有关信息、支付所得数额、扣除事项和数额、扣缴税款的具体数额和总额以及其他相关涉税信息资料。扣缴义务人每月或者每次预扣、代扣的税款,应当在次月15日内缴入国库,并向税务机关报送《个人所得税扣缴申报表》。实行个人所得税全员全额扣缴申报的应税所得包括:工资、薪金所得;劳务报酬所得;稿酬所得;特许权使用费所得;利息、股息、红利所得;财产租赁所得;财产转让所得;偶然所得。

(三) 个人所得税的征税范围

我国个人所得税实行综合所得和分项课征制,《个人所得税法》第二条列举征税的个人所得共 9 项 ,具体有:工资、薪金所得;劳务报酬所得;稿酬所得;特许权使用费所得;经营所得;利息、股息、红利所得;财产租赁所得;财产转让所得;偶然所得。

1. 工资、薪金所得

工资、薪金所得,是指个人因任职或者受雇取得的工资、薪金、奖金、年终加薪、劳动分红、津贴、补贴以及与任职或者受雇有关的其他所得。

2. 劳务报酬所得

劳务报酬所得,是指个人从事劳务取得的所得,包括从事设计、装潢、安装、制图、化验、测试、医疗、法律、会计、咨询、讲学、翻译、审稿、书画、雕刻、影视、录音、录像、演出、表演、广告、展览、技术服务、介绍服务、经纪服务、代办服务以及其他劳务取得的所得。

3. 稿酬所得

稿酬所得,是指个人因其作品以图书、报刊等形式出版、发表而取得的所得。

4. 特许权使用费所得

特许权使用费所得,是指个人提供专利权、商标权、著作权、非专利技术以及其他特许权的使用权取得的所得;提供著作权的使用权取得的所得,不包括稿酬所得。

5. 经营所得

经营所得,是指:

(1) 个体工商户从事生产、经营活动取得的所得,个人独资企业投资人、合伙企业的个人合伙人来自境内注册的个人独资企业、合伙企业生产、经营的所得。

(2) 个人依法从事办学、医疗、咨询以及其他有偿服务活动取得的所得。

(3) 个人对企业、事业单位承包经营、承租经营以及转包、转租取得的所得。

(4) 个人从事其他生产、经营活动取得的所得。

6. 利息、股息、红利所得

利息、股息、红利所得,是指个人拥有债权、股权等而取得的利息、股息、红利所得。

7. 财产租赁所得

财产租赁所得,是指个人出租不动产、机器设备、车船以及其他财产取得的所得。

8. 财产转让所得

财产转让所得,是指个人转让有价证券、股权、合伙企业中的财产份额、不动产、机器设备、车船以及其他财产取得的所得。

9. 偶然所得

偶然所得,是指个人得奖、中奖、中彩以及其他偶然性质的所得。

个人取得的所得,难以界定应纳税所得项目的,由国务院税务主管部门确定。

居民个人取上述第一项至第四项所得称为综合所得。

四、个人所得税的适用税率

我国个人所得税分不同个人所得项目,规定了超额累进税率、比例预扣率和比例税率三种形式。

（一）超额累进税率

居民个人工资、薪金所得适用七级超额累进预扣率，预扣率为3%～45%。居民个人工资、薪金所得个人所得税适用综合所得税率表，如表9-1所示。

特殊收入所得和非居民个人综合所得适用表9-1按月换算后的综合所得税率表，如表9-2所示。扣缴义务人向非居民个人支付工资、薪金所得，劳务报酬所得，稿酬所得和特许权使用费所得时，应当按表9-2税率表按月或者按次代扣代缴个人所得税。

表9-1　个人所得税综合所得税率表（七级超额累进预扣税率表）

（居民个人工资、薪金所得预扣预缴适用）

级数	累计预扣预缴应纳税所得额（含税）	预扣率	速算扣除数
1	不超过36 000元的	3%	0
2	超过36 000元至144 000元的部分	10%	2 520
3	超过144 000元至300 000元的部分	20%	16 920
4	超过300 000元至420 000元的部分	25%	31 920
5	超过420 000元至660 000元的部分	30%	52 920
6	超过660 000元至960 000元的部分	35%	85 920
7	超过960 000元的部分	45%	181 920

表9-2　按月换算后的综合所得税率表

（特殊所得和非居民个人工资、薪金所得，劳务报酬所得，稿酬所得，特许权使用费所得适用）

级数	全月应纳税所得额（含税）	税率	速算扣除数
1	不超过3 000元的	3%	0
2	超过3 000元至12 000元的部分	10%	210
3	超过12 000元至25 000元的部分	20%	1 410
4	超过25 000元至35 000元的部分	25%	2 660
5	超过35 000元至55 000元的部分	30%	4 410
6	超过55 000元至80 000元的部分	35%	7 160
7	超过80 000元的部分	45%	15 160

经营所得适用五级超额累进税率，税率为5%～35%。经营所得个人所得税税率表，如表9-3所示。

（二）比例预扣率

1. 一般比例预扣率

因为居民个人取得综合所得（工资、薪金所得；劳务报酬所得；稿酬所得；特许权使用费所得），按纳税年度合并计算个人所得税，所以当扣缴义务人向居民个人支付稿酬所得、特许权使用费所得时，按稿酬所得、特许权使用费所得应纳税所得额的20%比例预扣率代扣代缴个人所得税。

表 9-3　五级超额累进税率表

（经营所得适用）

级数	全年应纳税所得额(含税)	税率	速算扣除数
1	不超过 30 000 元的	5%	0
2	超过 30 000 元至 90 000 元的部分	10%	1 500
3	超过 90 000 元至 300 000 元的部分	20%	10 500
4	超过 300 000 元至 500 000 元的部分	30%	40 500
5	超过 500 000 元的部分	35%	65 500

注：本表所称全年应纳税所得额是指依照《个人所得税法》第六条的规定，以每纳税年度的收入总额减除成本、费用以及损失后的余额。

2. 超额累进预扣率

根据税法规定，对劳务报酬所得一次收入畸高的，可以实行加成征收。因为劳务报酬所得属于居民个人取得综合所得的一部分，所以当扣缴义务人向居民个人支付劳务报酬所得时，劳务报酬所得适用 20%至 40%的超额累进预扣率表，如表 9-4 所示。

表 9-4　三级超额累进预扣税率表

（居民个人劳务报酬所得预扣预缴适用）

级数	预扣预缴应纳税所得额	预扣率	速算扣除数
1	不超过 20 000 元的	20%	0
2	超过 20 000 元至 50 000 元的部分	30%	2 000
3	超过 50 000 元的部分	40%	7 000

（三）比例税率

利息、股息、红利所得，财产租赁所得，财产转让所得和偶然所得，适用比例税率，税率为 20%。对个人按市场价格出租的居民住房取得的所得，自 2001 年 1 月 1 日起暂减按 10%的税率征收个人所得税。

五、个人所得税税收管理

（一）个人所得税的计征方式

我国个人所得税的征收方式实行源泉扣缴与自行申报纳税，在实务中以源泉扣缴为主。

1. 源泉扣缴

源泉扣缴是指以所得支付者为扣缴义务人，在每次向纳税人支付有关所得款项时，代为扣缴税款的做法。居民个人取得综合所得，按年计算个人所得税；有扣缴义务人的，由扣缴义务人按月或者按次预扣预缴税款；需要办理汇算清缴的，应当在取得所得的次年 3 月 1 日至 6 月 30 日内办理汇算清缴。非居民个人取得工资、薪金所得，劳务报酬所得，稿酬所得和特许权使用费所得，有扣缴义务人的，由扣缴义务人按月或者按次代扣代缴税款，不办理汇算清缴。源泉扣缴优点在于可以有效保护税源，保证国家的财政收入，防止偷漏税，简化纳税手续。

2. 自行申报纳税

自行申报纳税，是指在税法规定的纳税期限内，由纳税人自行向税务机关申报取得的应税所得项目和数额，如实填写个人所得税纳税申报表，按税法规定计算应纳税额的一种纳税方法。

纳税人取得经营所得，按年计算个人所得税，由纳税人在月度或者季度终了后15日内向税务机关报送纳税申报表，并预缴税款；在取得所得的次年3月31日前办理汇算清缴。纳税人取得应税所得没有扣缴义务人的，应当在取得所得的次月15日内向税务机关报送纳税申报表，并缴纳税款。纳税人取得应税所得，扣缴义务人未扣缴税款的，纳税人应当在取得所得的次年6月30日前，缴纳税款；税务机关通知限期缴纳的，纳税人应当按照期限缴纳税款。

3. 综合所得年度汇算清缴制度

对综合所得有扣缴义务人的情形，征收管理分为两步：第一步，由扣缴义务人按月或者按次预扣预缴税款。第二步，由纳税人在次年的3月1日至6月30日内办理汇算清缴。

（二）纳税人依法办理纳税申报的条件

有下列情形之一的，纳税人应当依法办理纳税申报：

（1）取得综合所得需要办理汇算清缴。

（2）取得应税所得没有扣缴义务人。

（3）取得应税所得，扣缴义务人未扣缴税款。

（4）取得境外所得。

（5）因移居境外注销中国户籍。

（6）非居民个人在中国境内从两处以上取得工资、薪金所得。

（7）国务院规定的其他情形。

（三）取得综合所得需要办理汇算清缴的条件

在上述需要进行纳税申报的情形中，纳税人取得综合所得的，还需要办理汇算清缴。

新《个人所得税法实施条例》规定，其中取得综合所得需要办理汇算清缴的具体情形主要有：

（1）从两处以上取得综合所得，且综合所得年收入额减除专项扣除的余额超过6万元。

（2）取得劳务报酬所得、稿酬所得、特许权使用费所得中一项或者多项所得，且综合所得年收入额减除专项扣除的余额超过6万元。

（3）纳税年度内预缴税额低于应纳税额。

（4）纳税人申请退税。

纳税人需要退税的，应当办理汇算清缴，申报退税。申报退税应当提供本人在中国境内开设的银行账户。当然，并非所有人都需要去税务局申报纳税，多数人的工资薪金所得还是由单位按月代扣代缴，只是年末需要补退税则需要跟税务局打交道。

（四）个人所得税的纳税地点

（1）个人所得税自行申报的，其申报地点一般应为收入来源地的主管税务机关。

（2）纳税人从两处或两处以上取得工资、薪金的，可选择并固定在其中一地税务机关申报纳税。

（3）从境外取得所得的，应向其境内户籍所在地或经营居住地税务机关申报纳税。

（4）扣缴义务人应向其主管税务机关进行纳税申报。

（5）个人独资企业和合伙企业纳税地点：投资者应向企业实际经营管理所在地主管税务机关申报缴纳个人所得税；如果投资者兴办两个或两个以上企业的，应分别向企业实际经营地的主管税务机关预缴税款。

（五）个人所得税的纳税期限

个人所得税的纳税期限因所得项目及税款征收方式的不同而不同。

1. 代扣代缴的纳税期限

居民个人取得综合所得，按年计算个人所得税；有扣缴义务人的，由扣缴义务人按月或者按次预扣预缴税款；需要办理汇算清缴的，应当在取得所得的次年 3 月 1 日至 6 月 30 日内办理汇算清缴。预扣预缴办法由国务院税务主管部门制定。

非居民个人取得工资、薪金所得，劳务报酬所得，稿酬所得和特许权使用费所得，有扣缴义务人的，由扣缴义务人按月或者按次代扣代缴税款，不办理汇算清缴。

纳税人取得利息、股息、红利所得，财产租赁所得，财产转让所得和偶然所得，按月或者按次计算个人所得税，有扣缴义务人的，由扣缴义务人按月或者按次代扣代缴税款。

2. 自行申报的纳税期限

（1）纳税人取得应税所得没有扣缴义务人的，应当在取得所得的次月 15 日内向税务机关报送纳税申报表，并缴纳税款。

（2）纳税人取得应税所得，扣缴义务人未扣缴税款的，纳税人应当在取得所得的次年 6 月 30 日前，缴纳税款；税务机关通知限期缴纳的，纳税人应当按照期限缴纳税款。

（3）纳税人取得经营所得，按年计算个人所得税，由纳税人在月度或者季度终了后 15 日内向税务机关报送纳税申报表，并预缴税款；在取得所得的次年 3 月 31 日前办理汇算清缴。

（4）居民个人从中国境外取得所得的，应当在取得所得的次年 3 月 1 日至 6 月 30 日内申报纳税。

（5）非居民个人在中国境内从两处以上取得工资、薪金所得的，应当在取得所得的次月 15 日内申报纳税。

（6）中小高新技术企业向个人股东转增股本所得。自 2016 年 1 月 1 日起，全国范围内的中小高新技术企业以未分配利润、盈余公积、资本公积向个人股东转增股本时，个人股东一次缴纳个人所得税确有困难的，可根据实际情况自行制订分期缴税计划，在不超过 5 个公历年度内（含）分期缴纳，并将有关资料报主管税务机关备案。

（六）个人所得税的税收优惠

1. 个人所得税的免税项目

（1）省级人民政府、国务院部委和中国人民解放军军以上单位，以及外国组织、国际组织颁发的科学、教育、技术、文化、卫生、体育、环境保护等方面的奖金。

（2）国债和国家发行的金融债券利息。

（3）按照国家统一规定发给的补贴、津贴。

（4）福利费、抚恤金、救济金。

（5）保险赔款。

（6）军人的转业费、复员费、退役金。

（7）按照国家统一规定发给干部、职工的安家费、退职费、基本养老金或者退休费、离休费、离休生活补助费。

（8）依照有关法律规定应予免税的各国驻华使馆、领事馆的外交代表、领事官员和其他人员的所得。

（9）中国政府参加的国际公约、签订的协议中规定免税的所得。

（10）国务院规定的其他免税所得。

2. 个人所得税的减征项目

（1）残疾、孤老人员和烈属的所得。

（2）因严重自然灾害造成重大损失的。

国务院可以规定其他减税情形，报全国人民代表大会常务委员会备案。

《个人所得税法》规定了减税项目，具体减征幅度及期限由各省、自治区、直辖市人民政府制定实施细则。

（3）依法批准设立的非营利性研究开发机构和高等学校根据《中华人民共和国促进科技成果转化法》规定，从职务科技成果转化收入中给予科技人员的现金奖励，可减按50％计入科技人员当月"工资、薪金所得"，依法缴纳个人所得税。非营利性科研机构和高校包括国家设立的科研机构和高校、民办非营利性科研机构和高校。

非营利性科研机构和高校向科技人员发放现金奖励，在填报《扣缴个人所得税报告表》时，应将当期现金奖励收入金额与当月工资、薪金合并，全额计入"收入额"列，同时将现金奖励的50％填至《扣缴个人所得税报告表》"免税所得"列，并在备注栏注明"科技人员现金奖励免税部分"字样，据此以"收入额"减除"免税所得"以及相关扣除后的余额计算缴纳个人所得税。（详见财税〔2018〕58号）

（4）天使投资个人采取股权投资方式直接投资于初创科技型企业满2年的，可以按照投资额的70％抵扣转让该初创科技型企业股权取得的应纳税所得额；当期不足抵扣的，可以在以后取得转让该初创科技型企业股权的应纳税所得额时结转抵扣。

天使投资个人投资多个初创科技型企业的，对其中办理注销清算的初创科技型企业，天使投资个人对其投资额的70％尚未抵扣完的，可自注销清算之日起36个月内抵扣天使投资个人转让其他初创科技型企业股权取得的应纳税所得额。（详见财税〔2018〕55号）

3. 个人所得税暂免征收的项目

（1）个人从公开发行和转让市场取得的上市公司股票，持股期限超过1年的，股息红利所得暂免征收个人所得税。

（2）持股期限在1个月以上至1年（含1年）的，暂减按50％计入应纳税所得额。

（3）自2014年8月3日起，对受灾地区个人接受捐赠的款项、取得的各级政府发放的救灾款项，以及参与抗震救灾的一线人员，按照地方各级人民政府及其部门规定标准取得的与抗震救灾有关的补贴收入，免征个人所得税。

（4）自2008年10月9日起，对证券市场个人投资者取得的证券交易结算资金利息所得，暂免征收个人所得税，即证券市场个人投资者的证券交易结算资金在2008年10月9日后(含 10 月 9 日)孳生的利息所得,暂免征收个人所得税。

(5) 对个人出租房屋取得的所得暂减按 10％的税率征收个人所得税。

(6) 凡一次中奖收入不超过 1 万元的,暂免征收个人所得税。

(7) 对个人投资者从投保基金公司取得的行政和解金,暂免征收个人所得税。

(8) 对内地个人投资者通过深港通投资香港联交所上市股票取得的转让差价所得,自 2016 年 12 月 5 日起至 2019 年 12 月 4 日止,暂免征收个人所得税。

(9) 储蓄存款利息所得从 2008 年 10 月 9 日起免征个人所得税。

(10) 自 2018 年 11 月 1 日(含)起,对个人转让新三板挂牌公司非原始股取得的所得,暂免征收个人所得税。

(11) 对内地个人投资者通过基金互认买卖香港基金份额取得的转让差价所得,自 2018 年 12 月 18 日起至 2019 年 12 月 4 日止,继续暂免征收个人所得税。

第二节　个人所得税应纳税额的计算

个人所得税应纳税额的计算是本章的重点内容,个人所得税的计税依据是应纳税所得额。应纳税所得额是指个人取得的每一项收入减去税法规定的扣除项目或减除金额之后的余额。由于每项应税所得的“次”的确定、扣除范围和扣除标准、适用税率不尽相同,因此不同应税项目应纳税额的计算方法就各有不同。

一、个人所得税的计税依据

(一) 计税依据的一般规定

个人所得的形式包括现金、实物、有价证券和其他形式的经济利益。所得为实物的,应当按照取得的凭证上所注明的价格计算应纳税所得额;无凭证的实物或者凭证上所注明的价格明显偏低的,参照市场价格核定应纳税所得额。所得为有价证券的,根据票面价格和市场价格核定应纳税所得额。所得额为其他形式的经济利益的,参照市场价格核定应纳税所得额。在计算扣除项目时,各国的扣除标准和扣除方法不尽相同。我国现行的个人所得税采取分项确定、分类扣除,并根据所得的不同分别实行定额扣除、会计核算扣除、定额扣除和定率扣除、无扣除 4 种方法。

1. 定额扣除

定额扣除主要适用于工资、薪金所得。工资、薪金所得在计算个人所得税应纳税所得额时,在 5 000 元基本减除费用扣除和“三险一金”等专项扣除外,还可享受子女教育、继续教育、大病医疗、住房贷款利息或住房租金以及赡养老人 6 项专项附加扣除。

2. 会计核算扣除

会计核算扣除主要适用于经营所得、财产转让所得。经营所得以每年扣除有关成本、费用或规定的必要费用后的余额为应纳税所得额;财产转让所得,按照一次转让财产的收入额减除财产原值和合理费用后的余额为应纳税所得额。

3. 定额扣除和定率扣除

定额扣除和定率扣除主要适用于劳务报酬所得、稿酬所得、特许权使用费所得、财产租赁所得。劳务报酬所得、稿酬所得、特许权使用费所得、财产租赁所得每次收入不超过4 000 元的,减除费用按 800 元计算应纳税所得额;每次收入 4 000 元以上的,减除费用按20％计算应纳税所得额。

4. 无扣除

无扣除主要适用于利息、股息、红利所得,偶然所得和其他所得。

(二) 计税依据的特殊规定

(1) 个人将其所得通过中国境内的社会团体、国家机关向教育和其他社会公益事业以及遭受严重灾害地区、贫困地区的捐赠,捐赠额未超过纳税人申报的应纳税所得额 30％的部分,可以从应纳税所得额中扣除,超过部分不得扣除。

(2) 个人通过非营利性的社会团体和国家机关向红十字事业的捐赠、向农村义务教育的捐赠、对公益性青少年活动场所(其中包括新建)的捐赠,在计算缴纳个人所得税时,准予在税前的所得额中全额扣除。

(3) 个人的所得(不含偶然所得和经国务院财政部门确定征税的其他所得)用于对非关联的科研机构和高等学校研究开发新产品、新技术、新工艺所发生的研究开发经费的资助,可以全额在下月(工资、薪金所得)或下次(按次计征的所得)或当年(按年计征的所得)计征个人所得税时,从应纳税所得额中扣除,不足抵扣的,不得结转抵扣。

二、个人所得应纳税额的计算

现行个人所得税实行综合与分项相结合的计税办法,不同的应税所得分别采用不同的计税方法。本书就不同应税项目,分别介绍应纳税所得额的确定和个人所得税应纳额的计算。

(一) 居民个人综合所得应纳税额的计算

新修订后的《个人所得税法》第十一条规定,从 2019 年 1 月开始,居民个人取得综合所得,按年计算个人所得税;有扣缴义务人的,由扣缴义务人按月或者按次预扣预缴税款。一个纳税年度结束后个人年度预扣预缴税额与年度应纳税额不一致的,由居民个人于次年 3月 1 日至 6 月 30 日向主管税务机关办理综合所得年度汇算清缴,税款多退少补。

1. 居民个人综合所得应纳税所得额的确定

居民个人的综合所得应纳税所得额,以每一纳税年度的收入额减除费用 6 万元以及专项扣除、个人所得税专项附加扣除和依法确定的其他扣除后的余额,为应纳税所得额。即:

应纳税所得额 ＝ 每月综合所得 － 基本扣除费用 － 专项扣除 － 专项附加扣除 － 其他扣除

居民个人的综合所得是指居民个人取得工资、薪金所得,劳务报酬所得,稿酬所得,特许权使用费所得。

专项扣除,包括居民个人按照国家规定的范围和标准缴纳的基本养老保险、基本医疗保险、失业保险等社会保险费和住房公积金等;其中,养老保险、医疗保险和失业保险这三种险是由企业和个人共同缴纳的保费;工伤保险完全是由企业承担的,个人不需要缴纳。

个人所得税专项附加扣除,是指个人所得税法规定的子女教育、继续教育、大病医疗、住房贷款利息或者住房租金、赡养老人等 6 项专项附加扣除。

1) 子女教育

纳税人的子女接受全日制学历教育的相关支出,按照每个子女每月 1 000 元的标准定额扣除。学历教育包括义务教育(小学、初中教育)、高中阶段教育(普通高中、中等职业、技工教育)、高等教育(大学专科、大学本科、硕士研究生、博士研究生教育)。年满 3 岁至小学入学前处于学前教育阶段的子女,按学历教育规定执行。父母可以选择由其中一方按扣除标准的 100% 扣除,也可以选择由双方分别按扣除标准的 50% 扣除,具体扣除方式在一个纳税年度内不能变更。纳税人子女在中国境外接受教育的,纳税人应当留存境外学校录取通知书、留学签证等相关教育的证明资料备查。

2) 继续教育

纳税人在中国境内接受学历(学位)继续教育的支出,在学历(学位)教育期间按照每月 400 元定额扣除。同一学历(学位)继续教育的扣除期限不能超过 48 个月。纳税人接受技能人员职业资格继续教育、专业技术人员职业资格继续教育的支出,在取得相关证书的当年,按照 3 600 元定额扣除。个人接受本科及以下学历(学位)继续教育,符合规定扣除条件的,可以选择由其父母扣除,也可以选择由本人扣除。纳税人接受技能人员职业资格继续教育、专业技术人员职业资格继续教育的,应当留存相关证书等资料备查。

3) 大病医疗

在一个纳税年度内,纳税人发生的与基本医保相关的医药费用支出,扣除医保报销后个人负担(指医保目录范围内的自付部分)累计超过 15 000 元的部分,由纳税人在办理年度汇算清缴时,在 80 000 元限额内据实扣除。纳税人发生的医药费用支出可以选择由本人或者其配偶扣除;未成年子女发生的医药费用支出可以选择由其父母一方扣除。纳税人应当留存医药服务收费及医保报销相关票据原件(或者复印件)等资料备查。

4) 住房贷款利息

纳税人本人或者配偶单独或者共同使用商业银行或者住房公积金个人住房贷款为本人或者其配偶购买中国境内住房,发生的首套住房贷款利息支出,在实际发生贷款利息的年度,按照每月 1 000 元的标准定额扣除,扣除期限最长不超过 240 个月。纳税人只能享受一次首套住房贷款的利息扣除。首套住房贷款是指购买住房享受首套住房贷款利率的住房贷款。夫妻双方婚前分别购买住房发生的首套住房贷款,其贷款利息支出,婚后可以选择其中一套购买的住房,由购买方按扣除标准的 100% 扣除,也可以由夫妻双方对各自购买的住房分别按扣除标准的 50% 扣除,具体扣除方式在一个纳税年度内不能变更。

5) 住房租金

纳税人在主要工作城市没有自有住房而发生的住房租金支出,可以按照以下标准定额扣除:

(1) 直辖市、省会(首府)城市、计划单列市以及国务院确定的其他城市,扣除标准为每月 1 500 元。

(2) 除第一项所列城市以外,市辖区户籍人口超过 100 万的城市,扣除标准为每月 1 100 元;市辖区户籍人口不超过 100 万的城市,扣除标准为每月 800 元。

纳税人的配偶在纳税人的主要工作城市有自有住房的,视同纳税人在主要工作城市有自有住房。住房租金支出由签订租赁住房合同的承租人扣除。纳税人及其配偶在一个纳税年度内不能同时分别享受住房贷款利息和住房租金专项附加扣除。

6）赡养老人

纳税人赡养一位及以上被赡养人的赡养支出，统一按照以下标准定额扣除：

（1）纳税人为独生子女的，按照每月 2 000 元的标准定额扣除。

（2）纳税人为非独生子女的，由其与兄弟姐妹分摊每月 2 000 元的扣除额度，每人分摊的额度不能超过每月 1 000 元。可以由赡养人均摊或者约定分摊，也可以由被赡养人指定分摊。约定或者指定分摊的须签订书面分摊协议，指定分摊优先于约定分摊。具体分摊方式和额度在一个纳税年度内不能变更。被赡养人是指年满 60 岁的父母，以及子女均已去世的年满 60 岁的祖父母、外祖父母。

专项附加扣除是一项全新的制度安排，纳税人该如何办理专项附加扣除？纳税人可以通过三步程序办理申报专项附加扣除：一是对条件，二是报信息，三是留资料。对条件，就是将个人情况与 6 项专项附加扣除的条件对照一下，看看自己有哪几项符合扣除的条件。比如，子女是否处于受教育阶段，老人是否已经达到 60 岁，在自己工作的城市有没有贷款买房或者租房等。报信息，就是填写并报送专项附加扣除相关信息。具体有四种填报方式供任意选择：一是下载手机 App"个人所得税"填写，二是登录各省电子税务局网站填写，三是填写电子信息表，四是填写纸质信息表。电子和纸质信息表都可以在税务局网站上下载。留资料，根据《个人所得税专项附加扣除暂行办法》规定，部分扣除项目需要纳税人留存必备资料。

个人所得税专项附加扣除额一个纳税年度扣除不完的，不能结转以后年度扣除。

其他扣除，是依法确定的其他扣除。具体有个人自行购买符合规定的商业健康保险产品的，应及时向扣缴义务人提供保单凭证，扣缴义务人应当依法为其税前扣除，不得拒绝。个人购买商业健康保险未获得税优识别码的，其支出金额不得税前扣除。个人从中国境内两处或者两处以上取得工资薪金所得，且自行购买商业健康保险的，只能选择在其中一处扣除。

2. 居民个人工资、薪金所得个人所得税计算方法——累计预扣法

《个人所得税扣缴申报管理办法（试行）》规定，扣缴义务人向居民个人支付工资、薪金所得时，应当按照累计预扣法计算预扣税款，并按月办理扣缴申报。

一般情况下，扣缴义务人按月预扣预缴税款时，计算个人所得税应纳税所得额时，在 5 000 元基本减除费用扣除和"三险一金"等专项扣除外，还可享受子女教育、继续教育、大病医疗、住房贷款利息或住房租金以及赡养老人这 6 项专项附加扣除。由于从 2019 年度起，居民个人综合所得实行按年计税，为了尽量减少纳税人办理年终汇算清缴的人数，居民个人综合所得个人所得税计算方法采用累计预扣法。

1）累计预扣法定义

累计预扣法，是指扣缴义务人在一个纳税年度内预扣预缴税款时，以纳税人在本单位截至当前月份工资、薪金所得累计收入减除累计免税收入、累计减除费用、累计专项扣除、累计专项附加扣除和累计依法确定的其他扣除后的余额为累计预扣预缴应纳税所得额，适用个人所得税预扣税率表（见表 9-1），计算累计应预扣预缴税额，再减除累计减免税额和累计已预扣预缴税额，其余额为本期应预扣预缴税额。余额为负值时，暂不退税。纳税年度终了后余额仍为负值时,由纳税人通过办理综合所得年度汇算清缴,税款多退少补。

2) 累计预扣法的计算公式

本期应预扣预缴税额 =(累计预扣预缴应纳税所得额×预扣率－速算扣除数)－累计减免税额－累计已预扣预缴税额

累计预扣预缴应纳税所得额 = 累计收入－累计免税收入－累计减除费用－累计专项扣除－累计专项附加扣除－累计依法确定的其他扣除

其中:累计减除费用按照 5 000 元/月乘以纳税人当年截至本月在本单位的任职受雇月份数计算。

3) 累计预扣法思路

第一步:先把截至当月所有工资,相当于"年"算个人所得税。

第二步:减去截至上月已累计缴纳税额。

第三步:就是当月需要"缴"个人所得税。

采取累积预扣的方式是使预扣的税款最大趋同于年终的汇算清缴税款,最大限度地减少退补税的情况发生,从而减轻征纳双方的纳税成本。

3. 综合所得预扣预缴个人所得税的计算

下面就全面实施新个人所得税法后扣缴义务人对居民个人工资、薪金所得,劳务报酬所得,稿酬所得,特许权使用费所得预扣预缴个人所得税的计算方法予以阐述。

1) 扣缴义务人向居民个人支付工资、薪金所得预扣个人所得税的计算

扣缴义务人向居民个人支付工资、薪金所得时,应当按照累计预扣法计算预扣税款,并按月办理全员全额扣缴申报。具体计算公式如下:

本期应预扣预缴税额 =(累计预扣预缴应纳税所得额×预扣率－速算扣除数)－累计减免税额－累计已预扣预缴税额

累计预扣预缴应纳税所得额 = 累计收入－累计免税收入－累计减除费用－累计专项扣除－累计专项附加扣除－累计依法确定的其他扣除

其中:累计减除费用按照 5 000 元/月乘以纳税人当年截至本月在本单位的任职受雇月份数计算。

上述公式中,计算居民个人工资、薪金所得预扣预缴税额的预扣率、速算扣除数,按个人所得税综合所得税率表(见表 9-1)执行。

【例题 9-1】 2019 年 1～8 月,大华公司应向居民王先生每月支付工资 14 500 元。王先生在每月除由任职单位扣缴"三险一金"2 360 元外,每月子女教育专项附加扣除 1 000 元,每月住房贷款利息专项附加扣除 1 000 元,每月自行支付税优商业健康保险费 200 元,计算大华公司每月应代扣代缴王先生多少个人所得税。

解析:

计算王先生 2019 年 1 月个人所得税时可扣除:

(1) 基本扣除费用 5 000 元。

(2) 专项扣除"三险一金"2 360 元。

(3) 专项附加扣除 2 000 元。

一是子女教育专项附加扣除 1 000 元。

二是住房贷款利息专项附加扣除 1 000 元。

（4）依法确定的其他扣除 200 元。

$$王先生 2019 年 1 月应纳税所得额 = 14\ 500 - 5\ 000 - 2\ 360 - 2\ 000 - 200$$
$$= 4\ 940（元）$$

$$应纳个人所得税额 = 4\ 940 \times 3\% = 148.2（元）$$

计算王先生 2019 年 2 月个人所得税：

2 月累计预缴应纳税所得额 = 累计收入 - 累计免税收入 - 累计基本减除费用 - 累计专项扣除 - 累计专项附加扣除 - 累计依法确定的其他扣除

$$= 14\ 500 \times 2 - 0 - 5\ 000 \times 2 - 2360 \times 2 - 2\ 000 \times 2 - 200 \times 2$$
$$= 9\ 880（元）$$

2 月应预扣预缴税额 $= 9\ 880 \times 3\% - 148.2 = 148.2（元）$

计算王先生 2019 年 3 月个人所得税：

3 月累计预缴应纳税所得额 $= 14\ 500 \times 3 - 0 - 5\ 000 \times 3 - 2360 \times 3 - 2\ 000 \times 3 - 200 \times 3$
$$= 14\ 820（元）$$

3 月应预扣预缴税额 $= 14\ 820 \times 3\% - 148.2 - 148.2 = 148.2（元）$

4、5、6、7 月依次类推，每月应预扣预缴税额都为 148.2 元。

8 月累计预缴应纳税所得额 $= 14\ 500 \times 8 - 0 - 5\ 000 \times 8 - 2360 \times 8 - 2\ 000 \times 8 - 200 \times 8$
$$= 39\ 520（元）$$

8 月应预扣预缴税额 $= (39\ 520 \times 10\% - 2\ 520) - 148.2 \times 7$
$$= 1\ 432 - 1\ 037.4$$
$$= 394.6（元）$$

2）扣缴义务人向居民个人支付劳务报酬所得预扣个人所得税的计算

第一，预扣预缴应纳税所得额的确定。对于劳务报酬所得，以收入减除费用后的余额为收入额。减除费用按每次收入不超过 4 000 元的，减除费用按 800 元计算；每次收入 4 000 元以上的，减除费用按 20% 计算。劳务报酬所得以每次收入额为预扣预缴应纳税所得额。劳务报酬所得适用 20% 至 40% 的超额累进预扣率表（见表 9-4）执行。

（1）每次收入额不超过 4 000 元的计算公式为：

$$劳务报酬所得预扣预缴应纳税所得额 = 每次收入额 - 800$$

（2）每次收入额 4 000 元以上的计算公式为：

$$劳务报酬所得预扣预缴应纳税所得额 = 每次收入额 \times (1 - 20\%)$$

第二，劳务报酬所得应预扣预缴税额的计算：

$$劳务报酬所得应预扣预缴税额 = 预扣预缴应纳税所得额 \times 预扣率 - 速算扣除数$$

（1）每次收入额不超过 4 000 元的计算公式为：

$$劳务报酬所得应预扣预缴税额 = 预扣预缴应纳税所得额 \times 20\%$$
$$= (每次收入额 - 800) \times 20\%$$

（2）每次收入额超过 4 000 元,预扣预缴应纳税所得额不超过 20 000 元的计算公式为:

$$劳务报酬所得应预扣预缴税额 = 预扣预缴应纳税所得额 \times 20\%$$
$$= 每次收入额 \times (1 - 20\%) \times 20\%$$

（3）每次收入额超过 4 000 元,预扣预缴应纳税所得额超过 20 000 元的计算公式为:

$$劳务报酬所得应预扣预缴税额 = 预扣预缴应纳税所得额 \times 预扣率 - 速算扣除数$$
$$= 每次收入额 \times (1 - 20\%) \times 预扣率 - 速算扣除数$$

【例题 9-2】 工程师王华为其工作单位以外的大华施工单位设计项目图纸,大华施工单位支付劳务报酬 50 000 元,你作为大华施工单位的会计,支付给王华劳务报酬时,应预扣预缴多少个人所得税。

解析:

$$预扣预缴应纳税所得额 = 每次收入 \times (1 - 20\%) = 50\,000 \times (1 - 20\%) = 40\,000(元)$$
$$劳务报酬所得应预扣预缴税额 = 预扣预缴应纳税所得额 \times 预扣率 - 速算扣除数$$
$$= 40\,000 \times 30\% - 2\,000 = 10\,000(元)$$

保险营销员、证券经纪人取得的佣金收入,属于劳务报酬所得,以不含增值税的收入减除 20% 的费用后的余额为收入额,收入额减去展业成本以及附加税费后,并入当年综合所得,计算缴纳个人所得税。保险营销员、证券经纪人展业成本按照收入额的 25% 计算。

【例题 9-3】 某保险公司 2019 年 5 月支付保险营销员韩某佣金 12 000 元,韩某在展业过程中没有产生附加税费,保险公司作为扣缴义务人应扣韩某多少个人所得税?

解析:

$$预扣预缴应纳税所得额 = 每次收入 \times (1 - 20\%) - 展业成本 - 附加税费$$
$$= 每次收入 \times (1 - 20\%) - 每次收入 \times (1 - 20\%) \times 25\% - 附加税费$$
$$= 12\,000 \times (1 - 20\%) \times (1 - 25\%) - 0$$
$$= 7\,200(元)$$
$$劳务报酬所得应预扣预缴税额 = 预扣预缴应纳税所得额 \times 预扣率 - 速算扣除数$$
$$= 7\,200 \times 20\% - 0$$
$$= 1\,440(元)$$

3) 扣缴义务人向居民个人支付稿酬所得预扣个人所得税的计算

第一,预扣预缴应纳税所得额的确定。稿酬所得以收入减除费用后的余额为收入额。稿酬所得每次收入不超过 4 000 元的,减除费用按 800 元计算;每次收入 4 000 元以上的,减除费用按 20% 计算。其中,稿酬所得的收入额减按 70% 计算。稿酬所得以每次收入额为预扣预缴应纳税所得额。稿酬所得适用 20% 的比例预扣率。

（1）每次收入不超过 4 000 元的计算公式为:

$$稿酬所得预扣预缴应纳税所得额 = (每次收入额 - 800) \times 70\%$$

（2）每次收入超过 4 000 元的计算公式为:

$$稿酬所得预扣预缴应纳税所得额 = 每次收入额 \times (1 - 20\%) \times 70\%$$

第二,稿酬所得应预扣预缴税额的计算。

$$稿酬所得应预扣预缴税额 = 预扣预缴应纳税所得额 \times 20\%$$

【例题 9-4】　2019 年 3 月某出版社支付作家莫言稿酬 100 000 元,计算该出版社应预扣预缴作家莫言多少个人所得税。

解析：

$$
\begin{aligned}
预扣预缴应纳税所得额 &= 每次收入额 \times (1-20\%) \times 70\% \\
&= 100\ 000 \times (1-20\%) \times 70\% \\
&= 56\ 000(元)
\end{aligned}
$$

$$
\begin{aligned}
稿酬所得应预扣预缴税额 &= 预扣预缴应纳税所得额 \times 20\% \\
&= 56\ 000 \times 20\% \\
&= 11\ 200(元)
\end{aligned}
$$

4) 扣缴义务人向居民个人支付特许权使用费所得预扣个人所得税的计算

第一,预扣预缴应纳税所得额的确定。特许权使用费所得以收入减除费用后的余额为收入额。减除费用按每次收入不超过 4 000 元的,减除费用按 800 元计算;每次收入 4 000 元以上的,减除费用按 20% 计算。特许权使用费所得,以每次收入额为预扣预缴应纳税所得额。

(1) 每次收入不超过 4 000 元的计算公式为：

$$特许权使用费所得预扣预缴应纳税所得额 = (每次收入额 - 800)$$

(2) 每次收入超过 4 000 元的计算公式为：

$$特许权使用费所得预扣预缴应纳税所得额 = 每次收入额 \times (1-20\%)$$

第二,特许权使用费所得应预扣预缴税额的计算。

$$特许权使用费所得应预扣预缴税额 = 预扣预缴应纳税所得额 \times 20\%$$

【例题 9-5】　2019 年 4 月,大华公司应支付设计师张某的特许权使用费 30 000 元,计算大华公司应预扣预缴设计师张某多少个人所得税。

解析：

$$
\begin{aligned}
预扣预缴应纳税所得额 &= 每次收入额 \times (1-20\%) \\
&= 30\ 000 \times (1-20\%) = 24\ 000(元)
\end{aligned}
$$

$$
\begin{aligned}
特许权使用费所得应预扣预缴税额 &= 预扣预缴应纳税所得额 \times 20\% \\
&= 24\ 000 \times 20\% = 4\ 800(元)
\end{aligned}
$$

(二) 非居民个人综合所得应纳税额的计算

非居民个人取得工资薪金、劳务报酬、稿酬、特许权使用费等 4 项所得,由扣缴义务人按月或者按次分项扣缴税款,不办理汇算清缴。

扣缴义务人向非居民个人支付工资、薪金所得,劳务报酬所得,稿酬所得和特许权使用费所得时,应当按以下方法按月或者按次代扣代缴个人所得税：

非居民个人的工资、薪金所得,以每月收入额减除费用 5 000 元后的余额为应纳税所得额;劳务报酬所得、稿酬所得、特许权使用费所得,以每次收入额为应纳税所得额,适用按月换算后的非居民个人月度税率表(见表 9-2)计算应纳税额。其中,劳务报酬所得、稿酬所得、特许权使用费所得以收入减除 20% 的费用后的余额为收入额。稿酬所得的收入额减按 70% 计算。

非居民个人在中国境内有住所，或者无住所而在一个纳税年度内在中国境内居住累计满 183 天后，将转变为居民纳税人，其已扣缴的税款，可以在次年办理汇算清缴，多退少补。

由于非居民个人取得综合所得以每次收入额为应纳税所得额，因此在计算应纳所得税时，以按月换算后的综合所得税率表（见表 9-2）计算应纳税额。

【例题 9-6】 2019 年 3 月，非居民个人 MARY 取得工资、薪金所得 20 000 元，当月她同时取得一次劳务报酬所得 8 000 元、一次稿酬所得 6 000 元、一次特许权使用费 10 000 元，计算 MARY 应缴纳多少个人所得税。

解析：

$$MARY\ 全月应纳税所得额 = (20\ 000 - 5\ 000) + 8\ 000 \times (1 - 20\%) + 6\ 000 \times (1 - 20\%) \times 70\% + 10\ 000(1 - 20\%)$$
$$= 32\ 760(元)$$

$$应纳个人所得税额 = 应纳税所得额 \times 适用税率 - 速算扣除数$$
$$= 32\ 760 \times 25\% - 2\ 660$$
$$= 5\ 530(元)$$

（三）经营所得应纳税额的计算

经营所得包括个体工商户的生产、经营所得和对企事业单位的承包经营、承租经营所得。

1. 个体工商户的生产、经营所得

《个体工商户个人所得税计税办法》自 2015 年 1 月 1 日起施行。个体工商户包括：

（1）依法取得个体工商户营业执照，从事生产经营的个体工商户。

（2）经政府有关部门批准，从事办学、医疗、咨询等有偿服务活动的个人。

（3）其他从事个体生产、经营的个人。

个体工商户以业主为个人所得税纳税义务人。税务机关针对个体工商户账册健全的，实施查账征税，对个体工商户账册不健全的，税务机关有权核定其应纳税额，实行核定征收。下面具体阐述个体工商户查账征税个人所得税应纳税额的计算。

1）个体工商户应纳税所得额的计算

个体工商户应纳税所得额的计算，以权责发生制为原则，属于当期的收入和费用，不论款项是否收付，均作为当期的收入和费用；不属于当期的收入和费用，即使款项已经在当期收付，均不作为当期收入和费用。

个体工商户的生产、经营所得（即应纳税所得额），以每一纳税年度的收入总额，减除成本、费用、税金、损失、其他支出以及允许弥补的以前年度亏损后的余额。

用公式表示为：

$$应纳税所得额 = 每一纳税年度收入总额 - (成本 + 费用 + 税金 + 损失 + 其他支出) - 允许弥补的以前年度亏损$$

每一纳税年度收入总额为个体工商户从事生产经营以及与生产经营有关的活动取得的货币形式和非货币形式的各项收入，为收入总额。包括：销售货物收入、提供劳务收入、

转让财产收入、利息收入、租金收入、接受捐赠收入、其他收入（包括个体工商户资产溢余收入、逾期一年以上的未退包装物押金收入、确实无法偿付的应付款项、已作坏账损失处理后又收回的应收款项、债务重组收入、补贴收入、违约金收入、汇兑收益等）。

成本是指个体工商户在生产经营活动中发生的销售成本、销货成本、业务支出以及其他耗费。

费用是指个体工商户在生产经营活动中发生的销售费用、管理费用和财务费用，已经计入成本的有关费用除外。个体工商户在生产经营活动中，应当分别核算生产经营费用和个人、家庭费用。对于生产经营与个人、家庭生活混用难以分清的费用，其40%视为与生产经营有关费用，准予扣除。

税金是指个体工商户在生产经营活动中发生的除个人所得税和允许抵扣的增值税以外的各项税金及其附加。

损失是指个体工商户在生产经营活动中发生的固定资产和存货的盘亏、毁损、报废损失，转让财产损失，坏账损失，自然灾害等不可抗力因素造成的损失以及其他损失。

公式中的损失是指个体工商户发生的损失，减除责任人赔偿和保险赔款后的余额，参照财政部、国家税务总局有关企业资产损失税前扣除的规定扣除。

其他支出是指除成本、费用、税金、损失外，个体工商户在生产经营活动中发生的与生产经营活动有关的、合理的支出。个体工商户发生的支出应当区分收益性支出和资本性支出。收益性支出在发生当期直接扣除；资本性支出应当分期扣除或者计入有关资产成本，不得在发生当期直接扣除。

个体工商户在纳税年度发生的亏损，准予向以后年度结转，用以后年度的生产经营所得弥补，但结转年限最长不得超过5年。亏损，是指个体工商户依照规定计算的应纳税所得额小于零的数额。

个体工商户下列支出不得扣除：个人所得税税款；税收滞纳金；罚金、罚款和被没收财物的损失；不符合扣除规定的捐赠支出；赞助支出；用于个人和家庭的支出；与取得生产经营收入无关的其他支出；个人购买商业健康保险未获得税优识别码的，其支出金额不得税前扣除；国家税务总局规定不准扣除的支出。

2）扣除项目及标准

（1）工资薪金支出。个体工商户实际支付给从业人员的、合理的工资薪金支出，准予扣除。个体工商户业主的费用扣除标准，依照相关法律、法规和政策规定执行。注意：个体工商户业主的工资薪金支出不得税前扣除。

（2）"三险一金"支出。个体工商户按照国务院有关主管部门或者省级人民政府规定的范围和标准为其业主和从业人员缴纳的基本养老保险费、基本医疗保险费、失业保险费和住房公积金，准予扣除。

个体工商户为从业人员缴纳的补充养老保险费、补充医疗保险费，分别在不超过从业人员工资总额5%标准内的部分据实扣除；超过部分，不得扣除。

个体工商户业主本人缴纳的补充养老保险费、补充医疗保险费，以当地（地级市）上年度社会平均工资的3倍为计算基数，分别在不超过该计算基数5%标准内的部分据实扣除；超过部分，不得扣除。

（3）保险费支出。个体工商户依照国家有关规定为特殊工种从业人员支付的人身安全保险费和财政部、国家税务总局规定可以扣除的其他商业保险费可以税前扣除，个体工商户业为主本人或者为从业人员支付的商业保险费，不得扣除。个体工商户参加财产保险，按照规定缴纳的保险费，准予扣除。购买符合规定的商业健康保险产品支出，可按照规定标准在个人所得税前扣除。个体工商户业主、个人独资企业投资者、合伙企业个人合伙人和企事业单位承包承租经营者购买符合规定的商业健康保险产品支出，在年度申报填报《个人所得税生产经营所得纳税申报表（B表）》、享受商业健康保险税前扣除政策时，应将商业健康保险税前扣除金额填至"允许扣除的其他费用"行（需注明商业健康保险扣除金额），并同时填报《商业健康保险税前扣除情况明细表》。

（4）借款费用。个体工商户在生产经营活动中发生的合理的不需要资本化的借款费用，准予扣除。

（5）利息支出。个体工商户在生产经营活动中发生的下列利息支出，准予扣除：

一是向金融企业借款的利息支出。

二是向非金融企业和个人借款的利息支出，不超过按照金融企业同期同类贷款利率计算的数额的部分。

（6）汇兑损失。个体工商户在货币交易中，以及纳税年度终了时将人民币以外的货币性资产、负债按照期末即期人民币汇率中间价折算为人民币时产生的汇兑损失，除已经计入有关资产成本部分外，准予扣除。

（7）"三工"经费支出。个体工商户向当地工会组织拨缴的工会经费、实际发生的职工福利费支出、职工教育经费支出分别在工资薪金总额的 2%、14%、2.5% 的标准内据实扣除。工资薪金总额是指允许在当期税前扣除的工资薪金支出数额。职工教育经费的实际发生数额超出规定比例当期不能扣除的数额，准予在以后纳税年度结转扣除。

（8）业务招待费。个体工商户发生的与生产经营活动有关的业务招待费，按照实际发生额的 60% 扣除，但最高不得超过当年销售（营业）收入的 5‰。业主自申请营业执照之日起至开始生产经营之日止所发生的业务招待费，按照实际发生额的 60% 计入个体工商户的开办费。

（9）广告费和业务宣传费。个体工商户每一纳税年度发生的与其生产经营活动直接相关的广告费和业务宣传费不超过当年销售（营业）收入 15% 的部分，可以据实扣除；超过部分，准予在以后纳税年度结转扣除。

（10）摊位费、行政性收费、协会会费。个体工商户按照规定缴纳的摊位费、行政性收费、协会会费等，按实际发生数额扣除。

（11）租赁费。个体工商户根据生产经营活动的需要租入固定资产支付的租赁费，按照以下方法扣除：

一是以经营租赁方式租入固定资产发生的租赁费支出，按照租赁期限均匀扣除。

二是以融资租赁方式租入固定资产发生的租赁费支出，按照规定构成融资租入固定资产价值的部分应当提取折旧费用，分期扣除。

（12）劳动保护支出。个体工商户发生的合理的劳动保护支出，准予扣除。

（13）捐赠支出。个体工商户通过公益性社会团体或者县级以上人民政府及其部门，用于《中华人民共和国公益事业捐赠法》规定的公益事业的捐赠,捐赠额不超过其应纳税所得额30％的部分可以据实扣除。个体工商户直接对受益人的捐赠不得扣除。

（14）研发装置支出。个体工商户研究开发新产品、新技术、新工艺所发生的开发费用,以及研究开发新产品、新技术而购置单台价值在10万元以下的测试仪器和试验性装置的购置费准予直接扣除;单台价值在10万元以上(含10万元)的测试仪器和试验性装置,按固定资产管理,不得在当期直接扣除。

3）应纳税额的计算

$$应纳税额 = 应纳税所得额 \times 适用税率 - 速算扣除数$$
$$= [每一纳税年度收入总额 - (成本 + 费用 + 税金 + 损失 + 其他支出 + 允许弥补的以前年度亏损)] \times 适用税率 - 速算扣除数$$

【例题 9-7】　某个体工商户2019年度的经营情况如下:全年实现主营业务收入125 000元,发生主营业务成本60 000元,其他业务收入12 000元,其他业务成本8 000元,发生管理费用15 000元,销售费用12 000元,缴纳税金及附加8 500元,财务费用500元;营业外收入6 000元,营业外支出4 000元。计算该个体工商户当年的应纳税所得额及应纳个人所得税额。

解析:

营业利润 $= (125\,000 - 60\,000) + (12\,000 - 8\,000) - 8500 - 15\,000 - 12\,000 - 500 = 33\,000(元)$

全年应纳税所得额 $= 33\,000 + 6\,000 - 4\,000 = 35\,000(元)$

应纳个人所得税额 $= 35\,000 \times 10\% - 1\,500 = 2\,000(元)$

2. 对企事业单位的承包经营、承租经营所得应纳税额的计算

企业、事业单位的承包经营、承租经营所得,是指个人承包经营或承租经营以及转包、转租取得的所得,还包括个人按月或按次取得的工资、薪金性质的所得。承包经营、承租经营形式主要分为两类:

（1）个人对企事业单位承包、承租经营后,工商登记改变为个体工商户的。这类承包、承租经营所得,实际上属于个体工商户的生产、经营所得,应按个体工商户的生产、经营所得项目征收个人所得税。

（2）个人对企事业单位承包、承租经营后,工商登记仍为企业的,不论其分配方式如何,均应先按照企业所得税的有关规定缴纳企业所得税,然后根据承包、承租经营者按合同(协议)规定取得的所得,依照《个人所得税法》的有关规定缴纳个人所得税。具体包括以下两种情况:

一是承包、承租人对企业经营成果不拥有所有权,仅按合同(协议)规定取得一定所得的,应按工资、薪金所得项目征收个人所得税。

二是承包、承租按合同(协议)规定只向发包方、出租方缴纳一定的费用,缴纳承包、承租费后的企业的经营成果归承包、承租人所有的,其取得的所得,按对企事业单位承包、承租经营所得项目征收个人所得税。

$$应纳税额 = 应纳税所得额 \times 适用税率 - 速算扣除数$$
$$= (纳税年度收入总额 - 必要费用) \times 适用税率 - 速算扣除数$$

每一纳税年度的收入总额,是指纳税义务人按照承包经营、承租经营合同规定分得的经营利润和工资、薪金性质的所得。

减除必要费用,是指按月减除 5 000 元。

注意:第一,在一个纳税年度内,承包经营或者承租经营期限不足 12 个月的,以其实际承包、承租经营期的月份作为一个纳税年度计算纳税。第二,如果纳税人在 1 年内分次取得承包经营所得,应分次预交税款,年终汇算清缴,多退少补。

(四)财产租赁所得应纳税额的计算

财产租赁所得,是指个人出租建筑物、土地使用权、机器设备、车船以及其他财产取得的所得。财产租赁所得,以一个月内取得的收入为一次。财产租赁所得,每次收入不超过 4 000 元的,减除费用 800 元;4 000 元以上的,减除 20% 的费用,其余额为应纳税所得额。财产租赁所得,适用比例税率,税率为 20%。

个人出租房屋的个人所得税应税收入不含增值税,计算房屋出租所得可扣除的税费不包括本次出租缴纳的增值税。个人转租房屋的,其向房屋出租方支付的租金及增值税税额,在计算转租所得时予以扣除。

在计算财产租赁所得个人所得税时,应首先扣除财产租赁过程中缴纳的税费,其次扣除个人向出租方支付租金,再次扣除由纳税人负担的该出租财产实际开支的修缮费用,最后减除税法规定的费用扣除标准,即经上述减除后,如果余额不足 4 000 元,则减去 800 元,如果余额超过 4 000 元,则减去 20%。

财产租赁所得应纳税额的计算公式如下。

1. 每次(月)收入不超过 4 000 元的

应纳税所得额 = 每次(月)收入额 − 准予扣除项目 − 修缮费用(800 为限)− 800 元

应纳税额 = 应纳税所得额 × 适用税率(20%)

2. 每次(月)收入超过 4 000 元的

应纳税所得额 = [每次(月)收入额 − 准予扣除项目 − 修缮费用(800 为限)] × (1 − 20%)

应纳税额 = [每次(月)收入额 − 准予扣除项目 − 修缮费用(800 元为限)] × (1 − 20%) × 20%

财产租赁收入扣除费用范围和顺序包括:税费 + 租金(财产转租情况下才有)+ 修缮费 + 法定扣除标准

(1)在出租财产过程中缴纳的税金和教育费附加等税费要有完税(缴款)凭证。

(2)向出租方支付的租金。

(3)还准予扣除能够提供有效、准确凭证,证明由纳税人负担的该出租财产实际开支的修缮费用(每月以 800 元为限,一次扣除不完的余额可无限期结转抵扣)。

(4)法定扣除标准为 800 元(减除上述后余额不超过 4 000 元)或 20%(减除上述后余额 4 000 元以上的)。

【例题 9-8】 刘某于 2019 年 1 月将其自有的面积为 150 m² 的房屋出租给张某居住,租期 1 年。刘某每月取得租金收入 2 500 元,全年租金收入 30 000 元。当年 2 月因下水道堵塞找人修理,发生修理费用 500 元,有维修部门的正式收据,则 1、2 月和全年的应纳税额为多少,计算刘某全年租金收入应缴纳的个人所得税。

解析:

1 月应纳个人所得税税额 = (2 500 − 800) × 20% = 170(元)

2 月应纳个人所得税税额 $= (2\,500 - 500 - 800) \times 20\% = 120$(元)

全年应纳个人所得税税额 $= 170 \times 11 + 120 = 1\,990$(元)

注意:计算个人所得税时,如果对租金收入计征增值税、城市维护建设税、房产税和教育附加等,还应将其从税前的收入中先扣除后,再计算应缴纳的个人所得税。

(五)财产转让所得应纳税额的计算

财产转让所得,是指个人转让有价证券、股权、建筑物、土地使用权、机器设备、车船以及其他财产取得的所得。财产转让所得,按照一次转让财产的收入额减除财产原值和合理费用后的余额为应纳税所得额,适用 20% 税率计算缴纳个人所得税。个人转让房屋的个人所得税应税收入不含增值税,其取得房屋时所支付价款中包含的增值税计入财产原值,计算转让所得时可扣除的税费不包括本次转让缴纳的增值税。对个人转让新三板挂牌公司原始股取得的所得,按照"财产转让所得",适用 20% 的比例税率征收个人所得税。

财产转让所得应纳税额的计算公式为:

$$应纳税额 = 应纳税所得额 \times 适用税率$$
$$= (每次收入额 - 财产原值 - 合理费用) \times 20\%$$

财产原值是指:有价证券,为买入价以及买入时按照规定缴纳的有关费用;建筑物,为建造费或者购进价格以及其他有关费用;土地使用权,为取得土地使用权所支付的金额、开发土地的费用以及其他有关费用;机器设备、车船,为购进价格、运输费、安装费以及其他有关费用;其他财产,参照以上方法确定。纳税义务人未提供完整、准确的财产原值凭证,不能正确计算财产原值的,由主管税务机关核定其财产原值。

合理费用是指卖出财产时按照规定支付的有关费用。

【例题 9-9】　某人建房一幢,造价 560\,000 元,支付其他费用 60\,000 元,建成后将房屋出售,售价 800\,000,增值税 80\,000 元,售房过程中按规定缴纳各种税费 30\,000 元,计算其应纳个人所得税。

解析:

$$应纳税所得额 = 800\,000 - 560\,000 - 60\,000 - 30\,000 = 150\,000$$(元)
$$应纳个人所得税 = 150\,000 \times 20\% = 30\,000$$(元)

(六)利息、股息、红利所得和偶然所得应纳税额的计算

1. 利息、股息、红利所得应纳税额的计算

利息、股息、红利所得,是指个人拥有债权、股权而取得的利息、股息、红利所得。利息、股息、红利所得,以支付利息、股息、红利时取得的收入为一次。个人股东获得转增的股本,应按照"利息、股息、红利所得"项目,适用 20% 税率征收个人所得税。

自 2016 年 1 月 1 日起,全国范围内的中小高新技术企业以未分配利润、盈余公积、资本公积向个人股东转增股本时,个人股东一次缴纳个人所得税确有困难的,可根据实际情况自行制定分期缴税计划,在不超过 5 个公历年度内(含)分期缴纳,并将有关资料报主管税务机关备案。

对内地个人投资者通过深港通投资香港联交所上市 H 股取得的股息红利,H 股公司应向中国证券登记结算有限责任公司(以下简称"中国结算")提出申请,由中国结算向 H 股公

司提供内地个人投资者名册,H 股公司按照 20% 的税率代扣个人所得税。内地个人投资者通过深港通投资香港联交所上市的非 H 股取得的股息红利,由中国结算按照 20% 的税率代扣个人所得税。个人投资者在国外已缴纳的预提税,可持有效扣税凭证到中国结算的主管税务机关申请税收抵免。

利息、股息、红利所得以个人每次取得的收入额为应纳税所得额,不得从中扣除任何费用。

利息、股息、红利所得应纳税额的计算公式为:

$$应纳税额 = 应纳税所得额 \times 适用税率$$
$$= 每次收入额 \times 20\%$$

2. 偶然所得应纳税额的计算

偶然所得,是指个人得奖、中奖、中彩以及其他偶然性质的所得。偶然所得,以每次取得该项收入为一次。企业对累积消费达到一定额度的顾客,给予额外抽奖机会,个人的获奖所得,按照“偶然所得”项目,全额适用 20% 的税率缴纳个人所得税。偶然所得以个人每次取得的收入额为应纳税所得额,不得从中扣除任何费用。

偶然所得应纳税额的计算公式为:

$$应纳税额 = 应纳税所得额 \times 适用税率$$
$$= 每次收入额 \times 20\%$$

个人将其所得对教育、扶贫、济困等公益慈善事业进行捐赠,捐赠额未超过纳税人申报的应纳税所得额 30% 的部分,可以从其应纳税所得额中扣除;国务院规定对公益慈善事业捐赠实行全额税前扣除的,从其规定。

【**例题 9-10**】 陈某在参加商场的有奖销售过程中,中奖所得共计价值 30 000 元。陈某领奖时告知商场,从中奖收入中拿出 7 500 元通过教育部门向希望小学捐赠。按照规定,商场发放奖金时,商场应代扣代缴陈某多少个人所得税?

解析:

$$公益性捐赠的税前扣除限额 = 30\ 000 \times 30\% = 9\ 000(元)$$

因为捐赠额 7 500 元未超过纳税人申报的应纳税所得额 30% 即 9 000 元,所以可从其应纳税所得额中全额扣除。

$$代扣代缴个人所得税税额 = (30\ 000 - 7\ 500) \times 20\% = 4\ 500(元)$$

(七) 特殊收入应纳个人所得税的计算

为贯彻落实 2018 年版《中华人民共和国个人所得税法》,财税〔2018〕164 号文件对各种特殊收入应纳个人所得税的计算作了具体规定。

1. 取得全年一次性奖金应纳个人所得税的计算

居民个人取得全年一次性奖金,符合《国家税务总局关于调整个人取得全年一次性奖金等计算征收个人所得税方法问题的通知》(国税发〔2005〕9 号)规定的,在 2021 年 12 月 31 日前,不并入当年综合所得,以全年一次性奖金收入除以 12 个月得到的数额,按照按月换算后的综合所得税率表(见表 9-2)确定适用税率和速算扣除数,单独计算纳税。计算公式为:

$$应纳税额＝全年一次性奖金收入×适用税率－速算扣除数$$

居民个人取得全年一次性奖金，也可以选择并入当年综合所得计算纳税。

自2022年1月1日起，居民个人取得全年一次性奖金，应并入当年综合所得计算缴纳个人所得税。

【例题9-11】　中国公民张惠2019年12月取得全年一次性奖金60 000元，计算张慧该笔年终奖应纳多少个人所得税。

解析：首先，以全年一次性奖金收入除以12得到的数额确定适用税率和速算扣除数。

$$60\,000÷12＝5\,000(元)$$

5 000元适用税率为10%，速算扣除数为210元。

其次，套用公式计算应纳税额。

$$应纳税额＝全年一次性奖金收入×适用税率－速算扣除数$$
$$＝60\,000×10\%－210＝5\,790(元)$$

2. 中央企业负责人取得年度绩效薪金延期兑现收入和任期奖励应纳个人所得税的计算

中央企业负责人取得年度绩效薪金延期兑现收入和任期奖励，符合《国家税务总局关于中央企业负责人年度绩效薪金延期兑现收入和任期奖励征收个人所得税问题的通知》（国税发〔2007〕118号）规定的，在2021年12月31日前按照全年一次性奖金应纳个人所得税的计算。

3. 居民个人取得上市公司股权激励应纳个人所得税的计算

居民个人取得股票期权、股票增值权、限制性股票、股权奖励等股权激励（简称"股权激励"），符合《财政部 国家税务总局关于个人股票期权所得征收个人所得税问题的通知》（财税〔2005〕35号）、《财政部国家税务总局关于股票增值权所得和限制性股票所得征收个人所得税有关问题的通知》（财税〔2009〕5号）、《财政部 国家税务总局关于将国家自主创新示范区有关税收试点政策推广到全国范围实施的通知》（财税〔2015〕116号）第四条、《财政部国家税务总局关于完善股权激励和技术入股有关所得税政策的通知》（财税〔2016〕101号）第四条第（一）项规定的相关条件的，在2021年12月31日前，不并入当年综合所得，全额单独适用综合所得税率表（见表9-1），计算纳税。计算公式为：

$$应纳税额＝股权激励收入×适用税率－速算扣除数$$

居民个人一个纳税年度内取得两次以上（含两次）股权激励的，应合并按上述规定计算纳税。

4. 个人领取企业年金、职业年金应纳个人所得税的计算

个人达到国家规定的退休年龄，领取的企业年金、职业年金，符合《财政部 人力资源社会保障部 国家税务总局关于企业年金 职业年金个人所得税有关问题的通知》（财税〔2013〕103号）规定的，不并入综合所得，全额单独计算应纳税款。其中按月领取的，适用月度税率表（见表9-2）计算纳税；按季领取的，平均分摊计入各月，按每月领取额适用月度税率表计算纳税；按年领取的，适用综合所得税率表（见表9-1）计算纳税。

个人因出境定居而一次性领取的年金个人账户资金，或个人死亡后，其指定的受益人或法定继承人一次性领取的年金个人账户余额,适用综合所得税率表计算纳税。

5. 解除劳动关系、提前退休、内部退养的一次性补偿收入应纳个人所得税的计算

(1) 个人与用人单位解除劳动关系取得一次性补偿收入(包括用人单位发放的经济补偿金、生活补助费和其他补助费),在当地上年职工平均工资3倍数额以内的部分,免征个人所得税;超过3倍数额的部分,不并入当年综合所得,单独适用综合所得税率表(见表9-1),计算纳税。

(2) 个人办理提前退休手续而取得的一次性补贴收入,应按照办理提前退休手续至法定离退休年龄之间实际年度数平均分摊,确定适用税率和速算扣除数,单独适用综合所得税率表,计算纳税。计算公式:

应纳税额 =﹛[(一次性补贴收入÷办理提前退休手续至法定退休年龄的实际年度数)－费用扣除标准]×适用税率－速算扣除数﹜×办理提前退休手续至法定退休年龄的实际年度数

第三节　个人所得税的纳税申报

《个人所得税法》(2018年版)规定个人所得税以扣缴义务人扣缴和纳税人自行申报纳税相结合。2019年1月1日起,个人所得税的纳税申报类型有三类,一是扣缴类纳税申报,适用于扣缴义务人办理全员全额扣缴个人所得税的申报。二是自然人纳税人自行纳税申报,适用于有个人所得税自行纳税申报义务的自然人纳税人,依照税收法律法规及相关规定确定的申报期限、申报内容,向税务机关申报缴纳个人所得税。三是取得经营所得的纳税申报,适用于有生产、经营所得的个人所得税纳税人,依照税收法律法规及相关规定确定的申报期限、申报内容,向税务机关申报缴纳个人所得税。纳税人可以采用远程办税端、邮寄等方式申报,也可以直接到主管税务机关申报。

一、扣缴类纳税申报

税法规定,个人所得税以所得人为纳税义务人,以支付所得的单位或者个人为扣缴义务人。扣缴义务人应当按照税收征管法的规定办理全员全额扣缴申报。扣缴义务人可通过自然人税收管理系统扣缴客户端进行扣缴纳税申报。

扣缴义务人每月或者每次预扣、代扣的税款,应当在次月15日内缴入国库,并向税务机关报送《个人所得税扣缴申报表》,见表9-5。扣缴义务人首次向纳税人支付所得时,应当按照纳税人提供的纳税人识别号等基础信息,填写《个人所得税基础信息表(A表)》,见表9-6,并于次月扣缴申报时向税务机关报送。扣缴义务人对纳税人向其报告的相关基础信息变化情况,应当于次月扣缴申报时向税务机关报送。扣缴义务人应当按照纳税人提供的信息计算税款、办理扣缴申报,不得擅自更改纳税人提供的信息。扣缴义务人发现纳税人提供的信息与实际情况不符的,可以要求纳税人修改。纳税人拒绝修改的,扣缴义务人应当报告税务机关,税务机关应当及时处理。纳税人发现扣缴义务人提供或者扣缴申报的个人信息、支付所得、扣缴税款等信息与实际情况不符的,有权要求扣缴义务人修改。扣缴义务人拒绝修改的,纳税人应当报告税务机关,税务机关应当及时处理。扣缴义务人对纳税人提供的《个人所得税专项附加扣除信息表》,应当按照规定妥善保存备查。扣缴义务人应当依法对纳税人报送的专项附加扣除等相关涉税信息和资料保密。

二、自然人纳税人自行纳税申报

自然人纳税人自行纳税申报包括取得综合所得需要办理汇算清缴的纳税申报,取得应税所得扣缴义务人未扣缴税款的纳税申报,取得境外所得的纳税申报,因移居境外注销中国户籍的纳税申报,非居民个人在中国境内从两处以上取得工资、薪金所得的纳税申报五种情况。

(一)取得综合所得需要办理汇算清缴的纳税申报

取得综合所得且符合下列情形之一的纳税人,应当依法办理汇算清缴:

(1)从两处以上取得综合所得,且综合所得年收入额减除专项扣除后的余额超过6万元。

(2)取得劳务报酬所得、稿酬所得、特许权使用费所得中一项或者多项所得,且综合所得年收入额减除专项扣除的余额超过6万元。

(3)纳税年度内预缴税额低于应纳税额。

(4)纳税人申请退税。

需要办理汇算清缴的纳税人,应当在取得所得的次年3月1日至6月30日内,向任职、受雇单位所在地主管税务机关办理纳税申报,并报送《个人所得税年度自行纳税申报表》。纳税人有两处以上任职、受雇单位的,选择向其中一处任职、受雇单位所在地主管税务机关办理纳税申报;纳税人没有任职、受雇单位的,向户籍所在地或经常居住地主管税务机关办理纳税申报。

纳税人办理综合所得汇算清缴,应当准备与收入、专项扣除、专项附加扣除、依法确定的其他扣除、捐赠、享受税收优惠等相关的资料,并按规定留存备查或报送。

(二)取得应税所得扣缴义务人未扣缴税款的纳税申报

纳税人取得应税所得,扣缴义务人未扣缴税款的,应当区别以下情形办理纳税申报:

(1)居民个人取得综合所得的,需要办理汇算清缴。

(2)非居民个人取得工资、薪金所得,劳务报酬所得,稿酬所得,特许权使用费所得的,应当在取得所得的次年6月30日前,向扣缴义务人所在地主管税务机关办理纳税申报,并报送《个人所得税自行纳税申报表(A表)》,见表9-7。有两个以上扣缴义务人均未扣缴税款的,选择向其中一处扣缴义务人所在地主管税务机关办理纳税申报。

非居民个人在次年6月30日前离境(临时离境除外)的,应当在离境前办理纳税申报。

(3)纳税人取得利息、股息、红利所得,财产租赁所得,财产转让所得和偶然所得的,应当在取得所得的次年6月30日前,按相关规定向主管税务机关办理纳税申报,并报送《个人所得税自行纳税申报表(A表)》,见表9-7。

(三)取得境外所得的纳税申报

居民个人从中国境外取得所得的,应当在取得所得的次年3月1日至6月30日内,向中国境内任职、受雇单位所在地主管税务机关办理纳税申报;在中国境内没有任职、受雇单位的,向户籍所在地或中国境内经常居住地主管税务机关办理纳税申报;户籍所在地与中国境内经常居住地不一致的,选择其中一地主管税务机关办理纳税申报;在中国境内没有户籍的,向中国境内经常居住地主管税务机关办理纳税申报。

（四）因移居境外注销中国户籍的纳税申报

纳税人因移居境外注销中国户籍的，应当在申请注销中国户籍前，向户籍所在地主管税务机关办理纳税申报，进行税款清算。

（1）纳税人在注销户籍年度取得综合所得的，应当在注销户籍前，办理当年综合所得的汇算清缴，并报送《个人所得税年度自行纳税申报表》。尚未办理上一年度综合所得汇算清缴的，应当在办理注销户籍纳税申报时一并办理。

（2）纳税人在注销户籍年度取得经营所得的，应当在注销户籍前，办理当年经营所得的汇算清缴，并报送《个人所得税经营所得纳税申报表（B 表）》。从两处以上取得经营所得的，还应当一并报送《个人所得税经营所得纳税申报表（C 表）》。尚未办理上一年度经营所得汇算清缴的，应当在办理注销户籍纳税申报时一并办理。

（3）纳税人在注销户籍当年取得利息、股息、红利所得，财产租赁所得，财产转让所得和偶然所得的，应当在注销户籍前，申报当年上述所得的完税情况，并报送《个人所得税自行纳税申报表（A 表）》。

（4）纳税人有未缴或者少缴税款的，应当在注销户籍前，结清欠缴或未缴的税款。纳税人存在分期缴税且未缴纳完毕的，应当在注销户籍前，结清尚未缴纳的税款。

（5）纳税人办理注销户籍纳税申报时，需要办理专项附加扣除、依法确定的其他扣除的，应当向税务机关报送《个人所得税专项附加扣除信息表》《商业健康保险税前扣除情况明细表》《个人税收递延型商业养老保险税前扣除情况明细表》等。

（五）非居民个人在中国境内从两处以上取得工资、薪金所得的纳税申报

非居民个人在中国境内从两处以上取得工资、薪金所得的，应当在取得所得的次月 15 日内，向其中一处任职、受雇单位所在地主管税务机关办理纳税申报，并报送《个人所得税自行纳税申报表（A 表）》。

三、取得经营所得的纳税申报

纳税人取得经营所得，按年计算个人所得税，由纳税人在月度或季度终了后 15 日内，向经营管理所在地主管税务机关办理预缴纳税申报，并报送《个人所得税经营所得纳税申报表（A 表）》。在取得所得的次年 3 月 31 日前，向经营管理所在地主管税务机关办理汇算清缴，并报送《个人所得税经营所得纳税申报表（B 表）》；从两处以上取得经营所得的，选择向其中一处经营管理所在地主管税务机关办理年度汇总申报，并报送《个人所得税经营所得纳税申报表（C 表）》。

第四节　个人所得税的会计核算

一、个人所得税的账户设置

（一）企业代扣代缴个人所得税的会计账户设置

企事业单位为了核算代扣代缴的个人所得税，应设置"应交税费——应交代扣代缴个人所得"账户，该账户为负债类账户。具体会计核算如下。

表9-5　个人所得税扣缴申报表

税款所属期：　　年　　月　　日至　　年　　月　　日

扣缴义务人纳税人识别号（统一社会信用代码）：□□□□□□□□□□□□□□□□□□

扣缴义务人名称：

金额单位：人民币元（列至角分）

序号	姓名	身份证件类型	身份证件号码	纳税人识别号	是否为非居民个人	所得项目	收入额计算				专项扣除					其他扣除					累计情况（工资、薪金）			累计专项附加扣除					累计其他扣除	减按计税比例	准予扣除的捐赠额	应纳税所得额	税款计算						备注
							收入	费用	免税收入	减除费用	基本养老保险费	基本医疗保险费	失业保险费	住房公积金	年金	商业健康保险	税延养老保险	财产原值	允许扣除的税费	其他	累计收入额	累计减除费用	累计专项扣除	子女教育	赡养老人	住房贷款利息	住房租金	继续教育					税率/预扣率	速算扣除数	应纳税额	减免税额	已扣缴税额	应补（退）税额	
1	2	3	4	5	6	7	8	9	10	11	12	13	14	15	16	17	18	19	20	21	22	23	24	25	26	27	28	29	30	31	32	33	34	35	36	37	38	39	40
合计																																							

谨声明：本扣缴申报表是根据国家税收法律法规及相关规定填报的，是真实的、可靠的、完整的。

扣缴义务人（签章）：　　　　年　　月　　日

代理机构签章：

代理机构统一社会信用代码：

经办人签字：

经办人身份证件号码：

受理人：

受理税务机关（章）：

受理日期：　　年　　月　　日

扣缴义务人名称：

扣缴义务人编码：

表9-6 个人所得税基础信息表（A表）

序号	姓名	国籍（地区）	身份证件类型	身份证件号码	是否残疾、烈属、孤老	雇员			非雇员		股东、投资者		纳税人识别号	境内无住所个人								备注
						电话	电子邮箱	联系地址	电话	工作单位	公司股本（投资）总额	个人股本（投资）额		来华时间	任职期限	预计离境时间	预计离境地点	境内职务	境外职务	支付地	境外支付地（国别/地区）	
1																						
2																						
3																						

谨声明：此表是根据《中华人民共和国个人所得税法》及其实施条例和国家相关法律法规规定填报的，是真实的、完整的、可靠的。

法定代表人（负责人）签字：

扣缴义务人公章：

经办人：

代理机构（人）签章：	主管税务机关受理专用章：
经办人：	受理人：
经办人执业证件号码：	
填表日期：　　年　　月　　日	代理申报日期：　　年　　月　　日	受理日期：　　年　　月　　日

国家税务总局监制

表 9-7 个人所得税自行纳税申报表（A 表）

金额单位：人民币元（列至角分）

税款所属期：自 年 月 日 至 年 月 日

| 姓名 | | 国籍（地区） | | 身份证件类型 | | 身份证件号码 | |

自行申报情形 □从中国境内两处或者两处以上取得工资、薪金所得　□没有扣缴义务人　□其他情形

任职受雇单位名称	所得期间	所得项目	收入额	免税所得	税前扣除项目								减除费用	准予扣除的捐赠额	应纳税所得额	税率%	速算扣除数	应纳税额	减免税额	已缴税额	应补（退）税额
					基本养老保险费	基本医疗保险费	失业保险费	住房公积金	财产原值	允许扣除的税费	其他	合计									
	1	2	3	4	5	6	7	8	9	10	11	12	13	14	15	16	17	18	19	20	21	22

谨声明：此表是根据《中华人民共和国个人所得税法》及其实施条例和国家相关法律法规规定填写的，是真实的、完整的、可靠的。

纳税人签字：

代理机构（人）公章：

经办人执业证件号码：

代理申报日期： 年 月 日

经办人：

主管税务机关受理专用章：

受理人：

受理日期： 年 月 日

国家税务总局监制

1. 发放工资代扣代缴税款时

借：应付职工薪酬——工资等

　　贷：应交税费——应交代扣代缴个人所得

2. 缴纳代扣代缴税款时

借：应交税费——应交代扣代缴个人所得

　　贷：银行存款

(二) 非法人企业个人所得税的账户设置

非法人企业是指建账建制的个体工商户及个人独资企业、合伙企业。

非法人企业应设置"本年应税所得"账户，本账户下设"本年经营所得"和"应弥补的亏损"两个明细账户。"本年经营所得"明细账户核算企业本年生产经营活动取得的收入扣除成本费用后的余额。"应弥补的亏损"明细账户，核算企业发生的、可由生产经营活动所得税前弥补的亏损。盈利时，期末由"本年应税所得——本年经营所得"转入"留存收益"。亏损时，期末由"本年应税所得——本年经营所得"转入"本年应税所得——应弥补的亏损"。

生产经营过程中发生的亏损，可以由以后年度的生产经营所得在税前弥补，但延续弥补期不得超过 5 年。超过弥补期的亏损，不能再以生产经营所得税前弥补，应从"本年应税所得——应弥补的亏损"账户转入"留存利润"账户，减少企业的留存利润。

二、个人所得税的会计核算

(一) 新会计准则下的应付职工薪酬核算

应付职工薪酬，是指企业为获得职工提供的服务而给予各种形式的报酬以及其他相关支出。主要包括：职工工资、奖金、津贴和补贴；职工福利费；医疗保险费、养老保险费、失业保险费、工伤保险费等社会保险费；住房公积金；工会经费和职工教育经费；非货币性福利（这是指企业以自产产品或外购商品发放给职工作为福利，将自己拥有的资产或租赁的资产无偿提供给职工使用、为职工无偿提供医疗保健服务，或者向职工提供企业一定补贴的商品或服务等）；因解除与职工的劳动关系给予的补偿；其他与获得职工提供的服务相关的支出。

1. 计提工资时（此处工资的取数依据为扣除个人所得税及个人承担社保费用之前的工资总额）

借：管理费用——工资

　　销售费用——工资

　　生产成本——工资

　　制造费用——工资

　　管理费用——研发费——工资

　　贷：应付职工薪酬——工资、奖金、津贴和补贴

2. 计提单位承担社保（贷方应按照社保明细设立二级账户）

借：管理费用——社保费

　　销售费用——社保费

　　生产成本——社保费

　　制造费用——社保费

　　管理费用——研发费——社保费

　　贷：应付职工薪酬——社保费——单位部分（医保费、养老保险费、失业保险费、工伤保险费）

3. 计提住房公积金

借：管理费用——住房公积金

　　销售费用——住房公积金

　　生产成本——住房公积金

　　制造费用——住房公积金

　　管理费用——研发费——住房公积金

　贷：应付职工薪酬——住房公积金

4. 计提工会经费

借：管理费用——工会经费

　　销售费用——工会经费

　　生产成本——工会经费

　　制造费用——工会经费

　　管理费用——研发费——工会经费

　贷：应付职工薪酬——工会经费

5. 计提职工教育经费

借：管理费用——职工教育经费

　　销售费用——职工教育经费

　　生产成本——职工教育经费

　　制造费用——职工教育经费

　　管理费用——研发费用——职工教育经费

　贷：应付职工薪酬——职工教育经费

6. 月末对应付职工薪酬结转分配（工资和个人承担部分社保，个人所得税除外）

借：应付职工薪酬——社会保险费——单位部分（医保费、养老保险费、失业保险费、工伤保险费）

　　应付职工薪酬——住房公积金

　　应付职工薪酬——工会经费

　　应付职工薪酬——职工教育经费

　贷：其他应付款——社保费——单位部分（医保费、养老保险费、失业保险费、工伤保险费、住房公积金）

　　　其他应付款——住房公积金

　　　其他应付款——工会经费

　　　其他应付款——职工教育经费

7. 次月发放工资时（代扣个人社保承担部分，代扣个人所得税）

借：应付职工薪酬——应付职工薪酬——资、奖金、津贴和补贴

　贷：其他应付款——社保费——个人部分（医保费、养老保险费、失业保险费、住房公积金）

　　　应交税费——应交代扣代缴个人所得

　　　银行存款（或库存现金）

8. 缴纳当月社保费用时

借：其他应付款——社保费——单位部分（医保费、养老保险费、失业保险费、工伤保险费、住房公积金）

  其他应付款——社保费——个人部分（医保费、养老保险费、失业保险费、住房公积金）

 贷：银行存款

9. 缴纳代扣代缴个人所得税时

借：应交税费——应交代扣代缴个人所得

 贷：银行存款

（二）扣缴义务人代扣代缴个人所得税的会计核算

1. 代扣代缴个人所得税的会计处理

职工自己承担个人所得税，单位负有代扣代缴义务。单位按规定代扣职工应缴个人所得税时，会计处理为：

借：应付职工薪酬

 贷：应交税费——应交代扣代缴个人所得税

【例题 9-12】　大华公司 2019 年 1 月为职工赵某发放工资 15 500 元，赵某在当月除由任职单位扣缴"三险一金"2 580 元外，每月子女教育专项附加扣除 1 000 元，每月住房贷款利息专项附加扣除 1 000 元，当月赡养老人专项附加扣除 1 000 元，月末发放工资时企业如何进行账务处理。

解析：

赵某 2019 年 1 月应纳税所得额 = 15 500 − 5 000 − 2 580 − 1 000 − 1 000 − 1 000
= 4 920（元）

大华公司 1 月应预扣预缴税额 = 4 920 × 3% = 147.6（元）

发放工资时：

借：应付职工薪酬——工资　　　　　　　　　　　　　　　　　　　　　 15 500.0

 贷：库存现金（银行存款）　　　　　　　　　　　　　　　　　　　　 12 772.4

  其他应付款——社保费——个人部分（医保费、养老保险费、失业保险费、住房公积金）

　　　　　　　　　　　　　　　　　　　　　　　　　　　　　　　　　2 580.0

  应交税费——应交代扣代缴个人所得税　　　　　　　　　　　　　　　 147.6

缴纳个人所得税时：

借：应交税费——应交代扣代缴个人所得税　　　　　　　　　　　　　　　 147.6

 贷：银行存款　　　　　　　　　　　　　　　　　　　　　　　　　　 147.6

2. 支付劳务报酬、特许权使用费、稿酬、财产租赁费代扣代缴所得税的会计处理

单位付给个人的劳务报酬、特许权使用费、稿酬、财产租赁费，一般单位作为扣缴义务人向纳税人扣留税款，并计入企业有关期间费用账户。企业在支付上述费用时：

借：管理费用、销售费用等账户

 贷：应交税费——应交代扣代缴个人所得税

  库存现金（银行存款）

实际缴纳时：

借：应交税费——代扣代缴个人所得税
　　贷：银行存款

3. 向股东支付股利代扣代缴个人所得税的会计处理

股份制企业向法人股东支付股票股利、现金股利时，因法人股东不缴纳个人所得税，无所得税代扣代缴问题。若以资本公积转增股本，不属股息、红利性质的分配，不征收个人所得税，也无代扣代缴个人所得税问题。

企业宣告向个人发放现金股利时：

借：利润分配（应付给个人的现金股利金额）
　　贷：应付股利

实际支付现金股利时：

借：应付股利（应付个人的现金股利金额）
　　贷：库存现金、银行存款（按实付股利金额）
　　　　应交税费——代扣代缴个人所得税（按代扣个人所得税金额）

（三）非法人企业个人所得税的会计核算本年应税所得的会计处理

1. 本年应税所得的会计处理

（1）结转收入：

借：营业收入
　　贷：本年应税所得——本年经营所得

（2）结转成本费用：

借：本年应税所得——本年经营所得
　　贷：营业成本、税金及附加、管理费用等

2. 弥补亏损的会计处理

（1）发生亏损时：

借：本年应税所得——应弥补的亏损
　　贷：本年应税所得——本年经营所得

（2）弥补亏损时：

借：本年应税所得——本年经营所得
　　贷：本年应税所得——应弥补的亏损

3. 留存利润的会计处理

企业应设置"留存利润"账户核算非法人企业的留存利润。年度终了，计算结果如为本年经营所得，应将本年经营所得扣除可在税前弥补的以期年度亏损后的余额转入该账户的贷方；同时计算确定本年应缴纳的个人所得税，计入该账户的借方，然后将税后列支费用及超过弥补期的经营亏损转入该账户的借方。

（1）转入经营所得时：

借：本年应税所得——本年经营所得
　　贷：留存利润

（2）计算应缴个人所得税时：

借：留存利润
　　贷：应交税费——应交个人所得税

（3）转入税后列支费用时：

借：留存利润
　　贷：税后列支费用

（4）转入超过弥补其的亏损时：

借：留存利润
　　贷：本年应税所得——应弥补的亏损

4. 缴纳个人所得税的会计处理

非法人企业生产经营所得应缴纳的个人所得税，应按年计算、分月预缴、年度终了后汇算清缴。企业应在"应交税费"账户下设置"应交个人所得税"明细账户，核算企业预缴和应缴的个人所得税。

（1）每月预缴个人所得税时：

借：应交税费——应交个人所得税
　　贷：库存现金

（2）年终，汇算清缴全年个人所得税，确定本年度生产经营活动应缴个人所得税时：

借：留存利润
　　贷：应交税费——应交个人所得税

（3）补缴个人所得税时：

借：应交税费——应交个人所得税
　　贷：库存现金

（4）退回多缴税款时：

借：现金库存
　　贷：应交税费——应交个人所得税

【例题 9-13】 某个体工商户 2019 年全年经营收入为 400 000 元，其中生产经营成本、费用总额为 320 000 元，计算其全年应纳个人所得税并进行会计处理。

解析：

$$应纳税所得额 = 400\,000 - 320\,000 = 80\,000(元)$$
$$应纳个人所得税 = 80\,000 \times 10\% - 1\,500 = 6\,500(元)$$

计提应纳税额时：

借：留存收益　6 500
　贷：应交税费——应交个人所得税　6 500

实际缴纳税款时：

借：应交税费——应交个人所得税　6 500
　贷：银行存款　6 500

思考题

1. 如何界定个人所得税的居民个人和非居民个人？

2. 个人所得税税率是如何规定的？

3. 居民个人的综合所得包括什么？

4. 什么是累计预扣法？累计预扣法的思路是什么？

5. 哪些个人需要自行办理纳税申报？

6. 自2019年开始，个人所得税实行按年计征，什么时候开始汇算清缴？汇算清缴是由企业申报还是让员工自己申报？

7. 居民个人取得的工资薪金、劳务报酬所得、稿酬所得、特许权使用费所得（综合所得），如何计算应纳税所得额？

8. 个人所得税的纳税申报类型有哪几类？

9. 实行个人所得税全员全额扣缴申报的应税所得有哪些？

实践能力训练

一、单选题

1. 2019年1月，中国居民张某当月工资扣除"三险一金"后金额为8 550元，没有专项扣除和专项其他扣除，张某2019年1月应纳个人所得税为（　　）元。

　A. 256.5　　　　B. 106.5　　　　C. 270　　　　D. 252

2. 最新修订的《个人所得税法》第十一条规定，从2019年1月开始，居民个人取得综合所得按（　　）计算个人所得税。

　A. 年　　　　B. 月　　　　C. 季度　　　　D. 日

3. 税法规定，偶然所得应缴纳的个人所得税税款应由（　　）缴纳。

　A. 偶然所得的支付单位　　　　B. 偶然所得的机关、组织或个人

　C. 偶然所得的个人所在单位　　　　D. 机关指定

4. 居民个人的综合所得不包括（　　）。

　A. 工资、薪金所得　　　　B. 劳务报酬所得

　C. 稿酬所得　　　　D. 财产租赁所得

5. 下列各项中，属于劳务报酬所得的是（　　）。

　A. 发表论文取得的稿酬　　　　B. 员工为老板的弟弟代理报税取得的报酬

　C. 提供著作的版权取得的报酬　　　　D. 退休员工再任职取得的收入

6. 李某出版一部小说取得稿酬80 000元，从中拿出20 000元通过国家机关捐赠给受灾地

区。李某捐赠税前扣除的比例是多少( )元。

A. 12% B. 15% C. 20% D. 30%

7. 自2019年1月1日起,居民个人综合所得的个人所得税计税方法是( )。

A. 累计预扣法 B. 每月综合所得计算应纳个人所得税额

C. 按月分项计算应纳个人所得税额 D. 其他方法

8. 现行我国个人所得税采用的是( )。

A. 分项所得税制 B. 综合所得税制

C. 混合所得税制 D. 综合与分项相结合税制

9. 按规定,在计算应纳个人所得税时允许在税前扣除一部分费用的是( )。

A. 彩票中奖所得 B. 财产转让所得

C. 股息所得 D. 红利所得

10. 李某在一次有奖购物抽奖中,购买了1 000元商品,中奖一台价值30 000元的电视机。李某应缴纳个人所得税税额为( )。

A. 2 000 B. 3 000 C. 4 000 D. 6 000

二、多选题

1. 下列各项中,适用5%~35%的五级超额累进税率征收个人所得税的有( )。

A. 个体工商户的生产经营所得 B. 合伙企业的生产经营所得

C. 个人独资企业的生产经营所得 D. 对企事业单位的承包经营、承租经营所得

2. 下列各项中,以取得的收入为应纳税所得额直接计征个人所得税的有( )。

A. 稿酬所得 B. 偶然所得

C. 股息所得 D. 特许权使用费所得

3. 下列属于个人所得税征税项目的是( )。

A. 工资、薪金所得 B. 劳务报酬所得

C. 经营所得 D. 财产转让所得

4. 居民个人取得( )所得,按纳税年度合并计算个人所得税。

A. 工资、薪金所得 B. 特许权使用费所得

C. 稿酬所得 D. 财产租赁所得

E. 劳务报酬所得

5. 下列人员属于个人所得税居民个人的是( )。

A. 在中国境内有住所的个人

B. 在中国境内无住所也不在中国境内居住的外籍人员

C. 在中国境内无住所而一个纳税年度内在中国境内居住累计满183天的个人

D. 因工作需要被派往中国境外的中国公民

6. 采用按次征税的所得项目有( )。

A. 利息所得 B. 股息所得 C. 红利所得 D. 偶然所得

E. 劳务报酬所得

7. 以下各项所得适用累进税率形式的有( )。

A. 个人综合所得 B. 经营所得

C. 财产转让所得　　　　　　　　　　D. 财产租赁所得

8. 我国个人所得税的纳税义务人依据住所标准和居住时间两个标准,区分为(　　)。

A. 居民个人　　　　　　　　　　　　B. 非居民个人

C. 一般纳税人　　　　　　　　　　　D. 小规模纳税人

9. 下列各项所得中,按偶然所得征收个人所得税的有(　　)。

A. 存款利息所得　　　　　　　　　　B. 参加有奖销售所得奖金

C. 购买福利彩票所得奖金　　　　　　D. 股票转让所得

10. 下列各项所得,在计算个人所得税时,不得扣除费用的是(　　)。

A. 股息、红利所得　　　　　　　　　B. 偶然所得

C. 特许权使用费收入　　　　　　　　D. 财产租赁所得

三、判断题

1.《中华人民共和国个人所得税法》将个人取得的各种所得划分为 9 类。　　　　(　　)

2. 居民纳税人从境外取得所得的,应向其境内户籍所在地或经营居住地税务机关申报纳税。
　　　　　　　　　　　　　　　　　　　　　　　　　　　　　　　　　　　　(　　)

3. 个人所得税应一律由其支付者代扣代缴,纳税人无需自行申报缴纳。　　　　(　　)

4. 个人所得税所指的应纳税所得仅仅包括现金,不包括实物和其他形式的报酬。(　　)

5. 因为个人独资企业不适用企业所得税法,所以一人有限公司也不适用企业所得税法。
　　　　　　　　　　　　　　　　　　　　　　　　　　　　　　　　　　　　(　　)

6. 个人将其应税所得全部用于公益救济性捐赠,将不承担缴纳所得税义务。　　(　　)

7. 个人取得稿酬收入,其应纳税所得额可减按 70% 计算个人所得税。　　　　(　　)

8. 个人转让房屋所得应该按照财产转让所得缴纳个人所得税。　　　　　　　　(　　)

9. 在两处以上取得工资薪金所得而没有扣缴义务人的,纳税人应当自行申报缴纳个人所得税。
　　　　　　　　　　　　　　　　　　　　　　　　　　　　　　　　　　　　(　　)

10. 企业以现金形式发放的住房补贴、医疗补贴应全额计入当期工资、薪金,征收个人所得税。
　　　　　　　　　　　　　　　　　　　　　　　　　　　　　　　　　　　　(　　)

四、计算题

1. 张某为大学教授,2019 年全年取得收入情况如下:

(1) 取得工资、薪金 162 000 元,个人承担的"三险一金"为 30 720 元。

(2) 出版专业书一本,取得稿酬 20 000 元。

(3) 为其他单位授课一次,取得收入 5 000 元。

(4) 2018 年使用商业银行个人住房贷款(或住房公积金贷款)购买了首套住房,现处于偿还贷款期间,每月需支付贷款利息 1 300 元,已与妻子约定,由张某进行住房贷款利息专项附加扣除。

请计算该教授计算当年应纳个人所得税税额。

2. 2019 年 7 月,张某将自有住房按市场价格出租给王某用于居住,租期 1 年,每月取得租金收入 3 500 元,当年 8 月发生房屋修缮费用 2 000 元。计算张某当年应纳个人所得税为多少元。(不考虑出租房屋的其他税种)

第十章 环境保护税会计
（Environmental protection tax accounting）

📌 **学习目标**

本章内容主要有：环境保护税概述、环境保护税应纳税额的计算、环境保护税的会计核算。通过本章的学习，达到如下目的：

1. 了解环境保护税的发展历史，掌握环境保护税的概念、特点、纳税人、征税范围、税目及税率，熟悉纳税义务发生时间、纳税地点和纳税期限等问题。

2. 重点掌握环境保护税应纳税额的计算。

3. 掌握各种情况下环境保护税的确认、计量、记录与纳税申报。

第一节　环境保护税概述

一、环境保护税的产生与发展

环境保护税（Environmental protection tax）是由英国经济学家庇古最先提出的，他的观点已经为西方发达国家普遍接受。荷兰是征收环境保护税比较早的国家，为环境保护设计的税收主要包括燃料税、噪声税、水污染税等，其税收政策已为不少发达国家研究和借鉴。此外，1984年意大利开征了废物回收费用，作为地方政府处置废物垃圾的资金来源，法国开征森林砍伐税，欧盟开征了碳税。这些环境税收手段加强了环保工作的力度，取得了显著的社会效益和经济效益。

我国于1979年颁布的《中华人民共和国环境保护法（试行）》确立了排污费制度，排污费制度对于防止环境污染发挥了重要作用，但与税收制度相比，排污费制度存在执法刚性不足、地方政府和部门干预等问题，因此有必要进行环境保护费改税。环境保护税法的总体思路是由"费"改"税"，即按照"税负平移"原则，实现排污费制度向环保税制度的平稳转移。

2016年12月25日，第十二届全国人大常委会第二十五次会议表决通过了我国首部"绿色税法"——《中华人民共和国环境保护税法》（以下简称《环境保护税法》），该法自2018年1月1日起实施。该法施行之日起，依照该法规定征收环境保护税，不再征收排污费。这是中央提出落实"税收法定"原则要求后，全国人大常委会审议通过的第一部单行税法。《环境保护税法》的实施，是落实中共十九大提出"坚持节约资源和保护环境的基本国策"的重大举措。《环境保护税法》实施的目的不是增加税收,而是为了更好地建立一个机制,鼓励企业少排污染物,多排多付税,少排少付税。环境保护税是我国首个明确以环境保护为目标的独立型环境税税种。环境保护税的施行,不仅适应了税费征收工作的规范化、法制化需要,更有助于中国社会形成鲜明的绿色发展导向,激发广大企业主动转型升级,从而助推中国经济实现更高质量发展。

二、环境保护税的概念及特点

(一)环境保护税的概念

环境保护税是在我国领域和我国管辖的其他海域,直接向环境排放应税污染物的企业事业单位和其他生产经营者征收的一种特定行为税。应税污染物,是指《环境保护税法》所附《环境保护税税目税额表》《应税污染物和当量值表》规定的大气污染物、水污染物、固体废物和噪声。制定环境保护税法的根本目的是保护和改善环境,减少污染物排放,推进生态文明建设。

(二)环境保护税的特点

1. 充分体现绿色税制功能

环境保护税法的名称符合税制改革的方向,为未来扩大征税范围和整体税制改革留出空间。今后可根据新情况、新形势,对环境保护税的征收范围进行调整和细化,不排除未来把二氧化碳排放和光污染征税植入环境保护税,充分体现其"绿色税制"功能。

2. 实现税负平移

我国1979年确立排污收费制度,选择对大气、水、固体、噪声等四类污染物征收排污费,对防治环境污染起到了重要作用。在实际执行中存在执法刚性不足、地方政府和部门干预等行为,影响了排污收费制度功能的充分发挥。环保税法遵循将排污费制度向环保税制度平稳转移原则,主要表现将排污费的缴纳人作为环保税的纳税人;根据现行排污收费项目、计费办法和收费标准,设置环保税的税目、计税依据和税额标准。

3. 环境保护税的征管分工与部门协作

因为环境保护税所涉技术性相对较强,所以环境保护税明确"费改税"后,由税务部门征收,环保部门配合,确定"企业申报、税务征收、环保监测、信息共享"的税收征管模式。两部门将在税务登记管理、计税依据确定、纳税申报信息比对、优惠管理等方面开展协作。税务机关是环境保护税的征收管理主体,环境保护主管部门是课税客体——污染物的监测管理主体,县级以上地方人民政府是负责税务机关、环境保护主管部门和其他相关单位分工协作机制有效运行的主体。部门协作是环境保护税法不同于其他税种的鲜明特点。

4. 不同种类的应税污染物的税额标准由各省、自治区、直辖市自主确定

环境保护税法在设定税额标准时,既体现了税收法定原则,又赋予地方一定的自主性和选择空间。《环境保护税法》对大气和水污染物设定了税额上限,各省、自治区、直辖市可参考排污费标准,在规定幅度内确定大气污染物和水污染物的具体适用税额。应税大气污染物和水污染物的具体适用税额的确定和调整,由省、自治区、直辖市人民政府统筹考虑本地区环境承载能力、污染物排放现状和经济社会生态发展目标要求,在环境保护税法所附《环境保护税税目税额表》规定的税额幅度内提出,报同级人民代表大会常务委员会决定,

并报全国人民代表大会常务委员会和国务院备案。

三、环境保护税的纳税人、征税范围、税目税额

(一) 环境保护税的纳税人

根据《环境保护税法》规定,环境保护税的纳税人指的是"在中华人民共和国领域和中华人民共和国管辖的其他海域,直接向环境排放应税污染物的企业事业单位和其他生产经营者",其包括个体工商户,不包括行政机关和自然人。该法所称的应税污染物,是指《环境保护税法》所附《环境保护税税目税额表》《应税污染物和当量值表》规定的大气污染物、水污染物、固体废物和噪声。

(二) 环境保护税的征税范围

环境保护税征税范围的选择立足我国当前的经济结构调整状况、生产和消费方式的变化、污染排放的规模等,适当借鉴国外征收环境保护税的成功经验和国际惯例。我国环境保护税目前征税的范围是《环境保护税法》所附《环境保护税税目税额表》《应税污染物和当量值表》规定的大气污染物、水污染物、固体废物和噪声。

1. 不缴纳相应污染物的环境保护税的情形

有下列情形之一的,不属于直接向环境排放污染物,不缴纳相应污染物的环境保护税。

(1) 企业事业单位和其他生产经营者向依法设立的污水集中处理、生活垃圾集中处理场所排放应税污染物的。

(2) 企业事业单位和其他生产经营者在符合国家和地方环境保护标准的设施、场所贮存或者处置固体废物的。

(3) 达到省级人民政府确定的规模标准的畜禽养殖场,依法对畜禽养殖废弃物进行综合利用和无害化处理的,不属于直接向环境排放污染物,不缴纳环境保护税。

2. 缴纳相应污染物的环境保护税的情形

有下列情形之一的,属于直接向环境排放污染物,缴纳相应污染物的环境保护税。

(1) 依法设立的城乡污水集中处理、生活垃圾集中处理场所超过国家和地方规定的排放标准向环境排放应税污染物的,应当缴纳环境保护税。城乡污水集中处理场所,是指为社会公众提供生活污水处理服务的场所,不包括为工业园区、开发区等工业聚集区域内的企业事业单位和其他生产经营者提供污水处理服务的场所,以及企业事业单位和其他生产经营者自建自用的污水处理场所。

(2) 企业事业单位和其他生产经营者贮存或者处置固体废物不符合国家和地方环境保护标准的,应当缴纳环境保护税。

(3) 达到省级人民政府确定的规模标准并且有污染物排放口的畜禽养殖场,应当依法缴纳环境保护税。

随着社会经济的发展、产业政策的调整及生态环境发展的需要,我国政府会对环境保护税的征税范围不断调整完善。

(三) 环境保护税的税目税额

当前环境保护税的税目税额是根据以前排污收费项目、计费办法和收费标准,设置环保税的税目、计税单位和税额标准。环境保护税的税目由四大类构成,主要是对大气污染

物、水污染物、固体废物、噪声等四类污染物征收环境保护税。具体见表 10-1。

表 10-1　环境保护税税目税额表

税　　目		计税单位	税额	备注
大气污染物		每污染当量	1.2 元至 12 元	①一个单位边界上有多处噪声超标，根据最高一处超标升级计算应纳税额，当沿边界长度超过 100 米有两处以上噪声超标，按照两个单位计算应纳税额。②一个单位有不同地点作业场所的，应当分别计算应纳税额，合并计征。③昼、夜均超标的环境噪声，昼、夜分别计算应纳税额，累计计征。④声源一个月内超标不足 15 天的，减半计算应纳税额。⑤夜间频繁突发和夜间偶然突发厂界超标噪声，按等效声级和峰级噪声两种指标中超标分贝值高的一项计算应纳税额。
水污染物		每污染当量	1.4 元至 14 元	
固体废物	煤矸石	每吨	5 元	
	尾矿	每吨	15 元	
	危险废物	每吨	1 000 元	
	冶炼渣、粉煤灰、炉渣、其他固体废弃物（含半固态、液态废物）	每吨	25 元	
噪声	工业噪声	超标 1～3 分贝	每月 350 元	
		超标 4～6 分贝	每月 700 元	
		超标 7～9 分贝	每月 1 400 元	
		超标 10～12 分贝	每月 2 800 元	
		超标 13～15 分贝	每月 5 600 元	
		超标 15 分贝以上	每月 11 200 元	

四、环境保护税的征收管理

环境保护税由税务机关依照《中华人民共和国税收征收管理法》和《中华人民共和国环境保护税法》的有关规定征收管理。环境保护税由税务部门征收，环保部门配合，确定"企业申报、税务征收、环保监测、信息共享"的税收征管模式。税务机关是环境保护税的征收管理主体，环境保护主管部门是课税客体——污染物的监测管理主体，县级以上地方人民政府是负责税务机关、环境保护主管部门和其他相关单位分工协作机制有效运行的主体。

（一）征收管理

（1）税务机关依法履行环境保护税纳税申报受理、涉税信息比对、组织税款入库等职责。

（2）环境保护主管部门依法负责应税污染物监测管理，制定和完善污染物监测规范。

（3）县级以上地方人民政府应当加强对环境保护税征收管理工作的领导，及时协调、解决环境保护税征收管理工作中的重大问题。

（4）国务院税务、环境保护主管部门制定涉税信息共享平台技术标准以及数据采集、存储、传输、查询和使用规范。

（5）环境保护主管部门应当通过涉税信息共享平台向税务机关交送在环境保护监督管理中获取的下列信息。

第一，排污单位的名称、统一社会信用代码以及污染物排放口、排放污染物种类等基本信息。

第二，排污单位的污染物排放数据（包括污染物排放量以及大气污染物、水污染物的浓度值等数据）；应税大气污染物或者水污染物的浓度值，是指纳税人安装使用的污染物自动监测设备当月自动监测的应税大气污染物浓度值的小时平均值再平均所得数值或者应税水污染物浓度值的日平均值再平均所得数值,或者监测机构当月监测的应税大气污染物、水污染物浓度值的平均值。

第三,排污单位环境违法和受行政处罚情况。

第四,对税务机关提请复核的纳税人的纳税申报数据资料异常或者纳税人未按照规定期限办理纳税申报的复核意见。

第五,与税务机关商定交送的其他信息。

(6)税务机关应当通过涉税信息共享平台向环境保护主管部门交送下列环境保护税涉税信息:

第一,纳税人基本信息。

第二,纳税申报信息。

第三,税款入库、减免税额、欠缴税款以及风险疑点等信息。

第四,纳税人涉税违法和受行政处罚情况。

第五,纳税人的纳税申报数据资料异常或者纳税人未按照规定期限办理纳税申报的信息。

第六,与环境保护主管部门商定交送的其他信息。

(7)税务机关应当将纳税人的纳税申报数据资料与环境保护主管部门交送的相关数据资料进行比对。税务机关发现纳税人的纳税申报数据资料异常或者纳税人未按照规定期限办理纳税申报的,可以提请环境保护主管部门进行复核,环境保护主管部门应当自收到税务机关的数据资料之日起 15 日内向税务机关出具复核意见。税务机关应当按照环境保护主管部门复核的数据资料调整纳税人的应纳税额。

(二)环境保护税的纳税时间

环境保护税的纳税义务发生时间为纳税人排放应税污染物的当日。

环境保护税按月计算,按季汇总申报缴纳。不能按固定期限计算缴纳的,可以按次申报缴纳。纳税人申报缴纳时,应当向税务机关报送所排放应税污染物的种类、数量,大气污染物、水污染物的浓度值,以及税务机关根据实际需要要求纳税人报送的其他纳税资料。

纳税人按季申报缴纳的,应当自季度终了之日起 15 日内,向税务机关办理纳税申报并缴纳税款。纳税人按次申报缴纳的,应当自纳税义务发生之日起 15 日内,向税务机关办理纳税申报并缴纳税款。

(三)环境保护税的纳税地点

纳税人应当向应税污染物排放地的税务机关申报缴纳环境保护税。

应税污染物排放地是指:

(1)应税大气污染物、水污染物排放口所在地。

(2)应税固体废物产生地。

(3)应税噪声产生地。

纳税人跨区域排放应税污染物,税务机关对税收征收管辖有争议的,由争议各方按照有利于征收管理的原则协商解决;不能协商一致的,报请共同的上级税务机关决定。

(四)环境保护税的收入归属

为促进各地保护和改善环境、增加环境保护投入,国务院决定,环境保护税全部作为地方收入。环保税作为地方收入,能够调动地方积极性,让地方更有效地防控环境污染,充分体现了"谁污染、谁治理"的原则,有利于强化排污者责任。

五、环境保护税的税收优惠

(一)暂予免征环境保护税

下列情形,暂予免征环境保护税。

(1)农业生产(不包括规模化养殖)排放应税污染物的("依法对畜禽养殖废弃物进行综合利用和无害化处理的,不属于直接向环境排放污染物,不缴纳环境保护税",而"达到省级人民政府确定的规模标准并且有污染物排放口的畜禽养殖场"则需要缴纳环境保护税)。

(2)机动车、铁路机车、非道路移动机械、船舶和航空器等流动污染源排放应税污染物的。

(3)依法设立的城乡污水集中处理、生活垃圾集中处理场所排放相应税污染物,不超过国家和地方规定的排放标准的。

(4)纳税人综合利用的固体废物,符合国家和地方环境保护标准的。

(5)国务院批准免税的其他情形,由国务院报全国人民代表大会常务委员会备案。

(二)减征环境保护税

纳税人排放应税大气污染物或者水污染物的浓度值低于国家和地方规定的污染物排放标准30%的,减按75%征收环境保护税。纳税人排放应税大气污染物或者水污染物的浓度值低于国家和地方规定的污染物排放标准50%的,减按50%征收环境保护税。减征环境保护税的,应当对每一排放口排放的不同应税污染物分别计算。

六、环境保护税的纳税申报

《环境保护税纳税申报表》分为A类申报表与B类申报表。A类申报表(见表10-2)包括1张主表和5张附表,适用于通过自动监测、监测机构监测、排污系数和物料衡算法计算污染物排放量的纳税人,享受减免税优惠的纳税人还需要填报减免税相关附表进行申报。B类申报表(见表10-3)适用于除A类申报之外的其他纳税人,包括按次申报的纳税人。

首次申报环境保护税的纳税人应同时填报《环境保护税基础信息采集表》(见表10-4),包括1张主表和4张附表,用于采集纳税人与环境保护税相关的基础信息。纳税人与环境保护税相关的基础信息发生变化的,应及时向主管税务机关办理变更手续。

第二节 环境保护税应纳税额的计算及会计核算

我国当前的环境保护税采用的是从量定额征收,以大气污染物、水污染物、固体废物和噪声四类污染物为征税对象。一方面,环境保护税针对同一危害程度的污染因子按照排放量征税,排放越多,征税越多。另一方面,环境保护税针对不同危害程度的污染因子设置差别化的污染当量值,实现对高危害污染因子多征税。

表 10-2　环境保护税纳税申报表（A 类）

税款所属期：自　　年　　月　　日至　　年　　月　　日　　　　填表日期：　　年　　月　　日　　　　金额单位：元至角分

* 纳税人名称			(公章)		* 统一社会信用代码 （纳税人识别号）					
税源编号	* 排放口名称 或噪声源名称	* 税目	* 污染物名称	* 计税依据 或超标噪 声综合系数	单位税额	* 本期 应纳税额	本期 减免税额	* 本期 已缴税额	应补（退）税额
(1)	(2)	(3)	(4)	(5)	(6)	(7)＝(5)×(6)	(8)	(9)	(10)＝(7)－ (8)－(9)
合计	—	—	—	—	—				

授权声明

如果你已委托代理人申报，请填写下列资料：

为代理一切税务事宜，现授权　　　　　　　（地址）

　　　　　　　（统一社会信用代码）　　　　　为本纳税人的代理申报人，任何与本申报表有关的往来文件，都可寄予此人。

授权人签字：

* 申报人声明

本纳税申报表是根据国家税收法律法规及相关规定填写的，是真实的、可靠的、完整的。

声明人签字：

经办人：　　　　　　　　主管税务机关：　　　　　　受理人：　　　　　　　受理日期：　　年　　月　　日

本表一式两份，一份纳税人留存，一份税务机关留存。

税款所属期：自　　年　　月　　日至　　年　　月　　日

纳税人名称：

（公章）　　填表日期：　　年　　月　　日　　统一社会信用代码（纳税人识别号）：

表 10-3　环境保护税纳税申报表（B 类）

金额单位：元至角分

* 月份	* 税目	污染物名称	特征指标	单位	特征指标数量	特征系数	污染当量值（特征值）	计税依据	* 单位税额	* 本期应纳税额	减免性质代码（减免项目名称）	本期减免税额	本期已缴税额	* 本期应补（退）税额
(1)	(2)	(3)	(4)	(5)	(6)	(7)	(8)	(9)	(10)	(11)＝(9)×(10)	(12)	(13)	(14)	(15)＝(11)－(13)－(14)
合计	—	—	—	—		—	—	—	—		—			

授权声明

如果你已委托代理人申报，请填写下列资料：

为代理一切税务事宜，现授权　　　　　　　（地址）　　　　　为本纳税人的代理申报人，任何与本申报表有关的往来文件，都可寄予此人。

授权人签字：

* 申报人声明

本纳税申报表是根据国家税收法律法规及相关规定填写的，是真实的、可靠的、完整的。

声明人签字：

申报人声明

（统一社会信用代码）　　　　　　　　　　　

经办人：　　　　　　主管税务机关：　　　　　　受理人：　　　　　　受理日期：　　年　　月　　日

本表一式两份，一份纳税人留存，一份税务机关留存。

表 10-4　环境保护税基础信息采集表

新增 □　变更 □

*纳税人名称	（公章）
*统一社会信用代码（纳税人识别号）	
是否取得排污许可证	是 □　否 □
排污许可证编号	*有效期起止
*生产经营场所地址	
*税源编号	
*排放口大类	排放口或噪声源编号
*排放口名称或噪声源名称	
纳税人环保联系人	联系电话
*是否采用抽样测算法计算	是 □　否 □
*是否从事海洋工程	是 □　否 □
*排放口位置或噪声源位置	*所在区划　*所在街乡
排放口地理经度　纬度	
*污染物类别	大气污染物 □　水污染物 □　固体废物 □　噪声 □
排放方式　排放去向	
许可证管控要求	大气污染排放口类别
城乡污水集中处理场所 □	生活垃圾集中处理场所 □
*环境保护主管部门	

授权声明

如果你已委托代理人申报，请填写下列资料：

为代理一切税务事宜，现授权_____（地址）_____（统一社会信用代码）为本纳税人的代理申报人，任何与本采集表有关的往来文件，都可寄予此人。

授权人签字：_____

申报人声明

本表是根据国家税收法律法规及相关规定填写的，是真实的、可靠的、完整的。

声明人签字：_____

| 经办人： | 填报日期：　　年　　月　　日 | 主管税务机关： | 受理人：　　受理日期：　　年　　月　　日 |

本表一式两份，一份纳税人留存，一份税务机关留存。

一、应税污染物的计税依据

环境保护税作为新税种,以污染排放量为计税依据。

(一)应税大气污染物的计税依据

应税大气污染物按照污染物排放量折合的污染当量数确定计税依据。

所谓污染当量,是指根据污染物或者污染排放活动对环境的有害程度以及处理的技术经济性,衡量不同污染物对环境污染的综合性指标或者计量单位。同一介质相同污染当量的不同污染物,其污染程度基本相当。

应税大气污染物的污染当量数,以该污染物的排放量除以该污染物的污染当量值计算。每种应税大气污染物的具体污染当量值,依照《环境保护税法》所附《应税污染物和当量值表》执行。

应税大气污染物的污染当量 = 应税大气污染物的排放量 ÷ 应税大气污染物的污染当量值

应税大气污染物纳税人,每一排放口或者没有排放口的应税大气污染物,按照污染当量数从大到小排序,对前三项污染物征收环境保护税。

特别强调,纳税人有下列情形之一的,以其当期应税大气污染物、水污染物的产生量作为污染物的排放量。

(1)未依法安装使用污染物自动监测设备或者未将污染物自动监测设备与环境保护主管部门的监控设备联网。

(2)损毁或者擅自移动、改变污染物自动监测设备。

(3)篡改、伪造污染物监测数据。

(4)通过暗管、渗井、渗坑、灌注或者稀释排放以及不正常运行防治污染设施等方式违法排放应税污染物。

(5)进行虚假纳税申报。

(二)应税水污染物的计税依据

应税水污染物按照污染物排放量折合的污染当量数确定计税依据。

应税水污染物的污染当量数,以该污染物的排放量除以该污染物的污染当量值计算。每种应税水污染物的具体污染当量值,依照《环境保护税法》所附《应税污染物和当量值表》执行。

应税水污染物的污染当量 = 应税水污染物的排放量 ÷ 应税水污染物的污染当量值

应税水污染物纳税人,每一排放口的应税水污染物,按照《环境保护税法》所附《应税污染物和当量值表》,区分第一类水污染物和其他类水污染物,按照污染当量数从大到小排序,对第一类水污染物按照前五项征收环境保护税,对其他类水污染物按照前三项征收环境保护税。

(三)应税固体废物的计税依据

应税固体废物按照固体废物的排放量确定计税依据。

固体废物的排放量为当期应税固体废物的产生量减去当期应税固体废物的贮存量、处置量、综合利用量的余额。固体废物的贮存量、处置量,是指在符合国家和地方环境保护标准的设施、场所贮存或者处置的固体废物数量；固体废物的综合利用量，是指按照国务院发展改革、工业和信息化主管部门关于资源综合利用要求以及国家和地方环境保护标准进行综合利用的固体废物数量。

特别强调，纳税人有下列情形之一的，以其当期应税固体废物的产生量作为固体废物的排放量：

（1）非法倾倒应税固体废物。

（2）进行虚假纳税申报。

（四）应税噪声的计税依据

应税噪声按照超过国家规定标准的分贝数确定计税依据。

纳税人申报的污染物排放数据与环境保护主管部门交送的相关数据不一致的，按照环境保护主管部门交送的数据确定应税污染物的计税依据。

二、应税污染物排放量的计算方法和顺序

应税大气污染物、水污染物、固体废物的排放量和噪声的分贝数，按照下列方法和顺序计算：

（1）纳税人安装使用符合国家规定和监测规范的污染物自动监测设备的，按照污染物自动监测数据计算。

（2）纳税人未安装使用污染物自动监测设备的，按照监测机构出具的符合国家有关规定和监测规范的监测数据计算。

（3）因排放污染物种类多等原因不具备监测条件的，按照国务院环境保护主管部门规定的排污系数、物料衡算方法计算。

排污系数，是指在正常技术经济和管理条件下，生产单位产品所应排放的污染物量的统计平均值。

物料衡算，是指根据物质质量守恒原理对生产过程中使用的原料、生产的产品和产生的废物等进行测算的一种方法。

（4）不能按照上述第（1）项至第（3）项规定的方法计算的，按照省、自治区、直辖市人民政府环境保护主管部门规定的抽样测算的方法核定计算。

三、环境保护税应纳税额的计算

（一）应税大气污染物的应纳税额的计算

应税大气污染物应纳税额 = 污染当量数（前三项）× 具体适用税额
应税大气污染物污染当量数 = 该污染物排放量 ÷ 该污染物的污染当量值

【例题 10-1】 大华企业 2018 年 1 月向大气直接排放氟化物、氮氧化物各 100 千克，一氧化碳、氯化氢各 20 千克。假设大华企业所在地大气污染物每污染当量税额按 2 元计算，大华企业只有一个排放口，计算大华企业 1 月大气污染物应缴纳的环境保护税。（注：相应污染物的污染当量值分别为 0.87 千克、0.95 千克、16.7 千克、10.75 千克）。

解析：

第一步，计算大气各污染物的污染当量数。

氟化物:100÷0.87 = 114.94

氮氧化物:100÷0.95 = 105.26

一氧化碳:20÷16.7 = 1.20

氯化氢:20÷10.75 = 1.86

第二步,按污染物的污染当量数排序(每一排放口或者没有排放口的应税大气污染物,对前三项污染物征收环境保护税)。

氟化物(114.94)＞氮氧化物(105.26)＞氯化氢(1.86)＞一氧化碳(1.20)

选取前三项污染物。

第三步,计算应纳税额。

氟化物:114.94×2 = 229.88(元)

氮氧化物:105.26×2 = 210.52(元)

氯化氢:1.86×2 = 3.72(元)

大气污染物应纳税额合计 = 229.88＋210.52＋3.72 = 444.12(元)

【例题 10-2】 西安市 A 企业 2018 年 1 月向大气中排放二氧化硫 10 千克,氮氧化物 20 千克,一氧化碳 300 千克,汞及其化合物 1 千克。西安市大气污染物适用税额标准为二氧化硫 6.65 元/污染当量、氮氧化物 7.6 元/污染当量、其他大气污染物 1.2 元/污染当量。A 企业只有一个排放口,计算该企业 1 月大气污染物应缴纳的环境保护税(注:相应污染物的污染当量值分别为 0.95 千克、0.95 千克、16.7 千克和 0.000 1 千克)。

解析:

第一步,计算各污染物的污染当量数。

二氧化硫:10÷0.95 = 10.53

氮氧化物:20÷0.95 = 21.05

一氧化碳:300÷16.7 = 17.96

汞及其化合物:1÷0.000 1 = 10 000

第二步,按污染当量数排序。

汞及其化合物(10 000)＞氮氧化物(21.05)＞一氧化碳(17.96)＞二氧化硫(10.53)

第三步,计算应纳税额(单位:元)。

汞及其化合物:10 000×1.2 = 12 000(元)

氮氧化物:21.05×7.6 = 159.98(元)

一氧化碳:17.96×1.2 = 21.55(元)

大气污染物应纳税额:12 000＋159.98＋21.55 = 12 181.53(元)

(二) 应税水污染物的应纳税额的计算

应税水污染物的应纳税额 = 应税大气污染物的污染当量×适用税额

【例题 10-3】 大华企业 2018 年 1 月向水体直接排放第一类水污染物总汞、总镉、总铬、总砷、总铅、总铍本别是 10 千克、5 千克、20 千克、10 千克、5 千克、1 千克。排放第二类水污染物悬浮物(SS)、总有机碳(TOC)、挥发酚、氨氮各 10 千克。假设大华企业所在地区水污染物每污染当量税额按《环境保护税税目税额表》最低标准1.4元计算。计算该企业1月水污染物应缴纳的环境保护税。（注：第一类水污染物的污染当量值分别为：0.000 5千克、0.005千克、0.04千克、0.02千克、0.025千克、0.02千克。第二类水污染物的污染当量值分别为：4千克、0.49千克、0.08千克、0.8千克）。

解析：

第一步，计算第一类水污染物的污染当量数。

$$总汞：10 \div 0.000\ 5 = 20\ 000$$
$$总镉：5 \div 0.005 = 1\ 000$$
$$总铬：20 \div 0.04 = 500$$
$$总砷：10 \div 0.02 = 500$$
$$总铅：5 \div 0.025 = 200$$
$$总铍：10 \div 0.02 = 500$$

第二步，对第一类水污染物污染当量数排序（每一排放口的应税水污染物按照污染当量数从大到小排序，对第一类水污染物按照前五项征收环境保护税）。

$$总汞（20\ 000）> 总镉（1\ 000）> 总铬（500）= 总砷（500）= 总铍（500）> 总铅（200）$$

选取前五项污染物。

第三步，计算第一类水污染物应纳税额。

$$总汞：20\ 000 \times 1.4 = 28\ 000（元）$$
$$总镉：1\ 000 \times 1.4 = 14\ 00（元）$$
$$总铬：500 \times 1.4 = 700（元）$$
$$总砷：500 \times 1.4 = 700（元）$$
$$总铍：500 \times 1.4 = 700（元）$$
$$第一类水污染物应纳税额合计 = 28\ 000 + 1\ 400 + 700 + 700 + 700 = 31\ 500（元）$$

第四步，计算第二类水污染物的污染当量数。

悬浮物（SS）：$10 \div 4 = 2.5$

总有机碳（TOC）：$10 \div 0.49 = 20.41$（《应税污染物和当量值表》中，对同一排放口中的化学需氧量、生化需氧量和总有机碳，只征收一项。按三者中污染当量数最高的一项收取）

挥发酚：$10 \div 0.08 = 125$

氨氮：$10 \div 0.8 = 12.5$

第五步，对第二类水污染物污染当量数排序（每一排放口的应税水污染物按照污染当量数从大到小排序，对其他类水污染物按照前三项征收环境保护税）。

$$挥发酚（125）> 总有机碳（20.41）> 氨氮（12.5）> 悬浮物（2.5）$$

第六步，计算第二类水污染物应纳税额。

$$挥发酚：125 \times 1.4 = 175（元）$$
$$总有机碳：20.41 \times 1.4 = 28.57（元）$$
$$氨氮：12.5 \times 1.4 = 17.5（元）$$
$$第二类水污染物应纳税额合计 = 175 + 28.57 + 17.5 = 221.07（元）$$
$$大华企业2018年1月应纳环境保护税 = 31\ 500 + 221.07 = 31\ 721.07（元）$$

（三）应税固体废物的应纳税额的计算

$$应税固体废物的应纳税额 = 固体废物排放量×适用税额$$

【例题 10-4】 大华企业 2018 年 1 月产生 2 000 吨冶炼渣,其中综合利用的冶炼渣 500 吨(符合国家和地方环境保护标准),符合国家和地方环境保护标准的设施处置的固体废物数量 600 吨,计算大华企业 1 月冶炼渣的排放量应缴纳的环境保护税。(冶炼渣的税额标准为 25 元/吨)

解析:

$$应纳环境保护税税额 = (2\,000 - 500 - 600) × 25 = 22\,500(元)$$

【例题 10-5】 西安市 B 企业 2018 年 1 月产生煤矸石 100 吨,其中综合利用的煤矸石 20 吨(符合国家和地方环境保护标准),在符合国家和地方环境保护标准的设施贮存 30 吨,计算 B 企业 1 月煤矸石应缴纳的环境保护税。(煤矸石的税额标准为 5 元/吨)

解析:

$$应纳环境保护税税额 = (100 - 20 - 30) × 5 = 250(元)$$

（四）应税噪声的应纳税额的计算

$$应税噪声的应纳税额 = 超过国家规定标准的分贝数对应的具体适用税额$$

应税噪声的应纳税额具体计算细节要求如下:

(1) 一个单位边界上有多处噪声超标,根据最高一处超标升级计算应纳税额,当沿边界长度超过 100 米有两处以上噪声超标,按照两个单位计算应纳税额。

(2) 一个单位有不同地点作业场所的,应当分别计算应纳税额,合并计征。

(3) 昼、夜均超标的环境噪声,昼、夜分别计算应纳税额,累计计征。

(4) 声源一个月内超标不足 15 天的,减半计算应纳税额。

(5) 夜间频繁突发和夜间偶然突发厂界超标噪声,按等效声级和峰值噪声两种指标中超标分贝值高的一项计算应纳税额。

【例题 10-6】 假设大华企业 2018 年 1 月当沿边界长度为 300 米有两处噪声昼、夜超标,一处超标 3 分贝,一处超标 8 分贝,1 月两处噪声昼、夜超标天数为 14 天。计算大华企业 1 月应税噪声的应纳税额。

解析:

(1) 一个单位边界上有多处噪声超标,根据最高一处超标升级计算应纳税额,当沿边界长度超过 100 米有两处以上噪声超标,按照两个单位计算应纳税额。

$$超标 3 分贝噪声处当月应纳环境保护税税额 = 350(元)$$
$$超标 8 分贝噪声处当月应纳环境保护税税额 = 1\,400(元)$$

(2) 昼、夜均超标的环境噪声,昼、夜分别计算应纳税额,累计计征。

$$超标 3 分贝噪声处当月应纳环境保护税税额 = 350 × 2 = 700(元)$$
$$超标 8 分贝噪声处当月应纳环境保护税税额 = 1\,400 × 2 = 2\,800(元)$$

(3) 声源一个月内超标不足 15 天的,减半计算应纳税额。

大华企业 2018 年 1 月应税噪声的应纳税额 ＝（700＋2 800）×50％ ＝ 1 750（元）

【例题 10-7】 西安市 A 企业 2018 年 1 月在 a 作业场存在噪声超标。昼间,a 作业场所超标 1～3 分贝,沿边界长度超过 100 米只有一处噪声超标,超标天数为 14 天;夜间,a 作业场所超标 7～9 分贝,沿边界长度超过 100 米有两处以上噪声超标,超标天数为 15 天。计算 A 企业 2018 年 1 月噪声污染应缴纳的环境保护税。

解析:

计算方式:昼、夜均超标的环境噪声,昼、夜分别计算应纳税额,累计计征。

a 作业场昼间应纳税额 ＝ 350÷2 ＝ 175（元）（注:声源一个月内超标不足 15 天,减半计算）

a 作业场夜间应纳税额 ＝ 1 400×2 ＝ 2 800（元）（注:沿边界长度超过 100 米有两处以上噪声超标,按两处计算）

应纳环境保护税税额 ＝ 175＋2 800 ＝ 2 975（元）

从两个以上排放口排放应税污染物的,对每一排放口排放的应税污染物分别计算征收环境保护税;纳税人持有排污许可证的,其污染物排放口按照排污许可证载明的污染物排放口确定。

四、环境保护税应纳税额的会计核算

根据财会〔2016〕22 号文件,"营业税金及附加"账户名称已调整为"税金及附加"账户,"税金及附加"账户是核算企业经营活动发生的消费税、城市维护建设税、资源税、房产税、土地使用税、车船使用税、印花税以及教育费附加等相关税费。因此,企业在核算环境保护税时,可以用"税金及附加"及"应交税费"账户来核算,同时在"应交税费"下,设置"应交税费——应交环境保护税",然后再在"应交环境保护税"下设置三级账户"应交大气污染税""应交水污染税""应交固体废弃物污染税""应交噪声污染税"。

1. 关于环境保护税的会计核算

当排污企业发生环境保护税时,会计分录如下:

借:税金及附加
  贷:应交税费——应交环境保护税——应交大气污染税
        ——应交环境保护税——应交水污染税
        ——应交环境保护税——应交固体废弃物污染税
        ——应交环境保护税——应交噪声污染税

缴纳环境保护税时:

借:应交税费——应交环境保护税——应交大气污染税
      ——应交环境保护税——应交水污染税
      ——应交环境保护税——应交固体废弃物污染税
      ——应交环境保护税——应交噪声污染税
  贷:银行存款

2. 关于纳税单位环境保护税滞纳金、缴纳违反环境保护税税收法规罚款的会计核算

当企业缴纳环境保护税滞纳金及相关罚款业务时,会计分录如下:

借:营业外支出——环境保护税滞纳金（或相关罚款）
  贷:银行存款

3. 企业取得排污权时的会计核算

《环境保护法》第四十五条规定："国家依照法律规定实行排污许可管理制度。"当企业取得排污权时,会计分录如下:

借:无形资产——排污权
 贷:银行存款

对排污权按受益年限进行摊销时,会计分录如下:

借:管理费用
 贷:无形资产(排污权摊销)

当企业通过环境治理,达到国家排放标准,不再需要排污权,进行排污权转让时,会计分录如下:

借:银行存款
 贷:营业外收入——排污权转让收入
  应交税费——应交增值税——销项税额
  无形资产——排污权

↗ 思考题

1. 简述环境保护税的概念及特征。
2. 简述环境保护税的计税依据。
3. 简述应税污染物排放量的计算方法和顺序。

↗ 实践能力训练

一、单选题

1. ( )年通过了我国首部"绿色税法"——《中华人民共和国环境保护税法》。
 A. 1984   B. 2017   C. 1979   D. 2016

2. 环境保护税是由( )最先提出的。
 A. 吴敬琏   B. 盖地   C. 庇古   D. 詹姆斯·布坎南

3. 《中华人民共和国环境保护税法》从( )开始实施。
 A. 2017 年 1 月 1 日   B. 2018 年 1 月 1 日
 C. 2016 年 12 月 25 日   D. 2019 年 1 月 1 日

4. 环境保护税的征收目的是( )。
 A. 增加财政收入   B. 环境保护
 C. 宏观经济调控   D. 调节消费

5. 环境保护税的纳税人是( )。
 A. 行政单位   B. 直接向环境排放应税污染物的排污单位
 C. 自然人   D. 法人

6. 《中华人民共和国环境保护税法》规定,环境保护税按月计算,按( )申报缴纳。

  A. 季   B. 年   C. 月   D. 半年

二、多选题

1. 环境保护税的征税范围是直接向环境排放( )。

  A. 大气污染物   B. 水污染物   C. 固体废物   D. 噪声

2. 环境保护税的税收征管模式是( )。

  A. 环保部门征收   B. 企业申报   C. 税务征收   D. 环保监测

  E. 信息共享

3. 下列关于环境保护税应纳税额计算的表述中,正确的有( )。

  A. 应税大气污染物的应纳税额为污染排放量乘以具体适用税额

  B. 应税水污染物的应纳税额为污染当量数乘以具体适用税额

  C. 应税固体废物的应纳税额为固体废物排放量乘以具体适用税额

  D. 应税噪声的应纳税额为超过国家规定标准的分贝数对应的具体适用税额

4. 下列各项中,暂予免征环境保护税的有( )。

  A. 农业生产(不包括规模化养殖)排放应税污染物的

  B. 机动车等流动污染源排放应税污染物的

  C. 依法设立的城乡污水集中处理,生活垃圾集中处理场所排放应税污染物的

  D. 纳税人综合利用的固定废物,符合国家和地方环境保护税标准的

5. 下列关于环境保护税征收管理的说法中,正确的有( )。

  A. 纳税义务发生时间为纳税人排放应税污染物的当日

  B. 纳税人应当按月申报缴纳

  C. 不能按固定期限计算缴纳的,可以按次申报缴纳

  D. 纳税人应当向企业注册登记地税务机关申报纳税

第十一章

其他税会计
（Other tax accounting）

本章内容主要有：城镇土地使用税、耕地占用税、房产税、车船税、车辆购置税、印花税及契税等。通过本章的学习，达到如下目的：

1. 理解各税种的纳税人、征收范围、税率、减免规定。
2. 掌握各税种应纳税额的计算。
3. 掌握各税种的核算账户及其账务处理。

第一节　城镇土地使用税会计

一、城镇土地使用税的概述

（一）城镇土地使用税的概念

城镇土地使用税（Urban land use tax）是以开征范围的土地为征税对象，以实际占用的土地面积为计税标准，按规定税额对拥有土地使用权的单位和个人征收的一种税。我国现行的城镇土地使用税法律规范发展历程是，《中华人民共和国城镇土地使用税暂行条例》（以下简称《城镇土地使用税暂行条例》）于 1988 年 9 月 27 日发布，根据 2006 年 12 月 31 日《国务院关于修改〈中华人民共和国城镇土地使用税暂行条例〉的决定》进行第一次修订，根据 2011 年 1 月 8 日《国务院关于废止和修改部分行政法规的决定》进行第二次修订，根据 2013 年 12 月 7 日《国务院关于修改部分行政法规的决定》进行第三次修订。通过多次修订，城镇土地使用税逐步规范化。城镇土地使用税的征收，可以促进合理、节约使用土地；调节土地级差收入，鼓励平行竞争；广集财政资金，完善地方税收体系。

（二）城镇土地使用税的特点

1. 征税对象是土地

由于我国的土地归国家和集体所有，单位和个人只有占用权或使用权，而无所有权。这样国家既可以凭借所有权对土地使用人获取的收益进行分配，又可以凭借政治权利对土地使用权进行征税。

2. 对占用土地的行为征税

现行的城镇土地使用税实质上是对占用土地资源或行为的单位和个人征税。

3. 限定征税范围

现行的城镇土地使用税征税范围限定在城市、县城、建制镇、工矿区,坐落在农村地区的房地产不属于城镇土地使用税的征税范围。城镇土地使用税在筹集地方财政资金、调节土地使用和收益分配方面,发挥着积极作用。

4. 实行差别幅度税额

征收城镇土地使用税的主要目的就是调节土地的级差收入,而级差收入的产生主要取决于土地的位置。单位占用优越位置的土地,可以取得额外经济收益。为了有利于体现国家调节政策,城镇土地使用税实行差别幅度税额。不同城镇适用不同税额,对同一城镇的不同地段,根据城市土地等级状况确定不同的税率。

二、城镇土地使用税的纳税人、征税范围及税率

(一) 城镇土地使用税的纳税人

城镇土地使用税的纳税义务人,是使用城市、县城、建制镇和工矿区土地的单位和个人,包括:内资企业、外商投资企业和外国企业在华机构、事业单位、社会团体、国家机关、军队及其他单位,个体工商户及个人。纳税人通常包括如下四种情况:

(1) 拥有土地使用权的单位和个人。

(2) 拥有土地使用权的单位和个人不在土地所在地的,其土地的实际使用人和代管人为纳税人。

(3) 土地使用权未确定或权属纠纷未解决的,其土地的实际使用人为纳税人。

(4) 土地使用权共有的,共有各方都是纳税人,由各方分别按实际使用的土地面积纳税。

(二) 城镇土地使用税的征税范围

城镇土地使用税的征税范围是城市、县城、建制镇和工矿区内属于国家所有和集体所有的土地,不包括农村集体所有的土地。

城市指经国务院批准设立的市,征税范围包括市区和郊区。

县城指县人民政府所在地,征税范围为县政府所在地的城镇。

建制镇指经省级人民政府批准设立的,符合国务院规定的镇建制标准的镇,征税范围为镇人民政府所在地。

工矿区指工商业比较发达,人口比较集中的大中型工矿企业所在地,工矿区的设立必须经省级人民政府批准。

(三) 城镇土地使用税的税率

城镇土地使用税采用定额税率,即采用有幅度的差别税额,按大、中、小城市和县城、建制镇、工矿区分别规定每平方米土地使用税年应纳税额。具体标准如下:

(1) 大城市 1.5 元至 30 元。

(2) 中等城市 1.2 元至 24 元。

(3) 小城市 0.9 元至 18 元。

(4) 县城、建制镇、工矿区 0.6 元至 12 元。

大、中、小城市以公安部门登记在册的正式户口人数为依据,按照国务院颁布的《城市

规划条例》中规定的标准划分。人口在 50 万以上的为大城市;人口在 20 万至 50 万的为中等城市;人口在 20 万以下的为小城市。城镇土地使用税税率表见表 11-1。

表 11-1 城镇土地使用税税率表

级别	人口(人)	每平方米税额(元)
大城市	50 万以上	1.5～30
中等城市	20 万～50 万	1.2～24
小城市	20 万以下	0.9～18
县城、建制镇、工矿区		0.6～12

各省、自治区、直辖市人民政府可根据市政建设情况和经济繁荣程度在规定税额幅度内,确定所辖地区的适用税额幅度。经济落后地区,土地使用税的适用税额标准可适当降低,但降低额不得超过上述规定最低税额的 30%。经济发达地区的适用税额标准可以适当提高,但须报财政部批准。

(四) 城镇土地使用税的税收优惠

1. 法规中规定的统一免税项目

(1) 国家机关、人民团体、军队自用的土地。

(2) 由国家财政部门拨付事业经费的单位自用的土地。

(3) 宗教寺庙、公园、名胜古迹自用的土地。

(4) 市政街道、广场、绿化地带等公共用地。

(5) 直接用于农、林、牧、渔业的生产用地。

(6) 经批准开山填海整治的土地和改造的废弃土地,从使用的月份起免缴土地使用税 5 年至 10 年。

(7) 对非营利性医疗机构、疾病控制机构和妇幼保健机构等卫生机构自用土地,免征城镇土地使用税。对营利性医疗机构免征 3 年。

(8) 企业办的学校、医院、托儿所、幼儿园,其用地能与企业其他用地明确区分的,免征城镇土地使用税。

2. 政策性减免税项目

(1) 对专门经营农产品的农产品批发市场、农贸市场使用的土地,暂免征收城镇土地使用税。

(2) 对物流企业自有的(包括自用和出租)大宗商品仓储设施用地,减按适用税额的 50%计征城镇土地使用税。

(3) 对企业厂区以外的公共绿化用地和向社会开放的公园用地,暂免征收城镇土地使用税。

3. 省、自治区、直辖市地方税务局确定减免土地使用税的优惠

(1) 个人所有的居住房屋及院落用地。

(2) 房产管理部门在房租调整改革前经租的居民住房用地。

(3) 免税单位职工家属的宿舍用地。

(4) 民政部门举办的安置残疾人占一定比例的福利工厂用地。

（5）集体和个人办的各类学校、医院、托儿所、幼儿园用地。

（6）向居民供热并向居民收取采暖费的供热企业暂免征收城镇土地使用税。"供热企业"包括专业供热企业、兼营供热企业、单位自供热及为小区居民供热的物业公司等，不包括从事热力生产但不直接向居民供热的企业。

三、城镇土地使用税的征收管理

（一）纳税期限

城镇土地使用税实行按年计算、分期缴纳的征税方法。缴纳期限由省、自治区、直辖市人民政府确定。

（二）纳税义务发生时间

（1）纳税人购置新建商品房，自房屋交付使用之次月起。

（2）纳税人购置存量房，自办理房屋权属转移、变更登记手续，房地产权属登记机关签发房屋权属证书之次月起。

（3）纳税人出租、出借房产，自交付出租、出借房产之次月起。

（4）房地产开发企业自用、出租、出借本企业建造的商品房，自房屋使用或交付之次月起。

（5）纳税人新征用的耕地，自批准征用之日起满1年时开始。

（6）纳税人新征用的非耕地，自批准征用次月起。

一般都是次月起，只有新征用的耕地，自批准征用之日起满1年时开始缴纳土地使用税。

（三）纳税地点

城镇土地使用税的纳税地点为土地所在地，由土地所在地的税务机关负责征收。土地管理机关应当向土地所在地的税务机关提供土地使用权属资料。

四、城镇土地使用税的计算

（一）城镇土地使用税的计税依据

城镇土地使用税以纳税人实际占用的土地面积为计税依据，依照规定税额计算征收。城镇土地使用税实行从量计征，以实际占用的土地面积为计税依据，土地面积计量标准为每平方米。纳税人实际占用的土地面积的确定按下列办法进行。

（1）由省、自治区、直辖市人民政府确定的单位组织测定土地面积的，以测定的面积为准。

（2）尚未组织测量，但纳税人持有政府部门核发的土地使用证书的，以证书确认的土地面积为准。

（3）尚未核发土地使用证书的，应由纳税人申报土地面积，据以纳税，待核发土地使用证以后再作调整。

（二）城镇土地使用税应纳税额的计算

城镇土地使用税依据纳税人实际占用的应税土地面积和适用的单位税额计算应纳税额。其计算公式为：

$$应纳税额 = 实际占用应税土地面积（平方米）× 适用税额$$

如果城镇土地使用权由多方共有的，由共有各方按照各际使用的土地面积占总面积的比例,分别计算应缴纳的城镇土地使用税税额。

【例题 11-1】 某城市的一家企业,实际占地 23 000 平方米。由于经营规模扩大,年初该企业又受让了一块尚未办理土地使用证的土地 5 000 平方米,该企业按其当年开发使用的 3 000 平方米土地面积进行申报纳税,以上土地均适用每平方米 3 元的城镇土地使用税税率。计算该企业当年应缴纳的城镇土地使用税。

解析:

尚未核发土地使用证书的,应由纳税人申报土地面积,据以纳税,待核发土地使用证以后再作调整。

$$应缴纳的城镇土地使用税税额 = (23\ 000 + 3\ 000) \times 3 = 78\ 000(元)$$

五、城镇土地使用税的会计核算

为了正确地反映城镇土地使用税的计提和解缴情况,企业应在"应交税费"账户下设置"应交城镇土地使用税"明细账户进行核算。该账户贷方反映企业应缴纳的城镇土地使用税税额,借方反映企业已经缴纳的城镇土地使用税税额;贷方余额反映企业应缴而未缴的城镇土地使用税税额。

城镇土地使用税按年计算、分期缴纳。每期企业计提应缴纳的城镇土地使用税时,借记"管理费用"账户,贷记"应交税费——应交城镇土地使用税"账户;分期缴纳城镇土地使用税时,借记"应交税费——应交城镇土地使用税"账户,贷记"银行存款"账户。

【例题 11-2】 西安市某企业实际占用土地 50 000 平方米,其中企业办医院用地 1 500 平方米,企业办幼儿园用地 500 平方米。西安市政府核定该企业的城镇土地使用税单位税额为 10 元/平方米。计算该企业本年应缴纳的城镇土地使用税并进行会计处理。

解析:

$$应缴纳的城镇土地使用税税额 = (50\ 000 - 1\ 500 - 500) \times 10 = 480\ 000(元)$$

(1)计提应纳税额时:

借:管理费用   480 000

 贷:应交税费——应交城镇土地使用税   480 000

(2)实际缴纳税款时:

借:应交税费——应交城镇土地使用税   480 000

 贷:银行存款   480 000

第二节 耕地占用税会计

一、耕地占用税的概述

(一)耕地占用税的概念

耕地占用税(Tax on farmland occupation)是指国家对占用耕地建房或从事其他非农业建设的单位和个人,就其实际占用的耕地面积征收的一种税,它属于对特定土地资源占用课税。1987年4月1日,国务院首次发布《中华人民共和国耕地占用税暂行条例》。我国现行的耕地占用税法律规范是于2007年12月1日颁布,从2008年1月1日开始施行。征收耕地占用税目的在于保护现有耕地资源,促进土地的节约和集约使用,建立发展农业专项资金,促进农业生产的全面协调发展。

(二) 耕地占用税的特点

耕地占用税作为一个出于特定目的、对特定的土地资源课征的税种,与其他税种相比,它具有比较鲜明的特点,主要表现如下。

1. 兼具资源税与特定行为税的性质

耕地占用税以占用农用耕地建房或从事其他非农用建设的行为为征税对象,以约束纳税人占用耕地的行为、促进土地资源的合理运用为课征目的,除具有资源占用税的属性外,还具有明显的特定行为税的特点。

2. 采用地区差别税率

耕地占用税采用地区差别税率,根据不同地区的具体情况,分别制定差别税额,以适应中国地域辽阔、各地区之间耕地质量差别较大、人均占有耕地面积相差悬殊的具体情况,具有因地制宜的特点。

3. 在占用耕地环节一次性课征

耕地占用税在纳税人获准占用耕地的环节征收,除对获准占用耕地后超过2年未使用者须加征耕地占用税外,此后不再征收耕地占用税。因而,耕地占用税具有一次性征收的特点。

4. 税收收入专用于耕地开发与改良

耕地占用税收入按规定应用于建立发展农业专项基金,主要用于开展宜耕土地开发和改良现有耕地之用,因此,具有"取之于地、用之于地"的补偿性特点。

二、耕地占用税的纳税人、征税范围及税率

(一) 耕地占用税的纳税人

占用耕地建房或者从事非农业建设的单位或者个人,为耕地占用税的纳税人。

上述所称单位,包括国有企业、集体企业、私营企业、股份制企业、外商投资企业、外国企业以及其他企业和事业单位、社会团体、国家机关、部队以及其他单位;上述所称个人,包括个体工商户以及其他个人。

(二) 耕地占用税的征税范围

耕地占用税的征税范围包括建房或从事其他非农业建设而占用的国家所有和集体所有的耕地。耕地是指种植农业作物的土地,在占用之前3年内属于耕地范围的土地,也视为耕地。农田水利占用耕地的,不征收耕地占用税。

耕地具体包括:

(1) 种植农业作物的土地,包括粮田、棉田、烟田、蔗田等。

(2) 菜地。

(3) 园地,包括苗圃、花圃、茶园、果园、桑园、其他种植经济林木的土地。

(4) 鱼塘。

（5）对于专用已从事种植、养殖的滩涂、草场、水面和林地从事非农业建设，由省、自治区、直辖市确定是否征收耕地占用税。

（三）耕地占用税的税率

耕地占用税税率实行地区差别定额税率，具体以县为单位，根据人均耕地面积确定单位税额。人均耕地面积越少，单位税额越高。税率的规定在每个范围最高税率是最低税率的 5 倍。具体税率规定如下：

（1）人均耕地不超过 1 亩的地区（以县级行政区域为单位，下同），每平方米为 10 元至 50 元。

（2）人均耕地超过 1 亩但不超过 2 亩的地区，每平方米为 8 元至 40 元。

（3）人均耕地超过 2 亩但不超过 3 亩的地区，每平方米为 6 元至 30 元。

（4）人均耕地超过 3 亩的地区，每平方米为 5 元至 25 元。

各地适用税额，由省、自治区、直辖市人民政府在上述规定的税额幅度内，根据本地区情况核定。经济特区、经济技术开发区和经济发达且人均耕地特别少的地区，适用税额可以适当提高，但是提高的部分最高不得超过上述规定的当地适用税额的 50%。

（四）耕地占用税的税收优惠

1. 免征耕地占用税

（1）军事设施占用耕地。

（2）学校、幼儿园、养老院、医院占用耕地。

2. 减征耕地占用税的情形

（1）铁路线路、公路线路、飞机场跑道、停机坪、港口、航道占用耕地，减按每平方米 2 元的税额征收耕地占用税。

（2）农村居民占用耕地新建住宅，按照当地适用税额减半征收耕地占用税。

三、耕地占用税的征收管理

耕地占用税的征收管理，依照《中华人民共和国税收征收管理法》规定执行。

耕地占用税由地方税务机关负责征收。

土地管理部门在通知单位或者个人办理占用耕地手续时，应当同时通知耕地所在地同级地方税务机关。获准占用耕地的单位或者个人应当在收到土地管理部门的通知之日起 30 日内缴纳耕地占用税。土地管理部门凭耕地占用税完税凭证或者免税凭证和其他有关文件发放建设用地批准书。

临时占用耕地先纳税，恢复原状后再退税。

建设直接为农业生产服务的生产设施占用的农用地，不征收耕地占用税。

四、耕地占用税的计算

（一）耕地占用税的计税依据

耕地占用税以纳税人实际占用的耕地面积为计税依据，按照规定的适用税额标准计算应纳税额，实行一次性征收。

（二）耕地占用税的计算

耕地占用税应纳税额的计算公式为：

$$应纳税额 = 纳税人实际占用的耕地面积 \times 适用税额标准$$

【例题 11-3】 某企业因发展需要征用耕地 80 000 平方米,其中 20 000 平方米用于免税项目的建设,该地区适用税额为 20 元/平方米。计算该企业应纳的耕地占用税税额。

解析:

$$实际占用的应税耕地面积 = 80\ 000 - 20\ 000 = 60\ 000(平方米)$$
$$应纳耕地占用税税额 = 60\ 000 \times 20 = 1\ 200\ 000(元)$$

【例题 11-4】 农村某村民新建住宅,经批准占用耕地 150 平方米。该地区耕地占用税税额为 8 元/平方米,计算该村民应纳的耕地占用税税额。

解析:

$$应纳耕地占用税税额 = 150 \times 8 \times 50\% = 600(元)$$

五、耕地占用税的会计核算

由于耕地占用税是在实际占用耕地之前一次性缴纳的,不存在与征税机关清算和结算的问题,因此企业按规定缴纳的耕地占用税,可以不通过"应交税费"账户核算。按现行规定,企业购进固定资产所缴纳的耕地占用税应计入固定资产的实际成本,即借记"在建工程"等账户,贷记"银行存款"账户。

【例题 11-5】 某高校占用耕地 250 000 平方米,其中校办工厂占地 3 000 平方米,当地适用耕地占用税税额为 15 元/平方米。计算该校应缴纳的耕地占用税税额并进行会计处理。

解析:

$$应纳耕地占用税税额 = 3\ 000 \times 15 = 45\ 000(元)$$

借:在建工程　　　　　　　　　　　　　　　　　　　　　　　　45 000
　贷:银行存款　　　　　　　　　　　　　　　　　　　　　　　　　45 000

第三节　房产税会计

一、房产税的概述

(一) 房产税的产生与发展

1951 年 8 月 8 日,国务院公布《城市房地产税暂行条例》。现行的房产税(Property tax)是 1984 年 10 月,国营企业实行第二步利改税以后开征的,1986 年 9 月 15 日,国务院正式发布了《中华人民共和国房产税暂行条例》,从 1986 年 10 月 1 日开始实施,但对住宅免征。随后,全国各省、自治区、直辖市政府根据条例规定,先后制定了地方实施细则。自 2009 年 1 月 1 日起,外商投资企业、外国企业和组织以及外籍个人,依照《中华人民共和国房产税暂行条例》缴纳房产税。

（二）房产税的概念

房产税是以房屋为征税对象，按房屋的计税余值或租金收入为计税依据，向产权所有人或经营人征收的一种财产税。对房产征税的目的是运用税收杠杆，加强对房产的管理，提高房产使用效率，合理调节房产所有人和经营人的收入；房产税税源稳定，易于控制管理，是地方财政收入的重要来源之一。

二、房产税的纳税人、征税范围及税率

（一）房产税的纳税人

房产税的纳税人是指在我国城市、县城、建制镇和工矿区（不包括农村）内拥有房产权的单位和个人。具体包括：

（1）产权属国家所有的，由经营管理单位纳税；产权属集体和个人所有的，由单位和个人纳税。

（2）产权出典的，由承典人纳税。产权出典是指承典人支付房屋典价而占有、使用出典人的房屋，出典人于典期届满时，返还典价赎回房屋或者不赎回而丧失房屋所有权的法律制度。

（3）产权所有人、承典人不在房屋所在地的，由房产代管人或使用人纳税。

（4）产权未确定及租典纠纷未解决的，亦由房产代管人或使用人纳税。

（5）无租使用他人房产的问题。

纳税单位和个人无租使用房产管理部门、免税单位及纳税单位的房产，应由使用人代为缴纳房产税。

（二）房产税的征税对象及范围

房产税的征税对象是房产。房产就是有屋面和维护结构，能够遮风挡雨，可提供人们在其中生产、学习、工作、娱乐、居住或储藏物资的场所。与房屋不可分割的各种附属设施或不单独计价的配套设施，也属于房屋，应一并征收房产税；但独立于房屋之外的建筑物（如水塔、围墙等）不属于房屋，不征收房产税。

房地产开发企业建造的商品房，在出售前，不征收房产税；但对出售前房地产开发企业已使用或出租、出借的商品房应按规定征收房产税。

房产税的征税范围是在我国城市、县城、建制镇和工矿区（不包括农村）内拥有房产权的单位和个人。

城市是指经国务院批准设立的市。

县城指县人民政府所在地。

建制镇是指经省、自治区、直辖市人民政府批准设立的建制镇，为镇人民政府所在地，不包括所辖的行政村。

工矿区是指工商业比较发达，人口比较集中，符合国务院规定的建制镇标准，但尚未设立建制镇的大中型工矿企业所在地。

（三）房产税的税率

我国现行房产税采用比例税率。房产税的税率有两种：

（1）依据房产计税余值计税的，税率为1.2%。

（2）依据房产租金收入计税的，税率为12%。从2001年1月1日起，对个人按市场价格出租的居民住房，用于居住的，其应缴纳的房产税暂减按4%的税率征收房产税；根据《关于廉租住房、经济适用住房和住房租赁有关税收政策的通知》（财税〔2008〕24号）规定，对个人出租住房，不区分用途，按4%的税率征收房产税；对企事业单位、社会团体以及其他组织按市场价向个人出租用于居住的房屋，减按4%的税率征收房产税。

（四）房产税的税收优惠

（1）国家机关、人民团体、军队自用的房产免征房产税。但上述免税单位的出租房产以及非自身业务使用的生产、营业用房，不属于免税范围。

（2）由国家财政部门拨付事业经费的单位，如学校、医疗卫生单位、托儿所、幼儿园、敬老院、文化、体育、艺术这些实行全额或差额预算管理的事业单位所有的，本身业务范围内使用的房产免征房产税。

（3）宗教寺庙、公园、名胜古迹自用的房产免征房产税。

（4）个人所有非营业用的房产免征房产税。（注：部分地区试点征收非营业用房房产税）

个人所有的非营业用房，主要是指居民住房，不分面积多少，一律免征房产税。

对个人拥有的营业用房或者出租的房产，不属于免税房产，应照章纳税。

（5）对行使国家行政管理职能的中国人民银行总行（含国家外汇管理局）所属分支机构自用的房产，免征房产税。

（6）经财政部批准免税的其他房产。

三、房产税的征收管理

（一）纳税义务发生时间

（1）将原有房产用于生产经营，从生产经营之月起计税。

（2）自建的房屋用于生产经营的，自建成之日的次月起计税。

（3）委托施工企业建设的房屋，从办理验收手续之日的次月起计税。

对于在办理验收手续前已使用或出租、出借的新建房屋，应从使用或出租、出借的当月起计税。

（4）购置新建商品房，自房屋交付使用之次月起计税。

（5）购置存量房，自办理房屋权属转移、变更登记手续，房地产权属登记机关签发房屋权属证书之次月起计税。

（6）出租、出借房产，自交付出租、出借房产之次月起计税。

（7）房地产开发企业自用、出租、出借本企业建造的商品房，自房屋使用或交付之次月起计税。

自2009年1月1日起，纳税人因房产的实物或权利状态发生变化而依法终止房产税纳税义务的，其应纳税款的计算应截止到房产的实物或权利状态发生变化的当月末。

（二）纳税期限

房产税实行按年征收，分期缴纳。纳税期限由省级人民政府规定。各地一般按季或半年预征。

（三）纳税地点

房产税在房产所在地缴纳。对房产不在同一地方的纳税人，应按房产的坐落地点分别向房产所在地的税务机关缴纳。

四、房产税的计算

（一）房产税的计税依据

房产税的计税依据有从价计征和从租计征两种。

1. 从价计征

从价计征就是按照房产计税价值计算缴纳的房产税。从价计征适用于经营自用的房屋。计征房产税的成交价格不含增值税。《房产税暂行条例》规定，房产税从价计征的，依照房产原值一次减除10%～30%后的余值计算缴纳。具体扣除比例由当地省、自治区、直辖市人民政府确定。

（1）房产原值：是指纳税人按照会计制度规定，在账簿"固定资产"账户中记载的房屋原价。

（2）房产原值应包括与房产不可分割的各种附属设备或一般不单独计算价值的配套设施。

（3）纳税人对原有房屋进行改建、扩建的，要相应增加房屋的原值。

2. 从租计征

对于出租的房屋，以租金收入为计税依据。房产出租的，计征房产税的租金收入不含增值税。

租金收入是房屋产权所有人出租房产使用权所取得的报酬，包括货币收入和实物收入。对以劳务或其他形式作为报酬抵付房租收入的，应根据当地同类房产的租金水平，确定一个标准租金额依率计税。

（二）房产税应纳税额的计算

1. 从价计征房产税

$$应纳税额 = 房产计税余值 \times 适用税率$$

其中：

$$房产计税余值 = 房产原值 \times (1 - 原值减除比例)$$

原值减除比例由各省、自治区、直辖市和计划单列市财政和地方税务部门在规定的幅度内自行确定。

2. 从租计征房产税

$$应纳税额 = 房产租金收入 \times 适用税率$$

【例题 11-6】 大华企业2013年自有房屋8栋，其中6栋用于经营生产，房产原值800万元，不包括冷暖通风设备100万元；2栋房屋租给某公司作经营用房，年租金收入50万元。计算大华企业当年应纳的房产税。（当地房产原值减除率为20%）

解析：

自用房产应纳税额 $= [(800+100)\times(1-20\%)]\times1.2\% = 8.64(万元)$

租金收入应纳税额 $= 50\times12\% = 6(万元)$

全年应纳房产税 $= 8.64+6 = 14.64(万元)$

五、房产税的会计核算

（一）账户设置

为了反映和核算企业应缴、已缴、多缴或欠缴的房产税的情况，企业应在会计上设置"应交税费——应交房产税"账户进行核算。

该账户贷方反映按规定计算应缴的房产税数额，借方反映实际缴纳的房产税数额；若有贷方余额，表示企业欠缴或需补缴的房产税税款，若有借方余额，表示企业实际多缴纳的房产税的税款。

（二）房产税的会计处理

（1）企业按规定计算出应缴纳的房产税时：

借：管理费用

　　贷：应交税费——应交房产税

（2）实际上缴时：

借：应交税费——应交房产税

　　贷：银行存款

【例题 11-7】 大华公司坐落在城市市区，其应缴纳房产税的厂房原值为 1 500 000 元。该公司在农村有一个仓库，原值为 500 000 元，当地规定允许减除房产原值的 25%。计算大华公司全年应缴纳房产税并进行相应会计处理。

解析：

由于房产税的征税范围为城市、县城、建制镇和工矿区，不包括农村，因此该公司坐落于农村的仓库不缴纳房产税。

（1）计算当年应缴纳的房产税：

应纳房产税税额 $=$ 房产计税余值 $\times$ 适用税率

$= 1\,500\,000\times(1-25\%)\times1.2\% = 135\,000(元)$

（2）计提房产税：

借：管理费用　　　　　　　　　　　　　　　　　　　　　　135 000

　　贷：应交税费——应交房产税　　　　　　　　　　　　　　　135 000

（3）缴纳房产税：

借：应交税费——应交房产税　　　　　　　　　　　　　　　135 000

　　贷：银行存款　　　　　　　　　　　　　　　　　　　　　135 000

【例题 11-8】 大华公司 2018 年有房产 6 间，其中 4 间自用，这 4 间自用房产原值为 300 万元。2 间对外出租给某单位经营，租金按承租人当年营业收入的 10% 收取，承租人当年营业收入为 400 000 元。当地政府规定允许减除房产原值的 30%。该公司房产税按年计算,分季缴纳。计算大华公司 2018 年第一季度应缴纳的房产税并作会计处理。

解析:

(1) 2018 年应纳税额:

$$自用房产应纳税额 = 3\ 000\ 000 \times (1 - 30\%) \times 1.2\% = 25\ 200(元)$$
$$租金收入应纳税额 = 400\ 000 \times 10\% \times 12\% = 4\ 800(元)$$

(2) 各月应纳税额:

$$自用房产应纳税额 = 25\ 200 \div 12 = 2\ 100(元)$$
$$租金收入应纳税额 = 4\ 800 \div 12 = 400(元)$$

(3) 各月预提税金时:

借:管理费用   2 100
  其他业务成本   400
   贷:应交税费——应交房产税   2 500

(4) 4 月初缴纳第一季度房产税时:

$$2\ 500 \times 3 = 7\ 500(元)$$

借:应交税费——应交房产税   7 500
  贷:银行存款   7 500

第四节 车船税会计

一、车船税的概述

车船税(Vehicle and vessel tax)是指国家依照法律规定对在我国境内的车辆、船舶,按照规定的税目、计税单位和年税额标准计算征收的一种财产税。车船税是一个古老的税种。1951 年国务院颁布了《中华人民共和国车船使用牌照税暂行条例》,1986 年颁布了《中华人民共和国车船使用税暂行条例》,2006 年公布了《中华人民共和国车船税暂行条例》。我国现行的车船税法律规范是 2011 年 2 月 25 日通过,于 2012 年 1 月 1 日施行的《中华人民共和国车船税法》(以下简称《车船税法》)。

二、车船税的纳税人和扣缴义务人

(一) 车船税的纳税人

(1) 车船的所有人或者管理人是车船税的纳税义务人。其中,所有人是指在我国境内拥有车船的单位和个人;管理人是指对车船具有管理权或者使用权,不具有所有权的单位。上述单位,包括在中国境内成立的行政机关、企业、事业单位、社会团体以及其他组织;上述个人,包括个体工商户以及其他个人。

(2) 由于租赁关系,当拥有人与使用人不一致时,如车辆拥有人未缴纳车船税的,"使用人"应当代为缴纳车船税。

(3) 外商投资企业、外国企业、华侨、外籍人员和港、澳、台同胞,属于车船税的纳税人。

(二) 车船税的扣缴义务人

从事机动车交通事故责任强制保险(以下简称"交强险")业务的保险机构为机动车车船税的扣缴义务人,应当在收取保险费时按照规定的税目税额代收车船税,并在机动车交强险的保险单以及保费发票上注明已收税款的信息,作为代收税款凭证。由保险机构在办理机动车交强险业务时代收代缴机动车的车船税,可以方便纳税人缴纳车船税,节约征纳双方的成本,实现车辆车船税的源泉管控。

三、车船税的征税范围

车船税法规定的征税范围是《税法》所附《车船税税目税额表》所列的车辆、船舶,包括依法应当在车船登记管理部门登记的机动车辆和船舶,也包括依法不需要在车船登记管理部门登记的在单位内部场所行驶或者作业的机动车辆和船舶。

上述机动车辆包括乘用车、商用车(包括客车、货车)、挂车、专用作业车、轮式专用机械车和摩托车。拖拉机不需要缴纳车船税。船舶,是指各类机动、非机动船舶以及其他水上移动装置,但是船舶上装备的救生艇筏和长度小于5米的艇筏除外。其中,机动船舶是指用机器推进的船舶;拖船是指专门用于拖(推)动运输船舶的专业作业船舶;非机动驳船,是指在船舶登记管理部门登记为驳船的非机动船舶;游艇是指具备内置机械推进动力装置,长度在90米以下,主要用于游览观光、休闲娱乐、水上体育运动等活动,并应当具有船舶检验证书和适航证书的船舶。

四、车船税的税目和税率

车船税采用有幅度的定额税率,根据车船的种类、性能、构造和使用情况,分别按辆、净吨位、载重吨位及长度等规定了不同的税额幅度。

(一) 车辆税额

车辆税额除了对货车、挂车、专用作业车、轮式专用机械车按自重规定税额外,其他车辆均以"辆"为计税标准,对应税车辆采用幅度定额税率。车辆的具体适用税额由省、自治区、直辖市人民政府依照《车船税税目税额表》规定的税额幅度和国务院的规定确定。

(二) 船舶税额

车船税充分考虑船舶流动性大、行程长及船舶类型等特点,对机动船舶按净吨位规定单位税额,净吨位越大的,税额越高;净吨位越小的,税额越低。对拖船按照发动机功率每1千瓦折合净吨位0.67吨计算征收车船税。拖船、非机动驳船分别按照机动船舶税额的50%计算。对游艇按照艇身长度规定单位税额,艇身越长,税额越高;艇身越短,税额越低。船舶的具体适用税额由国务院在车船税法所附《车船税税目税额表》(见表11-2)规定的税额幅度内确定。

表 11-2 车船税税目税率表

税 目		计税单位	《车船税法》规定 年基准税额(元)
乘用车[按发动机汽缸容量(排气量)分档] 注:核定载客人数 9 人(含)以下	1.0 升(含)以下的	每辆	60 元至 360 元
	1.0 升以上至 1.6 升(含)的		300 元至 540 元
	1.6 升以上至 2.0 升(含)的		360 元至 660 元
	2.0 升以上至 2.5 升(含)的		660 元至 1 200 元
	2.5 升以上至 3.0 升(含)的		1 200 元至 2400 元

税 目		计税单位	《车船税法》规定 年基准税额(元)
同上	3.0 升以上至 4.0 升(含)的	每辆	2 400 元至 3 600 元
	4.0 升以上的		3 600 元至 5 400 元
商用车	大型客车[核定载客人数 20(含)人以上]	每辆	480 元至 1440 元
	中型客车(核定载客人数大于 9 人且小于 20 人)	每辆	480 元至 1440 元
	货 车	整备质量每吨	16 元至 120 元
挂车		整备质量每吨	按照货车税额的 50% 计算
其他车辆	专用作业车	整备质量每吨	16 元至 120 元
	轮式专用机械车		16 元至 120 元
摩托车		每辆	36 元至 180 元
机动船舶	净吨位不超过 200 吨的	每吨	3 元
	净吨位超过 200 吨但不超过 2 000 吨的	每吨	4 元
	净吨位超过 2 000 吨但不超过 10 000 吨的	每吨	5 元
	净吨位超过 10 000 吨的	每吨	6 元
游艇	艇身长度不超过 10 米的	每米	600 元
	艇身长度超过 10 米但不超过 18 米的	每米	900 元
	艇身长度超过 18 米但不超过 30 米的	每米	1 300 元
	艇身长度超过 30 米的	每米	2 000 元
	辅助动力帆艇	每米	600 元

注:客货两用汽车按照载货汽车的计税单位和税额标准计征车船税。

五、车船税的税收优惠

(一)车船税法规定的法定免税车船

(1)捕捞、养殖渔船:是指在渔业船舶登记管理部门登记为捕捞船或者养殖船的船舶。

(2)军队、武装警察部队专用的车船:是指按照规定在军队、武装警察部队车船登记管理部门登记,并领取军队、武警牌照的车船。

(3)警用车船:是指公安机关、国家安全机关、监狱、劳动教养管理机关和人民法院、人民检察院领取警用牌照的车辆和执行警务的专用船舶。

（4）依照法律规定应当予以免税的外国驻华使领馆、国际组织驻华代表机构及其有关人员的车船。

（二）实施条例规定的减免税项目

（1）节约能源、使用新能源的车船可以免征或者减半征收车船税。

（2）按照规定缴纳船舶吨税的机动船舶，自车船税法实施之日起5年内免征车船税。

（3）依法不需要在车船登记管理部门登记的机场、港口、铁路站场内部行驶或者作业的车船，自车船税法实施之日起5年内免征车船税。

（4）对节约能源车船，减半征收车船税。

（5）对使用新能源车船，免征车船税。

（三）授权省、自治区、直辖市人民政府规定的减免税项目

（1）省、自治区、直辖市人民政府根据当地实际情况，可以对公共交通车船，农村居民拥有并主要在农村地区使用的摩托车、三轮汽车和低速载货汽车定期减征或者免征车船税。

（2）对受地震、洪涝等严重自然灾害影响，纳税困难以及其他特殊原因确需减免税的车船，可以在一定期限内减征或者免征车船税。

六、车船税的税收管理

（一）纳税义务发生时间

车船税纳税义务发生时间为取得车船所有权或者管理权的当月，应当以购买车船的发票或者其他证明文件所载日期的当月为准。纳税人未按规定到车船管理部门办理应税车船登记手续的，以车船购置发票所载开具时间的当月作为车船税的纳税义务发生时间。

车船税按年申报缴纳。纳税年度自公历1月1日起至12月31日止。具体申报纳税期限由省、自治区、直辖市人民政府规定。由保险机构代收代缴机动车车船税的，纳税人应当在购买机动车交强险的同时缴纳车船税。

（二）纳税地点

车船税的纳税地点为车船的登记地或者车船税扣缴义务人所在地，由地方税务机关负责征收。依法不需要办理登记的车船，车船税的纳税地点为车船的所有人或者管理人所在地。

（三）纳税申报

依法应当在车船登记部门登记的车船，纳税人自行申报缴纳的，应在车船的登记地缴纳车船税；保险机构代收代缴车船税的，应在保险机构所在地缴纳车船税。已由保险机构代收代缴车船税的，纳税人不再向税务机关申报缴纳车船税。

七、车船税的计算

（一）计税依据

车船税以《车船税法》规定的应税车船为征税对象，以车船税法及实施条例所涉及的排气量、整备质量、核定载客人数、净吨位、千瓦、艇身长度为单位，以车船登记管理部门核发的车船登记证书或者行驶证所载数据为依据，从量计征。

（二）应纳税额的计算

车船税应纳税额通用计算公式为：

$$应纳税额 ＝ 计税依据 \times 适用税率$$

根据不同的计税标准，车船税的具体计算公式为：

（1）载客汽车和摩托车的应纳税额 ＝ 车辆数 × 适用单位税额

（2）载货汽车、挂车、专用作业车、轮式专用机械车的应纳税额 ＝ 自重吨数 × 适用税率

（3）机动船舶的应纳税额 ＝ 净吨位 × 适用单位税额

（4）拖船和非机动船舶的应纳税额 ＝ 净吨位 × 适用单位税额 × 50％

（5）游艇的应纳税额 ＝ 游艇长度 × 适用单位税额

特别强调：购置的新车船，购置当年的应纳税额自取得车船所有权或管理权的当月起按月计算，应纳税额为年应纳税额除以 12 再乘以应纳税月份数。计算公式为：

$$应纳税额 ＝ （年应纳税额 \div 12） \times 应纳税月份数$$

【例题 11-9】　大华公司拥有机动载货汽车 5 辆，自重吨位 3 吨；有大客车 8 辆；2018 年 3 月 15 日新购入小汽车 3 辆。根据当地政府规定，载货汽车计算额为自重每吨 50 元，大客车每辆税额为 600 元，小汽车每辆税额为 450 元。计算该企业当年应纳车船税税额。

解析：

$$应纳税额 ＝ 5 \times 3 \times 50 ＋ 8 \times 600 ＋ 3 \times （450 \div 12） \times 10 ＝ 6\ 675（元）$$

八、车船税的会计核算

为了正确核算企业的生产经营成果，准确反映车船税的计提和解缴情况，企业应在"应交税费"账户下设置"应交车船税"明细账户进行核算。该账户贷方反映企业应缴纳车船税税额，借方反映企业已经缴纳的车船税税额。余额在贷方表示企业应缴而未缴的车船税。

企业在月度终了，计算应缴纳的车船税税额时，借记"管理费用"账户，贷记"应交税费——应交车船税"账户。企业在缴纳车船税时，借记"应交税费——应交车船税"账户，贷记"银行存款"账户。

【例题 11-10】　大华运输公司拥有机动载货车 8 辆，自重吨位 3 吨，有大客车 3 辆。根据当地政府规定，载货汽车计算额为自重每吨 50 元，大客车每辆税额为 600 元。计算该公司本年应纳车船税税额并进行相关的会计处理。

解析：

$$应纳税额 ＝ 8 \times 3 \times 50 ＋ 3 \times 600 ＝ 3\ 000（元）$$

（1）计提车船税时：

借：管理费用		3 000
贷：应交税费——应交车船税		3 000

（2）缴纳车船税时：

借：应交税费——应交车船税		3 000
贷：银行存款		3 000

第五节　车辆购置税会计

一、车辆购置税概述

(一) 车辆购置税的概念

车辆购置税(Vehicle purchase tax)是以在中国境内购置规定车辆为课税对象,在特定环节向车辆购置者征收的一种税。车辆购置税属于一次征收的特种财产税,是一个新的税种。车辆购置税是在原交通部门收取的车辆购置附加费的基础上,通过"费改税"方式演变而来。我国现行的车辆购置税法律规范是国务院 2000 年 10 月 22 日发布,于 2001 年 1 月 1 日起实施的《中华人民共和国车辆购置税暂行条例》。

(二) 车辆购置税的特点

1. 征收范围单一

车辆购置税以购置的特定车辆为课税对象,而不是对所有的车辆征税,范围窄,是一种特种财产税。

2. 征收环节单一

车辆购置税实行一次课征制,它不是在生产、经营和消费的每个环节道道征收,只是在消费领域中的某一个环节一次征收,即车辆购置税是在消费领域中的使用环节(即最终消费环节)征收。购置已征车辆购置税的车辆,不再征收车辆购置税。

3. 征税具有特定目的

车辆购置税为中央税,由国家税务局负责征收,它取之于车辆,用之于交通建设,其征税具有专门用途,不挪作他用,由中央财政根据国家建设投资计划,统筹安排。这种特定目的的税收,可以保证国家财政支出需要,既有利于统筹合理地安排资金,又有利于保证特定事业和建设支出的需要。

4. 价外征收,税负不发生转嫁

车辆购置税的计税价格中不含车辆购置税税额,车辆购置税是附加在价格之外的,且税收的缴纳者即最终的税收负担者,税负没有转嫁性。

5. 税率单一

车辆购置税只确定一个统一比例税率征收,税率具有不随课税对象数额变动的特点,计征简便、负担稳定,有利于依法治税。车辆购置税税率为 10%。

6. 征收方法单一

车辆购置税实行单一的比例税率,根据纳税人购置应税车辆的计税价格实行从价计征,以价格为计税标准,课税与价值直接发生关系,价值大者多征税;价值小者少征税。其征收方法简便易行。

二、车辆购置税的纳税义务人

在中华人民共和国境内购置应税车辆(以下简称"应税车辆")的单位和个人,为车辆购置税的纳税人。购置,包括购买、进口、自产、受赠、获奖或者以其他方式取得并自用应税车辆的行为。单位,包括国有企业、集体企业、私营企业、股份制企业、外商投资企业、外国企业以及其他企业和事业单位、社会团体、国家机关、部队以及其他单位;个人,包括个体工商户以及其他个人。

三、车辆购置税的征税范围

车辆购置税的征收范围包括汽车、摩托车、电车、挂车、农用运输车。

车辆购置税征收范围的调整,由国务院决定并公布。

四、车辆购置税的税率

我国车辆购置税实行从价定率的计算办法,车辆购置税的税率为10%。车辆购置税税率的调整,由国务院决定并公布。

五、车辆购置税的税收优惠

(1)外国驻华使馆、领事馆和国际组织驻华机构及其外交人员自用的车辆,免税。

(2)中国人民解放军和中国人民武装警察部队列入军队武器装备订货计划的车辆,免税。

(3)设有固定装置的非运输车辆,免税。

(4)在外留学人员(含中国香港、澳门地区)回国服务的(以下简称"留学人员"),用现汇购买1辆国产小汽车免税。

(5)来华定居专家(以下简称"来华专家")进口自用的1辆小汽车免税。

(6)防汛和森林消防部门购置的由指定厂家生产的指定型号的用于指挥、检查、调度、防汛(警)、联络的专用车辆(以下简称"防汛专用车和森林消防专用车")免税。

(7)纳税人购置的农用三轮车免税。

(8)有国务院规定予以免税或者减税的其他情形的,按照规定免税或者减税。

(9)为推进生态文明建设、支持新能源汽车产业发展,新能源汽车免征车辆购置税,具体参考《免征车辆购置税的新能源汽车车型目录》。

六、车辆购置税的税收管理

(一)纳税义务发生时间

(1)纳税人购买自用的应税车辆,自购买之日起60日内申报纳税。

(2)进口自用的应税车辆,应当自进口之日起60日内申报纳税。

(3)自产、受赠、获奖和以其他方式取得并自用应税车辆的,应当自取得之日起60日内申报纳税。

(4)免税、减税车辆因转让、改变用途等原因不再属于免税、减免范围的,应当在办理车辆过户手续前或者办理变更车辆登记手续前缴纳车辆购置税。

(二)纳税地点

(1)纳税人购置应税车辆,应当向车辆登记注册地(上牌落籍地或落户地)的主管税务机关申报纳税。

(2) 购置不需办理车辆注册手续的应税车辆,应当向纳税人所在地的主管税务机关申报纳税。

概括地讲,车辆购置税的纳税地点为应税车辆登记注册地(即上牌照落户地)或居住地。

(三) 纳税申报

1. 征税车辆纳税申报

车辆购置税实行一车一申报制度,申报资料如下:

(1) 车主身份证明。

(2) 车辆价格证明。境内购车,提供《机动车销售统一发票》或有效凭证;自用车辆,提供《缴款书》或海关《征免税证明》。

(3) 车辆合格证明。国产车辆,提供整车出厂合格证明;进口车辆,提供《中华人民共和国出入境检验检疫进口机动车随车检验单》。

2. 免(减)税申报

购置免税或减税车辆的纳税人也应办理车辆购置税纳税申报。

已经办理纳税申报车辆发生下列情形之一的,纳税人应重新办理纳税申报:

(1) 底盘和发动机同时发生更换。

(2) 免税条件消失。

七、车辆购置税的计算

(一) 计税依据

车辆购置税以应税车辆为征税对象,实行从价定率、价外征收的方法计算应纳税额。应税车辆的价格(即计税价格)就成为车辆购置税的计税依据,车辆购置税的计税价格视具体情况而定。

1. 购买自用应税车辆计税依据的确定

纳税人购买自用应税车辆以计税价格为计税依据。计税价格的组成为纳税人购买应税车辆而支付给销售者的全部价款和价外费用(不包括增值税税款)。如果价款含增值税,则需要换算。

$$计税价格 = 含增值税的销售价格 \div (1 + 16\%)$$

上述价外费用是指销售方价外向购买方收取的手续费、基金、违约金、代收款项、代垫款项等。注意代收款项的规定:使用销售方单位票据收取的代收款项,应计入价外费用;使用委托方票据收取的代收款项,不计入价外费用。

2. 进口自用应税车辆计税依据的确定

纳税人进口自用应税车辆以组成计税价格为计税依据

$$组成计税价格 = 关税完税价格 + 关税 + 消费税$$
$$= (关税完税价格 + 关税) \div (1 - 消费税税率)$$

3. 其他自用应税车辆计税依据的确定

纳税人自产、受赠、获奖和以其他方式取得并自用的应税车辆的计税价格,按购置该型号车辆的价格确认(购置价格),不能取得购置价格的,则由主管税务机关参照国家税务总局规定相同类型应税车辆的最低计税价格核定。

4. 最低计税价格作为计税依据的确定

纳税人购买自用或者进口自用应税车辆,申报的计税价格低于同类型应税车辆的最低计税价格,又无正当理由的,按照最低计税价格征收车辆购置税。

(二) 应纳税额的计算

车辆购置税实行从价定率的方法计算应纳税额,其计算公式为:

$$应纳税额 = 计税金额 \times 适用税率$$

由于车辆购置税的应税车辆的来源不同,作为计税依据的计税价格的组成也不尽一致,应纳税额的计算方法也有区别。

【例题 11-11】 李某某月从上海大众汽车有限公司购买一辆厂牌型号为桑塔纳 K8BLOLTD2 的轿车供自己使用,支付含增值税车价款 117 000 元,另支付代收临时牌照费 150 元,代收保险费 652 元,支付购买工具件和零配件价款 2 800 元,车辆装饰费 350 元。支付的各项价费款均由上海大众汽车有限公司开具"机动车销售统一发票"和有关票据。计算车辆购置税应纳税额。

解析:

车辆购置税税额计算:

(1) 计税价格 = (117 000 + 150 + 652 + 2 800 + 350) ÷ (1 + 16%) = 104 628.96(元)

(2) 应纳税额 = 104 628.96 × 10% = 10 462.90(元)

【例题 11-12】 2018 年 5 月 19 日,张某在南京购买进口的奔驰车 1 辆自己使用。该车的车款为 600 000 元(不含增值税税款)。请计算张某应纳的车辆购置税税额。(纳税机关核定该型号车辆的最低计税价格为 650 000 元)

解析:

(1) 张某购买的奔驰车的车款 600 000 元为不含增值税的价格,在计算应纳税额时不需扣除增值税税额。

(2) 由于该车的最低计税价格 650 000 元高于该车的申报价格 600 000 元,因此应按最低计税价格计算应纳税额。

(3) 应纳税额 = 650 000 × 10% = 65 000(元)

【例题 11-13】 2018 年 2 月 3 日,江苏天海公司从德国进口 1 辆宝马牌轿车,自己使用。海关确定的关税完税价格为 430 000 元,征收的关税为 215 000 元,代征的消费税为 56 100 元,代征的增值税为 119 200 元。请计算天海公司应纳的车辆购置税税额。(纳税机关核定该型号车辆的最低计税价格为 690 000 元)

解析:

(1) 组成计税价格 = 430 000 + 215 000 + 56 100 = 701 100(元)

由于该车的最低计税价格(690 000 元)低于该车的计税价格 701 100 元,因此应按组成计税价格计算应纳税额。

(2) 应纳税额 = 701 100 × 10% = 70 110(元)

八、车辆购置税的会计核算

企业缴纳的车辆购置税应当作为所购置车辆的成本。由于车辆购置税是一次性缴纳，因此它可以不通过"应交税费"账户进行核算。财政部对车辆购置税的会计处理作如下规定。

(1) 企业购置(包括购买、进口、自产、受赠、获奖或者以其他方式取得并自用)应税车辆，按规定缴纳的车辆购置税，借记"固定资产"等账户，贷记"银行存款"账户。

(2) 企业购置的减税、免税车辆改制后用途发生变化的，按规定应补交的车辆购置税，借记"固定资产"账户，贷记"银行存款"账户。

【例题 11-14】 大华公司 2018 年 10 月购进一辆小汽车，增值税专用发票所列不含税价款为 300 000 元，款项已通过银行支付。计算大华公司应缴纳的车辆购置税税额并进行会计处理。

解析：

$$应缴纳增值税(进项税额) = 300\ 000 \times 16\% = 48\ 000(元)$$
$$应缴纳车辆购置税 = 300\ 000 \times 10\% = 30\ 000(元)$$

借：固定资产   330 000
　　应交税费——应交增值税(进项税额)   48 000
　贷：银行存款   378 000

第六节　印花税会计

一、印花税概述

(一) 印花税的概念

印花税(Stamp tax)是对经济活动和经济交往中书立、领受、使用具有法律效力的凭证的行为所征收的一种税。因其采用由纳税人按规定应税的比例和定额自行购买并在应税凭证上粘贴印花税票作为完税的标志而得名，所以被称为"印花税"。印花税是一种古老的税种，我国现行印花税法的主要法律依据是 1988 年 8 月 6 日中华人民共和国国务院 11 号令发布并于当年 10 月 1 日实施的《中华人民共和国印花税暂行条例》。为进一步规范印花税管理，便利纳税人，国家税务总局制定了《印花税管理规程(试行)》，自 2017 年 1 月 1 日起施行。

(二) 印花税的特点

印花税不论是在性质上，还是在征税方法上，都具有不同于其他税种的特点，其特点概况如下。

1. 兼有凭证税和行为税性质

一方面，印花税是对单位和个人书立、领受的应税凭证征收的一种税，具有凭证税性质。另一方面，任何一种应税经济凭证反映的都是某种特定的经济行为，因此，对凭证征税,实质上是对经济行为的课税。

2. 征税范围广泛

印花税是以经济活动中签立的各种合同、产权转移书据、营业账簿、权利、许可证照等应税凭证文件为对象所征的税。凡是书立和领受这些凭证的单位和个人都要缴纳印花税,其征税范围是极其广泛的。

3. 税收负担比较轻

印花税与其他税种相比较,税率低了很多,其税费自然较轻,具有广集资金,积少成多的财政效应。

二、印花税的纳税义务人

凡在我国境内书立、领受、使用应税凭证的单位和个人,都是印花税的纳税人。包括各类企业、事业、机关、团体、部队,以及中外合资经营企业、合作经营企业、外资企业、外国公司企业和其他经济组织及其在华机构等单位和个人。具体指:

(1)立合同人:即合同的当事人。当事人在两方或两方以上的,各方均为纳税人。

(2)立账簿人。

(3)立据人:如立据人未贴花或少贴花,书据的持有人应负责补贴印花。所立书据以合同方式签订的,应由持有书据的各方分别按全额贴花。

(4)权利许可证照的领受人。

(5)使用人:在国外书立或领受,在国内使用凭证的单位和个人。

三、印花税的征税范围

现行印花税只对《印花税暂行条例》列举的凭证征收,没有列举的凭证不征税。具体征税范围包括以下五大类:

(1)合同或具有合同性质的凭证,包括购销、加工承揽、建设工程承包、财产租赁、货物运输、仓储保管、借款、财产保险、技术合同或具有合同性质的凭证。

(2)产权转移书据。

(3)营业账簿,包括单位和个人从事生产经营活动所设立的各种账册,营业账簿按其反映内容的不同,可分别为记载资金的账簿和其他营业账簿。

(4)权利、许可证照,包括政府部门发给的房屋产权证、工商营业执照、商标注册证、专利证、土地使用证等证照。

(5)经财政部确定征税的其他凭证。

四、印花税的税目及税率

印花税共设置了上述五类13个税目,实行从价计征和从量计征两种形式。因此,印花税的税率也有两种形式,即比例税率和定额税率。

(一)比例税率

在印花税的13个账户中,各类合同以及具有合同性质的凭证、产权转移书据、营业账簿中记载资金的账簿,适用比例税率。

（二）定额税率

在印花税的 13 个账户中，"权利、许可证照"和"营业账簿"税目中的其他账簿，适用定额税率，均为按件贴花，税额为 5 元，见表 11-3。

五、印花税的税收优惠

（一）法定免税凭证

下列凭证，免征印花税：

（1）已缴纳印花税的凭证的副本或者抄本。

（2）财产所有人将财产赠给政府、社会福利单位、学校所立的书据。

（3）国家指定的收购部门与村民委员会、农民个人书立的农副产品收购合同。

（4）无息、贴息贷款合同。

（5）外国政府或者国际金融组织向我国政府及国家金融机构提供优惠贷款所书立的合同。

（6）房地产管理部门与个人订立的房租合同，凡房屋属于用于生活居住的，暂免贴花。

（7）对与高校学生签订的学生公寓租赁合同，免征印花税。

（8）军事货物运输、抢险救灾物资运输，以及新建铁路临管线运输等的特殊货运凭证。

（9）股权分置改革过程中因非流通股股东向流通股股东支付对价而发生的股权转让，暂免征收印花税。

（10）企业因改制签订的产权转移书据免贴花。

（11）投资者买卖封闭式证券投资基金免税。

表 11-3　印花税税目及税率表

税目	范围	税率	纳税人	说明
1. 购销合同	包括供应、预购、采购、购销结合及协作、调剂、补偿、易货等合同	按购销金额 3‰贴花	立合同人	
2. 加工承揽合同	包括加工、定做、修缮、修理、印刷、广告、测绘、测试等合同	按加工或承揽收入 5‰贴花	立合同人	
3. 建设工程勘察设计合同	包括勘察、设计合同	按收取费用 5‰贴花	立合同人	
4. 建筑安装工程承包合同	包括建筑、安装工程承包合同	按承包金额 3‰贴花	立合同人	
5. 财产租赁合同	包括租赁房屋、船舶、飞机、机动车辆、机械、器具、设备等	按租赁金额 1‰ 贴花。税额不足 1 元的按 1 元贴花	立合同人	
6. 货物运输合同	包括民用航空、铁路运输、海上运输、内河运输、公路运输和联运合同	按运输收取的费用 5‰贴花	立合同人	单据作为合同使用的，按合同贴花

（续表）

税目	范围	税率	纳税人	说明
7. 仓储保管合同	包括仓储、保管合同	按仓储收取的保管费用1‰贴花	立合同人	仓单或栈单作为合同使用的，按合同贴花
8. 借款合同	银行及其他金融组织和借款人（不包括银行同业拆借）所签订的借款合同	按借款金额0.5‰贴花	立合同人	单据作为合同使用的，按合同贴花
9. 财产保险合同	包括财产、责任、保证、信用等保险合同	按保险费收入1‰贴花	立合同人	单据作为合同使用的，按合同贴花
10. 技术合同	包括技术开发、转让、咨询、服务等合同	按所载金额3‰贴花	立合同人	
11. 产权转移书据	包括财产所有权和版权、商标专用权、专利权、专有技术使用权等转移书据	按所载金额5‰贴花	立据人	
12. 营业账簿	生产经营用账册	记载资金的账簿，按实收资本和资本公积合计金额5‰贴花；其他账簿按件贴花5元	立账簿人	
13. 权利、许可证照	包括政府部门发给的房屋产权证、工商营业执照、商标注册证、专利证、土地使用证	按件贴花5元	领受人	

（12）对饮水工程运营管理单位为建设饮水工程取得土地使用权而签订的产权转移书据，以及与施工单位签订的建设工程承包合同免征印花税。

（13）2018年1月1日至2020年12月31日，对金融机构与小型企业、微型企业签订的借款合同免征印花税。

（二）免税额

应纳税额不足一角的，免征印花税。

六、印花税的税收管理

（一）纳税义务发生时间

以纳税人书立、领受或者使用应税凭证当时为纳税义务发生时间。

（二）纳税期限

印花税的纳税方法不同，纳税期限也不一样，具体规定如下：

（1）自行贴花，根据规定自行计算应纳税额，自行购买印花税票，至一次贴足印花税票并加以注销时完成纳税。这种方式一般适用于应税凭证较多或者贴花次数较多的纳税人。

（2）汇贴或汇缴，汇总缴纳期限为一个月。这种方式一般适用于应税凭证较多或者贴花次数较多的纳税人。同一种类应纳税凭证，需频繁贴花的，可由纳税人根据实际情况自行决定是否采用按期汇总申报缴纳印花税的方式。汇总申报缴纳的期限不得超过一个月。采用按期汇总申报缴纳方式的，一年内不得改变。

（3）委托代征，纳税期限自书立、领受或者使用应税凭证时开始，至纳税义务完成时止。

（三）纳税申报

缴纳印花税的纳税单位均应对纳税凭证进行印花税纳税申报；个人缴纳印花税的，只贴花完税暂不实行纳税申报。多贴印花税票的，不得申请退税或者抵用。

七、印花税的计算

印花税根据不同征税项目，分别采用从价计征和从量计征两种征税方法。

（一）从价计征

采用从价计征情况下，应纳税额的计算公式为：

$$应纳税额 = 计税金额 \times 适用税率$$

（二）从量计征

采用从量计征情况下，应纳税额的计算公式为：

$$应纳税额 = 凭证数量 \times 单位税额$$

计算印花税时应注意的问题：

（1）按金额比例贴花的应税凭证，未标明金额的，应按凭证所载数量及市场价格计算金额，依适用税率贴足印花。

（2）应税凭证所载金额为外国货币的，按凭证书立当日汇率折合成人民币计算税额。

（3）同一凭证由两方或者两方以上当事人签订并各执一份的，应由各方所执的一份全额贴花。

（4）同一凭证因载有两个或两个以上经济事项而适用不同税率，分别载有金额的，应分别计算应纳税额，相加后按合计税额贴花；如未分别记载金额的，按税率高的计税贴花。

（5）已贴花的凭证，修改后所载金额增加的，其增加部分应当补贴印花税票。

（6）按比例税率计算纳税而应纳税额又不足1角的，免税；应纳税额在1角以上的，其税额尾数不满5分的不计，满5分的按1角计。对财产租赁合同的应纳税额超过1角但不足1元的，按1元计税。

【例题 11-15】 大华公司 2018 年 2 月开业，领受房屋产权证、工商营业执照、土地使用权证各一份，与其他企业订立转移专用技术使用权书据一份，所载金额 80 万元；订立产品购销合同两件，所载金额 150 万元；订立借款合同一份，所载金额 40 万元。此外，企业的营业账簿中，"实收资本"载有资金 600 万元，其他营业账簿 10 本。2018 年 12 月该企业"实收资本"所载资金增加到 800 万元。计算该企业 2018 年 2 月份应纳的印花税和 12 月应补缴的印花税。

解析：

（1）企业领受权利、许可证照应纳税额：

$$应纳税额 = 3 \times 5 = 15(元)$$

（2）企业订立产权转移书据应纳税额：

$$应纳税额 = 800\ 000 \times 0.5‰ = 400(元)$$

（3）企业订立购销合同应纳税额：

$$应纳税额 = 1\,500\,000 \times 0.3‰ = 450（元）$$

（4）企业订立借款合同应纳税额：

$$应纳税额 = 400\,000 \times 0.05‰ = 20（元）$$

（5）企业营业账簿中"实收资本"所载资金应纳税额：

$$应纳税额 = 6\,000\,000 \times 0.5‰ = 3\,000（元）$$

（6）企业其他营业账簿应纳税额：

$$应纳税额 = 10 \times 5 = 50（元）$$

（7）2月应纳印花税 $= 15 + 400 + 450 + 20 + 3\,000 + 50 = 3\,935$（元）。

（8）12月资金账簿应补印花税 $= (8\,000\,000 - 6\,000\,000) \times 0.5‰ = 1\,000$（元）。

八、印花税的会计核算

企业交纳印花税会计分录处理，通常分为下列几种情况。

（一）不通过应交税费账户核算

企业缴纳的印花税如果金额比较小，如定额贴花的营业账簿和产权许可证照等，不需要预计应交的税金，不通过"应交税费"账户核算。企业在购买印花税税票时，直接借记"管理费用（印花税）"账户，贷记"银行存款""库存现金"账户。

（二）通过应交税费账户核算

实际工作中，很多地方采购合同和销售合同印花税是根据实际采购、销售或购销总额的一定百分比乘以税率直接计算缴纳的，这时很多企业就会先通过"应交税费"计提本月的印花税，次月实际缴纳时再冲减"应交税费"账户。

计提本月印花税的会计分录：

借：管理费用、税金及附加　　　　　　　　　　　　　　　　　×××
　　贷：应交税费——应交印花税　　　　　　　　　　　　　　　×××

按照《小企业会计准则》，印花税记入"税金及附加"账户，而《企业会计准则》是记入"管理费用"账户。

实际交纳印花税的会计分录：

借：应交税费——应交印花税　　　　　　　　　　　　　　　　×××
　　贷：银行存款、库存现金　　　　　　　　　　　　　　　　　×××

（三）缴纳以前年度印花税的处理

按照《小企业会计准则》和权责发生制原则，应作如下分录：

借：以前年度损益调整　　　　　　　　　　　　　　　　　　　×××
　　贷：银行存款　　　　　　　　　　　　　　　　　　　　　　×××

因为是属于以前年度的支出，所以不能计入当年的期间费用。如果是当年度当期的计提，则作如下分录：

借：税金及附加　　　　　　　　　　　　　　　×××
　　贷：应交税费——应交印花税　　　　　　　　　×××

第七节　契　税　会　计

一、契税概述

(一) 契税的概念

契税（Deed tax）是以所有权发生转移变动的土地、房屋等不动产为征税对象，向产权承受的单位和个人一次性征收的一种财产税。契税是一种古老的税种，我国现行契税法的主要法律依据是国务院于 1997 年 7 月 7 日重新制定颁布的《契税暂行条例》，并于 1997 年 10 月 1 日起施行。契税的征收，可以广辟财源，增加地方政府的财政收入。契税征收的更重要意义在于可以保护合法产权，避免产权纠纷。不动产所有权和使用权的转移，涉及转让者和承受者双方的利益。由于产权转移形式多种多样，如果产权的合法性得不到确认，事后必然会出现产权纠纷。契税规定对承受人征税，一方面是对承受人财富的调节，另一方面有利于通过法律形式确定产权关系，维护纳税人的合法权益，避免产权纠纷。契税一般实行先税后证。

(二) 契税的特点

契税与其他税种相比，具体特点如下。

1. 契税属于财产转移税

契税以发生转移的不动产，即土地和房屋为征税对象，具有财产转移课税性质。土地、房屋产权未发生转移的，不征契税。

2. 契税由财产承受人缴纳

一般税种都确定销售者为纳税人，即卖方纳税。契税则属于土地、房屋产权发生交易过程中的财产税，由承受人纳税，即买方缴纳。

二、契税的纳税义务人

契税以在中国境内转移土地、房屋权属，承受的单位和个人为纳税义务人。

土地、房屋权属是指土地使用权、房屋所有权。

承受是指以受让、购买、受赠、交换等方式取得土地、房屋权属的行为。

单位是指企业单位、事业单位、国家机关、军事单位和社会团体以及其他组织。

个人是指个体经营者及其他个人。"单位和个人"包括内外资企业和中国公民、外籍人员。

三、契税的征税范围

契税的征税范围是在我国境内转移土地、房屋权属的行为。契税征税范围具体包括以下五种具体情况。

（一）国有土地使用权出让

国有土地使用权出让是指土地使用者向国家交付土地使用权出让金，国家将国有土地使用权在一定年限内让与土地使用者的行为。

（二）土地使用权转让

土地使用权转让是指土地使用者以出售、赠与、交换或者其他方式将土地使用权转移给其他单位和个人的行为。土地使用权的转让，除了考虑土地增值税外，还需要由承受方交契税。土地使用权的转让不包括农村集体土地承包经营权的转移。

（三）房屋买卖

房屋买卖是指房屋所有者将其房屋出售，由承受者交付货币、实物、无形资产或者其他经济利益的行为。对于承受与房屋相关的附属设施所有权或土地使用权的行为，按照契税法律、法规的规定征收契税。承受的房屋附属设施权属如为单独计价的，按照当地确定的适用税率征收契税；如与房屋统一计价的，适用与房屋相同的契税税率。

以下几种特殊情况，视同买卖房屋：

（1）以房产抵债或实物交换房屋。经当地政府和有关部门批准，以房抵债和实物交换房屋，均视同房屋买卖，应由产权承受人按房屋现值缴纳契税。

（2）以房产作投资或作股权转让。这种交易业务属房屋产权转移，办理房屋产权交易和产权变更登记手续，视同房屋买卖，由产权承受方按投资房产价值或房产买价缴纳契税。以自有房产作股投入本人经营企业，免纳契税。

（3）以房屋拆料或翻建新房。

（四）房屋赠与

房屋赠与是指房屋所有者将其房屋无偿转让给受赠者的行为。以获奖方式取得房屋产权的，其实质是接受赠与房产，应照章缴纳契税。

（五）房屋交换

房屋交换是指房屋所有者之间相互交换房屋的行为。其行为主体有居民、房地产管理机关，以及企事业单位、机关团体等。交换的房屋性质有公房（包括直管房和自管房）、私房。交换的房屋种类有住宅、店面及办公用房等。房屋产权相互交换，双方交换价值相等，免纳契税，办理免征契税手续。其价值不相等的，按超出部分由支付差价方缴纳契税。

四、契税的税率

《中华人民共和国契税暂行条例》第三条规定："契税的税率为 3％～5％"。具体执行税率，由省、自治区、直辖市人民政府在税法规定的幅度内根据本地区的实际情况确定，并报财政部和国家税务总局备案。

五、契税的税收优惠

（1）国家机关、事业单位、社会团体、军事单位承受土地、房屋用于办公、教学、医疗、科研和军事设施的，免征。

（2）城镇职工按规定第一次购买公有住房的，免征；公有住房是指由政府和国有企业、事业单位投资兴建、销售的住宅。

（3）因不可抗力灭失住房而重新购买住房的,酌情准予减征或者免征。

（4）对个人购买普通住房,且该住房属于家庭（成员范围包括购房人、配偶以及未成年子女,下同）唯一住房的,减半征收契税。对个人购买 90 平方米及以下普通住房,且该住房属于家庭唯一住房的,减按 1％税率征收契税。

（5）承受荒山、荒沟、荒丘、荒滩土地使用权,并用于农、林、牧、渔业生产的,免征契税。

（6）地、房屋被县级以上人民政府征用、占用后,重新承受土地房屋权属,用于和原被征用、占用土地、房屋相同用途,其成交价格或评估价格相当于补偿费的部分,免征契税;其成交价格或评估价格超过补偿费的部分,仍征收契税。

（7）离婚后原共有房屋产权的归属人不征收契税。

（8）对饮水工程运营管理单位为建设饮水工程而承受土地使用权,免征契税。

六、契税的税收管理

（一）纳税义务发生时间

契税的纳税义务发生时间,为纳税人签订土地、房屋权属转移合同的当天,或者纳税人取得其他具有土地、房屋权属转移合同性质凭证的当天。"其他具有土地、房屋权属转移合同性质凭证"是指具有合同效力的契约、协议、合约、单据、确认书以及由省、自治区、直辖市人民政府确定的其他凭证。购房人以按揭、抵押贷款方式购买房屋,当其从银行取得抵押凭证时,购房人与原产权人之间的房屋产权转移已经完成,契税纳税义务已经发生,必须依法缴纳契税。

（二）纳税期限

纳税人应当自纳税义务发生之日起 10 日内,向土地、房屋所在地的契税征收机关办理纳税申报,并在契税征收机关核定的期限内缴纳税款。纳税人办理纳税事宜后,契税征收机关应当向纳税人开具契税完税凭证。

（三）纳税地点

契税征收机关为土地、房屋所在地的财政机关或者地方税务机关。具体征收机关由省、自治区、直辖市人民政府确定。纳税人应当持契税完税凭证和其他规定的文件材料,依法向土地管理部门、房产管理部门办理有关土地、房屋的权属变更登记手续。纳税人不能出具契税完税凭证的,土地管理部门、房产管理部门不予办理有关土地、房屋的权属变更登记手续。

七、契税的计算

（一）计税依据

各类土地、房屋权属转移,方式各不相同,契税定价方法,也各有差异。具体计税依据有如下四种:

（1）国有土地使用权出让、土地使用权出售、房屋买卖,以成交价格为计税依据。

（2）土地使用权赠与、房屋赠与,由征收机关参照同类土地使用权出售、房屋买卖的市场价格核定。

（3）土地使用权交换、房屋交换,为所交换土地使用权、房屋的"价格差额";交换价格不相等的,由多交付货币或其他经济利益的一方缴纳契税;交换价格相等的,免征契税。

(4)以划拨方式取得土地使用权,经批准转让房地产时,由房地产转让者补缴契税。其计税依据为补缴的土地使用权出让费用或者土地收益。

计征契税的成交价格不含增值税。

(二)应纳税额的计算

契税应纳税额的计算公式为:

$$应纳税额 = 计税依据 \times 适用税率$$

【例题11-16】 某居民从某房地产开发公司购买商品住宅一套,成交价格90万元,双方签订了购房合同。当地政府规定的契税税率为3%。

解析:

$$应纳税额 = 90 \times 3\% = 2.7(万元)$$

【例题11-17】 大华公司2014年度发生两笔房产互换业务,差价款均已结算并已办理了相关手续。第一笔业务换出的房产价值450万元,换进的房产价值680万元;第二笔业务换出的房产价值840万元,换进的房产价值580万元。当地政府规定的契税税率为4%。计算大华公司应缴纳的契税。

解析:

根据规定,房屋交换,交换价格相等的,免征契税;交换价格不相等的,由多交付货币的一方缴纳契税。因此,第一笔交换业务应由该公司缴纳契税,第二笔交换业务应由对方承受方缴纳契税。则该公司应纳的契税税额为:

$$应纳税额 = (680 - 450) \times 4\% = 9.2(万元)$$

【例题11-18】 大华企业2008年2月取得政府无偿划拨的一块土地的使用权,2016年6月该企业向政府主管部门提出转让土地使用权的申请,经审核,主管部门批准其转让该土地使用权,并要求其补缴土地使用权出让费用120万元。当地政府规定的契税税率3%。

解析:

根据规定,纳税人以划拨方式取得土地使用权,经批准转让房地产时,以其补缴的土地使用权出让费用为计税依据补缴契税。则该公司应纳的契税税额为:

$$应纳税额 = 120 \times 3\% = 3.6(万元)$$

八、契税的会计核算

为了核算契税的应交及已交等情况,应在"应交税费"账户下设置"应交契税"明细账户,贷方登记应缴纳的契税,借方登记实际缴纳的契税,期末贷方余额为应缴未缴的契税。单位取得房屋、土地使用权应按规定缴纳契税,其缴纳的契税金额应计入所取得的房屋、土地使用权的成本。缴纳契税后根据缴纳凭证借记"固定资产""无形资产"等账户,贷记"应交税费——应交契税"账户。缴纳契税时,应借记"应交税费——应交契税"账户,贷记"银行存款"账户。

【例题11-19】 大华广告公司接受某房地产开发公司赠与的商品房一套,市场价格155

万元,双方签订了赠与的书面合同,并已至房地产管理机关办理了登记过户手续。当地政府规定的契税税率4%。计算大华公司应缴纳的契税并进行会计处理。

解析:

根据规定,房屋赠与,应由征收机关参照房屋买卖的市场价格核定计税依据计算征收契税。

(1) 契税应纳税额的计算:

$$应纳税额 = 155 \times 4\% = 6.2(万元)$$

借:固定资产   62 000

  贷:应交税费——应交契税   62 000

(2) 公司在实际缴纳契税时:

借:应交税费——应交契税   62 000

  贷:银行存款   62 000

↗ 实践能力训练

一、单选题

1. 纳税人新征用耕地应缴纳的城镇土地使用税,其纳税义务发生时间是( )。
   - A. 自批准征用之日起满 3 个月
   - B. 自批准征用之日起满 6 个月
   - C. 自批准征用之日起满 1 年
   - D. 自批准征用之日起满 2 年

2. 下列各项中,减半征收耕地占用税的是( )。
   - A. 纳税人临时占用耕地
   - B. 军事设施占用耕地
   - C. 农村居民占用耕地新建住宅
   - D. 公路线路占用耕地

3. 下列有关房产税的纳税义务发生时间的表述中,正确的是( )。
   - A. 纳税人购置新建商品房的,自房屋交付使用之次月起缴纳房产税
   - B. 纳税人委托施工企业建设的房屋,自建成之次月起缴纳房产税
   - C. 纳税人出租房产的,自出租之月起缴纳房产税
   - D. 纳税人自建房屋的,自办理验收手续之次月起缴纳房产税

4. 车辆适用的车船税税率形式是( )。
   - A. 比例税率
   - B. 超额累进税率
   - C. 超率累进税率
   - D. 定额税率

5. 下列项目中,属于车船税的扣缴义务人的有( )。
   - A. 办理交强险业务的保险机构
   - B. 机动车的生产厂家
   - C. 车辆船舶的所有人
   - D. 车辆船舶的管理人

6. 某货运公司 2018 年拥有 3 辆四门六座客货两用车,载货自重吨位为 3 吨;四座小轿车 2 辆。该公司所在省规定载货汽车年应纳税额每吨 30 元,9 座以下载客汽车年纳税额每辆 420 元。该公司 2018 年应缴纳的车船税为( )元。
   - A. 5 620
   - B. 1 240
   - C. 1 110
   - D. 1 690

7. 车辆购置税的纳税义务人不包括( )。

A. 购买者　　　　B. 获奖者　　　　C. 受赠人　　　　D. 馈赠人

8. 车辆购置税的纳税期限为(　　)。

A. 60 日　　　　B. 45 日　　　　C. 30 日　　　　D. 半年

9. 车辆购置税实行单一比例税率,该税率是(　　)。

A. 5%　　　　B. 8%　　　　C. 10%　　　　D. 12%

10. 根据车辆购置税税收政策的规定,下列不能作为车辆购置税计税依据的是(　　)。

A. 纳税人进口自用的应税车辆以组成计税价格为计税依据,组成计税价格=(关税完税价格+关税+消费税)÷(1-车辆购置税)

B. 纳税人进口自用的应税车辆以组成计税价格为计税依据,组成计税价格=关税完税价格+关税+消费税

C. 纳税人购买自用或者进口自用应税车辆,申报的计税价格低于同类型应税车辆的最低计税价格,又无正当理由的,按照最低计税价格征收车辆购置税

D. 纳税人进口自用的应税车辆以组成计税价格为计税依据,组成计税价格=(关税完税价格+关税)÷(1-消费税税率)

11. 居民张某 2018 年购置了一套价值 100 万元的新住房,同时对原有的两套住房处理如下:一套出售给居民乙,成交价格 60 万元;另一套市场价格 90 万元的住房与居民丙进行等价交换。假定当地省政府规定的契税税率为 4%,则居民甲 2018 年应缴纳的契税为(　　)。

A. 4 万元　　　　B. 6 万元　　　　C. 7.2 万元　　　　D. 9.2 万元

12. 某建筑公司与甲企业签订一份建筑承包合同,合同金额 12 000 万元(含相关费用 500 万元)。施工期间,该建筑公司又将其中价值 2 800 万元的安装工程转包给乙企业,并签订转包合同。该建筑公司应缴纳印花税(　　)万元。

A. 2.85　　　　B. 4.44　　　　C. 3.60　　　　D. 4.29

13. 缴纳车船税的单位,计提当年应缴纳车船税时,账务处理为(　　)。

A. 借:制造费用　　　　　　　　B. 借:管理费用
　　　贷:应交税费——应交车船税　　　　贷:应交税费——应交车船税

C. 借:固定资产　　　　　　　　D. 借:税金及附加
　　　贷:应交税费——应交车船税　　　　贷:应交税费——应交车船税

14. 下列各项不属于印花税应税凭证的是(　　)。

A. 工商营业执照　　　　　　　　B. 房屋产权证

C. 专利证　　　　　　　　　　D. 税务登记证

15. 纳税人应当自纳税义务发生之日起(　　)日内,向土地、房屋所在地的契税征收机关办理纳税申报。

A. 30　　　　B. 60　　　　C. 90　　　　D. 10

二、多选题

1. 下列各项中,可由省、自治区、直辖市地方税务局确定减免城镇土地使用税的有(　　)。

A. 免税单位职工家属的宿舍用地　　B. 集体和个人办的各类学校用地

C. 个人所有的居住房屋及院落用地　　D. 免税单位无偿使用纳税单位的土地

2. 下列可以成为城镇土地使用税的纳税人有(　　)。

    A. 土地使用权人   B. 土地实际使用人

    C. 土地代管人   D. 共有土地使用权的各方

3. 根据城镇土地使用税的有关规定,下列各项中正确的是(　　)。

    A. 由拥有土地使用权的单位和个人纳税

    B. 土地使用权未确定的,不需纳税

    C. 土地使用税共有的,由共有双方分别纳税

    D. 外商投资企业也应纳税

4. 下列关于房产税纳税人的提法中,正确的有(　　)。

    A. 产权属国家所有的,由经营管理单位纳税

    B. 产权出典的,由产权所有人纳税

    C. 产权未确定的,由房产代管人或使用人纳税

    D. 房产租典纠纷未解决的,由争议双方按一定比例纳税

5. 以下对车船税的理解正确的有(　　)。

    A. 车船税的纳税义务发生时间,为车船管理部门核发的车船登记证书或者行驶证书所
记载日期的次月

    B. 车船税的申报纳税期限由省级人民政府确定

    C. 跨省、自治区、直辖市使用的车船,纳税地点为车船的登记地

    D. 扣缴义务人应当及时解缴代收代缴的税款,并向地方税务机关申报

    E. 纳税人购买机动车交通事故责任强制保险时缴纳车船税,不再向地方税务机关申报

6. 车船税纳税义务发生时间为(　　)。

    A. 车船管理部门核发的车船登记证书的当月

    B. 新置车船的使用之日

    C. 车船行驶证书所记载日期的当月

    D. 车船行驶证书所记载日期的次月

    E. 未按规定到车船管理部门办理登记手续的,车船购置发票所载开具时间的当月

7. 根据《车辆购置税暂行条例》的规定,下列人员中属于车辆购置税纳税义务人的
有(　　)。

    A. 应税车辆的馈赠人   B. 应税车辆的购买者

    C. 应税车辆的受赠者   D. 应税车辆的进口使用者

8. 车辆购置税的特点是(　　)。

    A. 征收范围单一   B. 征收环节单一

    C. 税率单一   D. 征收方法单一

9. 按照现行车辆购置税的有关规定,下列说法正确的有(　　)。

    A. 车辆购置税税款可以分次缴清

    B. 自购买之日起 30 日申报纳税

    C. 征税环节选择在使用环节

    D. 获奖的应税车辆应自投入使用前 60 日申报纳税

10. 下列各项中,应征收耕地占用税的有( )。
    A. 公路线路占用耕地　　　　　B. 学校占用耕地
    C. 铁路线路占用耕地　　　　　D. 军事设施占用耕地

11. 下列情形中,属于契税征税行为的有( )。
    A. 以房产作投资
    B. 以房产抵债
    C. 将房屋无偿转让给他人
    D. 以自有房产作股投入本人经营的独资经营企业

12. 印花税的征收范围包括( )。
    A. 权利、许可证照　　　　　　B. 产权转移书据
    C. 签订经济合同　　　　　　　D. 营业账簿

13. 下列各项中,契税计税依据可由征收机关核定的是( )。
    A. 土地使用权出售　　　　　　B. 国有土地使用权出让
    C. 土地使用权赠与　　　　　　D. 房屋的赠与

14. 以下属于现行城镇土地使用税的特点的有( )。
    A. 城镇土地使用税是严格意义上的财产税
    B. 城镇土地使用税的征税对象包括国有土地和农业土地
    C. 城镇土地使用税实行差别幅度税额
    D. 城镇土地使用税征税范围限定在城市、县城、建制镇、工矿区

15. 我国税法规定,契税的征税范围包括( )。
    A. 国有土地使用权出让或转让
    B. 农村集体土地承包经营权的转移
    C. 以房产抵债或实物交换房屋
    D. 房屋所有者将房屋无偿赠送他人的行为

三、判断题

1. 国家既可以凭借所有权对土地使用人获取的收益进行分配,又可以凭借政治权利对土地使用权进行征税。　　　　　　　　　　　　　　　　　　　( )

2. 车船税按年申报缴纳,纳税义务发生时间为车船管理部门核发的车船登记证书或行驶证书所记载日期的当月。　　　　　　　　　　　　　　　　　　( )

3. 由国家财政部门拨付事业经费的单位自用的车辆免征车船使用税。　　( )

4. 车辆购置税的纳税人是销售应税车辆的单位和个人。　　　　　　　　( )

5. 契税以在中国境内转移土地、房屋权属的单位和个人为纳税义务人。　( )

6. 城镇土地使用税采用定额税率,即采用有幅度的差别税额。　　　　　( )

7. 房产税的计税依据有从价计征和从租计征两种。　　　　　　　　　　( )

8. 印花税实行从价计征和从量计征两种形式。　　　　　　　　　　　　( )

9. 车辆购置税只确定一个统一比例税率征收,税率具有不随课税对象数额变动的特点。
　　　　　　　　　　　　　　　　　　　　　　　　　　　　　　( )

10. 农村居民占用耕地新建住宅,按照当地适用税额征收耕地占用税。　( )

四、计算题

1. 张某于 2019 年 3 月,购买一辆轿车,支付全部价款合计 10.2 万元(含增值税),另支付代收临时牌照费 200 元,购买工具件及零配件共计 3 100 元,支付的各项价费款均由汽车销售公司开具"机动车销售统一发票"和有关票据,计算其应纳车辆购置税。

2. 某企业下属的一个劳动服务公司与某学校校办工厂合用一块面积为 600 平方米的用地,其中劳动服务公司占用了 200 平方米,其余为校办工厂实际占用。该地区适用年单位税额为每平方米 3 元,由当地税务机关每季度征收一次,计算上述两单位每次应纳城镇土地使用税税额。

3. 公民张某有房屋 15 间,他拿出其中 5 间出租给某百货商店,年租金为 32 000 元,计算张某应纳的房产税。

4. 某企业应纳房产税的房屋原值 200 万元,当地规定允许减除房产原值的 15%,计算其全年应纳的房产税。

5. 某个体工商户 2019 年 3 月 15 日购买小轿车 1 辆,到当年 12 月 31 日未到车辆管理部门登记。已知小轿车年单位税额 480 元。计算该个体工商户 2019 年应缴纳的车船税。

6. 张某于 2018 年 9 月 10 日购买别墅一套,别墅面积为 400 平方米,花园面积为 300 平方米,价款为 450 万元(含花园价款 60 万元),问张某应缴纳多少契税?当地契税适用税率为 3%。

五、账务处理

1. 某小企业 2018 年 12 月签订产品购销合同一份,金额为 850 000 元,签订借款合同一份,金额为 230 000 元。计算该企业当月应纳印花税税额并进行会计核算。

2. 某单位购买一块土地使用权,成交价格为 3 000 万元,当地规定的契税税率为 4%,计算该单位应交契税并进行会计核算。

3. 某大型企业,有生产用房原值为 8 000 万元,还建有一座房产原值为 250 万元的内部医院、一个房产原值为 160 万元的幼儿园。当地规定允许减除房产原值的 25%。计算该企业应缴纳的房产税税额并进行会计核算。

4. 某公司有机动客车 20 辆,净吨位为 10 吨的载货汽车 50 辆。公司所在地省人民政府规定载货汽车每吨全年税额为 50 元,客车每辆全年税额为 100 元。计算该公司应纳车船使用税并进行会计核算。

5. 大华购物中心实行统一核算,其土地使用证上载明,该企业实际占用土地情况为:总店占地面积为 10 660 平方米,一分店占地 4 680 平方米,二分店占地 7 540 平方米,企业仓库占地 8 190 平方米,企业自办幼儿园占地 468 平方米。经税务机关确认,该企业所占用的土地适用的税额如下:中心店每平方米年税额 7 元,一分店每平方米年税额 5 元,二分店每平方米年税额 4 元,企业仓库每平方米年税额 1 元,幼儿园每平方米年税额 5 元(该市政府规定,企业自办幼儿园用地免征城镇土地使用税)。计算大华购物中心年应纳城镇土地使用税税额并进行会计核算。

参 考 文 献

[1] 江霞,李志勇.税务会计理论与实务[M].北京:人民邮电出版社,2018.

[2] 梁月,何永利,李克红,等.税务会计实务[M].北京:清华大学出版社,2018.

[3] 王迪.税务会计[M].北京:北京交通大学出版社,2018.

[4] 王红云,赵永宁.税务会计[M].大连:东北财经大学出版社,2018.

[5] 左瑞.税务会计[M].上海:立信会计出版社,2017.

[6] 王素荣.税务会计与税务筹划[M].北京:机械工业出版社,2017.

[7] 盖地.税务会计学[M].北京:中国人民大学出版社,2018.

[8] 宋兰.办税操作实务[M].北京:中国税务出版社,2018.

教学课件索取单

敬爱的老师：

感谢您选用立信会计出版社的教材。为了方便教学，本书配有相关教学课件。如果您需要，请您填写下面表格中的相关信息，并以电子邮件的形式发到我社，我们在核对您的信息后，即免费向您提供教学课件。

我们的联系方式：

地址：上海市中山西路 2230 号　　　　　　　邮编：200235

　　　立信会计出版社　　　　　　　　　　　电话：(021) 64411217

电子邮件：zql1307@163.com

姓　　名		性别		身份证号			
学　　校			学院、系			教 研 室	
学校地址						邮　　编	
职　　务			职　　称			办公电话	
E-mail			手　　机			宅　　电	
通信地址						邮　　编	
教材用量		册	委托订购单位				

您对本书的意见和建议是：